全経簿記上級

出題傾向と対策

過去問題集

JN087319

24年7月 / **25年2月** 試験用

ネットスクール出版

はじめに

　皆さんは全経簿記上級試験についてどれくらいのことをご存知でしょうか。

　全経簿記上級試験とは全国経理教育協会の主催する簿記能力検定試験の最高峰に位置する試験で、その合格は日商1級と同様に税理士試験の受験資格にもなり、社会的にも、また問題の質、レベルとも"日商1級に比肩する"と評価されている試験です。

　その試験科目や合格ライン、合格率といったものも日商1級とほぼ同様であり、しかも、その出題パターンは日商1級よりも税理士試験のそれに近く、また、各科目100点満点であるという点から各科目25点満点の日商1級に比べ配点が細かいと考えられ、日頃の実力が発揮できる試験だと言われています。

　しかしその受験者数は日商1級の約5分の1にすぎません。これは受験対策のための完全対応の教材がないことや、研究不足などで教育機関の環境が整っていないことが原因でした。

　このような受験環境の中で、会計制度もまた激変しています。「総合的な過去問題が欲しい」「将来的に役立つ過去問題が欲しい」という声に応えていくため、ヒントや詳しい解説等の工夫を凝らし、会計制度の変更に対応するべく問題を改題し、『全経簿記上級過去問題集　出題傾向と対策』を刊行することになりました。

　この本を通じて多くの方が全経簿記上級受験の第一歩を記され、そして全経簿記上級に合格され、次のステージへと踏み出されることを願っています。

ネットスクール出版

旧版からの改訂点

【掲載回数について】

　古い問題の193回、195回の2回分の問題と解答・解説を削除し、最新問題211回、213回の2回分を新たに掲載しました。

【科目名の記載について】

　全経簿記能力検定試験の科目名の変更に合わせて、これまで出題された過去問題についても新しい科目名に変更の上、掲載しています（出題内容に実質的な変更はありません）。

変更前	商業簿記	会 計 学	工業簿記	原価計算
変更後	商業簿記	財務会計	原価計算	管理会計

全経簿記上級受験のススメ

　現在、日商1級の受験者のうち、5人に4人の方が全経簿記上級を受けていません。これは、まったくもったいないことです。せっかく簿記の最高峰に挑戦するチャンスが年に4回もあるのに、そのうち2回しか生かしていないのです。そしてまた、全経簿記上級を受けていない方の多くは、「日商1級と、全経簿記上級は傾向に違うところがあるから」と受験を躊躇しているようです。

　しかし、次の例を考えてみてください。

　仮に、11月の日商1級の試験で60点だった人がいるとしましょう（下の図を見てください）。この人が、がんばって勉強すれば、2月の全経簿記上級の試験では十分合格ラインに達することができます。

　ところが全経簿記上級を目標にしなかった場合、多くの方はいったん勉強の手を止めてしまいます。すると、恐ろしいことに、今60点を取る力があった人が、2カ月後、3カ月後にはガクッと力が落ちてしまって、30点から40点ぐらいしか取れない状態になってしまうのです。そして、4月のこえを聞く頃、ふと気がついてがんばりはじめ、答練などを中心に勉強をして次の6月の日商1級試験に向かいます。でもこれでは、6月の試験に合格できるかどうかはもう分かりません（①）。確実な合格はかなり難しいと言えるでしょう。

　それに対して、2月の全経簿記上級を目指せばどうなるでしょう。仮に、ギリギリのところで全経簿記上級に合格することができなかったとしても、そのままがんばれば次の6月の日商1級試験には、確実な合格が望めます（②）。そして、同じような関係が、6月の日商1級と7月の全経簿記上級にも当てはまります。

　ですから、力を落とさないためにも、簿記の最高峰へのチャンスを4度とするためにも、日商1級が終わった後には、全経簿記上級を狙って行きましょう。

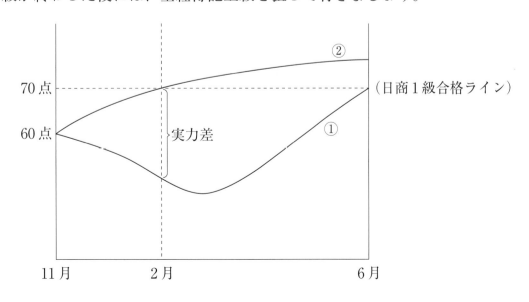

CONTENTS

問 題 編

解答・解説編

本書の特徴・特典

会計理論マスター

全経簿記上級の合否を分けるのは、毎回約 10 問も出題される財務会計の「正誤問題」。

これをいかにクリアするかが、合格へのポイントになります。しかし、これらの会計理論は、計算中心の日商 1 級を学んできた人にとってまさに弱点というべき内容です。

ですが、心配は要りません。試験では、過去問と同じ論点の似たような問題が出題されています。この【会計理論マスター】を活用し、論点別に過去問を解くことで、会計理論の内容を理解することはもちろん、『ここが出る！』ということもわかってくるのです。

財務分析比率集

財務諸表を "作る" 簿記会計に対して、近年、財務諸表を "読む" 財務分析の重要性が高まってきています。こういった変化に敏感なのが全経簿記上級の特徴です。
ですが、財務分析の比率は、算式をしっかりと覚えていないと解答することができないため、受験生の悩みの種になっています。

そこで、【財務分析比率集】を用意いたしました。なんと財務比率の名前から、自動的に算式はわかるものなのです。この法則さえわかってしまえば、財務分析は "得意中の得意！" になり、今後、財務諸表を見るにあたって、みなさんの大きな力になってくれます。

最新過去問　ダウンロード

2024 年 7 月に実施される、第 215 回の問題＆解答解説を、無料ダウンロードできます。

https://www.net-school.co.jp/ にアクセス
「読者の方へ」⇒「全経簿記」⇒過去問題集「購入者特典」をクリック
ダウンロード用パスワード　k4b6hiwx　を入力

※ダウンロードは 2024 年 9 月中旬より利用可能となります（予定）。本サービスの有効期限は 2025 年 2 月末日となります。

本試験のプロフィール

概　要

　公益社団法人全国経理教育協会主催の簿記能力検定試験上級を、略して「全経簿記上級」と呼んでいます。この検定試験は日本商工会議所、各地商工会議所共催の簿記検定試験1級と並んで高く評価され、その合格者には、日商1級と同様に税理士試験の受験資格※が与えられます。

　全経簿記上級と日商1級を比較すると次のようになります。

	日　商　1　級	全経簿記上級
実　施　日	6月第2週日曜 ⎫ 　　　　　　　⎬ の年2回 11月第3週日曜 ⎭	2月第3週日曜 ⎫ 　　　　　　　⎬ の年2回 7月第2週日曜 ⎭
出題程度	税理士、公認会計士などの国家試験の登竜門。大学程度の商業簿記、工業簿記、原価計算ならびに会計学を修得し、財務諸表規則や企業会計に関する法規を理解し、経営管理や経営分析ができる。1級の合格者は税理士の受験資格※が与えられる。	大企業の経理責任者あるいは経営指導者としての理論把握度および実務能力を検定する。 上級の合格者は税理士の受験資格※が与えられる。
試験科目と試験時間	商業簿記 ⎫ 　　　　⎬ 1時間30分 会計学 ⎭　　　　　　⎫ 　　　　　　　　　　　⎬ 3時間 工業簿記 ⎫　　　　　　⎭ 　　　　⎬ 1時間30分 原価計算 ⎭	商業簿記 ⎫ 　　　　⎬ 1時間30分 財務会計 ⎭　　　　　　⎫ 　　　　　　　　　　　⎬ 3時間 原価計算 ⎫　　　　　　⎭ 　　　　⎬ 1時間30分 管理会計 ⎭
満点および合格点	各科目25点満点の100点満点 合格点70点（ただし10点に満たない科目がある場合は不合格となる）	各科目100点満点の400点満点 合格点280点（ただし40点に満たない科目がある場合は不合格となる）
受験資格	学歴、実務経験等一切制限なし	学歴、実務経験等一切制限なし

　日商1級が100点満点なのに対して、全経簿記上級は400点満点です。必然的に全経簿記上級は配点箇所も多くなり、実力が点数に反映されやすくなります。したがって努力した分だけそのまま点数に結びつく試験ということができます。

※会計科目（簿記論、財務諸表論）の受験資格は不要で誰でも受験できます。一方、税法科目については一定の受験資格が必要ですが、全経簿記上級または日商簿記1級に合格すれば受験資格が与えられます。

受験者数と合格率

　全経簿記上級の受験者規模は日商１級の約１／５となっています。つまり、日商１級受験者のおよそ５人に１人が受験していることがうかがえます。合格率は日商１級と同程度です。なお、通算第119回より文部科学省後援試験となり重要性も高まっています。

☆全経簿記上級

回　数(注)	実　施	申込者数	受験者数	合格者数	合格率
185 回	2017 年 2 月	2,648 人	2,220 人	417 人	18.78 %
187 回	2017 年 7 月	2,236 人	1,920 人	305 人	15.89 %
189 回	2018 年 2 月	2,596 人	2,210 人	335 人	15.16 %
191 回	2018 年 7 月	2,262 人	1,935 人	321 人	16.59 %
193 回	2019 年 2 月	2,562 人	2,171 人	351 人	16.17 %
195 回	2019 年 7 月	2,229 人	1,929 人	314 人	16.28 %
197 回	2020 年 2 月	2,496 人	2,082 人	318 人	15.27 %
199 回	2020 年 7 月	1,798 人	1,545 人	238 人	15.40 %
201 回	2021 年 2 月	2,092 人	1,783 人	253 人	14.19 %
203 回	2021 年 7 月	2,119 人	1,811 人	256 人	14.14 %
205 回	2022 年 2 月	2,763 人	2,212 人	309 人	13.97 %
207 回	2022 年 7 月	2,390 人	1,964 人	250 人	12.73 %
209 回	2023 年 2 月	2,408 人	2,018 人	275 人	13.63 %
211 回	2023 年 7 月	2,134 人	1,791 人	255 人	14.24 %
213 回	2024 年 2 月	2,173 人	－	－	－

（注）記載されていない回は上級試験は実施されていません。

申込事項

　申込方法／全国経理教育協会の会員校にて、各個人でお申込みください。お申込みについての詳細は下記までお問合わせください。

公益社団法人全国経理教育協会

〒170-0004　東京都豊島区北大塚１丁目13番12号

TEL　（03）3918-6133（直通）

FAX　（03）3918-6196

https://www.zenkei.or.jp

出題傾向

商業簿記

全経簿記上級では総合問題が多く、特に日商1級でもよく出題されているP/L作成、B/S作成に加え、損益勘定や後T/Bの記入などの総合問題が多く出題されています。

財務会計

全経簿記上級では、正誤問題が必ずといってもいいほどに出題されます。パターンとしては、正誤を判断して誤っている理由を述べる形式で出題されています。

このほかに財務諸表の表示、および勘定科目の分類などが問われていますが、計算よりも理論を重視している点が日商1級の会計学と大きく異なる点といえます。

回 数	商 業 簿 記		財 務 会 計	
197回 P2	問題1	仕訳問題 減価償却方法の変更、耐用年数の変更	問題1 問題2	正誤問題 理論（継続性の原則） 　1．会計方針の変更例 　2．インフレーションの下での商品の評価方法の変更 　3．継続性の原則と「真実な報告」
	問題2	仕訳問題 新株予約権（自己株式含む）		
	問題3	損益勘定、閉鎖残高勘定作成問題 　1．電子記録債権 　2．財務内容評価法 　3．減価償却（生産高比例法） 　4．その他有価証券（振戻し未処理） 　5．減損会計 　6．社債の償却（定額法）	問題3	理論（連結会計） 　1．支配力基準と持株基準の長所 　2．支配が一時的と認められる企業 　3．セグメント情報の役割
199回 P8	問題1	仕訳問題 セール・アンド・リースバック	問題1 問題2	正誤問題 理論（ストック・オプション） 　1．費用認識の根拠 　2．新株予約権を純資産に計上する理由
	問題2	株主資本等変動計算書		
	問題3	損益勘定、閉鎖残高勘定作成問題 　1．有価証券の評価 　2．為替予約（振当処理） 　3．社債（社債発行差金）	問題3	理論（財務諸表分析） 　1．ROAとROEの違い 　2．流動比率と当座比率
201回 P14	問題1	連結精算表 　1．資本連結 　2．商品（ダウン・ストリーム） 　3．貸倒引当金	問題1 問題2	正誤問題 理論（在外支店、在外子会社の換算） 　1．在外支店、本店と同様の換算を行う理由 　2．在外子会社の収益・費用の換算が、在外支店と異なる理由
	問題2	決算整理後残高試算表 　1．キャッシュ・フロー見積法 　2．プットオプション 　3．資産除去債務 　4．退職給付引当金 　5．転換社債型新株予約権付社債 　6．消費税	問題3	理論（企業結合） 　1．資産・負債を時価評価する理由 　2．のれんと負ののれんの処理
203回 P20	問題1	仕訳問題（取替法、半額償却法）	問題1 問題2	正誤問題 理論（資本取引・損益取引区分の原則） 　1．区分する理由 　2．配当が許容される資本剰余金 　3．配当が禁止される利益剰余金 　4．資本剰余金から利益剰余金への振替え 　5．利益剰余金から資本剰余金への振替え
	問題2	仕訳問題 自己株式の処分、分配可能額の計算		
	問題3	損益勘定、閉鎖残高勘定作成問題 　1．貸倒懸念債権（債務内容評価法） 　2．その他有価証券（部分純資産直入法） 　3．減損会計、200％定率法 　4．社債（償却原価法） 　5．退職給付引当金	問題3	理論（キャッシュ・フロー計算書） 利息・配当金の表示区分

回　数	商　業　簿　記	財　務　会　計
205回 P26	問題1　仕訳問題 ストック・オプション 問題2　仕訳問題 工事契約 問題3　損益勘定、閉鎖残高勘定作成問題 　　　1．銀行勘定調整表 　　　2．割引債（満期保有目的債券） 　　　3．その他有価証券（部分純資産直入法） 　　　4．リース会計 　　　5．退職給付引当金	問題1　正誤問題 問題2　理論（理論 概念フレームワーク） 　　　1．「実現した成果」と換金可能性 　　　2．売買目的有価証券の評価差額を当期 　　　　の損益とする理由 　　　3．子会社株式の評価差額を認識しない 　　　　理由 問題3　理論・計算（財務諸表分析） 　　　1．電力会社における総資産回転率 　　　2．棚卸資産回転日数
207回 P34	問題1　仕訳問題（返品権付き販売） 問題2　仕訳問題 　　　企業結合（仕掛研究開発） 問題3　決算整理後残高試算表作成問題 　　　1．割賦販売（利息区分法） 　　　2．その他有価証券（全部純資産直入法） 　　　3．自己株式 　　　4．新株予約権	問題1　正誤問題 問題2　理論（退職給付） 　　　1．退職給付の概念 　　　2．数理計算上の差異の処理 問題3　理論（自己株式） 　　　1．取得のための付随費用 　　　2．自己株式処分差額の処理
209回 P40	問題1　損益勘定、閉鎖残高勘定作成問題 　　　1．その他有価証券（部分純資産直入法） 　　　2．減損会計 　　　3．資産除去債務 　　　4．ストック・オプション 問題2　仕訳問題 有価証券 発生の認識 問題3　仕訳問題　三分法　売上原価対立法	問題1　正誤問題 問題2　計算・理論（資産除去債務） 　　　1．除去費用の見積り増加 　　　2．両建処理を行う理由 問題3　計算・理論（収益認識、契約変更） 　　　1．契約変更の会計処理の要件 　　　2．契約変更時の仕訳
211回 P48	問題1　仕訳問題 　　　連結、持分法：未実現利益の消去 問題2　仕訳問題 　　　市場販売目的のソフトウェア 　　　減損会計（共用資産） 問題3　損益勘定、閉鎖残高勘定作成問題 　　　1．固定資産の耐用年数の変更 　　　2．外貨建満期保有目的債券（定額法） 　　　3．特別賞与 　　　4．退職給付引当金	問題1　正誤問題 問題2　理論（自己株式） 　　　1．資産説と資本控除説 　　　2．処分差益をその他資本剰余金とする 　　　　理由 問題3　財務分析 　　　1．ＲＯＡの計算式 　　　2．ＲＯＥの計算
213回 P56	問題1　仕訳問題（変動対価：数量値引） 問題2　仕訳問題（連結会計：資本連結他） 問題3　決算整理後残高試算表の作成問題 　　　1．クレジット売掛金 　　　2．キャッシュ・フロー見積法 　　　3．プットオプション 　　　4．建物：誤謬の訂正 　　　5．買換え 　　　6．消費税	問題1　正誤問題 問題2　計算・理論（キャッシュ・フロー計算書） 　　　1．資金の範囲 　　　2．キャッシュ・フロー計算書作成 問題3　理論（時価の算定） 　　　1．時価の算定方法 　　　2．使用価値と正味売却価額の説明

原価計算・管理会計

(1) 計算問題

　全経簿記上級の出題パターンはほぼ日商1級と重複します。しかし、複数の論点が組み合わされているものもあり、日商1級に比べ、ボリュームがあります。また、論点自体が日商1級と同じでも、問われ方が日商1級と異なることも多くあります。

(2) 理論問題

　日商1級では出題実績のない理論問題が、全経簿記上級では時々出題されています。出題パターンとしては独立した問題と計算問題の枝問とがあります。論点的には製品原価計算に関するものと管理会計に関するものとがあります。

回　数		原　価　計　算		管　理　会　計
197回 P66	問題1	工程別総合原価計算 (1)　正常仕損非度外視法 (2)　軽微な作業屑の処理 (3)　加工費の予定配賦 (4)　正常原価による振替（計算・理論）	問題1	直接原価計算・CVP分析・意思決定 (1)　損益分岐点販売量 (2)　最適セールスミックスの決定 (3)　内製か購入かの意思決定 (4)　意思決定における原価概念（理論）
	問題2	原価の本質（理論）	問題2	直接原価計算・CVP分析 (1)　高低点法、最小自乗法 (2)　損益分岐点販売量 (3)　高低点法の問題点（理論）
199回 P72	問題1	等級別総合原価計算 (1)　非度外視法（正常減損・異常減損） (2)　組別総合原価計算に近い方法	問題1	企業価値の評価 (1)　フリーキャッシュフロー (2)　企業価値の計算
	問題2	本社工場会計（仕訳）	問題2	事業部制 (1)　事業部別損益計算書 (2)　CVP分析
	問題3	標準原価計算 (1)　原料配合差異と原料歩留差異	問題3	機会原価（理論）
201回 P78	問題1	標準原価計算（ロット別個別） (1)　修正パーシャル・プラン (2)　標準原価差異分析 (3)　材料受入価格差異（理論）	問題1	ABC (1)　活動基準原価計算（ABC） (2)　TDABC
	問題2	標準原価計算 (1)　原価標準と正常仕損費 (2)　第1法の問題点（理論）	問題2	最適セールス・ミックス (1)　生産能力の増加による最適セールス・ 　　　ミックスの変化 (2)　CVP分析
	問題3	標準原価の種類（理論）		
203回 P82	問題1	材料費会計 (1)　材料副費の予定配賦 (2)　予定消費価格 (3)　勘定記入	問題1	設備投資の意思決定（正味現在価値法） (1)　差額キャッシュ・フローの計算 (2)　取替投資の意思決定
	問題2	連産品・副産物 (1)　副産物の会計処理 (2)　市価基準による連結原価の按分	問題2	設備投資の意思決定（内部利益率法） (1)　内部利益率の意義（理論） (2)　補間法による内部利益率の計算 (3)　内部利益率の問題点（理論）
	問題3	理論問題（複合費）	問題3	原価企画（空欄補充問題）

回　数	原　価　計　算	管　理　会　計
205回 P88	問題1　工程別総合原価計算（累加法） 　（1）　非度外視法による正常仕損費の計算 　（2）　正常仕損の平均的発生（評価額あり） 　（3）　材料の追加投入（加工に応じて投入） 　（4）　異常仕損の処理 問題2　全部原価計算と直接原価計算 　（1）　直接原価計算による損益計算書 　（2）　固定費調整（仕訳・計算）	問題1　予算実績差異分析 　（1）　全社的な利益率の計算 　（2）　セールス・ミックス差異の計算 問題2　事業部制と振替価格 　（1）　事業部別損益計算書の作成 　（2）　振替価格の変更 　（3）　事業部の廃止に関する論述問題 問題3　理論問題（埋没原価）
207回 P92	問題1　費目別計算・個別原価計算 　（1）　材料費・労務費の会計処理 　（2）　製造間接費配賦差異（実査法） 　（3）　個別原価計算における仕損の処理 問題2　総合原価計算 　（1）　度外視法 　（2）　正常減損・異常減損の同月発生 問題3　理論問題（空欄補充問題）	問題1　経済的発注量 　（1）　空欄補充 　（2）　経済的発注量の計算 問題2　品質原価計算・差額原価収益分析 　（1）　空欄補充 　（2）　品質原価の計算 　（3）　最適な品質管理案の決定
209回 P98	問題1　部門別計算 　（1）　階梯式配賦法 　（2）　予定配賦と差異分析 問題2　標準原価計算の期末会計処理 　（1）　材料受入価格差異の追加配賦 　（2）　原則的処理 　（3）　差異の追加配賦 問題3　理論問題（原価の本質）	問題1　複数製品のＣＶＰ分析 　（1）　目標利益達成売上高の計算 　（2）　経営レバレッジ係数を用いた計算 問題2　差額原価収益分析（自製か購入か） 　（1）　自製か購入かの意思決定 　（2）　優劣分岐点の計算 問題3　理論問題（活動基準原価計算）
211回 P104	問題1　等級別総合原価計算 　（1）　非度外視法 　（2）　正常減損・異常減損の同月発生 　（3）　理論問題（正常減損費の原価性） 問題2　個別原価計算 　（1）　基準操業度の算定 　（2）　指図書別原価計算表の作成 　（3）　製造間接費の差異分析 　（4）　理論問題（基準操業度）	問題1　予算実績差異分析 　（1）　総額（項目別）分析 　（2）　市場占有率・総需要量差異の計算 問題2　設備投資の意思決定 　（1）　税引後利益の計算 　（2）　キャッシュ・フローの計算 　（3）　正味現在価値法 　（4）　条件変更・優劣分岐点の計算 問題3　理論問題（原価管理上の組織単位）
213回 P110	問題1　総合原価計算（仕損の処理） 　（1）　度外視法・非度外視法 　（2）　完成品のみ負担・両者負担 　（3）　仕損品評価額の扱い 　（4）　正常仕損・異常仕損の同月発生 　（5）　理論問題 問題2　総合原価計算（追加材料の投入） 　（1）　定点投入の場合 　（2）　途中から平均的投入の場合 　（3）　差異の追加配賦 問題3　理論問題（連産品）	問題1　最適セールス・ミックス 　（1）　条件変更に伴う最適セールス・ミックスの変化 　（2）　生産能力増強に関する意思決定 問題2　ＣＶＰ分析 　（1）　損益分岐点売上高 　（2）　安全余裕率、経営レバレッジ係数 　（3）　感度分析 　（4）　理論問題（営業外損益の取扱い）

商業簿記

項目	頻度	193	195	197	199	201	203	205	207	209	211	213
損益計算書	1	●										
決算整理後残高試算表	3					●			●			●
損益・閉鎖残高(繰越試算表)	8	●	●	●	●		●	●		●	●	
本支店会計	0											
連結会計	3						●				●	●
仕訳問題	7	●	●	●	●					●	●	●

決算整理事項等	頻度	193	195	197	199	201	203	205	207	209	211	213
商品販売他 — 変動対価	1											●
商品販売他 — 返品権付き販売	1								●			
商品販売他 — 割賦販売	2	●							●			
商品販売他 — 未着品売買	0											
商品販売他 — 売価還元法	1	●										
商品販売他 — 工事契約	1							●				
商品販売他 — 棚卸資産評価損	9		●	●	●	●	●	●	●		●	●
現金預金 — 銀行勘定調整表	4	●			●			●		●		
現金預金 — 現金実査	1						●					
金銭債権 — 一般債権	11	●	●	●	●	●	●	●	●	●	●	●
金銭債権 — 貸倒懸念債権	4		●			●		●				●
金銭債権 — 破産更生債権等	1									●		
金銭債権 — 電子記録債権	4			●	●			●			●	
金銭債権 — クレジット売掛金	2		●									●
有価証券 — 売買目的有価証券	8	●	●	●	●	●	●			●		●
有価証券 — 満期保有目的債券	3							●		●	●	
有価証券 — 子会社・関連会社	5	●		●		●		●			●	
有価証券 — その他有価証券	8	●	●	●	●	●		●	●	●		
有形固定資産 — 売却・除却等	4		●			●			●			●
有形固定資産 — 新定率法	3	●				●						●
有形固定資産 — 減損会計	4			●	●			●		●		
有形固定資産 — 資産除去債務	3	●				●				●		
有形固定資産 — リース会計	2				●			●				
無形固定資産 — ソフトウェア	2		●								●	
負債性引当金 — 退職給付引当金	5	●										
社債 — 社債償却原価法	6	●		●		●					●	●
社債 — 社債買入償還	0											
社債 — 社債抽選償還	0											
社債 — 新株予約権付社債	1					●						
純資産会計 — 剰余金の配当等	2				●						●	
純資産会計 — 自己株式	4				●		●		●	●		
純資産会計 — 新株予約権	4	●		●	●				●			
純資産会計 — 分配可能額	1							●				
純資産会計 — ストック・オプション	2							●		●		
その他 — 外貨換算会計	3		●	●						●		
その他 — 為替予約	1				●							
その他 — デリバティブ・ヘッジ会計	2					●						●
その他 — 税効果会計	1								●			
その他 — 合併・株式移転	1		●									
その他 — 事業分離	0											
その他 — 消費税	6		●		●	●		●			●	●
その他 — 会計上の変更、誤謬の訂正	3			●							●	●
その他 — 取替法	1						●					
連結会計 — 資本連結	2					●						●
連結会計 — 成果連結	3		●			●					●	
連結会計 — 持分法	1										●	
連結会計 — 税効果会計	3		●			●					●	

財務会計

◎は理論の内容

理論問題	頻度	193	195	197	199	201	203	205	207	209	211	213
正誤問題	11	◎	◎	◎	◎	◎	◎	◎	◎	◎	◎	◎
記述問題	11	◎	◎	◎	◎	◎	◎	◎	◎	◎	◎	◎

計算問題		頻度	193	195	197	199	201	203	205	207	209	211	213
商品販売他	収益認識	1									◎		
	工事契約	0											
	棚卸資産評価損	0											
現金預金	銀行勘定調整表	0											
金銭債権	一般債権	0											
	貸倒懸念債権	0											
	破産更生債権等	0											
	金利区分法	0											
有価証券	有価証券の評価	1							◎				
有形固定資産	売却他	0											
	減損会計	1											◎
	資産除去債務	1									●		
	ファイナンス・リース	0											
無形固定資産	ソフトウェア	0											
繰延資産	繰延資産	0											
負債性引当金	引当金全般	0											
	退職給付引当金	1								◎			
社債	償却原価：利息法	0											
	社債買入償還	0											
	社債抽選償還	0											
純資産会計	資本取引と損益取引の区分	1						◎					
	分配可能額	0											
	自己株式	3	◎							◎		◎	
	新株予約権	2	◎			◎							
	純資産の部の表示区分	2	◎	◎									
その他	在外支店、在外子会社	1					◎						
	概念フレームワーク	1							◎				
	時価の算定	1											◎
	一般原則	1			◎								
連結会計	資本連結	2	◎		◎								
	成果連結	1	◎										
	持分法	0											
	税効果会計	0											
	財務諸表	0											
	包括利益	0											
キャッシュ・フロー会計	営業活動：直接法	1											●
	営業活動：間接法	1											●
	利息・配当の表示	2						◎					●
企業結合会計	吸収合併	1					◎						
	株式交換・株式移転	0											
	事業分離	0											
財務分析	財務分析	2				◎						◎	
会計上の変更	会計方針の変更	2		◎	◎								

原価計算

項　　　　　　　　　目	頻度	193	195	197	199	201	203	205	207	209	211	213
部 門 別 原 価 計 算	2	●								●		
個 別 原 価 計 算	3	●							●		●	
総 合 原 価 計 算	9	●	●	●	●		●	●	●		●	●
標 準 原 価 計 算	3				●	●				●		
そ　　　の　　　他	5				●		●	●	●	●		

項　　目	論　　　　　点	頻度	193	195	197	199	201	203	205	207	209	211	213
部門別計算	単 一 基 準	1									●		
	複 数 基 準	2	●								●		
	実 際 配 賦	0											
	予 定 配 賦	2	●								●		
	予 算 許 容 額 配 賦	1	●										
	直 接 配 賦	1	●										
	相 互 配 賦 ： 簡 便 法	0											
	相 互 配 賦 ： 連 立 方 程 式	0											
	階 梯 式 配 賦 法	2	●								●		
個別原価計算	指 図 書 別 原 価 計 算	3	●							●		●	
	仕 損 の 処 理	2	●							●			
	ロ ッ ト 別 個 別 原 価 計 算	0											
総合原価計算	単 一 工 程	3		●						●			●
	工 程 別 ： 累 加 法	2			●				●				
	工 程 別 ： 非 累 加 法	1	●										
	減 損 （ 仕 損 ） 度 外 視 法	1											●
	減 損 （ 仕 損 ） 非 度 外 視 法	7		●	●	●			●	●		●	●
	減 損 の 安 定 的 発 生	0											
	追 加 材 料 の 投 入	2							●				●
	組 別 原 価 計 算	0											
	等 級 別 原 価 計 算	2					●					●	
	連 産 品	3		●				●					●
	加 工 費 工 程 別	0											
	副 産 物 ・ 作 業 屑	2			●			●					
標準原価計算	パ ー シ ャ ル プ ラ ン	0											
	修 正 パ ー シ ャ ル プ ラ ン	1					●						
	シ ン グ ル プ ラ ン	0											
	仕 損 ・ 減 損	1					●						
	配 合 ・ 歩 留 差 異	1				●							
	差 異 の 追 加 配 賦	1									●		
	標 準 個 別	1					●						
	標 準 部 門 別	0											
	標 準 工 程 別	0											
	そ の 他	0											
その他	賃 金 勘 定	2		●						●			
	材 料 費 会 計	2							●	●			
	直 接 原 価 計 算	1							●				
	本 社 工 場 会 計	1				●							

管理会計

項目	頻度	193	195	197	199	201	203	205	207	209	211	213
直 接 原 価 計 算	8	●		●	●	●		●		●	●	●
意 思 決 定	7	●	●	●			●		●	●	●	
戦 略 的 原 価 計 算	4		●			●	●		●			
そ の 他	5		●		●			●		●	●	

項目	論点	頻度	193	195	197	199	201	203	205	207	209	211	213
直接原価計算	直 接 原 価 で の P／L 作 成	2							●				●
	直接・全部原価でのP／L作成	0											
	固 定 費 調 整	1							○				
	直 接 標 準 原 価 計 算	0											
	Ｃ Ｖ Ｐ 分 析	6	●		●	●	●				●		●
	予算編成（予算P／L、B／S）	0											
	予 算 実 績 差 異 分 析	2							●			●	
	最 適 セ ー ル ス ミ ッ ク ス の 決 定	3			●		●						●
	リ ニ ア ー プ ロ グ ラ ミ ン グ	0											
	事業部の業績測定・内部振替価格	2				●			●				
	固 変 分 解：最 小 自 乗 法	1			●								
	投 下 資 本 利 益 率：Ｒ Ｏ Ｉ	1									●		
	Ｒ Ｉ・経 済 的 付 加 価 値	0											
	貢 献 利 益・最 低 販 売 価 格	0											
業務執行的意思決定	内 製 か 購 入 か の 意 思 決 定	2			●						●		
	受 注 引 受 け の 可 否	0											
	追 加 加 工 の 可 否	0											
	経 済 的 発 注 量	2		●						●			
	機 会 原 価	0											
構造的意思決定	新 規 投 資	3	●	●								●	
	取 替 投 資	1						●					
	正 味 現 在 価 値	4	●	●				●				●	
	内 部 利 益 率 法	1						●					
	収 益 性 指 数 法	0											
	単 純 回 収 期 間 法	1	●										
	差 額 キ ャ ッ シ ュ・フ ロ ー	3	●					●				●	
	資 本 コ ス ト	1		●									
	企 業 価 値 の 評 価	1				●							
戦略的原価計算	活 動 基 準 原 価 計 算	1					●						
	品 質 原 価 計 算	2		●						●			
	ラ イ フ サ イ ク ル コ ス テ ィ ン グ	0											
	原 価 企 画	1						●					
そ の 他	理 論 問 題	10	●	●	●	●	●	●	●	●	●	●	

攻略ポイント（日商１級との比較）

商業簿記・財務会計

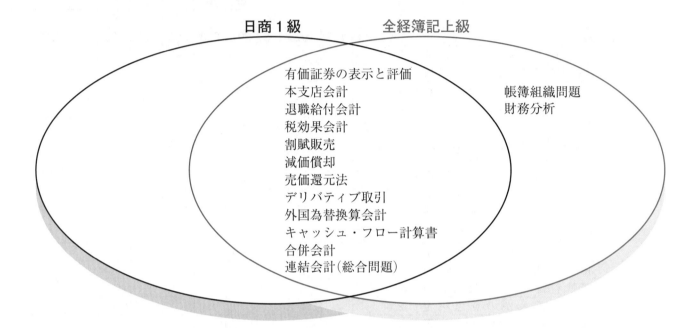

日商１級　　　全経簿記上級

有価証券の表示と評価
本支店会計
退職給付会計
税効果会計
割賦販売
減価償却
売価還元法
デリバティブ取引
外国為替換算会計
キャッシュ・フロー計算書
合併会計
連結会計(総合問題)

帳簿組織問題
財務分析

　論点別に見ると、全経簿記上級は帳簿組織といった日商２級等で出題される論点からも出題されますので、復習しておきましょう。また、日商１級では見慣れない未処理事項や決算整理事項も出題されていますので、特に注意が必要です。

　全経簿記上級の財務会計は正誤問題を中心に、計算よりも理論的な側面を問う問題が多く出題されています。
　したがって、具体的な対策として、日商１級との共通点の乏しい財務諸表等規則や財務諸表の表示に関する論点をまとめたうえで、過去既出問題を参考にして頻繁に取り上げられる論点を中心にマスターしておいてください。

原価計算・管理会計

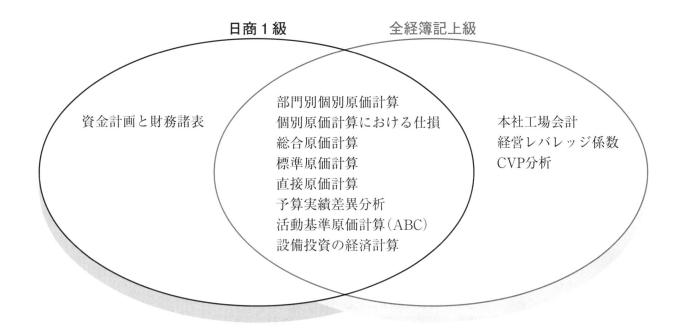

日商1級　　　全経簿記上級

資金計画と財務諸表

部門別個別原価計算
個別原価計算における仕損
総合原価計算
標準原価計算
直接原価計算
予算実績差異分析
活動基準原価計算（ABC）
設備投資の経済計算

本社工場会計
経営レバレッジ係数
CVP分析

(1) 計算問題

　全経簿記上級には総合原価計算が多く出題されていますが、その出題パターンは複数の論点を組み合わせて、計算構造をやや複雑にしたものが多いのが特徴です。また、本社工場会計やCVP分析の出題頻度が日商1級より高いことも特徴です。

　一見すると難しそうにみえる問題も、個々の論点の集合体ですから、計算問題の攻略法としてはまず個々の論点を確実にマスターしておくことが重要になります。また、本社工場会計については解き方をしっかりと身につけておくことが大切です。

(2) 理論問題

　製品原価計算に関する出題と、管理会計の分野からの出題がみられます。

　製品原価計算からの出題については、計算をイメージしながら、原価計算の特徴や目的を確認することが有効な学習法です。特に部門別計算、仕損・減損の処理、原価差異の処理等に重点を置くことが有効でしょう。また、管理会計の分野では、特に直接原価計算、意思決定会計、事業部制を中心に広く浅く整理しておくのがよいでしょう。

会計理論マスター

出題回数	問　　　題		解答・理由
【貸借対照表】有価証券			
147 第1 (7)	外貨建その他有価証券の換算では、外国通貨による取得原価を決算日の為替相場により円換算した額を付す。	×	外国通貨による時価を決算日の為替相場により円換算した額を付す。
197 第1 (8)	外貨建取引等会計処理基準によれば、外貨建の子会社株式及び関連会社株式については、取得価額を決算時の為替相場により円換算した額を付する。	×	外貨建の子会社株式及び関連会社株式については、取得価額を取得時の為替相場により円換算した額を付する。
191 第1 (1)	「金融商品に関する会計基準」によれば、有価証券の時価が著しく下落したときは、回復の見込みがあると認められる場合を除き、時価評価を行い、翌期首には洗替方式によって処理しなければならない。	×	翌期首には、時価を取得原価とする。
185 第1 (3)	外貨建有価証券の時価の著しい下落又は実質価額の著しい低下により、決算時の為替相場による換算を行ったことによって生じた換算差額は、当期の為替差損益として処理する。	×	換算差額は、当期の有価証券の評価損として処理する。
165 第1 (6)	売買目的の外貨建有価証券の時価が下落し、これを換算し資産計上したとき、換算差損が計上されるとは限らない。	○	
173 第1 (7) (改題)	市場価格のない株式等については、発行会社の財務状態の悪化により実質価額が著しく低下したときは、相当の減額をなし、評価差額は当期の損失として処理しなければならないが、この場合には、当該実質価額を翌期首の取得原価とする。	○	
175 第1 (4)	満期保有目的の債券への分類は、その取得当初の意図にもとづくものであり、売買目的で取得した債券を、取得後に満期保有目的の債券へ振り替えることは認められない。	○	
195 第1 (9)	外貨建取引等会計処理基準注解によれば、外貨建金銭債権債務及び外貨建債券について償却原価法を適用する場合における償却額は、外国通貨による償却額を期中平均相場により円換算した額による。	○	
185 第1 (8)	「金融商品に関する会計基準」によれば、その他有価証券は、時価をもって貸借対照表価額とし、評価差額は洗い替え方式に基づき、時価が取得原価を上回る銘柄に係る評価差額は純資産の部に計上し、時価が取得原価を下回る銘柄に係る評価差額は当期の損失として処理しなければならない。	×	時価が取得原価を下回る銘柄に係る評価差額は純資産の部に計上することもできる。
187 第1 (4)	「金融商品に関する会計基準」によれば、金融資産の契約上の権利又は金融負債の契約上の義務を生じさせる契約を締結したときは、原則として、当該金融資産又は金融負債の発生を認識しなければならないので、有価証券の購入契約を締結した日（約定日）に、当該有価証券の発生を認識しなければならない。	○	

197 第1 (5)	金融商品に関する会計基準によれば、譲渡人が譲渡した金融資産を当該金融資産の満期日以前に買戻す権利又は義務を実質的に有している場合には、金融資産の消滅の認識をしてはならない。	○	

【貸借対照表：流動資産】商品　　その他

143 第1 (5)	標準原価計算を採用することによって生じた原価差額は、すべて売上原価の内訳科目として表示する。	×	原価差額を棚卸資産の科目別に配賦した場合には、棚卸資産の科目に含めて表示する。
159 第1 (4)	通常の販売目的で保有する棚卸資産は、正味売却価額をもって貸借対照表価額とし、取得原価と当該正味売却価額の差額は当期の費用として処理しなければならない。	×	取得原価をもって貸借対照表価額とし、下落していれば正味売却価額をもって貸借対照表価額とする。
177 第1 (4)	棚卸資産の期末評価において原価と比較するために用いられる時価については、継続適用を前提として、正味売却価額と再調達原価のどちらを選択するかを報告企業自身が決定する。	×	再調達原価を用いるのは一定の場合に限られ、原則としては、正味売却価額を用いる。
183 第1 (4)	棚卸資産の期末評価において、製造業における原材料等のように再調達原価の方が把握しやすく、正味売却価額が当該再調達原価に歩調を合わせて動くと想定される場合には、再調達原価(最終仕入原価を含む。)によらなければならない。	×	継続適用を条件として、再調達原価によることができる。
171 第1 (2)	製品の製造に関連し不可避的に発生する棚卸資産の評価損は、全額、当期の費用となる。	×	当期の費用ではなく製造原価。
167 第1 (5)	棚卸資産について前期に計上した簿価切り下げ額に関しては、当期に戻入れを行う方法(洗替え法)と行わない方法(切放し法)の選択適用ができるが、その選択はすべての種類の棚卸資産について同一の方法を用いなければならない。	×	洗替え法と切放し法は棚卸資産の種類ごとに選択適用できる。
170 第1 (2)	通常の販売目的で保有する棚卸資産について、収益性の低下に基づく簿価切下額が多額であるときには、特別損失に計上する。	×	収益性の低下に基づく簿価切下額が、臨時の事象に起因し、かつ、多額であるときには、特別損失に計上する。
203 第1 (6)	「棚卸資産の評価に関する会計基準」によれば、収益性が低下した場合における棚卸資産の簿価切下げは、取得原価基準の下で回収可能性を反映させるように、過大な帳簿価額を減額し、将来に損失を繰り延べないために行われる会計処理である。	○	
164 第1 (5)	トレーディング目的で保有する棚卸資産は、時価の変動により利益を得ることを目的として保有する点で、売買目的有価証券と同じ性格を有するので、当該棚卸資産に係る損益は、財務損益として営業外損益に計上する。	×	トレーディング目的で保有する棚卸資産に係る損益は、原則として、純額で売上高に計上する。
181 第1 (4)	たな卸資産のうち恒常在庫品として保有するもの、もしくは余剰品として長期間にわたって所有するものは、固定資産に含ませるものとする。	×	恒常在庫品、余剰品は、流動資産とする。
173 第1 (1)	企業会計原則によれば、正規の簿記の原則に従って処理された場合に生じた簿外資産および簿外負債は、貸借対照表の記載外におくことができる。	○	

175 第1 (2)	貸借対照表の資産、負債および純資産 (資本) の項目の配列は、原則として、流動性配列法によっている。	×	純資産の項目の配列は、流動性配列法によっているわけではない。
175 第1 (3)	預金については、貸借対照表日の翌日から起算して一年をこえて期限が到来するものについては、無形固定資産に属するものとする。	×	預金のうち一年をこえて期限が到来するものは、投資その他の資産に属する。

【貸借対照表：流動資産】前払費用・未収収益

143 第1 (2)	経過勘定項目である前払費用・未収収益、未払費用・前受収益は、貸借対照表への表示について、すべて一年基準が適用される。	×	1年基準が適用されるのは前払費用のみであり、未収収益・未払費用・前受収益については適用されない。
189 第1 (1)	未収収益は、一定の契約に従い、継続して役務の提供を行う場合、未だ提供していない役務に対し支払いを受けた対価をいう。	×	未収収益は、すでに提供した役務に対していまだその対価の支払を受けていないものをいう。
195 第1 (2)	企業会計原則注解によれば、未収収益は、一定の契約に従い、継続して役務の提供を受ける場合、既に提供された役務に対していまだその対価の支払が終らないものをいう。	×	未収収益は、既に提供した役務に対していまだその対価の支払を受けていないものをいう。

【貸借対照表：固定資産】有形固定資産 (減損会計)

165 第1 (4)	有形固定資産について減損損失が認識され、当該資産を回収可能額まで低価評価するにあたっては、正味売却価額と使用価値のうち低い方の金額を評価の基準とする。	×	正味売却価額と使用価値のうち高い方の金額を評価の基準とする。
167 第1 (6)	減損処理後に回収可能価額が回復した場合、減損処理がなかった場合の減価償却後の取得原価 (適正な簿価) を限度として、減損損失を戻し入れる。	×	回収可能価額が回復した場合であっても、減損損失の戻入れは行わない。
158 第1 (5)	減損会計において、ある資産に関して減損損失を認識するかどうかを判定するために割引前将来キャッシュ・フローを見積る期間は、当該資産の経済的耐用年数である。	×	資産の経済的残存使用年数と20年のいずれか短い方とする。
173 第1 (9)	減損の兆候がある資産または資産グループについての減損損失を認識するかどうかの判定は、資産または資産グループから得られる割引後将来キャッシュ・フローの総額と帳簿価額を比較することによって行う。	×	割引後将来キャッシュ・フローの総額ではなく、割引前将来キャッシュ・フローの総額と帳簿価額を比較する。
170 第1 (6)	減損損失を認識するかどうかの判定に際して見積もられる将来キャッシュ・フロー及び使用価値の算定において見積られる将来キャッシュ・フローは、企業の固有の事情を反映した合理的で説明可能な仮定及び予測に基づいて見積もる。	○	
213 第1 (9)	「固定資産の減損に係る会計基準」によれば、資産グループについて認識された減損損失は、資産グループを構成する各資産の帳簿価額に基づく比例的な配分等、合理的であると認められる方法によって配分する。	○	
205 第1 (3)	「固定資産の減損に係る会計基準」によれば、共用資産に関して、より大きな単位でグルーピングを行う方法を採用している企業において、判定の結果、減損損失を認識することとなった場合には、共用資産を加えることによって算定される減損損失の増加額は、原則として、合理的な基準により各資産又は資産グループに配分する。	×	共用資産を加えることによって算定される減損損失の増加額は、原則として、共用資産に配分する。

【貸借対照表：固定資産】有形固定資産（取得原価その他）			
187第1(2)	同種の物品が多数集まって一つの全体を構成し、老朽品の部分的取替を繰り返すことにより全体が維持されるような固定資産については、部分的取替に要する費用を資本的支出として処理する方法を採用することができる。	×	部分的取替に要する費用を収益的支出として処理する方法を採用することができる。
146第1(10)	建物を自家建設した場合に、その建物の建設に必要な資金を借り入れた利子のうち、稼働前の期間に属するものは、取得原価に算入しなければならない。	×	借入資本利子の取得原価算入は容認であり強制ではない。
177第1(2)	贈与その他無償で取得した資産については、公正な評価額をもって取得原価とするが、資産を低廉取得した場合、つまり公正な評価額に比べて著しく低い支出額で取得した場合にも、公正な評価額をもって取得原価とする。	○	
189第1(2)	「企業会計原則」によれば、償却済の有形固定資産は、除却されるまで残存価額又は備忘価額で貸借対照表に記載する。	○	
197第1(1)	企業会計原則注解によれば、固定資産のうち残存耐用年数が1年以下になったものも流動資産とせず固定資産に含ませる。	○	
203第1(2)	「企業会計原則注解」によれば、減価償却累計額を控除する形式は、有形固定資産について減価償却累計額を控除した残額のみを記載し、減価償却累計額を注記する方法を原則とするが、その有形固定資産が属する科目ごとに減価償却累計額を控除する方法、または2以上の科目について減価償却累計額を一括して控除する方法によることもできる。	×	科目ごとに減価償却累計額を控除する方法を原則とするが、減価償却累計額を一括して控除する方法、または減価償却累計額を控除した残額のみを記載する方法によることもできる。
【貸借対照表：固定資産】有形固定資産（リース会計）			
165第1(5)	リース取引の借手の処理として、リース資産及びリース債務の計上額を算定するにあたっては、リース契約締結時に合意されたリース料総額によるのが原則である。	×	リース料総額から利息相当額の合理的な見積額を控除するのが原則である。
211第1(7)	「リース取引に関する会計基準」によれば、所有権移転外ファイナンス・リース取引については、リース資産を償却するにあたって、企業の実態に応じ、自己所有の固定資産と異なる償却方法を選択することができる。	○	
201第1(6)	リース取引に関する会計基準によれば、ファイナンス・リース取引の借手は、売買処理によるリース資産を固定資産の部に表示し、リース債務は固定負債の部に表示する。	×	リース債務は、一年基準により流動負債または固定負債の部に表示する。
170第1(8)	ファイナンス・リース取引の借手（レッシー）は、通常の売買取引に係る方法に準じた会計処理により、リース物件とこれに係る債務をリース投資資産及びリース債務として計上する。	×	リース物件とこれに係る債務をリース資産及びリース債務として計上する。
179第1(6)	ファイナンス・リース取引において、貸手は、リース取引開始日に、通常の売買取引に係る方法に準じた会計処理により、所有権移転ファイナンス・リース取引についてはリース投資資産として、所有権移転外ファイナンス・リース取引についてはリース債権として計上しなければならない。	×	所有権移転ファイナンス・リース取引についてはリース債権として、所有権移転外ファイナンス・リース取引についてはリース投資資産として計上しなければならない。

【貸借対照表：固定資産】無形固定資産

150第1 (5)	市場販売目的のソフトウェアである製品マスターの制作費は、研究開発費に該当する部分を除き、資産として計上しなければならない。ただし、製品マスターの機能維持に要した費用は、資産として計上してはならない。	○	
181第1 (5)	市場販売目的のソフトウェアである製品マスターの制作費は、研究開発費に該当する部分も含め、資産として計上しなければならない。	×	研究開発費に該当する部分を除き、資産として計上しなければならない。
211第1 (5)	「研究開発費等に係る会計基準」によれば、社内利用のソフトウェアについて、その利用により将来の収益獲得又は費用削減が確実であると認められる場合には、当該ソフトウェアの取得に要した費用を資産として計上することができる。	×	将来の収益獲得または費用削減が確実であると認められる場合には、当該ソフトウェアの取得に要した費用を資産として計上しなければならない。

【貸借対照表：固定資産】投資その他の資産（繰延税金資産）

143第1 (8)	税効果会計において適用される実効税率は、法人税・住民税・事業税のうち、納付期限が到来した事業税が損金算入となるため、各税率を加算したものと一致しない。	○	
197第1 (7)	税効果会計に係る会計基準によれば、一時差異とは、貸借対照表に計上されている資産及び負債の金額と、課税所得計算上の資産及び負債の金額との差額をいい、将来の課税所得と相殺可能な繰越欠損金等については、一時差異と同様に取り扱う。	○	
144第1 (5)	繰延税金資産または繰延税金負債の金額は、当期の税率に基づいて計算しなければならない。	×	回収または支払いが行われると見込まれる期の税率に基づいて計算する。
167第1 (7)	繰延税金資産又は繰延税金負債の金額は、回収又は支払が行われる期の税率に基づいて計算するものとされているので、法人税等の税率に変更があったとしても、過年度の計上された繰延税金資産又は繰延税金負債を新たな税率に基づき再計算しない。	×	過年度に計上された繰延税金資産又は繰延税金負債を新たな税率に基づき再計算する。
173第1 (8)	法人税等について税率の変更があったこと等により繰延税金資産および繰延税金負債の金額を修正した場合には、修正差額を法人税等に加減して処理するものとする。	×	繰延税金資産および繰延税金負債の金額を修正した場合には、修正差額を法人税等調整額に加減して処理する。
149第1 (5)（改題）	異なる納税主体に係る繰延税金資産と負債は相殺しない。	○	
150第1 (7)（改題）	繰延税金資産については、無形固定資産として、繰延税金負債については固定負債として表示しなければならない。	×	繰延税金資産は、投資その他の資産として表示しなければならない。
181第1 (8)（改題）	同一の納税主体において、投資その他の資産に属する繰延税金資産と固定負債に属する繰延税金負債がある場合には、相殺して表示してはならない。	×	相殺して表示しなければならない。
187第1 (5)	「税効果会計に係る会計基準」によれば、連結財務諸表固有の一時差異は、①資本連結に際し、子会社の資産及び負債の時価評価により評価差額が生じた場合、②連結会社相互間の取引から生ずる未実現損益を消去した場合、及び③連結会社相互間の債権と債務の相殺消去により貸倒引当金を減額修正した場合などに生じる。	○	

【貸借対照表：固定資産】投資その他の資産（子会社株式・投資不動産）、繰延資産

156第1(5)	個別財務諸表において、子会社株式を原則、原価評価するのはこれを事業用資産と考えているためである。	○	
197第1(3)	賃貸等不動産の時価等の開示に関する会計基準によれば、賃貸を目的として保有している不動産については、企業の選択により原価又は当期末の時価で評価し、投資その他の資産の区分に計上するが、原価で評価した場合には時価を注記しなければならない。	×	賃貸を目的として保有する不動産については、原価で評価し、時価を注記する。
213第1(10)	「賃貸等不動産の時価等の開示に関する会計基準」によれば、賃貸等不動産には、貸借対照表において投資不動産として区分されている不動産や、その他の賃貸されている不動産や将来において賃貸等不動産として使用される予定で開発中の不動産などの他に、将来の使用が見込まれていない遊休不動産も含まれる。	○	
171第1(5)	繰延資産として資産計上できるのは、研究開発費の他、新株予約権に係る費用、自己株式の取得費用ならびに処分費用などである。	×	研究開発費ではなく開発費。取得費用ならびに処分費用ではなく処分費用。
179第1(5)	繰延資産に該当する社債発行費等とは、社債募集のための広告費、金融機関の取扱手数料、証券会社の取扱手数料、目論見書・社債券等の印刷費、社債の登記の登録免許税その他社債発行のため直接支出した費用をいい、新株予約権の発行に係る費用は含まれない。	×	繰延資産に該当する社債発行費等には、新株予約権の発行にかかる費用も含まれる。

【貸借対照表：固定資産】投資その他の資産（デリバティブ・ヘッジ会計）

153第1(4)	デリバティブ取引により生ずる正味の債権及び債務は、時価をもって貸借対照表価額とし、評価損益は、原則として、当該デリバティブ取引の終了まで繰り延べ経理する。	×	デリバティブ取引による評価損益は、原則として当期の損益として処理する。
213第1(6)	「金融商品に関する会計基準」によれば、繰延ヘッジ会計を適用している場合、ヘッジ会計の要件が充たされなくなったならば、ヘッジ会計の要件が充たされていた間のヘッジ手段に係る損益または評価差額の繰り延べが中止され、損益に計上しなければならない。	×	ヘッジ会計の要件が充たされていた間のヘッジ手段に係る損益または評価差額は、ヘッジ対象に係る損益が認識されるまで引き続き繰り延べる。

【貸借対照表：流動負債】

158第1(1)	委託販売において、受託者が販売した委託商品に関連して委託者から受託者に対して後日支払われる手数料は、委託者にとって発生主義の原則を適用した結果生じる経過勘定項目としての未払費用に該当する。	×	受託者に対して後日支払われる手数料は、未払金として処理する。
183第1(1)	前受収益は、一定の契約に従い、継続して役務の提供を行う場合、すでに提供した役務に対していまだその対価の支払いを受けていないものをいう。	×	いまだ提供していない役務に対して支払いを受けた対価をいう。

【貸借対照表：固定負債】社債

144第1(6)	支払手形、買掛金、借入金、社債その他の債務は、債務額をもって貸借対照表価額とする。ただし、社債を社債金額よりも低い価額又は高い価額で発行した場合など、収入に基づく金額と債務額とが異なる場合には、償却原価法に基づいて算定された価額をもって貸借対照表価額としなければならない。	○	

会計理論

155 第1 (4)	社債を社債金額よりも低い価額または高い価額で発行した場合など、収入に基づく金額と債務額とが異なる場合には、償却原価法に基づいて算定された価額をもって貸借対照表価額とするが、この場合の加減額は独立の営業外収益・費用項目として処理する。	×	債務に償却原価法を適用した場合の加減額は、支払利息に含めて処理する(社債の場合は社債利息に含めて処理する)。
171 第1 (6)	新株予約権付転換社債について、一括法(社債と新株予約権の払込金額を合算する方法)を採用している場合、新株予約権が行使され、新株が発行された時には、新株予約権に対応する償却原価法による社債の価額を資本金および資本準備金あるいは利益準備金に振り替える。	×	資本金および資本準備金あるいは利益準備金ではなく、資本金または資本金および資本準備金。
146 第1 (8)	新株予約権付社債の取得者側においては、一定の方法により、新株予約権付社債の取得価額を社債の対価部分と新株予約権の対価部分とに区別する。	×	転換社債型新株予約権付社債を取得したときは、区分せず一括して処理する。

【貸借対照表：固定負債】資産除去債務

175 第1 (5)	資産除去債務の「引当金処理」は、除去費用が対象となる固定資産の使用に応じて各期間に費用配分されるという点で、「資産負債の両建処理」と同様であり、債務の負債計上額も同額となる。	×	「引当金処理」は債務の負債計上額が「資産負債の両建処理」よりも少額となる。
177 第1 (8)	資産除去債務会計において、資産除去債務に対応する除去費用は、資産除去債務を負債として計上した時に、当該負債の計上額と同額を、関連する有形固定資産の帳簿価額に加える。資産計上された資産除去債務に対応する除去費用は、減価償却を通じて、当該有形固定資産の残存耐用年数にわたり、各期に費用配分する。	○	
213 第1 (3)	「資産除去債務に関する会計基準」によれば、割引前の将来キャッシュ・フローに重要な見積りの変更が生じた場合、その見積りの変更が生じた時点の割引率によって資産除去債務の見積りの変更に伴う調整額を計算する。	×	割引前の将来キャッシュ・フローが減少する場合には、負債計上時の割引率によって調整額を計算する。
205 第1 (8)	「資産除去債務に関する会計基準」によれば、時の経過による資産除去債務の調整額は、損益計算書上、営業外費用の区分に計上する。	×	時の経過による資産除去債務の調整額は、関連する有形固定資産の減価償却費と同じ区分に含めて計上する。

【貸借対照表：その他】先物取引差金

149 第1 (4)	先物取引の記録における先物取引差金は、未実現の先物利益または損失を示す貸借対照表上の項目である。	×	先物取引差金は、実現した先物利益または損失を示す貸借対照表上の項目である。

【貸借対照表：純資産】株主資本

164 第1 (4)	自己株式処分差益は資本剰余金であるから、配当することはできない。	×	自己株式処分差益はその他資本剰余金であり、配当することができる。
167 第1 (4)	資本と利益の混同は禁止されているが、自己株式の処分や消却の会計処理をした結果、その他資本剰余金が負の残高になったときには、その都度、その他利益剰余金(繰越利益剰余金)で補てんすることができる。	×	その他利益剰余金によるその他資本剰余金の補てんは、その都度ではなく、会計期間末において行う。
205 第1 (1)	「企業会計原則」によれば、資本取引と損益取引とを明瞭に区別し、特に資本準備金と利益準備金とを混同してはならない。	×	資本取引・損益取引区分の原則では、資本剰余金と利益剰余金を混同してはならないとしている。

	【貸借対照表：純資産】評価・換算差額等、新株予約権		
150 第1 (4)	その他有価証券の貸借対照表価額は時価で評価し、評価差額を総て純資産の部に直入する。	×	部分純資産直入法の場合、評価差損は損失として処理する。
165 第1 (7)	新株予約権の権利の消滅は、その他資本剰余金の増加となる。	×	新株予約権の権利の消滅は、当期の損益となる。
213 第1 (2)	「貸借対照表の純資産の部の表示に関する会計基準」によれば、純資産の部は株主資本と株主資本以外の各項目に区分され、株主資本以外の各項目は、個別貸借対照表上、評価・換算差額等、株式引受権及び新株予約権に区分される。	○	
185 第1 (7)	「ストック・オプション等に関する会計基準」によれば、ストック・オプションを付与し、これに応じて従業員等から取得するサービスは、この取得に応じて費用として計上し、対応する金額を、ストック・オプションに係る負債として計上する。	×	貸借対照表の純資産の部に新株予約権として計上する。
181 第1 (6)	ストック・オプションが権利行使され、これに対して新株を発行した場合には、新株予約権として計上した額のうち、当該権利行使に対応する部分を払込資本に振り替える。	○	
189 第1 (8)	ストック・オプション会計において、権利不行使による新株予約権の失効が生じた場合には、新株予約権として計上した額のうち、当該失効に対応する部分を利益として計上するが、この会計処理は当該失効が確定した期に行う。	○	
195 第1 (8)	ストック・オプション等に関する会計基準によれば、企業が財貨又はサービスの取得の対価として、自社の株式を用いる取引については、取得した財貨又はサービスを資産又は費用として計上し、対応額を払込資本として計上するが、取得した財貨又はサービスの取得価額は、対価として用いられた自社の株式の契約日における公正な評価額で算定する。	×	取得した財貨又はサービスの公正な評価額の方が高い信頼性をもって測定可能な場合は、その評価額で算定する。
	【貸借対照表：純資産】自己株式		
191 第1 (8)	「自己株式及び準備金の額の減少等に関する会計基準」によれば、取得した自己株式は、取得原価でもって、資産の部に計上するのではなく純資産の部の株主資本から控除する。	○	
187 第1 (8)	「自己株式及び準備金の額の減少等に関する会計基準」によれば、自己株式の取得に関する付随費用は自己株式の取得原価に算入し、処分及び消却に関する付随費用は、損益計算書の営業外費用に計上する。	×	自己株式の取得に関する付随費用は、損益計算書の営業外費用に計上する。
181 第1 (10)	自己株式を消却した場合には、消却手続が完了したときに、消却の対象となった自己株式の帳簿価額をその他資本剰余金から減額する。	○	

会計理論

出題回数	問　　　題		解答・理由
【損益計算書：売上高】			
153 第1 (1)	手持原材料や貯蔵品の売却額は、営業外収益の区分に計上されるのが原則である。	×	手持原材料や貯蔵品の売却額は原則として売上高に含める。
211 第1 (10)	「収益認識に関する会計基準」によれば、企業は約束した財又はサービス（資産）を顧客に移転することにより履行義務を充足した時に又は充足するにつれて収益を認識するが、資産が移転するのは、顧客が当該資産に対する所有権を獲得した時又は獲得するにつれてである。	×	資産が移転するのは、顧客が当該資産に対する支配を獲得した時または獲得するにつれてである。
195 第1 (1)	企業会計原則によれば、営業損益計算の区分は、当該企業の営業活動から生ずる費用及び収益を記載して、経常利益を計算する。	×	営業損益計算の区分は、当該企業の営業活動から生ずる費用及び収益を記載して、営業利益を計算する。
181 第1 (2)	二つ以上の営業を目的とする企業は、損益計算書の営業損益計算の区分において、費用及び収益を主要な営業別に区分して記載する。	○	
162 第1 (1)	製造業において、副産物、作業くずなどの売上収入は、原則として営業外収益とする。	×	副産物、作業くずなどの売上収入は、原則として売上高に含める。
175 第1 (1)	損益計算書の記載は総額主義の原則によっているが、売上総利益の計算要素である売上高および当期商品仕入高は、総額ではなく純額で示されている。	○	
161 第1 (2)	会計単位内部における原材料や半製品等の振替から生じる原価差額等は内部利益と呼ばれ、外部に公表する財務諸表の作成上、消去しなければならない。	×	会計単位内部における原材料、半製品等の振替から生ずる差額は内部利益ではない。
193 第1 (2)	企業会計原則によれば、内部利益とは、原則として、本店、支店、事業部等の企業内部における独立した会計単位相互間の内部取引から生ずる未実現の利益である。	○	
173 第1 (3)	企業会計原則注解 [注11] によれば、内部利益の除去は、本支店等の合併損益計算書において売上高から内部売上高を控除し、仕入高（または売上原価）から内部仕入高（または内部売上原価）を控除するとともに、期末棚卸高から内部利益の額を控除する方法によるが、これらの控除に際しては、合理的な見積概算額によってはならない。	×	内部利益の控除に際しては、合理的な見積概算額によることもできる。
173 第1 (10)	本支店会計において、Ａ支店からＢ支店に利益を付加して商品を送付した場合、Ａ支店の本店売上勘定の金額と本店のＡ支店仕入勘定の金額の一致も、本店のＢ支店売上勘定の金額とＢ支店の本店仕入勘定の金額の一致も、支店分散会計制度がとられていれば成立するが、本店集中計算制度がとられていれば成立しない。	○	
173 第1 (2)	振替損益とは、原則として、本店、支店、事業部等の企業内部における独立した会計単位相互間の内部取引から生ずる未実現の損益である。	×	振替損益とは、会計単位内部における原材料、半製品等の振替から生ずる損益である。
183 第1 (2)	「企業会計原則」によれば、同一企業内部の会計単位として独立した各経営部門の間における商品等の移転によって発生した振替損益は、売上高及び売上原価を算定するに当って除去しなければならない。	×	独立した各経営部門の間における商品等の移転によって発生した損益は、振替損益ではなく内部利益である。

【損益計算書：完成工事高】工事収益

179 第1 (3)（改題）	同一の工事契約に係る棚卸資産及び工事損失引当金がある場合には、両者を相殺した差額を棚卸資産又は工事損失引当金として流動資産又は流動負債に表示することができる。	○	
207 第1 (6)	履行義務の充足に係る進捗度を合理的に見積ることができないが、当該履行義務を充足する際に発生する費用を回収することが見込まれる場合には、履行義務の充足に係る進捗度を合理的に見積ることができる時まで、一定の期間にわたり充足される履行義務について原価回収基準により処理する。	○	

【損益計算書：売上原価】期末商品

147 第1 (2)	損益計算書の売上高の計算過程において示される商品期末たな卸高と貸借対照表の商品の価額とは常に一致する。	×	減耗や評価損が発生する場合は一致しない。
167 第1 (2)	原価差額を売上原価に賦課した場合には、損益計算書において、売上原価の内訳科目として記載する。	○	

【損益計算書：販売費及び一般管理費】役員賞与

159 第1 (6)	取締役、会計参与、監査役及び執行役に対する役員報酬は、費用処理され、役員賞与は、利益処分とされる。	×	役員賞与は当期の費用として計上される。

【損益計算書：販売費及び一般管理費】研究開発費

144 第1 (2)	当期に発生した研究開発費は、当期製造費用または一般管理費として処理されるが、当期の期間費用となるとは限らない。	○	
159 第1 (5)	研究開発費には、人件費、原材料費、固定資産の減価償却費など研究開発のために費消されたすべての原価が含まれ、その全額が当期の期間費用となる。	×	当期製造費用となる場合には期末棚卸資産に含まれることもある。
161 第1 (6)	特定の研究開発目的にのみ使用され、他の目的に使用できない機械装置や特許権等を取得した場合の原価は、その経済的耐用年数にわたり減価償却を実施し、当該事業年度に配分された減価償却費をもって研究開発費として費用処理する。	×	他の目的に使用できない機械装置や特許権等の原価は、取得時の研究開発費とする。
162 第1 (4)	ソフトウェアの制作費のうち研究開発費に該当する部分は、研究開発費とされ、すべて当期の期間費用となる。	×	当期製造費用として処理した場合には、未販売の製品に含まれる部分は、棚卸資産となる。
187 第1 (7)	「研究開発費等に係る会計基準」によれば、市場販売目的のソフトウェアについては、最初に製品化された製品マスターの完成までの費用を研究開発費とし、購入したソフトウェアに対する著しい改良に要した費用は当該ソフトウェアの取得原価に含めて処理する。	×	著しい改良に要した費用は研究開発費とする。
185 第1 (4)	「研究開発費等に係る会計基準」によれば、研究とは、新しい知識の発見を目的とした計画的な調査及び探究をいい、開発とは、新しい製品・サービス・生産方法についての計画若しくは設計又は既存の製品等を著しく改良するための計画若しくは設計として、研究の成果その他の知識を具体化することをいう。	○	

【損益計算書：販売費及び一般管理費】貸倒引当金繰入額

171 第1 (4)	キャッシュ・フロー見積法による貸倒懸念債権の評価では、債権の元本及び利息について債権の元本及び利息の受取りが見込まれる時から当期末までの期間にわたり当初の約定利子率で割り引いた金額と債権の帳簿価額との差額を貸倒引当金とする。	○	
164 第1 (7)	破産更生債権等については、債権額から担保の処分見込額および保証による回収見込額を減額し、その残額について債務者の財政状態および経営成績を考慮して貸倒見積高を算定する。	×	破産更生債権等については、債権額から担保の処分見込額および保証による回収見込額を減額し、その残額を貸倒見積高とする。
170 第1 (4)	破産更生債権等の貸倒見積高は、貸倒引当金として処理しなければならず、債権金額又は取得価額から直接減額してはならない。	×	破産更生債権等の貸倒見積高は、原則として、貸倒引当金として処理する。ただし、債権金額又は取得価額から直接減額することもできる。
179 第1 (2)	債務者から契約上の利払日を相当期間経過しても利息の支払を受けていない債権及び破産更生債権等については、すでに計上されている未収利息を当期の損失として処理するとともに、それ以後の期間に係る利息を計上してはならない。	○	

【損益計算書：販売費及び一般管理費】退職給付費用

161 第1 (5)	退職給付会計において、退職給付費用は、過去勤務費用及び数理計算上の差異がなければ、一期間の労働の対価として発生した勤務費用に、期末までの時の経過により発生する計算上の利息である利息費用を加算し、年金資産に係る当期の実際運用収益を控除して算定される。	×	退職給付費用は、勤務費用に利息費用を加算し、期待運用収益相当額を控除して処理する。
189 第1 (6)	「退職給付に関する会計基準」によれば、「数理計算上の差異」とは、年金資産の期待運用収益と実際の運用成果との差異、退職給付債務の数理計算に用いた見積数値と実績との差異及び見積数値の変更等により発生した差異をいう。	○	
167 第1 (8)	退職給付会計において、過去勤務費用及び数理計算上の差異の費用処理については、未認識過去勤務費用及び未認識数理計算上の差異の残高の一定割合を費用処理する方法、いわゆる定率法によることができる。	○	
170 第1 (9)	過去勤務費用及び数理計算上の差異は、原則として、各期の発生額について平均残存勤務期間以内の一定の年数で按分した額を費用処理しなければならないが、この場合、数理計算上の差異については、当期の発生額を翌期から費用処理する方法を用いることができる。	○	
191 第1 (6)	「退職給付に関する会計基準」によれば、連結貸借対照表における退職給付に係る負債は、退職給付債務から年金資産の額を控除し、さらに未認識過去勤務費用及び未認識数理計算上の差異を加減して求める。	×	連結貸借対照表における退職給付に係る負債は、退職給付債務から年金資産を控除した額とする。
159 第1 (7)	退職給付会計において、給付水準の重要な改訂を行ったときに発生する過去勤務費用を発生時に全額費用処理(利益処理を含む)する場合などにおいて、その金額が重要であると認められる場合の当該金額は、繰延処理しなければならない。	×	過去勤務費用に係る当該金額は特別損益として計上することができる。

出題回数	問題		解答・理由
175 第1 (6)	退職給付債務の計算における割引率は、安全性の高い債券の利回りを基礎として決定し、年金資産からの期待運用収益は、期首の年金資産の額にその時点での実際運用収益率を乗じて計算される。	×	期待運用収益は、期首の年金資産の額に長期期待運用収益率を乗じて計算する。
183 第1 (6)	「退職給付に関する会計基準」によれば、数理計算上の差異は、原則として、各期の発生額について、予想される退職時から現在までの平均的な期間で按分した額を毎期費用処理する。	×	平均的な期間以内の一定の年数で按分した額を毎期費用処理する。
179 第1 (7)	退職給付債務の計算における割引率については、安全性の高い債券の利回りを基礎として決定するが、安全性の高い債券の利回りとは、期末における国債、政府機関債及び優良社債の利回りをいう。	○	
213 第1 (7)	「退職給付に関する会計基準」によれば、確定拠出制度については、当該制度に基づく要拠出額をもって費用処理する。	○	
【損益計算書：営業外損益】			
144 第1 (3)	受取手形を割引いたときに発生した手形売却損は、期間配分しなければならない。	×	手形売却損は期間配分せずに、全額その期の費用とする。
150 第1 (8)	外貨建金銭債務の決済による損益は、原則として、当期の為替差損益として処理する。	○	
168 第1 (3)	長期外貨建債権債務の決算時の換算によって生じた換算差額は、当期の損益とせず、貸借対照表の純資産の部に為替換算差額調整勘定として直入する。	×	長期外貨建債権債務の決算時の換算によって生じた換算差額は、為替差損益として当期の損益として処理する。
162 第1 (5)	株式交付費には、新株の発行にともなう費用のみならず、自己株式の処分にかかる費用も含まれる。	○	
【損益計算書：法人税、住民税及び事業税】			
201 第1 (9)	法人税、住民税及び事業税等に関する会計基準によれば、事業税(付加価値割及び資本割)は、原則として、損益計算書の販売費及び一般管理費として表示する。	○	
【損益計算書：当期純利益】			
170 第1 (1)	企業会計原則第二・損益計算書原則一によれば、損益計算書は、企業の経営成績を明らかにするため、一会計期間に属するすべての収益とこれに対応するすべての費用とを記載して経常利益を表示し、これに特別損益に属する項目を加減して当期純利益を記載しなければならない。	○	
【損益計算書：一株当たり当期純利益】			
144 第1 (8)	一株当たり当期純利益は、損益計算書の当期純利益を株式の期中平均株式数で除して計算しなければならない。	×	普通株式に係る当期純利益を普通株式の期中平均株式数で除して計算する。

出題回数	問題		解答・理由
【株主資本等変動計算書】			
153 第1	剰余金の配当を行う場合、会社法に規定されている正規の減資手続きを取れば、資本金さえも配当の財源とすることができるが、配当計算上は、最低1千万円の純資産額を維持しなければならない。	×	最低300万円の純資産額を維持しなければならない。

出題回数	問　題		解答・理由
162 第1 (10)	株主資本等変動計算書において、剰余金の配当はすべて繰越利益剰余金の減少項目として計上される。	×	その他資本剰余金を原資とする剰余金の配当は、その他資本剰余金の減少項目として計上される。
193 第1 (4)	株主資本等変動計算書において、貸借対照表の純資産の部における株主資本の各項目は、当期首残高、当期変動額及び当期末残高に区分し、当期変動額は純額で表示する。	×	株主資本の各項目の当期変動額は、変動事由ごとにその金額を表示する。
189 第1 (4)	「株主資本等変動計算書に関する会計基準」によれば、株主資本等変動計算書において、貸借対照表の純資産の部における株主資本以外の各項目は、当期首残高、当期変動額及び当期末残高に区分し、当期変動額は変動事由ごとにその金額を表示しなければならない。	×	株主資本以外の各項目の当期変動額は、原則として純額で表示するが、変動事由ごとに表示することもできる。

出題回数	問　題		解答・理由
【キャッシュ・フロー計算書：営業活動によるキャッシュ・フロー】			
162 第1 (9)	キャッシュ・フロー計算書において、配当金と利息の支払額はともに財務活動によるキャッシュ・フローの部に計上しなければならない。	×	利息の支払額は営業活動によるキャッシュ・フローに計上することもできる。
181 第1 (7)	連結キャッシュ・フロー計算書の「営業活動によるキャッシュ・フロー」の区分には、営業損益計算の対象となった取引からのキャッシュ・フローのみを記載する。	×	投資活動及び財務活動以外の取引によるキャッシュ・フローも記載する。
211 第1 (3)	「連結キャッシュ・フロー計算書等の作成基準」によれば、法人税等（住民税及び利益に関連する金額を課税標準とする事業税を含む。）に係るキャッシュ・フローは、「財務活動によるキャッシュ・フロー」の区分に記載する。	×	法人税等に係るキャッシュ・フローは、「営業活動によるキャッシュ・フロー」の区分に記載する。
【キャッシュ・フロー計算書：財務活動によるキャッシュ・フロー】			
197 第1 (6)	連結キャッシュ・フロー計算書等の作成基準及び同注解によれば、投資活動によるキャッシュ・フロー及び財務活動によるキャッシュ・フローは、主要な取引ごとにキャッシュ・フローを総額表示しなければならないが、期間が短く、かつ、回転が速い項目にかかるキャッシュ・フローについては、純額で表示することができる。	○	
【キャッシュ・フロー計算書：現金及び現金同等物】			
158 第1 (9)	キャッシュ・フロー計算書の「現金及び現金同等物」の中の現金と貸借対照表の「現金及び預金」の現金とは中身（構成要素）が一致する。	×	キャッシュ・フロー計算書の「現金」には、貸借対照表の「現金」に含まれていない要求払預金が含まれているため、一致しない。
171 第1 (9)	受け入れたすべての小切手はもちろん、当座預金、普通預金、定期預金などが、キャッシュ・フロー計算書の現金となる。	×	定期預金ではなく通知預金。
183 第1 (9)	「連結キャッシュ・フロー計算書等の作成基準」によれば、連結キャッシュ・フロー計算書等が対象とする資金の範囲は、現金及び現金同等物であるが、ここで、現金とは、手許現金及び要求払預金をいい、現金同等物とは、容易に換金可能であり、かつ、価値の変動について僅少なリスクしか追わない短期投資をいう。	○	

出題回数	問　　題		解答・理由
【連結財務諸表：資本連結】			
159 第1 (9)	連結会計手続きにおいて発生した連結のれんは、連結貸借対照表上、投資その他の資産の部に計上するとともに、原則として、その計上後20年以内に、定額法その他合理的な方法により償却しなければならない。	×	連結のれんは、連結貸借対照表上、無形固定資産に計上する。
170 第1 (10)	正ののれんは、資産に計上し、その効果の及ぶ期間にわたって、定額法その他の合理的な方法により規則的に償却する。ただし、その金額に重要性が乏しい場合には、当該のれんが生じた事業年度の費用として処理することができる。	×	正ののれんは、20年以内のその効果の及ぶ期間にわたって、定額法その他の合理的な方法により規則的に償却する。
171 第1 (3)	のれんは、繰延資産の区分に表示し、その当期償却額は特別損失の区分に表示する。	×	繰延資産ではなく無形固定資産。特別損失ではなく販売費及び一般管理費。
161 第1 (9)	連結会社における資本連結手続きにあたっては、子会社の資産及び負債のすべてを、株式取得日ごとに当該日における公正な評価額により評価し、時価により算定した子会社の資本のうち親会社に帰属する部分を投資と相殺消去する。	×	資本連結手続きにあたっては、子会社の資産及び負債のすべてを支配獲得日の時価により評価する。
165 第1 (9)	連結財務諸表の作成において発生した負ののれんは負債として計上する。	×	負ののれんは、原則として、特別利益に計上する。
195 第1 (10)	連結財務諸表に関する会計基準によれば、子会社株式を追加取得した場合には、追加取得した株式に対応する持分を非支配株主持分から減額し、追加取得により増加した親会社の持分(以下「追加取得持分」という。)を追加投資額と相殺消去し、追加取得持分と追加投資額との間に生じた差額は、資本剰余金とする。	○	
179 第1 (10)	子会社株式を一部売却した場合(親会社と子会社の支配関係が継続している場合に限る。)には、売却した株式に対応する持分を親会社の持分から減額し、非支配株主持分を増額する。売却による親会社の持分の減少額(売却持分)と売却価額との間に生じた差額は、利益剰余金とする。	×	子会社株式の一部売却による親会社の持分の減少額(売却持分)と売却価額との間に生じた差額は、資本剰余金とする。
193 第1 (5)	連結財務諸表において、連結子会社が保有する親会社株式は、親会社が保有している自己株式と合わせ、純資産の部の株主資本に対する控除項目として表示する。	○	
【連結財務諸表：在外子会社の換算】			
193 第1 (10)	外貨建取引等会計処理基準によれば、在外子会社等の財務諸表項目の換算に当たり、収益及び費用については、原則として決算時の為替相場による円換算額を付すが、収益及び費用は期中に徐々に発生するものであるから期中平均相場による円換算額を付すことができる。	×	収益及び費用については原則として期中平均相場による円換算額を付すが、決算時の為替相場による円換算額を付すこともできる。
146 第1 (2)	連結財務諸表の作成又は持分法の適用にあたり、外国にある子会社又は関連会社の外国通貨で表示されている財務諸表項目の換算によって生じた換算差額は、当期の為替差損益として処理する。	×	貸借対照表項目の換算によって生じた換算差額については、為替換算調整勘定として処理する。

会計理論

156 第1 (8)	在外子会社の財務諸表項目の換算において換算のパラドックスが生じないのは為替換算調整勘定が在外子会社の資産負債の換算に用いる為替相場と純資産換算に用いる為替相場の差を吸収(調整)するからである。	○	
175 第1 (9)	連結財務諸表の作成にあたり、外国にある子会社の外貨表示財務諸表項目の換算により生じた換算差額については、為替換算調整勘定として連結貸借対照表の資産の部(借方の場合)または負債の部(貸方の場合)に記載する。	×	為替換算調整勘定は、純資産の部に記載する。

【本支店会計：在外支店の換算】

149 第1 (7)	在外支店の財務諸表の換算において、換算のパラドックスが生じることは避けられない。	○	
158 第1 (8)	在外支店における外貨建取引については、原則として本店と同様に処理するので、発生時の為替相場で換算する。ただし、本支店合併財務諸表を作成する場合には、収益及び費用(収益性負債の収益化額及び費用性資産の費用化額を除く。)の換算について、決算時の為替相場によることができる。	×	収益及び費用の換算については、期中平均相場によることができる。

【連結財務諸表：非支配株主持分】

143 第1 (9)	連結財務諸表において、非支配株主持分は子会社の持分であることから連結貸借対照表の負債の部に表示する。	×	非支配株主持分は、連結貸借対照表の純資産の部に表示する。
155 第1 (8)	連結財務諸表の作成において、ダウン・ストリームの場合、子会社の期末たな卸資産に含まれている未実現損益は、その全額をたな卸資産から控除するとともに、親会社と非支配株主の持分比率に応じて親会社の持分と非支配株主持分に配分する。	×	ダウン・ストリームの場合には、未実現損益の全額をたな卸資産から控除し、全額を親会社が負担する。
171 第1 (8)	連結財務諸表の作成において、アップ・ストリームの場合、期末棚卸資産に含まれている未実現利益は、その全額を当該棚卸資産から控除するとともに、親会社と子会社の持分比率に応じて親会社持分と子会社持分に配分する。	×	子会社ではなく非支配株主。
187 第1 (10)	「連結財務諸表に関する会計基準」によれば、連結会社相互間の取引によって取得した棚卸資産、固定資産その他の資産に含まれる未実現損益は、その全額を消去するが、未実現損失については、売手側の帳簿価額のうち回収不能と認められる部分は、消去しない。	○	
158 第1 (10)	連結貸借対照表において、連結子会社の個別貸借対照表上、純資産の部に表示されている評価・換算差額等は、持分比率に基づき親会社持分割合と非支配株主持分とに按分し、親会社持分割合は当該区分において記載し、非支配株主持分割合は非支配株主持分に含めて記載する。	○	
153 第1 (8)	連結財務諸表は個別財務諸表準拠性の原則に基づいて作成されるので、親子間の決算日が異なる場合、子会社は連結決算日に常に正規の決算に準ずる手続きによって決算を行わねばならない。	×	決算日の差異が3ヵ月以内の場合、子会社の正規の決算を基礎として行うこともできる。

【連結財務諸表：包括利益】

193第1(8)	包括利益の表示に関する会計基準によれば、「その他の包括利益」とは、包括利益のうち当期純利益に含まれない部分をいうが、連結財務諸表におけるその他の包括利益は、親会社株主に係る部分のみである。	×	その他の包括利益には、親会社株主に係る部分と非支配株主に係る部分が含まれる。
203第1(5)	「退職給付に関する会計基準」によれば、連結貸借対照表においてその他の包括利益累計額に計上されている未認識数理計算上の差異のうち、個別財務諸表で当期に費用処理された部分についても、そのままその他の包括利益累計額に含めたままとする。	×	未認識数理計算上の差異のうち当期に費用処理された部分については、その他の包括利益の調整(組替調整)が行われる。

【四半期連結財務諸表】

175第1(8)	四半期財務諸表の性格付けについては、「実績主義」と「予測主義」という考え方があるが、わが国では「予測主義」に基づいており、開示の迅速性が求められる四半期財務諸表では簡便的な会計処理も認められている。	×	四半期財務諸表の性格付けについては、「実績主義」に基づいている。
201第1(2)	四半期財務諸表に関する会計基準によれば、四半期連結財務諸表の範囲は、四半期連結貸借対照表、四半期連結損益計算書、四半期連結キャッシュ・フロー計算書とされている。	×	四半期連結財務諸表の範囲には、四半期連結包括利益計算書も含まれる。

【企業結合】

155第1(10)	取得となる企業結合において、現金以外の資産の引渡しにより取得した事業の取得原価は、支払対価となる財の時価である。	×	取得原価は、支払対価の時価と取得した純資産の時価のうち、より高い信頼性をもって測定可能な時価で算定する。
197第1(9)	企業結合に関する会計基準によれば、消滅会社が取得企業となる場合、存続会社の個別財務諸表では、当該取得企業の資産及び負債を合併直前の適正な帳簿価額により計上する。	○	
183第1(8)	「企業結合に関する会計基準」によれば、連結財務諸表の作成上、取得関連費用(外部のアドバイザー等に支払った特定の報酬・手数料等)は、被取得企業又は取得した事業の取得原価に含める。	×	取得関連費用は、発生した事業年度の費用として処理する。

【その他】

181第1(1)	企業会計原則注解によれば、後発事象とは、貸借対照表日後に発生した事象で、次期以後の財政状態のみに影響を及ぼすものをいう。	×	次期以後の財政状態及び経営成績に影響を及ぼすものをいう。
199第1(8)	会計方針の開示、会計上の変更及び誤謬の訂正に関する会計基準によれば、有形固定資産等の減価償却方法の変更は会計方針の変更であるため、新たな会計方針を過去の期間のすべてに遡及適用する。	×	減価償却方法の変更は、会計上の見積りの変更として取り扱い、遡及適用は行わない。
203第1(3)	「会計方針の開示、会計上の変更及び誤謬の訂正に関する会計基準」によれば、過去に入手可能な情報に基づく最善の見積りを行わなかったために、すでに目的を達成した引当金に残高が存在する場合には、その性質により、営業損益又は営業外損益として認識する。	×	最善の見積りを行わなかったことにより引当金の残高が存在する場合は過去の誤謬に該当するため、修正再表示を行う。

財務分析比率集

名　称	算　式　　😊：企業活動の良い状態 😞：企業活動の悪い状態 ※：期首と期末の平均	意　味

法則1：「○○率」は、○○が分子、分母は分子が比較対照とするもの。

$$○○率 = \frac{○○}{比較対照とするもの} \times 100（\%）$$

「合格率」の分子が合格者であるのと同様に、「○○率」の分子は○○となります。ただし、比率の名称上『資産』が省略されることがあるので、補って読むようにしましょう。

例：流動比率 ⇒ 流動資産比率　∴流動資産が分子となる。

名　称	算　式	意　味
1－1 流　動　比　率 （銀行家比率）	$\dfrac{流動資産}{流動負債} \times 100（\%）$ 〈高い😊 低い😞	流動負債（全休）を流動資産で返済できるか否かを表す。 短期的な負債の支払能力を示す指標。
1－2 当　座　比　率 （酸性試験比率）	$\dfrac{当座資産}{流動負債} \times 100（\%）$ 〈高い😊 低い😞 当座資産：流動資産のうちすぐに現金化できるもので棚卸資産は除く。	換金性の高い当座資産と流動負債との比率で、流動比率よりもさらに短期の支払能力を表す指標。
1－3 固　定　比　率	$\dfrac{固定資産}{自己資本} \times 100（\%）$ 〈高い😞 低い😊	固定資産の投資を自己資本の範囲内で実施しているかどうかを判断するための指標。

法則2：会計用語が2つ連続する「××○○率」は、前の××が分母、後の○○が分子。

$$××○○率 = \frac{○○}{××} \times 100（\%）$$

名　称	算　式	意　味
2－1 総　資　産 当　期　純　利　益　率 （ROA）	$\dfrac{当期純利益}{総資産^{※}} \times 100（\%）$ 〈高い😊 低い😞	資産1円あたりの当期純利益の額。 総資産（総資本）が利益獲得のためにいかに効率的に使用されたかを示す指標。
総　資　産 当　期　純　利　益　率 （ROA）の分解	$\dfrac{当期純利益}{総収益} \times \dfrac{総収益}{総資産^{※}}$ （利益率）　　（回転率） 分子と分母に総収益（売上高）を入れ、式を分解すると利益率・回転率が求められます。	ROAを純利益率と総資産回転率に分解することで、利益に関わる部分と資産に関わる部分とに分けて見ることができるようになります。これにより、改善の方針が立てやすくなります。
2－2 使　用　資　産 経　常　利　益　率	$\dfrac{経常利益}{使用資産^{※}} \times 100（\%）$ 〈高い😊 低い😞 使用資産：投資有価証券は含む。建設仮勘定など当期に使用していない資産は除く。	使用した資産1円あたりの経常利益の額。 資産を使って経営活動を行った結果、どれだけ経常利益を上げられたかを示す指標。
2－3 株　主　資　本 当　期　純　利　益　率 （ROE）	$\dfrac{当期純利益}{株主資本^{※}} \times 100（\%）$ 〈高い😊 低い😞	株主の立場での収益性を評価する指標。 調達資本を株主資本に限定し、どれだけ効果的に利益を獲得したかを示します。

2−4 総資産負債比率	$\dfrac{負債}{総資産} \times 100$ (%)	高い 😖 低い 🙂	総資産に対して負債が占める割合。長期的視点で、負債の返済に対する余裕度を示す指標。
2−5 純資産負債比率	$\dfrac{負債}{純資産} \times 100$ (%)	高い 😖 低い 🙂	純資産とくに株主資本が負債に対する担保（支払の源泉）となることから、負債の返済に対する余裕度を示す指標。
2−6 純資産固定負債比率	$\dfrac{固定負債}{純資産} \times 100$ (%)	高い 😖 低い 🙂	返済の必要のない純資産で、固定負債を支払いきることができるか否かを表す比率。 固定負債の返済に対する余裕度を示す指標。
2−7 総収益支払利息比率	$\dfrac{支払利息}{総収益} \times 100$ (%)	高い 😖 低い 🙂	総収益に対する利息の割合。 負債による利息負担が企業経営を圧迫していないか、企業の安定度を測定する指標。

法則3：○○回転率は○○が分母。

○○が売価ベースの場合、分子は売上高　○○が原価ベースの場合、分子は通常、売上原価

○○回転率 $= \dfrac{売上高\ or\ 売上原価}{○○}$ (回)　分母と分子を入れ替えた場合、回転期間となる。

3−1 売上債権回転率	$\dfrac{売上高}{売上債権}$ (回転)	高い 🙂 低い 😖	売上債権の回収速度を示す指標。
3−2 棚卸資産回転率	$\dfrac{売上原価}{棚卸資産^{※}}$ (回転)	高い 🙂 低い 😖	棚卸資産に投下された資本の効率を示す指標。
3−3 仕入債務回転率	$\dfrac{売上原価}{仕入債務^{※}} \times 100$ (%)	高い 🙂 低い 😖	仕入債務の支払を、どの程度効率的に行っているか、経営の効率性を分析する指標。
3−4 売上債権回転期間 （売上債権回転日数）	$\dfrac{売上債権}{売上高 \div 365}$ (日) または $\dfrac{売上債権}{売上高} \times 365$(日)	高い 😖 低い 🙂	売上債権がどれくらいの期間で回収できるかを示す指標。売上債権回転月数の場合、売上高を12で割る。

その他：これらの比率は、そのまま覚えましょう。

4−1 配当性向	$\dfrac{配当金}{当期純利益} \times 100$ (%)	高い 🙂 低い 😖	企業利益（当期純利益）のうち、どれだけの利益が株主に還元されたかを示す指標。配当金支出が妥当かどうかを測定する比率でもあります。
4−2 1株あたり当期純利益 （EPS）	$\dfrac{普通株式に係る当期純利益}{普通株式の期中平均株式数}$	高い 🙂 低い 😖	株主の立場に立ち、1株あたりどれだけの利益が出ているかを示す指標。
4−3 1株あたり純資産 （BPS）	$\dfrac{純資産}{発行済株式総数}$	高い 🙂 低い 😖	株主の立場に立ち、その時点の株主持分の大きさを見る指標。
4−4 固定長期適合率	$\dfrac{固定資産}{（株主資本＋固定負債）} \times 100$ (%) 株主資本：純資産のうち評価・換算差額等を除いた株主の持分である。	高い 😖 低い 🙂	株主資本と社債や長期借入金などの固定負債によって固定資産がどの程度、賄われているかを示す指標。

スマートフォンやタブレットでいつでもどこでも理論問題対策

デジタルドリル powered by ノウン

iOS、Android 端末対応
650円
無料サンプルあり

特長1 **外出先や移動中のスキマ時間の学習にピッタリ！**

普段持ち歩いているスマートフォンやタブレットで学習ができるので、テキストや問題集を歩かなくても、手軽に学習が可能です。また、データはお使いの端末にダウンロードされるので、通信料の心配もありません。

特長2 **実際に出題された会計学の過去問題をたっぷり収録**

過去約15年分の会計学第1問で出題された正誤判定問題に加え、過去10回分の会計学第2問の空欄補充問題を収録しています。繰り返し解いて、会計学の得点UPを狙いましょう！
（問題数などは変更となる場合がございます）

特長3 **復習に便利な管理機能、出題機能**

過去の正解率の他、あやふやか否かの理解度や間違えた原因の記録もでき、「間違えた問題だけ」や「自信のない問題だけ」を解きなおす機能もあるので、苦手克服にも最適です。

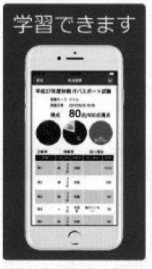

アプリの詳しい情報や方法など、詳細は下記『ノウンストア』をご覧下さい。

https://knoun.jp/store

※ アプリや問題データのダウンロードに要する通信料はお客様のご負担となります。
※ コンテンツの内容等は予告なく変更となる場合がございます。あらかじめご了承下さい。
※ 利用期間は2025年2月末日までの予定です。あらかじめご了承ください。
※ ノウンはNTTアドバンステクノロジ株式会社が提供するサービスです。
※ ノウンはNTTアドバンステクノロジ株式会社の登録商標です。

問題編

商業簿記
財務会計

会計基準の改定を考慮し，問題を修正したものについては 改 マークをついています。

【科目名の記載について】
令和6年度（2024年度）より、全経簿記能力検定試験の科目名が
下記のように変更となりました。
　（変更前）　　　（変更後）
　商業簿記　→　商業簿記
　会計学　　→　財務会計
本書では、これから受験される方々の学習の利便性を考慮して、
科目名変更前に出題された過去問題についても、変更後の科目名
を付しています。

商 業 簿 記 問 題（第 197 回）

解答解説：116 ページ
解答用紙： 2 ページ

（注意事項）
(1) 計算を容易にするために，数値を極端に大きく（小さく）している箇所がある。
(2) 計算の過程で端数が生じた場合には，特に指示のない限り解答の最終段階で千円未満を四捨五入する。
(3) 特に指示のない限り，原則的な処理方法によること。

問題1 以下の問いに答えなさい。過去の財務諸表作成時においては，入手可能な情報にもとづき最善の
見積りを行っていたものとする。なお，使用する勘定科目は，次から選ぶこと。

　　　　備品，減価償却累計額，減価償却費，臨時償却費

問1 　2 期前の期首に備品（耐用年数 10 年，残存価額はゼロ）を 8,000 千円で取得し定額法で償却してき
たが，当期首から償却方法を定率法（償却率 25％）に変更した。当期末の減価償却に係る仕訳を答え
なさい。なお，記帳方法は間接法によること。

問2 　3 期前の期首に備品（耐用年数は 10 年，残存価額は取得原価の 10％，定額法により償却，間接法
で記帳）を 20,000 千円で取得したが，当期首から残存耐用年数を？年（各自で推計すること）に変更
した。その際，影響額を当期で一時に認識する方法により処理し，次のように仕訳してしまった（単
位：千円）。そこで，影響額を当期以降の財務諸表において認識する方法により正しく処理した場
合の仕訳を答えなさい。

　　（借）臨 時 償 却 費　　　　　1,350　　　　（貸）減価償却累計額　　　　　3,600
　　　　　減 価 償 却 費　　　　　2,250

問題2 　一連の取引である以下の(1)から(3)について，それぞれの取引の仕訳を答えなさい。なお，使用す
る勘定科目は，次から選ぶこと。

　　　　当座預金，資本金，資本準備金，利益準備金，新株式申込証拠金，
　　　　新株予約権，自己株式，新株予約権戻入益，自己株式処分差益，
　　　　自己株式処分差損

(1) 新株予約権 10 個を，1 個あたりの払込金額 100 千円で発行し，払込金は当座預金とした。新株予約
権の行使に際しては新株予約権 1 個あたり 100 株を 1 株 6 千円で発行する。

(2) 上記の新株予約権のうち 6 個分が行使されたので，新株 450 株を発行するとともに自己株式 150 株
（1 株の帳簿価額 4 千円）を充当し，払込金は当座預金とした。

(3) 行使期間満了となり，新株予約権 4 個は失効した。

問題３　全経株式会社(以下，当社)の当期(2X18 年４月１日～ 2X19 年３月 31 日)に関する**＜資料１＞**及び**＜資料２＞**にもとづいて，解答用紙に示した損益勘定と閉鎖残高勘定を完成させなさい。

(注意事項)
　(1)　すべての空欄に記入するとは限らない。
　(2)　税効果会計は考慮しない。

＜資料１＞　決算整理前残高試算表

決算整理前残高試算表

(単位：千円)

借　方　科　目	金　　額	貸　方　科　目	金　　額
現　　　　　　　　金	12,520	支　払　手　形	800
当　座　預　金	67,540	買　　掛　　金	1,960
受　取　手　形	11,200	社　　　　　債	29,640
売　　掛　　金	4,600	長　期　借　入　金	5,000
電　子　記　録　債　権	800	貸　倒　引　当　金	230
売　買　目　的　有　価　証　券	7,600	建物減価償却累計額	?
繰　越　商　品	24,000	車両運搬具減価償却累計額	400
車　両　運　搬　具	1,200	資　　本　　金	400,000
建　　　　　　物	408,000	資　本　準　備　金	60,000
土　　　　　　地	508,000	利　益　準　備　金	27,000
長　期　貸　付　金	1,000	繰　越　利　益　剰　余　金	?
満　期　保　有　目　的　債　券	1,956	その他有価証券評価差額金	1,200
子　会　社　株　式	3,200	売　　　　　上	790,000
そ　の　他　有　価　証　券	5,700	受　取　利　息	50
仮　払　法　人　税　等	2,000	受　取　地　代	960
仕　　　　　　入	580,000	受　取　配　当　金	82
消　耗　品　費	76		
社　債　利　息	900		
支　払　利　息	100		
支　払　保　険　料	130		
合　　　　計	1,640,522	合　　　　計	1,640,522

＜資料２＞　決算整理事項等
１．外国通貨について
　　現金の中に外国通貨 24 千ドルが含まれている。取得時及び当期末の為替レートは次のとおりである。

取得時為替レート	当期末為替レート
109 （円／ドル）	111 （円／ドル）

２．債権・債務について
　　以下の債権・債務に関する取引が未記帳であることが判明した。
　(1)　売掛金 220 千円について，電子記録債権の発生記録が行われていた。
　(2)　電子記録債権 70 千円について，譲渡記録が行われ，買掛金 70 千円の支払いのため仕入先に譲渡していた。

(3)　電子記録債権 300 千円を銀行に 290 千円で譲渡し，代金は当座預金に預け入れた。当該電子記録債権について保証記録は付していない。

(4)　売掛金のうち 180 千円が得意先の倒産により取立不能となったため，期末において貸倒れとして処理する。

(5)　長期貸付金 1,000 千円につき，貸付先の財務内容が悪化している。当該得意先は経営破綻の状況には陥っていないものの，債務の弁済に重大な問題が生じる可能性が高いと判断される。その担保の処分見込額は 400 千円であり，残額について 50％の貸倒引当金を設定する。なお，利息(受取日：3 月 31 日)の受取りの処理はすでに行われている。

3．商品売買について

期末商品棚卸高は次のとおりである。なお，棚卸減耗費及び商品評価損は売上原価に含める。

(1)　帳簿棚卸高：520 個，取得原価＠ 40 千円

(2)　実地棚卸高：514 個，正味売却価額＠ 50 千円

ただし，実地棚卸高のうち 8 個は品質低下のため，＠ 18 千円に切り下げる。

4．貸倒引当金について

債権(受取手形・売掛金・電子記録債権)の期末残高に対して，2％の貸倒引当金を設定する。記帳は差額補充法による。

5．有価証券について

当社が保有する有価証券は次のとおりである。

(単位：千円)

種類	区分	簿価	時価
A 社株式	売買目的有価証券	7,600	8,200
B 社社債(注1)	満期保有目的債券	1,956	1,950
C 社株式	子会社株式	3,200	3,000
D 社株式	その他有価証券(注2)	5,700	6,100

(注1)　B 社社債は 2X16 年 4 月 1 日に額面金額 2,000 千円(利率：年 4％，利払日：年 1 回 3 月末，償還期間：5 年)の利付債を 1,930 千円で取得したものであり，償却原価法(利息法)を適用している。実効利子率は 4.8％とする。当期の償却原価法及び利札の処理はまだ行われていない。当該社債に係る利息の受取りについては，有価証券利息勘定を用いること。

(注2)　その他有価証券については，全部純資産直入法を採用しているが，その他有価証券評価差額金の洗替えに伴う期首の振戻しは行っていない。

6．固定資産について

固定資産の減価償却を次のとおり行う。

区分	取得日	取得原価	償却方法	耐用年数	残存価額
建物 E	2X02 年 4 月	240,000 千円	定額法	20 年	取得原価の 10％
建物 F	2X04 年 4 月	168,000 千円	定額法	20 年	ゼロ
車両運搬具	2X15 年 4 月	1,200 千円	生産高比例法	10 年	ゼロ

車両運搬具の総見積走行可能距離は 12 万 km，当期実際走行距離は 2 万 km である。

7．減損について

　上記6.の建物(建物Eと建物Fは別のキャッシュ・フロー生成単位)について，当期末に減損の兆候が見られたため，当期の減価償却の処理後に減損損失を計上するか否かを検討し，適切な処理を行う。当期末時点における建物の正味売却価額は，建物Eが 50,000 千円，建物Fが 35,000 千円であり，建物を使い続けた場合に得られると見込まれる将来キャッシュ・フローは，次のとおりである。なお，割引率を5％とし，割引計算において端数が生じる場合には，各建物の割引現在価値合計を求める最終段階で千円未満を四捨五入しなさい。　**2**

（単位：千円）

	2X20 年 3 月	2X21 年 3 月	2X22 年 3 月	2X23 年 3 月	2X23 年 3 月
建物 E	10,000	10,000	34,000	—	—
建物 F	8,000	8,000	8,000	8,000	11,000

　将来キャッシュ・フローは各年の3月末に一時に生じるものとする。また，耐用年数最終年のキャッシュ・フローには処分に伴うキャッシュ・フローも含まれる。

8．社債について

　社債は，2X16 年 4 月 1 日に額面総額 30,000 千円，期間 5 年，発行価額は額面 100 円につき 98 円，利率年 3％，利払日 3 月 31 日の条件で発行したものである。社債の評価は償却原価法(定額法)によっている。

9．消耗品について

　消耗品の期末未使用高は 8 千円であるので，消耗品勘定に振り替える。

10．収益・費用の見越し・繰延べについて

　以下のそれぞれについて，収益・費用の見越・繰延処理を月割計算により行う。なお，勘定科目として「前払費用」，「前受収益」，「未払費用」，「未収収益」という名称は用いずに，たとえば，前払家賃など具体的に答えること。

⑴　当社は，2X15 年 5 月 1 日に 10 年契約で火災保険に加入した。保険料は毎年 5 月 1 日に向こう 1 年分 120 千円を現金で支払うことになっている。当期の支払時点の処理はすでに行われている。

⑵　当社は，2X18 年 7 月 1 日に 5,000 千円を借り入れた。借入期間は 2 年，利率は年 4％，利息は 6 月末及び 12 月末に過去半年分を支払う。借入れ及び当期の利払いの処理はすでに行われている。

⑶　当社は，2X19 年 2 月 1 日に今後 10 年間にわたって駐車場として土地を賃貸する契約を結んだ。地代は毎年 2 月 1 日に向こう 1 年分 960 千円を現金で受け取ることになっている。

11．法人税等について

　当期の法人税等の申告額合計は 6,500 千円であった。

197

1　会社では、10 年をもとに計算した 3 期分の減価償却費と、？年をもとに計算した 3 期分の減価償却費との差額を臨時償却費としている。そのため、逆算して？年を計算する。

2　各建物について、まず当期末の帳簿価額と割引前将来キャッシュ・フローを比較して減損損失の認識を行う。

問題1　次の文章のうち，一般に公正妥当と認められる会計諸基準（企業会計原則・同注解をはじめとする各種会計基準，意見書等は令和4年4月1日現在のものを有効とする。）に照らして，正しいものには○を，誤っているものには×を正誤欄に記入し，×を記入した場合にはその理由を理由欄に述べなさい。なお，重要性の原則の適用はないものとする。

1．企業会計原則注解によれば，固定資産のうち残存耐用年数が1年以下になったものも流動資産とせず固定資産に含ませる。

2．企業会計原則注解によれば，同種の物品が多数集まって一つの全体を構成し，老巧品の部分的取替を繰り返すことにより全体が維持されるような固定資産については，部分的取替に要する原価を資本的支出として処理する方法を採用することができる。

3．賃貸等不動産の時価等の開示に関する会計基準によれば，賃貸を目的として保有している不動産については，企業の選択により原価又は当期末の時価で評価し，投資その他の資産の区分に計上するが，原価で評価した場合には時価を注記しなければならない。

4．役員賞与に関する会計基準によれば，役員賞与は，役員報酬と同様に職務執行の対価としての性格を持つので，発生した期間の費用として処理する。

5．金融商品に関する会計基準によれば，譲渡人が譲渡した金融資産を当該金融資産の満期日以前に買戻す権利又は義務を実質的に有している場合には，金融資産の消滅の認識をしてはならない。　**1**

6．連結キャッシュ・フロー計算書等の作成基準及び同注解によれば，投資活動によるキャッシュ・フロー及び財務活動によるキャッシュ・フローは，主要な取引ごとにキャッシュ・フローを総額表示しなければならないが，期間が短く，かつ，回転が速い項目にかかるキャッシュ・フローについては，純額で表示することができる。　**2**

7．税効果会計に係る会計基準によれば，一時差異とは，貸借対照表に計上されている資産及び負債の金額と，課税所得計算上の資産及び負債の金額との差額をいい，将来の課税所得と相殺可能な繰越欠損金等については，一時差異と同様に取り扱う。

8．外貨建取引等会計処理基準によれば，外貨建の子会社株式及び関連会社株式については，取得価額を決算時の為替相場により円換算した額を付する。

9．企業結合に関する会計基準によれば，消滅会社が取得企業となる場合，存続会社の個別財務諸表では，当該取得企業の資産及び負債を合併直前の適正な帳簿価額により計上する。

10．自己株式及び準備金の額の減少等に関する会計基準によれば，自己株式の取得，処分及び消却に関する付随費用は，損益計算書の営業費用に計上する。

商簿・財会

問題2　企業会計原則注解［注3］「継続性の原則について」の定めを読み，下記の質問に答えなさい。

　　企業会計上継続性が問題とされるのは，一つの会計　(a)　について二つ以上の会計処理の原則又は手続の　(b)　適用が認められている場合である。
　　このような場合に，企業が　(b)　した会計処理の原則及び手続を　(c)　継続して適用しないときは，同一の会計　(a)　について異なる　(d)　額が算出されることになり，財務諸表の　(e)　を困難ならしめ，この結果，企業の　(f)　に関する利害関係者の判断を誤らしめることになる。
　　従って，いったん採用した会計処理の原則又は手続は，正当な理由により変更を行う場合を除き(ア)，財務諸表を作成する各時期を通じて継続して適用しなければならない。
　　なお，正当な理由によって，会計処理の原則又は手続に重要な変更を加えたときは，これを当該財務諸表に　(g)　しなければならない。

問1　文中の(a)から(g)に入る適当な用語を答えなさい。

問2　下線部(ア)で示した，正当な理由による会計処理の原則又は手続の変更の例を1つ挙げなさい。

問3　下線部(ア)に関連して，インフレーションの下で利益が毎年増加している企業が棚卸資産の評価　**3**
　　方法を先入先出法から移動平均法に変更した場合，それは正当な理由による変更には当たらないと判断されるが，その判断の根拠を簡潔に述べなさい。

問4　会計は絶対的な真実を表現することができない。にもかかわらず，継続性の原則を遵守することが「真実な報告」をすることに貢献する理由を簡潔に説明しなさい。

問題3　連結財務諸表作成にかかる連結の範囲について，下記の問いに答えなさい。

問1　支配従属関係を判断する基準として支配力基準と持株基準があるが，それぞれの長所を簡潔に述べなさい。

問2　原則としてすべての子会社を連結の範囲に含めなければならないが，連結財務諸表に関する会計基準には，例外的に連結の範囲から除外される子会社の1つとして，支配が一時的であると認められる企業が示されている。その具体例を1つ挙げなさい。

問3　子会社の業種が親会社と著しく異なっていても，利害関係者の判断を著しく誤らせる恐れのある　**4**
　　企業には該当しないと解釈されている。それは有価証券報告書でセグメント情報が開示されているからであるが，製造業を営む親会社が金融子会社を持つケースを例に，この金融子会社を連結の範囲から除外しなくても誤解を招かないために，セグメント情報が果たす役割を簡潔に説明しなさい。

1　金融資産の契約上の権利に対する支配が他に移転したときは、金融資産の消滅の認識を行う。そして、金融資産の契約上の権利に対する支配が他に移転するためには3つの要件を充たす必要がある。その要件の1つが期日前の買戻し権と買戻し義務が無いことである。

2　短期的に借入れと返済を繰り返す場合に総額で表示すると、金額が大きくなり取引の実態を表さない可能性もある。

3　インフレーションの下では、先入先出法よりも移動平均法の方がより売上原価に値上げ後の原価が反映されるため、売上原価は大きくなる。その場合の利益への影響を考える。

4　異なる業種の企業を連結すると利害関係者は連結財務諸表を理解しづらくなるが、セグメント情報を開示すれば、業種ごとの利益などがわかる。

商　業　簿　記　問　題（第199回）

解答解説：132ページ
解答用紙：　6ページ

（注意事項）
(1) 計算を容易にするために，数値を極端に小さくしている箇所がある。
(2) 計算の過程で端数が生じた場合には，特に指定のない限り，解答の最終段階で円未満を四捨五入する。

問題1　当社は，2X05年4月1日に，全経リース社に備品を売却するとともに，当社が借手，全経リース社が貸手となり，その全部をリースバックした。取引の条件は**＜資料＞**に示したとおりである。この取引に関する以下の(1)～(3)の当社の仕訳を答えなさい。なお，会計期間は4月1日から3月31日の1年間である。
(1) 2X05年4月1日
　　①全経リース社と保有する備品についてセール・アンド・リースバック取引に係る契約を締結し，全経リース社に備品を売却した。
　　②売却した備品をリースバックし，リース取引を開始した。
(2) 2X06年3月31日，リース料を現金で支払った。
(3) 2X06年3月31日，決算にあたり，リースバックした備品に必要な処理を行った。

＜資料＞
(1) 売却した備品に関するデータ
　　①取得日：2X03年4月1日
　　②取得原価：420,000円
　　③減価償却方法：定額法・耐用年数6年・残存価額0円
　　　なお，過年度の減価償却は適切に行われており，間接法で記帳している。
　　④売却価格：334,540円　代金は現金で受領した。
(2) リースバック取引の契約内容
　　①解約不能のリース期間：4年
　　②リース料：年額90,000円（毎年3月31日に現金で後払いする。）
　　③リースバック後の経済的耐用年数：4年
　　④貸手の計算利子率：3％（借手もこれを知り得る。）
　　⑤リース期間終了後，備品の所有権は無償で当社に移転する。
(3) 利息の計算にあたっては，以下の年3％の年金現価係数を用いること。

n	1	2	3	4
年金現価係数	0.9709	1.9135	2.8286	3.7171

問題2　<資料>により，次の株主資本等変動計算書の空欄①～⑧に入る金額を示しなさい。なお，負の金額は下表のとおり△で表し，金額が入らない場合は0とすること。

株主資本等変動計算書
自2X01年4月1日　至2X02年3月31日　　　　　　（単位：円）

	株主資本								新株予約権	純資産合計
	資本金	資本剰余金		利益剰余金			自己株式	株主資本合計		
		資本準備金	その他資本剰余金	利益準備金	その他利益剰余金					
					別途積立金	繰越利益剰余金				
当期首残高	2,000,000	300,000	50,000	100,000	200,000	450,000	△10,000	3,090,000	5,000	3,095,000
当期変動額										
新株の発行										
新株の発行（新株予約権の行使）										
剰余金の配当など				③		④	⑦			
当期純利益又は当期純損失						⑤				
自己株式の消却			②							
株式資本以外の項目の当期変動額（純額）									⑧	
当期変動額合計										
当期末残高	①						⑥			

<資料>　株主資本等に係る期中取引等
(1)　2X01年5月1日，新株予約権（帳簿価額2,000円）が行使されたため，新株を発行し，それに伴い500,000円の払い込みを受けた。なお，資本金には会社法が定める最低額を組み入れた。
(2)　2X01年6月23日，定時株主総会を開催し，次の要領で剰余金の配当等を議決した。
　　配当金総額　100,000円（すべて繰越利益剰余金を財源とする）
　　準備金　会社法が定める最低額
　　別途積立金　30,000円
(3)　2X01年9月10日，帳簿価額3,000円の自己株式を消却した。
(4)　2X02年3月31日，決算にあたり，当期純損失25,000円を計上した。

問題3　全経商事株式会社（会計期間は4月1日から3月31日までの1年間）の2X05年3月期に関する以下の<資料1>及び<資料2>にもとづき，解答用紙に示した損益勘定と閉鎖残高勘定を完成させなさい。

<注意事項>
(1)　税効果会計は考慮しなくてよい。
(2)　利息や減価償却費などの時の経過に伴い発生する収益及び費用は，月割計算を行う。
(3)　特に指示のない限り，原則的な処理方法によること。

問 題 編

<資料1>　決算整理前残高試算表

決算整理前残高試算表
2X05 年 3 月 31 日　　　　　　　　　（単位：円）

借　方　科　目	金　　額	貸　方　科　目	金　　額
現　　　　　　　金	163,051	買　　掛　　金	106,550
当　座　預　金	431,800	電 子 記 録 債 務	21,450
売　　掛　　金	362,000	仮 受 消 費 税 等	80,000
電 子 記 録 債 権	21,000	社　　　　債	1,000,000
売 買 目 的 有 価 証 券	110,000	社 債 発 行 差 金	12,168
繰　越　商　品	92,000	貸 倒 引 当 金	5,420
仮 払 消 費 税 等	56,000	建物減価償却累計額	270,000
仮 払 法 人 税 等	80,000	備品減価償却累計額	102,400
建　　　　　物	675,000	資　　本　　金	2,000,000
備　　　　　品	160,000	資 本 準 備 金	120,000
土　　　　　地	1,800,000	利 益 準 備 金	34,000
商　　標　　権	41,600	繰 越 利 益 剰 余 金	128,000
そ の 他 有 価 証 券	200,000	その他有価証券評価差額金	30,000
子 会 社 株 式	340,000	売　　　　上	3,210,000
長 期 性 預 金	200,000	受 取 配 当 金	1,600
仕　　　　　入	2,245,000		
給　料　手　当	107,500		
広 告 宣 伝 費	14,500		
雑　　　　　費	1,869		
社 債 利 息	20,268		
合　　　　　計	7,121,588	合　　　　　計	7,121,588

<資料2>　決算整理事項等

1. 決算にあたって取引銀行から取り寄せた当座預金口座の期末の残高証明書によると，残高は 411,400 円であり，当座預金勘定残高と一致しないため，その原因を調べたところ，以下の事実が判明した。
 (1) 過年度に貸倒れとして処理した売掛金の回収額 1,300 円の振込みがあったが，その通知が未達であった。
 (2) 得意先からの売掛金の振込み 6,000 円を 8,000 円と誤記していた。
 (3) 広告宣伝費支払いのために振り出した小切手 1,800 円が先方に渡されておらず，金庫に保管されていた。
 (4) 社債利息の自動引落し 21,500 円が未処理であった（<資料2>7 参照）

2. 売上債権の期末残高に対して，差額補充法により 2 ％の貸倒引当金を設定する。
3. 当期末に保有する有価証券は次のとおりである。
 (1) 売買目的有価証券

銘柄	帳簿価額	期末時価
A社	50,000 円	55,000 円
B社	60,000 円	48,000 円

(2)　その他有価証券（株式）

銘柄	取得原価	期末時価	備考
C社	70,000 円	90,000 円	全部純資産直入法によって処理するが，評価差額に係る期首の振戻し処理は行っていない。
D社	100,000 円	—	D社（当期末の純資産額 350,000 円）の発行済株式総数の 10 ％に相当する。D社株式の実質価額が著しく下落しているため，減損処理を行う。

(3)　子会社株式

銘柄	帳簿価額	期末時価
E社	340,000 円	370,000 円

4．期末商品棚卸高は，次のとおりである。

種類	帳簿棚卸数量	実地棚卸数量	取得原価	正味売却価額
A商品	300 個	290 個	@ 100 円	@ 94 円
B商品	100 個	95 個	@ 500 円	@ 620 円

　　B商品の実地棚卸高のうち 10 個は品質低下のため，@ 280 円に切り下げる。商品評価損及び棚卸減耗損は売上原価に算入するため，仕入勘定に振り替える。

5．固定資産の減価償却については，以下のとおりである。なお，過年度の減価償却はすべて適切に行われている。

　　　建物：定額法　耐用年数 30 年　残存価額はゼロ
　　　備品：定率法　耐用年数 5 年　償却率 40％

6．買掛金のうち，22,000 円はドル建ての買掛金 $ 200 である。2X05 年 3 月 1 日に，同買掛金の決済日である 2X05 年 4 月 30 日を期日として，$ 1 ＝ 115 円で為替予約契約を締結したが未処理である。なお，2X05 年 3 月 1 日の直物為替レートは $ 1 ＝ 113 円であり，振当処理で処理する。

7．社債は，当期首に額面総額 1,000,000 円（償還期間：5 年，利率：年 4.3％，利払日：9 月末日及び 3 月末日）を@ 101.34 円で打歩発行したものである。額面金額と発行価額の差額は社債発行差金勘定を用いて，償却原価法（利息法・実効利子率は年 4 ％）により処理する。2X04 年 9 月末日の社債利息の支払い及び償却原価法については適切に処理されているが，2X05 年 3 月末日の社積利息の自動引落し（＜資料 2 ＞ 1 (4)参照）及び償却原価法の処理は行われていない。

8．商標権は 2X02 年 12 月 1 日に取得したもので，耐用年数 10 年で定額法により償却している。

9．長期性預金は，2X04 年 11 月 1 日に満期 5 年，利率は年 2.4％，利息は満期日に元金とともに受け取るという条件で預け入れたものである。

10．消費税等に関する期末の処理を行う。

11．当期の法人税等 180,000 円を計上する。

ヒント

■1　「剰余金の配当など」の「など」には、何が含まれるかを考える。
■2　利益準備金積立て限度額の計算はいつの時点の金額にもとづいて行うかを考える。
■3　社債を打歩発行しているため、社債発行差金は発行時に貸方に生じて、償却時に借方で減少する。

問題1　次の文章のうち，一般に公正妥当と認められる会計諸基準（企業会計原則・同注解をはじめとする各種会計基準，意見書等は令和4年4月1日現在のものを有効とする。）に照らして，正しいものには○を，誤っているものには×を正誤欄に記入し，×を記入した場合にはその理由を理由欄に述べなさい。なお，重要性の原則の適用はない。

1．企業会計原則によれば，未払費用及び未収収益は，当期の損益計算から除去し，前払費用及び前受収益は，当期の損益計算に計上しなければならない。

2．企業会計原則注解によれば，将来の特定の費用又は損失であって，その発生が当期の事象に起因し，発生の可能性が高く，かつ，その金額を合理的に見積ることができる場合には，当期の負担に属する金額を当期の費用又は損失として引当金に繰入れるものとする。

3．連結キャッシュ・フロー計算書等の作成基準によれば，現金同等物とは要求払預金をいう。

4．固定資産の減損に係る会計基準によれば，資産又は資産グループから得られる割引後将来キャッシュ・フローの総額が帳簿価額を下回る場合には，減損損失を認識する。

5．自己株式及び準備金の額の減少等に関する会計基準によれば，自己株式処分差益は，その他資本剰余金に計上する。

6．棚卸資産の評価に関する会計基準によれば，通常の販売目的で保有する棚卸資産について，期末における正味売却価額が取得原価よりも下落している場合には，正味売却価額をもって貸借対照表価額とすることを原則とするが，再調達原価の方が把握しやすく，正味売却価額が再調達原価に歩調を合わせて動くと想定される場合には，継続適用を条件として再調達原価によることができる。

7．資産除去債務に関する会計基準によれば，資産計上された資産除去債務に対応する除去費用は，減価償却を通じて，当該有形固定資産の残存耐用年数にわたり，各期に費用配分する。

8．会計上の変更及び誤謬の訂正に関する会計基準によれば，有形固定資産等の減価償却方法の変更は会計方針の変更であるため，新たな会計方針を過去の期間のすべてに遡及適用する。

9．包括利益の表示に関する会計基準によれば，包括利益を表示する計算書として，当期純利益を表示する損益計算書と包括利益を表示する包括利益計算書からなる形式（2計算書方式）と，当期純利益の表示と包括利益の表示を1つの計算書で行う形式（1計算書方式）とが認められている。

10．退職給付に関する会計基準によれば，年金資産の額は，期末における時価（公正な評価額をいう）により計算する。

問題2　企業会計基準第8号「ストック・オプション等に関する会計基準」における次の定めに関連して，以下の問1～問4に答えなさい。

4．ストック・オプションを付与し，これに応じて企業が従業員等から取得する　(a)　は，その取得に応じて費用として計上し(ア)，対応する金額を，ストック・オプションの権利の行使又は失効が確定するまでの間，貸借対照表の純資産の部に新株予約権として計上する(イ)。
　　　　　　　　　　　　　　　……

8．ストック・オプションが権利行使され，これに対して新株を発行した場合には，新株予約権として計上した額(第4項)のうち，当該権利行使に対応する部分を　(b)　に振り替える。
　　なお，新株予約権の行使に伴い，当該企業が　(c)　を処分した場合には，　(c)　の取得原価と，新株予約権の帳簿価額及び権利行使に伴う　(d)　の合計額との差額は，　(e)　であり，(以下略)

9．権利不行使による失効が生じた場合には，新株予約権として計上した額(第4項)のうち，当該失効に対応する部分を　(f)　として計上する。

問1　本文中の(a)から(f)の　　　の中に適切な用語を入れなさい。

問2　下線部(ア)に関連して，費用認識の根拠を説明しなさい。　**1**

問3　下線部(イ)に関連して，企業会計基準第8号の公表以前に新株予約権は仮勘定として負債の部に計上されていたが，企業会計基準第8号では貸借対照表の純資産の部に計上されるようになった理由を簡潔に説明しなさい。　**2**

問4　費用認識の相手勘定について，権利確定日以前から払込資本として計上する処理の問題点を，権利確定日以前には一旦は純資産の部に新株予約権として計上しておき，権利確定日後に権利行使の有無に応じて　(b)　又は　(f)　に振り替える処理の立場から説明しなさい。　**3**

問題3　以下の財務諸表分析に関する問1～問3に答えなさい。

問1　ROAとROEの違いについて，誰にとっての収益性(投資の効率性)かという観点から簡潔に説明しなさい。　**4**

問2　長期的視点からは純資産負債比率が低いほうが安全である理由を簡潔に述べなさい。

問3　⑴　流動比率は，かつてアメリカの銀行が融資先に200%以上であることを求めた財務指標である。100%以上であれば，流動負債は返済できるはずであるのに200%以上が求められる理由を簡潔に述べなさい。
　　　⑵　上記⑴の点をふまえて考案された財務指標は何か。

1　ストック・オプションは、従業員等が働いたことに対する対価として付与するという考え方がある。これを企業の側から考える。
2　新株予約権には返済義務があるかどうかを考える。
3　新株予約権の権利行使がされなかった場合には、新株予約権戻入益として処理する。この場合、権利確定日以前に払込資本として処理することに問題はないかを考える。
4　純資産は返済する必要はないが、負債は返済する必要がある。

商 業 簿 記 問 題(第 201 回)

解答解説： 147 ページ
解答用紙： 10 ページ

問題1 次の**＜資料＞**(金額は意図的に小さくしている)により，解答用紙にある 2X01 年度(2X01 年 4 月 1 日から 2X02 年 3 月 31 日まで)の連結精算表を完成させなさい。なお，(　　)は貸方金額を意味する。また，実効税率を 30％として税効果会計を適用し，消費税等は考慮しない。

＜資料＞

1. Ｐ社は 2X00 年 3 月 31 日にＳ社の発行済株式の 80％を 536,000 円で取得し，子会社とした。同日のＳ社の純資産の内訳は，資本金 400,000 円，利益剰余金 130,000 円であった。

2. Ｓ社が所有する土地の帳簿価額は 500,000 円であるが，2X00 年 3 月 31 日現在の時価は 700,000 円であった。その他の資産負債の時価は帳簿価額と同額であった。

3. 2X01 年 3 月 31 日のＳ社の純資産の内訳は，資本金 400,000 円，利益剰余金 130,000 円で期首と同額であった。

4. Ｓ社は，2X01 年度中に 80,000 円の配当を行った。

5. Ｐ社はＳ社に対し，継続して原価の 60％の利益を加算して販売しており，2X01 年度中の販売額は 80,000 円であった。

6. 2X01 年 3 月 31 日のＳ社の期末商品のうち，18,000 円はＰ社より仕入れた商品であった。また，2X02 年 3 月 31 日のＳ社の期末商品のうち，20,000 円はＰ社より仕入れた商品であった。

7. Ｐ社のＳ社に対する売掛金の期首残高はなく，期末残高は 20,000 円であった。

8. Ｐ社Ｓ社とも，期末売掛金残高に対し，2％の貸倒引当金を設定している。

問題2 株式会社全経(会計期間は 4 月 1 日から 3 月 31 日までの 1 年間)の 2X19 年度(2X20 年 3 月期)に関する以下の**＜資料1＞**及び**＜資料2＞**に基づき，〔　　〕欄に金額を入れ，解答用紙に示した決算整理後残高試算表を完成させなさい。なお，金額は意図的に小さくしている。

＜注意事項＞
(1) 税効果会計は，考慮しなくてよい。
(2) 消費税の税率は 10％であり，税抜方式で処理している。
(3) 円未満の端数が生じた場合には，計算の最終段階で円未満を四捨五入する。
(4) 減価償却費などの時の経過に伴い発生する収益及び費用は，月割計算を行う。
(5) 特に指示のない限り，原則的な処理方法によること。

＜資料１＞　決算整理前残高試算表

決算整理前残高試算表　　　　　　　　　　（単位：円）

借　方　科　目	金　額	貸　方　科　目	金　額
現　　　　　　　金	100	買　　掛　　金	154,000
当　座　預　金	5,000	仮　受　消　費　税　等	120,000
売　　掛　　金	170,000	貸　倒　引　当　金	1,000
売　買　目　的　有　価　証　券	101,000	建物減価償却累計額	312,605
買　建　オ　プ　シ　ョ　ン	1,500	備品減価償却累計額	71,700
仮　払　法　人　税　等	6,200	社　　　　債	100,000
仮　払　消　費　税　等	90,000	退　職　給　付　引　当　金	62,000
繰　越　商　品	110,000	資　産　除　去　債　務	93,270
建　　　　　　物	586,135	資　　本　　金	500,000
備　　　　　品	150,000	その他資本剰余金	80,000
保　　証　　金	500,000	利　益　準　備　金	50,000
仕　　　　入	800,000	繰　越　利　益　剰　余　金	60,860
給　与　手　当	150,000	売　　　　上	1,200,000
支　払　地　代	36,000	受　取　利　益	500
そ　の　他　の　費　用	100,000		
	2,805,935		2,805,935

＜資料２＞

1．収益認識について

(1)　収益の認識について，出荷時に売上を計上し，期末に着荷基準（引渡基準）に修正している。
　　　2X20年3月から4月にかけて期末をまたぐ販売取引が次のとおり行われている。

	売上高（消費税込）	1個当たり原価	出荷日	着荷日	検収日
1．商品P	22,000円（@ 440円×50個）	@ 300円	3月30日	3月31日	4月2日
2．商品Q	22,000円（@ 550円×40個）	@ 500円	3月31日	4月1日	4月1日
3．商品R	23,100円（@ 770円×30個）	@ 600円	3月31日	4月1日	4月2日

(2)　商品売買は，すべて掛によっている。

2．売上債権について

(1)　売掛金のうち20,000円については，長期間回収が滞っているので，債務者との話し合いの結果，2X21年3月31日から毎年3月31日に5,000円ずつ返済してもらうことにした。同売掛金は長期貸付金に振り替え，貸倒懸念債権に分類したうえで，以下の情報に基づいてキャッシュ・フロー見積法により貸倒引当金を設定することにした。
　　　1）当初の約定利子率は1％として計算する。
　　　2）年利率1％・期間4年の年金現価係数を3.9020として計算する。
　　　3）貸付金にかかる貸倒引当金繰入額は営業外費用に計上する。
　　　4）総勘定元帳では，1年以内に返済される貸付金の短期貸付金への振替は行わない。

(2)　その他の売掛金はすべて一般債権であり，期末残高に2％の貸倒引当金を差額補充法により設定し，貸倒引当金繰入額は販売費に計上する。

3．オプション取引等について

　　売買目的有価証券は，2X19年10月1日に1口100円につき@101円の価格で1,000口購入した国債である。この値下がりを見込み，2X20年3月1日に国債のプットオプションを100,000円(1,000口)買い建て，1口につき@1.5円のオプション料を支払った。

　　ところが，予想に反し国債が値上がりし，期末には国債の価格が@102円となり，同じ条件のプットオプションの価格は1口につき@0.8円に値下がりをした。

4．期末商品について

(1)　期末帳簿棚卸高(＜資料2＞1．(1)にかかる商品を含まない)は120,000円であったが，下記のとおり減耗や価格低下が発生していた。　　　　**2**

	帳簿棚卸		実地棚卸	
	簿価	数量	正味売却価額	数量
商品S	@300円	100個	@320円	90個
商品T	@500円	120個	@460円	115個

(2)　発生した評価差額は財務諸表上売上原価に算入するが，総勘定元帳上は棚卸減耗損勘定と商品評価損勘定に計上したままとする。

(3)　その他の商品については，減耗や価格の低下は見られなかった。

5．有形固定資産について

(1)　建物等　　　　**3**

　　建物は2X11年4月1日に500,000円で取得をした。土地は地主との間で15年後に更地にして返却する契約を結んでおり，下記条件で資産除去債務を計上し，適切に減価償却と債務の調整をしてきた。

　　建物の耐用年数：15年

　　減価償却方法：定額法(残存価額ゼロ)

　　建物を除去する際の費用の見積額：100,000円

　　割引率：1％　なお，期間7年・年利率1％の現価係数は0.9327として計算すること。

　　当期首(2X19年4月1日)に改めて見積りをしたところ，除去する際の費用が150,000円と算定された。他の要素について変更はない。資産除去債務と建物の取得価額を当期首から変更し，プロスペクティブ方式(減価償却を通じ，残存耐用年数にわたり費用配分を行う方法)で減価償却費を計上するが，この見積りの変更にかかる会計処理はまだ行っていない。

(2)　備品

　　備品は下記のとおりであり，残存価額ゼロとして200％定率法で償却をしている。

	備品A	備品B
取得価額	30,000円	120,000円
耐用年数	5年	8年
取得日	2X17年4月1日	2X17年4月1日
期首減価償却累計額	19,200円	52,500円
除却日	2X19年11月30日	(稼働中)
見積売却価額	1,000円	－

ただし，備品Aの除却の処理はまだ行っていない。

6．退職給付について

　　当社は確定給付型の退職年金制度を採用しており，次の資料により退職給付費用を計算する。なお，2X16 年度から退職年金支給額の増額改訂を行い，20,000 円の過去勤務費用が発生したが，同年度から従業員の平均残存勤務期間である 10 年で償却をすることにし，以降適切に処理している。

　　　期首の退職給付債務：400,000 円
　　　期首の年金資産（時価）：320,000 円
　　　当期の基金への拠出額：4,000 円（期中に退職給付引当金を減額している）
　　　当期の勤務費用：5,000 円
　　　退職給付債務の計算に使用する割引率：1 ％
　　　年金資産の期待運用収益率：2 ％

7．社債について

　　社債は 2X19 年 4 月 1 日に転換社債型新株予約権付社債（額面 100,000 円）を平価発行したものである。償還期限は 2X24 年 3 月 31 日で無利息という条件であるが，当社が同じ償還期限の普通社債を発行した場合，実効利子率は年 2 ％となる。区分法を採用することとし，試算表の残高を修正したうえで，利息法により当期の社債利息を計上する。期間 5 年・年利率 2 ％の現価係数を 0.9057 として計算すること。 **4**

8．地代について

　　地代は，毎年 9 月 30 日に 10 月 1 日から翌年 9 月 30 日まで 1 年分を前払し，支払地代勘定に計上している。

9．消費税について

　　消費税に関する勘定を整理し，未払消費税等を計上する。

10．法人税等について

　　当期の法人税，住民税及び事業税の申告額の合計は 12,800 円である。中間納付額との差額を未払法人税等として計上する。

1　期末出荷済み、未引渡しの取引に着目する。
2　期末帳簿棚卸高には、売上取消し分が含まれていない。
3　建物の期首簿価（取得原価−累計額）と、除去費用の増加分を残存耐用年数にわたり償却する。
4　区分法では社債と新株予約権を区別するが、社債の金額を普通社債を発行した場合の価額とする。

財 務 会 計 問 題（第201回）

解答解説：156ページ
解答用紙： 12ページ

問題1 次の文章のうち，一般に公正妥当と認められる会計諸基準（企業会計原則・同注解をはじめとする各種会計基準，意見書等は令和4年4月1日現在のものを有効とする。）に照らして，正しいものには○を，誤っているものには×を正誤欄に記入し，×を記入した場合にはその理由を理由欄に述べなさい。なお，重要性の原則の適用はない。

1．企業会計原則によれば，企業会計は，企業の財政状態及び経営成績に関して，真実な報告を提供するものでなければならないとされているが，この真実性は相対的なものと解されている。

2．四半期財務諸表に関する会計基準によれば，四半期連結財務諸表の範囲は，四半期連結貸借対照表，四半期連結損益計算書，四半期連結キャッシュ・フロー計算書とされている。

3．株主資本等変動計算書に関する会計基準によれば，株主資本以外の各項目の当期変動額は純額で表示するが，主な変動事由ごとにその金額を表示することができる。

4．退職給付に関する会計基準によれば，退職給付見込額のうち期末までに発生したと認められる額の計算方法としては，期間定額基準のみが認められている。

5．金融商品に関する会計基準によれば，転換社債型新株予約権付社債の発行者の処理としては一括法と区分法が認められているが，社債の償還日以前にその新株予約権が行使されて新株が発行された場合に計上される資本金及び資本準備金の合計額は，これらの方法ごとに異なる金額となる。

6．リース取引に関する会計基準によれば，ファイナンス・リース取引の借手は，売買処理によるリース資産を固定資産の部に表示し，リース債務は固定負債の部に表示する。

7．研究開発費等に係る会計基準によれば，研究開発費に該当しないソフトウェアの制作費は無形固定資産の区分に計上する。

8．「税効果会計に係る会計基準」の一部改正によれば，繰延税金資産は流動資産の区分に表示し，繰延税金負債は流動負債の区分に表示する。

9．法人税，住民税及び事業税等に関する会計基準によれば，事業税（付加価値割及び資本割）は，原則として，損益計算書の販売費及び一般管理費として表示する。

10．連結財務諸表に関する会計基準によれば，連結貸借対照表の作成にあたり，支配獲得日における子会社の資産及び負債の評価方法としては，全面時価評価法（子会社の資産及び負債のすべてを支配獲得日の時価により評価する方法）のみが認められている。

問題2 「外貨建取引等会計処理基準」に関する次の文章を読んで，以下の問1〜問3に答えなさい。

　　在外支店における外貨建取引については，原則として，本店と同様に処理する。(ア)ただし，在外支店の外貨表示財務諸表に基づき本支店合併財務諸表を作成する場合には，特例として，期中平均相場によって収益及び費用（収益性負債の収益化額及び費用性資産の費用化額を除く。）を換算することもできる。なお，本店と異なる方法により換算することによって生じた換算差額は，当期の　(a)　として処理する。

連結財務諸表の作成又は持分法の適用にあたり，在外子会社の外貨表示財務諸表項目の換算は，次のように行う。

貸借対照表に関し，資産及び負債については決算時の為替相場による円換算額を，親会社による株式の取得時における資本に属する項目については，　(b)　の為替相場による円換算額を，親会社による株式の取得後に生じた資本に属する項目については，当該項目の　(c)　の為替相場による円換算額を付する。

損益計算書に関し，<u>収益及び費用については，原則として期中平均相場による円換算額を付する。（イ）</u>ただし，決算時の為替相場による円換算額を付することもできる。なお，親会社との取引による収益及び費用の換算については，　(d)　為替相場による。この場合に生じる差額は当期の　(a)　として処理する。　　　**2**

また，換算によって生じた換算差額については，　(e)　として貸借対照表の純資産の部に記載する。　　　**3**

問1　　(a)　～　(e)　にあてはまる適切な用語を入れなさい。

問2　下線部（ア）に関連して，在外支店の外貨建取引の換算方法として，「外貨建取引等会計処理基準」がこのような方法を定めた理由を簡潔に説明しなさい。

問3　下線部（イ）に関連して，在外子会社の換算方法として，「外貨建取引等会計処理基準」がこのように在外支店とは異なる換算方法を定めた理由を簡潔に説明しなさい。

問題3　「企業結合に関する会計基準」に関する次の文章を読んで，以下の問1～問3に答えなさい。

企業結合とは，ある企業と他の企業とが1つの　(a)　に統合されることをいう。この企業結合の類型としては，　(b)　の取引と独立企業間の取引に分けられ，独立企業間の取引は　(c)　と<u>それ以外の企業結合取引（ア）</u>に分けられる。　　　　　　　　　　　　　　　　　　　　　　　　　　　**4**

201

5

問1　　(a)　～　(c)　ににあてはまる適切な用語を入れなさい。

問2　下線部（ア）において，取得企業が被取得企業から受け入れた識別可能資産・負債を時価で評価する理由を簡潔に説明しなさい。

問3　下線部（ア）において，(1)取得企業の支払った企業結合の対価と被取得企業から受り入れた識別可能資産・負債の時価との差額を何というか。また，(2)その処理方法について簡潔に説明しなさい。

1　付加価値割とは、事業活動によって企業が生み出した価値に対して係るもの
　　　資本割とは、企業の期末資本金等の金額に対して係るもの
2　本店の個別財務諸表を作成する際は、在外支店の分も合算して作成する。その場合、換算方法は統一した方が望ましい。
3　在外支店と比較すると在外子会社は独立した企業のため、親会社と全く同じ換算方法を採用するのは難しい。
4　資産を取得するときは、取得時の時価で取得し計上する。これは商品の購入でも、企業の取得でも同じ。
5　企業の取得対価が、受け入れた資産・負債の時価を超える場合と、下回る場合に分けて考える。

商 業 簿 記 問 題 （第 203 回）

解答解説：163 ページ
解答用紙： 14 ページ

（注意事項）
（1） 計算を容易にするために，数値を極端に小さくしている箇所がある。
（2） 計算の過程で端数が生じた場合には，とくに指示のある場合を除き，解答の最終段階で円未満を四捨五入する。
（3） とくに指示のない限り，原則的な方法によること。

問題1

（1） X1 年 4 月 1 日に，備品を *1,200,000* 円で取得した。耐用年数 5 年，残存価額 *0*，級数法で減価償却（記帳方法は間接法による）を行った場合，X3 年 3 月 31 日の決算時における減価償却の仕訳を答えなさい。

（2） 次の一連の取引を仕訳しなさい。なお，X3 年 3 月末の減価償却は適正に行われているものとする。

　① X1 年 4 月 1 日に原価 *20,000,000* 円のレールを現金で取得し，ただちに敷設した。　**1**

　② X2 年 3 月 31 日に決算を迎え，上記のレール（耐用年数は 5 年，残存価額は *0* とし，記帳方法は間接法による。）について半額償却法（取替法と並行して取得原価の半額に達するまで減価償却も行う方法。半額法ともいう。）による減価償却を定額法によって行う。　**2**

　③ X2 年 4 月 1 日，劣化したレールの一部（取得原価 *280,000* 円分，売却価値 *0*）を廃棄し，*300,000* 円を小切手で支払って新しいもの（耐用年数等は同上）と交換した。

　④ X4 年 3 月 31 日，このレールについて半額償却法による減価償却を行った。

（3） 上記(2)③について，取得時から半額償却法ではなく通常の定額法を適用していた場合の仕訳を答えなさい。　**3**

問題2　次の資料にもとづいて，以下の問に答えなさい。なお，他に考慮すべきものはないものとする。

```
【資料】（単位：円）
株主資本（期首）
    資本金              6,000
    資本準備金            700
    利益準備金            450
    繰越利益剰余金         970
    自己株式               0
自己株式の取得及び処分（期中。現金取引による。）
    取得        原価：700
    第1回処分    簿価：300  売価：320
    第2回処分    簿価：300  売価：290
```

（1） 自己株式の第 1 回処分の仕訳を答えなさい。
（2） 自己株式の第 2 回処分の仕訳を答えなさい。
（3） 自己株式の第 2 回処分後の分配可能額を答えなさい。

問題３　全経株式会社(以下，当社)の当期(2X20年4月1日～2X21年3月31日)に関する**＜資料１＞**及び**＜資料２＞**にもとづいて，解答用紙に示した損益勘定と閉鎖残高勘定を完成させなさい。なお，すべての空欄に記入するとは限らない。また，税効果会計は考えなくてよい。

＜資料１＞　決算整理前残高試算表

決算整理前残高試算表

（単位：円）

借　方　科　目	金　　額	貸　方　科　目	金　　額
現　　　　　　金	1,283	支　払　手　形	1,200
当　座　預　金	62,800	買　　掛　　金	1,480
受　取　手　形	20,300	短　期　借　入　金	4,800
売　　掛　　金	5,900	退　職　給　付　引　当　金	7,500
売買目的有価証券	5,400	社　　　　　債	40,000
繰　越　商　品	39,000	貸　倒　引　当　金	270
建　　　　　　物	60,000	建物減価償却累計額	42,000
備　　　　　　品	3,500	備品減価償却累計額	2,744
土　　　　　　地	132,800	資　　本　　金	100,000
長　期　貸　付　金	600	資　本　準　備　金	22,000
関　連　会　社　株　式	2,600	利　益　準　備　金	11,500
そ　の　他　有　価　証　券	3,800	繰　越　利　益　剰　余　金	21,480
仮　　払　　金	1,870	その他有価証券評価差額金	200
社　債　発　行　差　金	1,200	売　　　　　上	280,000
仕　　　　　　入	156,000	受　取　利　息	25
広　告　宣　伝　費	1,200	受　取　配　当　金	56
給　　　　　　料	36,000		
消　耗　品　費	58		
支　払　利　息	224		
社　債　発　行　費	720		
	535,255		535,255

＜資料２＞　決算整理事項等

1．現金について

実査の結果，現金の実際有高は1,241円であった。現金過不足の原因を調査したところ，仮払いした旅費交通費の精算による追加支出額が57円あり(**＜資料２＞**5参照)，残額は原因不明のため雑損又は雑益として処理する。

2．売上債権について

(1)　受取手形と売掛金について，貸倒引当金を差額補充法により計上する。

(2)　売掛金のうち1,100円については支払いが滞っているため，長期貸付金に振り替え，貸倒懸念債権に分類した。なお，同社から担保として土地(時価：900円)の提供を受けている。これを債権額から控除した残額の30％が回収不能と見積もられた。

(3)　上記以外は一般債権に該当し，過去の貸倒実績率は2％である。

3．有価証券について

決算日現在，保有する有価証券の明細は次のとおりである（単位：円）。

銘柄	保有区分	取得原価	帳簿価額	時価	備考
A 社株式	売買目的	2,400	2,600	2,200	
B 社株式	売買目的	1,700	2,800	3,100	
C 社株式	その他	2,100	1,800	1,700	期首の振戻し処理は行っていない。部分純資産直入法を採用している。
D 社株式	その他	1,800	2,000	2,100	
E 社株式	関連会社株式	2,600	2,600	－	E 社の株式の 35％を保有しており，経営方針に重要な影響を与えている。E 社の現時点での純資産額は 3,600 円である。

4．商品について

商品に関する情報は以下のとおりである。なお，売上原価の算定は仕入勘定により行うが，棚卸減耗損及び商品評価損は仕入勘定に振り替えない。

帳簿棚卸	350 個	取得原価	@ 120 円
実地棚卸	345 個	正味売却価額	@ 145 円

ただし，実地棚卸数量 345 個のうち，25 個は品質低下のため@ 55 円に切り下げる。

5．仮払金について

仮払金は旅費交通費の概算による前払額 260 円，仮払法人税等 410 円及び退職給付に係る支出 1,200 円である（＜資料２＞1 及び 8 参照）。

6．固定資産について

(1) 建物は，2X13 年 4 月 1 日に購入したものであり，定額法（耐用年数 10 年，残存価額 0）により減価償却を行っている。当年度分の減価償却を行った後の簿価にもとづき，直接控除法により減損の処理を行うこととした。キャッシュ・フローは各年度末に生じ，次年度以降のキャッシュ・フローは次のとおり見積もられている（単位：円）。なお，割引率は年 4％であり，2X21 年 3 月 31 日の正味売却価額は 10,000 円である。

	2X22 年 3 月 31 日	2X23 年 3 月 31 日
割引前キャッシュ・フロー	5,616	5,408

(2) 備品は，2X17 年 4 月 1 日に購入したものであり，200％定率法（耐用年数 5 年，残存価額 0）により減価償却を行っている。保証率は 0.10800，改定償却率は 0.5 である。

7．社債について

社債は，2X20 年 11 月 1 日に額面 40,000 円（償還期間 10 年，利率年 3％）を 100 円につき 97 円で発行したものである。額面金額と発行価額の差額は，社債発行差金勘定を用いて，償却原価法（定額法）により月割計算を行う。また半年分の社債利息は，2X21 年 5 月 1 日に支払うことになっている。

4

8．退職給付について
　　当期の退職給付に関する事項は次のとおりであるが，当期の処理が未記帳である。
・当期首時点で，退職給付債務は *12,000* 円，年金資産は *4,500* 円であった。
・当期の勤務費用は *800* 円であった。
・年金掛金拠出額は *500* 円，退職一時金支払額は *700* 円であり，仮払金としている（**＜資料２＞** 5 参照）。
・退職年金給付額は *400* 円であり，年金資産から支払われた。
・割引率：5 ％，長期期待運用収益率：3 ％。

9．収益及び費用の見越し・繰延べについて
⑴　未払給料が，*2,100* 円ある。
⑵　短期借入金 *4,800* 円は，最終利払日が 2X20 年 11 月 30 日であり，約定利率は年 7 ％である。
⑶　長期貸付金 *600* 円は，最終利払日が 2X21 年 1 月 31 日であり，約定利率は年 5 ％である。
⑷　広告宣伝費 *1,200* 円は全額，2X21 年 8 月 31 日までの広告スペース使用料であり，1 年分を前払いしたものである。
⑸　消耗品の期末未使用高は *3* 円である。

10．法人税等について
　　法人税等が，*900* 円と算定された。

■1　土地の上に作られた建物以外の工作物を構築物という。
■2　半額償却法では、減価償却累計額が取得原価の 50％ に達する年の前の年までは、耐用年数にもとづき減価償却を行い、50％ に達する年で 50％ までの残額を償却する。
■3　古くなった固定資産の廃棄と、新しい固定資産の取得の処理を行う。
■4　社債の額面金額と発行金額の差額を社債発行差金で処理している。そのため、償却原価法でも社債発行差金を調整する。

解答解説：172 ページ
解答用紙： 16 ページ

財 務 会 計 問 題（第 203 回）

問題 1 次の文章のうち，一般に公正妥当と認められる会計諸基準（企業会計原則・同注解をはじめとする各種会計基準，意見書等は令和 4 年 4 月 1 日現在のものを有効とする。）に照らして，正しいものには○を，誤っているものには×を正誤欄に記入し，×を記入した場合にはその理由を理由欄に述べなさい。なお， 1. を除き重要性の原則の適用はないものとする。

1. 「企業会計原則注解」によれば，重要性の乏しいものについては，本来の厳密な会計処理によらないで他の簡便な方法によることも，正規の簿記の原則に従った処理として認められる。

2. 「企業会計原則注解」によれば，減価償却累計額を控除する形式は，有形固定資産について減価償却累計額を控除した残額のみを記載し，減価償却累計額を注記する方法を原則とするが，その有形固定資産が属する科目ごとに減価償却累計額を控除する方法，または 2 以上の科目について減価償却累計額を一括して控除する方法によることもできる。

3. 「会計方針の開示、会計上の変更及び誤謬の訂正に関する会計基準」によれば，過去に入手可能な情報に基づく最善の見積りを行わなかったために，すでに目的を達成した引当金に残高が存在する場合には，その性質により，営業損益又は営業外損益として認識する。

4. 「企業結合に関する会計基準」によれば，被取得企業の時価総額を超えて多額のプレミアムが支払われた場合，企業結合年度において減損の兆候が存在すると判定される場合もある。　**1**

5. 「退職給付に関する会計基準」によれば，連結貸借対照表においてその他の包括利益累計額に計上されている未認識数理計算上の差異のうち，個別財務諸表で当期に費用処理された部分についても，そのままその他の包括利益累計額に含めたままとする。

6. 「棚卸資産の評価に関する会計基準」によれば，収益性が低下した場合における棚卸資産の簿価切下げは，取得原価基準の下で回収可能性を反映させるように，過大な帳簿価額を減額し，将来に損失を繰り延べないために行われる会計処理である。

7. 「自己株式及び準備金の額の減少等に関する会計基準」によれば，連結財務諸表では，連結子会社が保有する親会社株式は親会社の自己株式と同様に扱うため，その処分差損益もその他資本剰余金に計上する。　**2**

8. 「「研究開発費等に係る会計基準」の一部改正」によれば，取得企業が取得対価の一部を研究開発費等に配分したときは，当該金額を配分時に費用処理しなければならない。　**3**

9. 「金融商品に関する会計基準」によれば，その他有価証券に分類した株式の時価が著しく下落した場合には，回復する見込みがあると認められる場合を除き，洗い替え方式に基づき時価をもって貸借対照表価額とする。

10. 「法人税、住民税及び事業税等に関する会計基準」によれば，事業税（所得割）は，法人税，地方法人税及び住民税とともに，損益計算書の税引前当期純利益（又は損失）の次に，法人税，住民税及び事業税などその内容を示す科目をもって表示する。

問題2　資本取引・損益取引区分の原則について，下記の問いに答えなさい。

問1　資本取引と損益取引を区別しなければならない理由を損益計算の見地から簡潔に説明しなさい。

問2(1)　資本取引の結果計上された資本剰余金は維持拘束すべきであり，原則として株主に配当できないが，解答用紙の項目のうち，例外として会社法上配当が許容される資本剰余金を○で囲みなさい。

(2)　損益取引の結果計上された利益剰余金は原則として株主に配当できるが，解答用紙の項目のうち，例外として会社法上配当が禁止されている利益剰余金を○で囲みなさい。

問3　計数の変動(株主資本内での科目の振替)で，資本剰余金を利益剰余金に振り替えることができる例を1つあげなさい。　**4**

問4　計数の変動で，利益剰余金を払込資本に振り替えることができる例を1つあげなさい。　**5**

問5　資本剰余金と利益剰余金を区別するため，準備金の額の増加について，会社法が禁止している計数の変動を2つあげなさい。

問題3　キャッシュ・フロー計算書における利息及び配当金の表示区分について，次の問1から問3に答えなさい。

問1　継続適用を条件として選択適用が認められる2つの方法について，すでに解答用紙に記入済みの利息の受取額のほか，配当金の受取額，利息の支払額，配当金の支払額について適切なところに○を付し，解答用紙の表を完成させなさい。ただし，1行に複数の○を付した場合には採点の対象としない。

問2　解答用紙の方法①では，利息の受取額を営業活動によるキャッシュ・フローとして表示するが，その方法が依拠する考え方を簡潔に説明しなさい。

問3　解答用紙の方法②では，利息の受取額を投資活動によるキャッシュ・フローとして表示するが，その方法が依拠する考え方を簡潔に説明しなさい。

1　企業結合において、買収対価の過大評価や過払いが生じている可能性がある場合にはのれんが過大に計上され、回収可能価額を下回ることもある。

2　子会社が保有する親会社株式は、企業集団の観点から見ると、企業集団が発行した株式の取得である。

3　企業結合で、被取得企業が行っていた研究開発を取得企業が受け入れた場合の処理が問われている。

4　資本と利益の混同は原則として認められないが、利益剰余金がマイナスとなる場合には、やむを得ず認めている。

5　金銭による払込みがなくても資本金を増加させたいという企業の要請により認めている。

商 業 簿 記 問 題（第205回）

解答解説： 178 ページ
解答用紙： 18 ページ

（注意事項）

(1) 計算を容易にするために，数値を極端に小さくしている箇所がある。

(2) 計算の過程で端数が生じた場合には，特に指定がない限り，解答の最終段階で円未満を四捨五入する。

問題1 2X01年10月1日，従業員200人に1個ずつストック・オプションを付与した。このストック・オプションに関する**＜資料＞**にもとづいて，以下の(1)〜(3)の仕訳を答えなさい。なお，会計期間は4月1日から3月31日の1年間である。

(1) 2X02年3月期の費用を計上する。

(2) 2X03年3月期の費用を計上する。

(3) 2X04年3月期の費用を計上する。

＜資料＞

(1) ストック・オプション付与時の条件等

① 行使時の払込金額(行使価格)：1株当たり 10,000 円

② 行使により与えられる株式の数：ストック・オプション1個当たり1株

③ 権利確定日：2X04年3月31日

④ 権利行使期間：2X04年4月1日から2X06年3月31日

⑤ 付与時における公正な評価額：1個当たり 3,000 円

⑥ 失効の見積り：15個

(2) 2X03年3月期において，退職者が当初の見積りより多いと見込まれるため，失効数を18個に修正する。

(3) 2X04年3月31日，最終的な権利確定数は184個となった。

問題2 当社は，建設業を営んでいる。以下の建設請負工事契約に関する**＜資料＞**にもとづいて，ケース1及びケース2について，2X06年3月期に必要な(1)工事原価の集計・算定，(2)工事原価の計上，(3)工事収益の計上の各仕訳について示しなさい。なお，当社の会計期間は4月1日から3月31日までの1年間であり，実際発生工事原価を期末に集計・算定している。 **1**

＜資料＞

(1) 2X04年6月1日に請負工事契約価額 1,200,000 円の請負工事を受注し，直ちに建設を開始した。完成・引き渡しの予定は2X06年7月31日である。

(2) 実際発生工事原価および見積工事原価は以下の通りである。

改 (3) 工事を完成後，引渡し時にB社に支払義務が生じる契約であるため，引渡し前に生じた当社の権利は契約資産として処理する。

（単位：円）

		2X05年3月期	2X06年3月期
各期の実際発生工事原価	材料費	102,000	92,000
	労務費	106,000	121,000
	経費	48,000	71,000
各期末における完成までに要する見積工事原価		384,000	210,000

・ケース1　「工事進行基準」（履行義務の充足に係る進捗度を見積り，当該進捗度にもとづき収益を一定期間にわたり認識する方法）で処理することが適切であると判断された場合。なお，工事進捗度は原価比例法によって見積もる。

・ケース2　原価回収基準で処理することが適切であると判断された場合。

改 「収益認識に関する会計基準」の新設に伴い，改題している。

問題3　全経商事株式会社（会計期間は4月1日から3月31日までの1年間）の2X03年3月期に関する以下の<資料1>及び<資料2>にもとづいて，解答用紙に示した損益勘定と閉鎖残高勘定を完成させなさい。

<注意事項>
(1)　税効果会計は考慮しなくてよい。
(2)　利息や減価償却費などの時の経過に伴い発生する収益及び費用は，月割計算を行う。
(3)　特に指示のない限り，原則的な処理方法によること。

<資料1>　決算整理前残高試算表

決算整理前残高試算表　　　　　（単位：円）

借　方　科　目	金　額	貸　方　科　目	金　額
現　　　　　金	121,079	買　　掛　　金	51,000
当　座　預　金	各自推定	電子記録債務	32,000
売　　掛　　金	123,000	仮　　受　　金	62,000
電子記録債権	84,000	貸　倒　引　当　金	1,194
仮　　払　　金	141,925	退職給付引当金	11,000
繰　越　商　品	184,000	建物減価償却累計額	35,000
建　　　　　物	150,000	資　　本　　金	各自推定
土　　　　　地	380,000	資　本　準　備　金	100,000
満期保有目的債券	各自推定	利　益　準　備　金	32,000
その他有価証券	32,000	繰越利益剰余金	144,006
長　期　性　預　金	1,200	売　　　　　上	2,454,000
仕　　　　　入	1,659,000	受　取　配　当　金	280
給　料　手　当	221,000	投資有価証券評価損	2,000
広　告　宣　伝　費	4,200		
支　払　家　賃	4,800		
雑　　　　　費	1,526		
	各自推定		各自推定

<資料2>　決算整理事項等
1. 決算にあたって取引銀行から取り寄せた当座預金口座の期末の残高証明書によると，残高は379,200円であった。当座預金勘定残高と一致しないため，その原因を調べたところ，以下の事実が判明した。
(1)　過年度に貸倒れとして処理した売掛金の回収額800円の振込みがあったが，その通知が未達であった。
(2)　得意先からの売掛金の振込み6,900円を9,600円と誤記していた。
(3)　電子記録債務2,800円が引き落とされていたが，その通知が未達であった。
(4)　広告宣伝費支払いのために振り出した小切手400円が先方に渡されておらず，金庫に保管されていた。

2．仮払金と仮受金の内訳は以下の通り。
　(1)　仮払金
　　①　消費税等の仮払額　　　　　　　　　　　　36,425 円
　　②　法人税等の中間納付　　　　　　　　　　　100,000 円
　　③　年金基金への期中拠出額　　　　　　　　　500 円（**＜資料２＞7 参照**）
　　④　リース料　　　　　　　　　　　　　　　　5,000 円（**＜資料２＞6 参照**）
　(2)　仮受金
　　①　消費税等の仮受額　　　　　　　　　　　　62,000 円

3．売上債権の期末残高に対して，差額補充法により２％の貸倒引当金を設定する。

4．当期末に保有する有価証券は次のとおりである。
　(1)　満期保有目的債券　　帳簿価額：各自推定
　　　2X01 年 10 月 1 日に額面 100,000 円の，満期３年の割引債の新発債を購入した。なお，この割引
　　債の実効利子率は年 2.4％であり，過年度の処理は適正に行われている。
　(2)　その他有価証券（株式）：評価差額については部分純資産直入法によって処理しているが，期首の
　　洗替え処理は適切に行われている。

銘柄	取得原価	期末時価
A社	12,000 円	9,000 円
B社	20,000 円	21,300 円

5．期末商品帳簿棚卸高は 210,000 円である。そのうち，以下の A 商品と B 商品以外の商品には棚卸減
　耗は生じておらず，正味売却価額は取得原価を上回っている。

種類	帳簿棚卸数量	実地棚卸数量	取得原価	正味売却価額
A商品	500 個	490 個	@ 100 円	@ 75 円
B商品	100 個	98 個	@ 600 円	@ 700 円

　　B 商品の実地棚卸高のうち 10 個は品質低下のため，@ 250 円と評価した。商品評価損及び棚卸減
　耗損は売上原価に算入するため，仕入勘定に振り替える。

6．固定資産の減価償却については，以下のとおりである。なお，過年度の減価償却はすべて適正に行
　われている。
　(1)　建物：定額法　耐用年数 30 年　残存価額はゼロ
　(2)　備品：当期首の 2X02 年 4 月 1 日に，以下の条件によるリース契約によってリース物件の引き渡
　　しを受け，直ちに使用を開始したが，未処理である。
　　・解約不能なリース期間　5 年
　　・所有権移転条項および割安購入選択権はなく，特別仕様ではない。
　　・リース料　年 5,000 円　各期末に現金で支払う。
　　・リース物件の貸手の購入価額　不明
　　・リース物件の借手の見積現金購入価額　23,000 円
　　・貸手の計算利子率は知り得ない。
　　・借手の追加借入利子率　年 6％
　　・リース物件の経済的耐用年数　7 年
　　・借手の減価償却方法　定額法

・リース債務のうち翌期中に支払期限が到来するものを1年基準により未払リース債務に振り替える。なお，割引率6％，期間5年の年金現価係数は4.212である。

7．退職給付について

　当社は従業員非拠出の確定給付型の退職年金制度を採用している。当期の退職給付に関する事項は以下の通りである。
　・当期首の退職給付債務は70,000円，年金資産は50,000円である。
　・退職給付債務の割引率は3％，年金資産の長期期待運用収益率は5％である。
　・前期首に退職給付水準を引き上げた際に，過去勤務費用10,000円（借方）が発生した。この過去勤務費用は平均残存勤務期間である10年間で定額法によって処理している。
　・当期の勤務費用は1,000円であった。
　・期中の年金基金への拠出額は500円であり，仮払金で処理している。
　・当期中の年金資産から支払われた退職年金給付額は800円である。
　・上記以外の過去勤務費用，および数理計算上の差異は生じていない。

8．収益及び費用の見越し・繰延べについて
　(1)　支払家賃は毎年8月1日に1年分を前払いしている。　　　　　　　　　　　　　　　　**3**
　(2)　長期性預金は，2X02年11月1日に満期3年，利率は年2％，利息は満期日に元金とともに3年分一括して受け取る条件で預け入れたものである。

9．消費税等に関する期末の処理を行う。

10．当期の法人税等185,000円を計上する。

 問題文の指示を明確にした。

205

1　原価回収基準では、発生した原価と同額の収益を計上する。
2　債券の発行価額は、将来キャッシュ・フローを実効利子率で割り引いた金額となる。
3　当期首の再振替仕訳により借方に計上された○カ月分と当期に支払った12カ月分の合計が決算整理前残高試算表に計上されている。

29

財 務 会 計 問 題（第205回）

解答解説：190ページ
解答用紙： 20ページ

問題1　次の文章のうち，一般に公正妥当と認められる会計諸基準（企業会計原則・同注解をはじめとする各種会計基準，意見書等は令和4年4月1日現在のものを有効とする。）に照らして，正しいものには○を，誤っているものには×を正誤欄に記入し，×を記入した場合にはその理由を理由欄に述べなさい。なお，重要性の原則の適用はない。

1．「企業会計原則」によれば，資本取引と損益取引とを明瞭に区別し，特に資本準備金と利益準備金とを混同してはならない。

2．「棚卸資産の評価に関する会計基準」によれば，通常の販売目的で保有する棚卸資産について，収益性の低下に基づく簿価切下額が，臨時の事象に起因し，かつ，多額であるときには，特別損失に計上する。

3．「固定資産の減損に係る会計基準」によれば，共用資産に関して，より大きな単位でグルーピングを行う方法を採用している企業において，判定の結果，減損損失を認識することとなった場合には，共用資産を加えることによって算定される減損損失の増加額は，原則として，合理的な基準により各資産又は資産グループに配分する。

4．「連結キャッシュ・フロー計算書等の作成基準」によれば，キャッシュ・フロー計算書において，支払利息は，「営業活動によるキャッシュ・フロー」の区分又は「財務活動によるキャッシュ・フロー」の区分のいずれかに記載する。

5．「1株当たり当期純利益に関する会計基準」によれば，1株当たり当期純利益は普通株式に係る当期純利益を普通株式の期中平均株式数で除して算定するが，個別財務諸表における損益計算書上の当期純利益は，連結財務諸表においては，税金等調整前当期純利益とする。

6．「税効果会計に係る会計基準」によれば，繰延税金資産又は繰延税金負債の金額は，当期の税率ではなく回収又は支払が行われると見込まれる期の税率に基づいて計算しなければならない。

7．「ストック・オプション等に関する会計基準」によれば，ストック・オプションを付与し，これに応じて企業が従業員等から取得するサービスは，その取得に応じて費用として計上し，対応する金額を，ストック・オプションの権利行使又は失効が確定するまでの間，貸借対照表の純資産の部に払込資本として計上する。

8．「資産除去債務に関する会計基準」によれば，時の経過による資産除去債務の調整額は，損益計算書上，営業外費用の区分に計上する。

9．「連結財務諸表に関する会計基準」によれば，連結財務諸表の作成において生じた負ののれんは当該事業年度の利益として処理する。

10．「退職給付に関する会計基準」によれば，数理計算上の差異は，原則として各期の発生額について，予想される退職時から現在までの平均的な期間以内の一定の年数で按分した額を毎期費用処理する。

問題2　次の文章は「討議資料　財務会計の概念フレームワーク」からの抜粋である。これに関して，以下の問いに答えなさい。

　「投資のリスクからの解放」と類似したものとして，「実現」，あるいは「実現可能」という概念がある。「実現した成果」については解釈が分かれるものの，最も狭義に解した「実現した成果」は，売却という事実に裏づけられた成果，すなわち非貨幣性資産の貨幣性資産への転換という事実に裏づけられた成果として意味づけられる（ア）ことが多い。この意味での「実現した成果」は，この概念フレームワークでいう「リスクから解放された投資の成果」に含まれる。ただし，投資のリスクからの解放は，いわゆる換金可能性や処分可能性のみで判断されるのではない（イ）。他方の「実現可能な成果」は，現金またはその同等物への転換が容易である成果（あるいは容易になった成果）として意味づけられることが多い。この意味での「実現可能な成果」の中には，「リスクから解放された投資の成果」に該当しないものも含まれている（ウ）。

問1　下線部（ア）に関して，最も狭義に解した「実現した成果」に換金可能性や処分可能性が求められる理由を，会計に要請されてきた社会的役割に注目して簡潔に説明しなさい。　**1**

問2　下線部（イ）に関して，売買目的有価証券の時価評価差額を当期の損益として処理する理由を，リスクからの解放という用語や考え方を使わずに簡潔に説明しなさい。　**2**

問3　下線部（ウ）に関して，次の問いに答えなさい。

（1）　上場している子会社株式の時価評価差額が「実現可能な成果」といえる理由を簡潔に説明しなさい。　**3**

（2）　上場している子会社株式の時価評価差額を認識しない理由を，リスクからの解放という用語や考え方を使わずに簡潔に説明しなさい。　**4**

205

問題3 財務諸表分析における回転率に関する以下の問いに答えなさい。

問1 電力会社は相対的に総資産回転率が高い業界に属するといえるか，あるいは低い業界に属するといえるか，理由もあわせて答えなさい。

問2 棚卸資産回転率を求めるにあたって一般的には分子に売上高が用いられるが，売上高の代わりに **5** 売上原価を用いる見解がある。売上原価を用いる見解に則った場合，売上高を用いる見解にはどのような問題があるといえるか簡潔に答えなさい。

問3 次の条件の下で，売上債権回転日数を求めなさい。ただし端数が生じる場合は，計算の最終段階で小数点以下を四捨五入すること。また貸借対照表項目については期首・期末の平均値を用い，1年は365日で計算すること。

期首現預金	500	期末現預金	620	期首売掛金	370
期末売掛金	300	期首受取手形	120	期末受取手形	150
売上高	2,350	売上原価	1,840		

1 会計の社会的役割の1つに主に株主と債権者の利害を調整する利害調整機能がある。この機能が，実現した成果の換金可能性にどういうつながりがあるかを考える。
2 売買目的有価証券は、売却することについて、その他有価証券のように業務遂行上等の制約はない。
3 上場しているのであれば、証券取引所で売却することができる。
4 子会社株式は、時価の変動によって利益を得ることを目的として保有しているのではない。
5 棚卸資産回転率の計算で、分母が棚卸資産、分子に売上高を用いると、正しい回転率を計算することができるかを考える。

商簿・財会

205

解答解説：196 ページ
解答用紙： 22 ページ

商 業 簿 記 問 題（第 207 回）

問題1　当社は，商品M（仕入原価 400 円，販売価格 700 円・税抜）について，販売後 20 日以内であれば販売価格による返品に応じている。(1)から(3)の取引について，下記の勘定科目を使用して仕訳しなさい。

(1)　商品M 3,000 個を上記販売価格で掛販売した。販売の時点では12%が期限内に返品されると見積もった。なお，消費税等は税率10%とし，税抜方式で処理するが，販売時には返品がないものとして仮受消費税等を計算する。また，当社は商品の会計処理に売上原価対立法を採用している。

(2)　期限内に 400 個が返品された。調査の結果，平均して 450 円で再販売が可能と判断した。

(3)　返金額を売掛金と相殺した。

■

<使用する勘定科目>
　売掛金，商品，仕入，返品資産，仮受消費税等，返金負債，売上，売上原価

問題2　A社は 2X02 年 4 月 1 日を合併期日としてB社を吸収合併した。合併前日のB社貸借対照表と，この合併に関する資料は下記のとおりである。この合併に必要なA社の仕訳を下記の勘定科目を使用して示しなさい。

B社　貸借対照表　　　　　　　　　　（単位：円）

諸　　資　　産	800,000	諸　　負　　債	300,000
土　　　　　地	350,000	資　　本　　金	600,000
		利　益　剰　余　金	250,000
	1,150,000		1,150,000

<資料>
(1)　B社の株主に交付したA社株式：1,000 株
　　うち 300 株はあらかじめ取得していた自己株式（帳簿価額は 1 株当たり 900 円）を交付し，残りは新株を発行した。
(2)　合併前日のA社の発行済株式数：5,000 株
(3)　合併期日のA社株式の時価：980 円
(4)　合併契約書に記載されている事項
　1）　B社から引き継ぐ識別可能な資産及び負債は下記のとおりとする。
　　　　土地：400,000 円，特許権取得前の研究開発費：50,000 円
　　　　その他の諸資産と諸負債：B社の帳簿価額のとおり
　2）　資本金を 100,000 円，資本準備金を 50,000 円それぞれ増額し，残額はその他資本剰余金とする。

<使用する勘定科目>
　諸資産，土地，諸負債，資本金，資本準備金，その他資本剰余金，自己株式，研究開発費，
　仕掛研究開発費，のれん

問題3　株式会社全経（会計期間は4月1日から3月31日までの1年間）の2X21年度（2X22年3月期）に関する以下の**＜資料１＞**及び**＜資料２＞**にもとづき，〔　　　　〕欄に金額を入れ，解答用紙に示した決算整理後残高試算表を完成させなさい。また，その他有価証券，繰延税金資産，繰延税金負債，その他有価証券評価差額金についてはその内訳を示しなさい。なお，金額は意図的に小さくしてある。

<商簿・財会>

<207>

＜注意事項＞
　⑴　消費税等の税率は10％であり，税抜方式で処理している。
　⑵　円未満の端数が生じた場合には，計算の最終段階で円未満を四捨五入する。
　⑶　減価償却費などの時の経過に伴い発生する収益及び費用は，月割計算を行う。
　⑷　特に指示のない限り，原則的な処理方法による。
　⑸　**＜資料２＞**3．投資有価証券に関する取引にのみ税効果会計を適用し，法人税等の税率を30％とする。

＜資料１＞　決算整理前残高試算表

決算整理前残高試算表　　　　　　　　　　（単位：円）

借　方　科　目	金　額	貸　方　科　目	金　額
現　　　　　　　金	1,520	買　　掛　　金	39,000
当　座　預　金	5,770	仮　受　消　費　税　等	41,000
売　　掛　　金	60,000	仮　　受　　金	20,571
割　賦　売　掛　金	12,355	貸　倒　引　当　金	400
仮　　払　　金	200	建物減価償却累計額	75,000
仮　払　法　人　税　等	11,000	備品減価償却累計額	23,520
仮　払　消　費　税　等	32,800	利　息　調　整　勘　定	1,355
繰　越　商　品	20,000	資　　本　　金	190,000
建　　　　物	150,000	その他資本剰余金	5,000
備　　　　品	54,000	利　益　準　備　金	20,000
その他有価証券	44,903	繰越利益剰余金	54,772
保　　証　　金	98,000	新　株　予　約　権	3,000
自　己　株　式	15,000	売　　　　上	100,000
仕　　　　入	260,000	割　賦　売　上	10,000
給　与　手　当	45,000	受　取　利　息	500
支　払　地　代	12,600	商　品　評　価　損	30
その他の費用	53,000		
固　定　資　産　除　却　損	8,000		
	884,148		884,148

＜資料２＞

1．割賦販売取引について

　　商品を割賦販売価格12,355円（現金販売価格10,000円，消費税等1,000円，割賦利息1,355円）で **②** 2X21年4月1日に販売した。代金は2X22年3月31日を初回とし毎年3月31日に消費税等を含め2,471円を5年間にわたり受け取る。年利率を4％として利息区分法により処理する。なお，2X22年3月31日の受取額は仮受金に計上している。

2．期末売上債権の評価について

当社の売上債権の平均回収期間は1年未満である。また，2X22年3月期末には貸倒懸念債権や破産更生債権等はない。過去の期末債権残高と貸倒実績は下記のとおりである。

	2X19年3月期	2X20年3月期	2X21年3月期	2X22年3月期
期中貸倒実績	540円	600円	480円	616円
期末債権残高	50,000円	48,000円	56,000円	60,000円

通常販売にかかる売掛金に対しては，過去3年の平均貸倒実績率にもとづき差額補充法により貸倒引当金を設定する。また，割賦販売については，同業者の実績を参考に期末割賦売掛金残高に対し3％の貸倒引当金を設定する。

3．投資有価証券について

その他有価証券は下記の4銘柄である。当社は全部純資産直入法を採用している。

A社社債（割引債）　額面：10,000円，発行価格：額面100円につき97.54円（割引率：年0.5％）

発行日および購入日：2X20年4月1日，満期日：2X25年3月31日，期末時価9,930円

発行価額と額面の差額は利息の調整と認められ，利息法で償却し，受取利息に計上する。

B社社債（利付債）　額面：100ドル，発行価格：額面と同じ，発行日および購入日：2X21年4月1日，満期日：2X24年3月31日，期末時価：90ドル，為替レート：発行時1ドル＝105円，期末1ドル＝115円　なお，利息は適切に処理している。

C社株式　取得日：2X20年10月1日，取得価額：9,600円，期末時価：10,500円

2X21年6月30日に100円の配当を受けたが，C社より配当の原資が利益剰余金60％，資本剰余金40％である旨通知があった。受取額は仮受金に計上している。なお，源泉所得税は考慮しなくてよい。

 D社株式　取得日：2X16年9月1日，取得価額：15,000円

同社は近年業績不振が続き，2X22年3月末には実質価額が9,000円まで低下したので，減損処理をするが，税効果会計は適用しない。

4．期末商品について

当社は商品の会計処理に先入先出法を採用している。当期末の商品全体の帳簿棚卸高は22,000円であった。

取扱商品のうちP商品とQ商品に関する情報は下記のとおりである。

	P商品		Q商品	
	数量	単価	数量	単価
期首棚卸高	30個	@15円（原価）　@14円（正味売却価額）	50個	@20円（原価）　@21円（正味売却価額）
当期仕入高	350個	@14円（原価）	400個	@22円（原価）
当期販売高	330個		410個	
期末実地棚卸高	44個	@15円（正味売却価額）	40個	@18円（正味売却価額）

減耗損：棚卸減耗損勘定に振り替える。

評価損：前期末に下記の仕訳を行ない，期首に再振替仕訳を行っている。当期末も同様に行う。

（借）商品評価損　30　　（貸）商品低価引当金　30

なお，他の商品については，減耗や価格の低下はない。

5．仮払金，仮受金の内訳

仮払金　取り壊し費用　200円

仮受金　割賦販売代金回収額　2,471円，配当金受取額　100円，新株予約権行使払込額　18,000円

改　問題文の指示と答案用紙の科目が不整合であったため、改題している。

6．有形固定資産について

6-1　建物

⑴　倉庫（取得価額 *20,000* 円，期首減価償却累計額 *12,000* 円，耐用年数 20 年，残存価額ゼロ，定額法で償却）

　　2X21 年 6 月 30 日：この倉庫を取り壊し，下記の仕訳を行った。なお前年度までの減価償却は適正に行なわれている。

　　　（借）　建物減価償却累計額　*12,000*　（貸）　建物　*20,000*
　　　　　　　固定資産除却損　　　　*8,000*

　　また，取り壊しに要した費用 *200* 円は仮払金に計上している。

　　2X21 年 12 月 1 日：新しい倉庫が完成した。直ちに使用を開始し，取得価額 *24,000* 円を建物勘定に借記した。なお，新築の倉庫の耐用年数と残存価額，償却方法は取り壊した倉庫と同じである。

⑵　他の建物については，期中の取得はなく，耐用年数 30 年，残存価額 10%，定額法で償却をしている。

6-2　備品

　　備品は下記 2 点であり，いずれも耐用年数 5 年，残存価額ゼロ，200% 定率法で償却している。保証率は 0.108，改定償却率は 0.5 として計算すること。

⑴　2X18 年 4 月 1 日取得，取得価額 *30,000* 円

⑵　2X21 年 8 月 1 日取得，取得価額 *24,000* 円

7．自己株式について

　　自己株式（*15,000* 円，@ *150* 円，100 株）について，下記の取引が行なわれたがまだ処理を行なっていない。

⑴　消却株数と消却日：50 株　2X21 年 7 月 31 日

⑵　新株予約権の行使に充当：50 株（8．⑵を参照）

8．新株予約権について

　　新株予約権に関する情報は下記のとおりである。

⑴　2X21 年 4 月 1 日に 15 個の新株予約権を 1 個当たり *200* 円で発行した。

　　新株予約権 1 個につき 1 株 *180* 円で 10 株割り当てる。

⑵　2X21 年 9 月 30 日に 10 個が行使されたので，自己株式 50 株を充当し，残りは新株を発行した。払込金は仮受金に計上しており，権利行使にかかる仕訳はまだ行なっていない。

　　新株式発行による株主資本の増加額は資本金とする。

⑶　2X22 年 3 月 31 日に 5 個の権利が失効した。失効に伴う処理はまだ行なっていない。

9．地代について

　　地代は，毎年 12 月 31 日に翌年 1 月 1 日から 12 月 31 日までの 1 年分を前払し，支払地代勘定に計上している。

10．消費税等について

　　消費税等に関する勘定を整理する。

11．法人税等について

　　当期の法人税，住民税及び事業税の合計は *23,910* 円である。

1　返品のうち見積額を超えるものについては売上で処理する。

2　5 年間の支払額の割引現在価値をもとに、利息を計算する。

　問題文の指示とあるべき会計処理が不整合であったため、改題している。

財 務 会 計 問 題（第207回）

解答解説：205ページ
解答用紙： 24ページ

問題1 次の文章のうち，一般に公正妥当と認められる会計諸基準（企業会計原則・同注解をはじめとする各種会計基準，意見書等は令和4年4月1日現在のものを有効とする。）に照らして，正しいものには○を，誤っているものには×を正誤欄に記入し，×を記入した場合にはその理由を理由欄に述べなさい。なお，重要性の原則の適用はない。

1．「企業会計原則」によれば，損益計算書の営業損益計算の区分に記載する売上高については，企業が商品等の販売と役務の給付とをともに主たる営業とする場合には，商品等の売上高と役務による営業収益とはこれを区別して記載する。

2．「企業会計原則」によれば，貸借対照表において，資産の部は流動資産，固定資産及び繰延資産に区分し，負債の部を流動負債と固定負債に区分しなければならないが，この流動・固定の分類は1年基準によって行われる。

3．「資産除去債務に関する会計基準」によれば，資産除去債務とは，有形固定資産の取得，建設，開発又は通常の使用によって生じ，当該有形固定資産の除去に関して法令又は契約で要求される法律上の義務である。

4．「連結財務諸表に関する会計基準」によれば，同一環境下で行われた同一の性質の取引等について，子会社が採用する会計方針は親会社にあわせて統一する。　**1**

5．「会計方針の開示，会計上の変更及び誤謬の訂正に関する会計基準」によれば，会計方針とは，財務諸表の作成にあたって採用した会計処理の原則及び手続き，財務諸表の科目分類，科目配列及び報告様式をいう。

6．「収益認識に関する会計基準」によれば，履行義務の充足に係る進捗度を合理的に見積ることができないが，当該履行義務を充足する際に発生する費用を回収することが見込まれる場合には，履行義務の充足に係る進捗度を合理的に見積ることができる時まで，一定の期間にわたり充足される履行義務について原価回収基準により処理する。

7．「リース取引に関する会計基準」によれば，所有権移転ファイナンス・リース取引において貸手が計上したリース債権は金融商品と考えられるため，「金融商品に関する会計基準」の定めに従って貸倒見積高を算定する。

8．「包括利益の表示に関する会計基準」によれば，当期純利益にその他の包括利益の内訳科目を加減して包括利益を表示するが，その他の包括利益の内訳科目は税効果を控除した後の金額で表示する。

9．「事業分離等に関する会計基準」によれば，分離元企業は，移転した事業に関する投資が清算されたとみなされる場合には移転損益を認識するが，そのまま継続しているとみなされる場合には認識しない。

10．「持分法に関する会計基準」によれば，持分の売却によりこれまで関連会社だった被投資会社が関連会社に該当しなくなった場合，残存する当該被投資会社に対する投資は，連結財務諸表上，その実質価額をもって評価する。　**2**

問題2　「退職給付に関する会計基準」（以下，本問題では「基準」という）にもとづき，以下の問に答えなさい。

問1　退職給付債務の概念には，一般的に予測給付債務概念，累積給付債務概念，確定給付債務概念の ❸ 3つがある。「基準」で用いられている債務概念を示し（該当する概念の解答欄に○を付すこと），それぞれの債務概念について，「受給権」と「昇給」という用語を用いて，各債務に含まれる範囲を簡潔に説明しなさい。

問2　数理計算上の差異の処理方法について，連結財務諸表上と個別財務諸表上に分けて説明しなさい。

問題3　自己株式の会計に関して，以下の問に答えなさい。

問1　自己株式の取得原価には，証券会社に支払う手数料等の付随費用を含めない理由を説明しなさい。

問2　自己株式を証券市場で売却した際の帳簿価額と処分対価の差額（自己株式処分差額ないし自己株 ❹ 式処分差損益）について，(1)処理方法，及び(2)その理由を説明しなさい。

❶　以前は親会社の会計方針に統一していたが、現在は企業集団の活動の実態をより適切に表す会社の会計方針に合わせる。
❷　関連会社に該当しなくなった場合には持分法は適用せず、個別上の金額が連結上の金額となる。
❸　債務の範囲は、確定給付＜累積給付＜予測給付となる。これを受給権が確定しているか否か、昇給等を考慮するか否かで、分けて説明する。
❹　自己株式処分差額は資本取引により生じた剰余金であるが、資本準備金で処理できない。

商 業 簿 記 問 題 （第209回）

解答解説：211ページ
解答用紙： 26ページ

（注意事項）
(1) 計算を容易にするために，数値を極端に小さくしている箇所がある。
(2) 計算の過程で端数が生じた場合には，とくに指示のある場合を除き，その都度，円未満を四捨五入
すること。また，その四捨五入に伴う丸め誤差は最終年度で調整するものとする。
(3) とくに指示のない限り，原則的な方法によること。
(4) 仕訳を答える問題で，仕訳の必要がない場合には「なし」と解答すること。

問題1 当社の当期(20X2年4月1日～20X3年3月31日)に関する**＜資料1＞**及び**＜資料2＞**に基づい
て，解答用紙に示した閉鎖残高勘定と損益勘定を完成させなさい。

＜注意事項＞
・単純化のために，建物は単独で，他の資産又は資産グループのキャッシュ・フローから概ね独立
したキャッシュ・フローを生み出す最小の単位であるとする。
・税効果会計は適用しない。

＜資料1＞ 決算整理前残高試算表

決算整理前残高試算表　　　　　　　　　（単位：円）

借 方 科 目	金 額	貸 方 科 目	金 額
現　　　　　　　金	9,715	支 払 手 形	800
当 座 預 金	55,030	買 掛 金	1,960
受 取 手 形	12,600	短 期 借 入 金	4,000
売 掛 金	13,100	未 払 金	1,100
売 買 目 的 有 価 証 券	990	預 り 保 証 金	1,000
繰 越 商 品	16,000	社 債	60,000
建 物	400,000	貸 倒 引 当 金	230
備 品	2,600	建物減価償却累計額	140,000
備 品 改 修 費	100	備品減価償却累計額	420
長 期 貸 付 金	5,000	仮 受 金	1,200
そ の 他 有 価 証 券	1,230	資 本 金	180,000
社 債 発 行 差 金	4,791	資 本 準 備 金	31,000
自 己 株 式	5,000	その他資本剰余金	450
仕 入	265,000	利 益 準 備 金	8,780
給 料	2,400	繰 越 利 益 剰 余 金	28,500
社 債 利 息	3,600	その他有価証券評価差額金	120
広 告 宣 伝 費	480	売 上	340,000
支 払 利 息	94	受 取 利 息	170
仮 払 法 人 税 等	2,000		
	799,730		799,730

<資料２>　決算整理事項等
1．当座預金について
　　銀行から受け取った当座預金の残高証明書の残高は 62,000 円であり，当社の帳簿記録との不一致の原因は次のとおりである。
　⑴　買掛金支払いのため振り出した小切手 1,500 円が未渡しである。
　⑵　未払金支払いのため振り出した小切手 700 円は銀行に支払呈示がなされていないため，未取付けである。
　⑶　売掛金代金の振込額 5,000 円が当社に未通知であった。
　⑷　20X3 年 3 月 31 日に現金 230 円を銀行の夜間金庫に預け入れたが，銀行では 4 月 1 日の入金として処理していた。
2．有価証券について
　⑴　売買目的有価証券の内訳は，次のとおりである。なお当社は切放法を採用している。

	A社株式	B社株式
簿価	570 円	420 円
期末時価	630 円	380 円

　⑵　その他有価証券の内訳は，次のとおりである。このうち D 社株式と E 社株式は当期中に取得したものである。部分純資産直入法を採ること。

	C社株式	D社株式	E社株式
簿価	250 円	620 円	360 円
期末時価	280 円	570 円	320 円

3．金銭債権について
　　金銭債権には以下のものが含まれている。

債務者	明細	備考
F社	受取手形：1,800 円 売　掛　金：　700 円	当期に発生した金銭債権であるが，決算手続き中に F 社が破産申請したため，修正後発事象として取り扱う。つまり，破産更生債権等に振り替えるとともに，必要な貸倒引当金を設定する。なお，保証金 1,000 円を預かっており，これ以外に回収の見込みはない。

　　これ以外の金銭債権はすべて一般債権であり，期末残高に対して，3 ％の貸倒引当金を差額補充法にて設定する。
4．買掛金について
　　買掛金のうち，390 円は G 社に対する 3 ドルであり，期末の為替相場は 1 ドル 126 円である。
5．商品について
　　商品の期末有高は 14,000 円であった。
6．自己株式について
　　保有していた自己株式の一部（取得原価：3,700 円）を期中に 1,200 円で売却したが，当該代金を仮受金として計上したのみであるので，その整理を行う。なお，会計期間末においてその他資本剰余金の値が負になっていれば，そのために必要な処理を行う。
7．建物について
　　建物は，耐用年数 20 年，残存価額（見積売却価額）ゼロ，定額法で償却してきたが，期末に減損の兆候が見られ，その回収可能価額は 210,000 円であった。

8．備品について

(1) 備品 *2,600* 円のうちの *1,200* 円分は，当期首に，3年使用するために *1,200* 円で購入し，使用にあたり改良費 *100* 円を改修専門業者に支払ったものであるが，残高試算表のように計上している。これを適正に処理するとともに，この備品の将来の資産除去費用 *340* 円について，当該取引の処理がまだ行われていなかったので処理を行う。さらに決算にあたり，定額法，残存価額ゼロで減価償却する。なお，除去債務の割引率を5％とし，$1.05^3 \fallingdotseq 1.158$ で計算し，計算の都度，円未満を切り捨てて円単位で計上する。 **2**

(2) 備品のうち残りの *1,400* 円分は，20X0 年4月1日に，取得原価 *1,400* 円で取得し，耐用年数6年，残存価額10％で定額法により減価償却してきたものである。これについて，残存価額をゼロとする「会計上の見積りの変更」を行い，減価償却を行う。

9．社債について **3**

社債は，20X2 年4月1日に額面総額 *60,000* 円を，発行価額 *55,209* 円，約定利子率年6％，実効利子率年8％，利払日年1回（3月末日），満期 20X7 年3月31日の条件で発行したものである。社債発行差額は社債発行差金勘定にて処理する方法による。

10．ストック・オプションについて

20X2 年9月1日，従業員 30 名に対し1個ずつストック・オプションを付与することとした。行使時の払込金額は1株当たり 20 円，ストック・オプション1個につき発行する株式は1株，権利確定日は 20X4 年8月31日，行使期間は 20X4 年9月1日から 20X5 年8月31日まで，付与日における公正な評価単価は1個当たり5円であり，権利不確定による失効は6個と見積られた。当該取引についての処理が，まだ行われていない。

11．費用及び収益の見越と繰延について

費用及び収益の見越と繰延を次のとおり行う。

(1) 未払給料が *340* 円ある。

(2) 短期借入金は，最終利払日が 20X2 年 10 月 31 日であり，約定利子率は年6％である。

(3) 長期貸付金は，最終利払日が 20X2 年 12 月 31 日であり，約定利子率は年4％である。

(4) 広告宣伝費は全額，20X3 年7月31日までの1年分を前払いしたものである。

12．税金について

法人税等が，*3,810* 円と算定された。

問題2　次の一連の取引を，約定日基準と修正受渡日基準で仕訳しなさい。なお勘定科目は，下記の【勘定科目群】から選ぶこと。

3/30　売買目的で，A社株式を200,000円で買い付ける契約を締結した。

3/31　決算にあたり，整理仕訳を行う。A社株式の時価は170,000円であった。評価差額の処理は洗替方式による。

4/1　振戻仕訳を行う。

4/2　購入代金を小切手を振り出して支払い，A社の株式を受領した。

【勘定科目群】

現金	当座預金	買掛金
未払金	売買目的有価証券	その他有価証券
売買目的有価証券評価益	売買目的有価証券評価損	その他有価証券評価差額金

問題3　以下の＜資料＞に示された一期間（1月1日〜12月31日）に生じた取引について，三分法を用いた場合と売上原価対立法を用いた場合のそれぞれにもとづいて，次の問に答えなさい。なお，勘定科目は，下記の【勘定科目群】から選ぶこと。

(1)　7/14，8/10，10/3の仕訳と決算整理仕訳（ただし次の(2)に関するものを除く）を示しなさい。なお，商品売買は掛取引とし，払出原価の決定にあたっては先入先出法を適用すること。

(2)　この商品について，実地棚卸による期末の実際棚卸数量は35個であった。これに係る決算整理仕訳を示しなさい。ただし，減少分については売上原価に含めない方法で処理すること。

＜資料＞　商品有高の推移

1/1	期首有高	25個	@ 50円
3/25	売上	20個	@ 100円
5/7	仕入	30個	@ 60円
7/14	売上	20個	@ 100円
8/10	7/14売上分の数量違いによる返品	2個	返品分は良品であった。
10/3	仕入	20個	@ 55円

【勘定科目群】

現金	売掛金	商品
繰越商品	買掛金	売上
仕入	売上原価	商品売買益
棚卸減耗費	商品評価損	

1　C社株式は前期以前に取得したものであり、残高試算表には前期のその他有価証券評価差額金が計上されたままになっている。

2　資産除去債務と利息費用については、円未満を切り捨てる。

3　社債発行差金は社債の評価勘定であり、償却するにつれて減少する。

4　先入先出法は先に仕入れた商品から先に費用化する方法であり、売上戻りが生じた場合には、後から仕入れた商品から戻ってきたと考える。

解答解説：221 ページ
解答用紙： 30 ページ

財 務 会 計 問 題（第 209 回）

問題1 次の文章のうち，一般に公正妥当と認められる会計諸基準（企業会計原則・同注解をはじめとする各種会計基準，意見書等は令和4年4月1日現在のものを有効とする。）に照らして，正しいものには○を，誤っているものには×を正誤欄に記入し，×を記入した場合にはその理由を理由欄に述べなさい。なお，重要性の原則の適用はないものとする。

1．「企業会計原則注解」によれば，企業会計は，予測される将来の危険に備えて，慎重な判断に基づく会計処理を行うことができる。

2．「企業会計原則注解」によれば，内部利益とは，会計単位内部における原材料，半製品等の振替から生ずる未実現の利益を言う。

3．「金融商品に関する会計基準」によれば，債務者から契約上の利払日を相当期間経過しても利息の支払を受けていない債権及び破産更生債権等については，すでに計上されている未収利息を当期の損失として処理するとともに，それ以後の期間に係る利息を計上してはならない。

4．「金融商品に関する会計基準」によれば，その他有価証券は，「時価の算定に関する会計基準」に従い算定された時価をもって貸借対照表価額とするが，継続適用を条件として，期末前1ヵ月間の市場価格の平均にもとづいて算定された価額を用いることもできる。

5．「リース取引に関する会計基準」によれば，所有権移転ファイナンスリースでは，貸手はリース料と割安購入選択権の行使価額で回収するので，取引で生じる資産はリース投資資産に計上するが，所有権移転外ファイナンスリースでは，リース料と見積残存価額の価値により回収するので，取引で生じる資産はリース債権に計上する。

6．「連結財務諸表に関する会計基準」によれば，連結会社相互間の取引によって取得した棚卸資産，固定資産その他の資産に含まれる未実現損益は，その全額を消去するが，売手側の子会社に非支配株主が存在する場合には，親会社と非支配株主の持分比率に応じて，親会社の持分と非支配株主持分に配分する。

7．「ストック・オプション等に関する会計基準」によれば，ストック・オプションを付与し，これに応じて企業が従業員等から取得するサービスは，その取得に応じて費用として計上し，対応する金額を，ストック・オプションの権利の行使又は失効が確定するまでの間，貸借対照表の純資産の部に新株予約権として計上する。

8．「自己株式及び準備金の額の減少等に関する会計基準」によれば，自己株式を消却した場合には，消却手続が完了したときに，消却の対象となった自己株式の帳簿価額をその他資本剰余金から減額する。

9．「会計方針の開示，会計上の変更及び誤謬の訂正に関する会計基準」によれば，有形固定資産等の減価償却方法は，会計方針に該当するが，その変更については会計上の見積りの変更と区別することが困難な場合に該当するので，遡及適用は行わず，期首の残高を適正に修正したうえで差額を当期の費用として計上する。

10．「外貨建取引等会計処理基準」によれば，外貨建有価証券の時価の著しい下落又は実質価額の著しい低下により，決算時の為替相場による換算を行ったことによって生じた換算差額は，当期の有価証券の評価損として処理する。

問題2　「資産除去債務に関する会計基準」にもとづき，下記の問に答えなさい。

　　　　なお，計算に使用する現価係数は次のとおりである。

	1年から5年	6年	7年	8年	9年	10年
5％	省略	0.746	0.711	0.677	0.645	0.614
4％	省略	0.790	0.760	0.731	0.703	0.676

　　　　Q社は，X01年4月1日に借地に建設した事業用の建物の引き渡しを受け，200,000円を小切手で支払い，直ちに使用を始めた。この土地は，契約にもとづきX11年3月31日に更地にして地主に返却する予定である。

問1　X01年4月1日に，土地返却に際して発生する除去費用を見積ったところ，次のとおりであった。

　　　　キャッシュ・フロー　　発生確率
　　　　　　10,000円　　　　　　30％
　　　　　　15,000円　　　　　　60％
　　　　　　20,000円　　　　　　10％

　　　　同日における除去費用の期待値を計算過程とともに示しなさい。

問2　X01年4月1日の割引率（無リスク資産の税引前の利率，以下同じ。）は5％であった。
　　　　同日に計上すべき期待値法による資産除去債務の額を計算過程とともに示しなさい。

問3　資産除去債務を計上する際に，引当金処理を行わずに資産負債の両建処理を行う理由を述べなさい。

問4　X04年4月1日に改めて除去費用の見積りを行ったところ，次のとおり発生確率に重要な変更が 1 生じており，割引率は4％であった。同日の資産除去債務の額を計算過程とともに示しなさい。

　　　　キャッシュ・フロー　　発生確率
　　　　　　10,000円　　　　　　20％
　　　　　　15,000円　　　　　　40％
　　　　　　20,000円　　　　　　40％

問5　問4の計算で変動額に適用した割引率は，どのような仮定にもとづき採用したのか，簡潔に説明しなさい。

問題3　「収益認識に関する会計基準」によれば，契約変更に際して売手が採用すべき処理方法は，以下の3とおりであり，契約変更にかかる要件により選択される。
　　　　Ⅰ　契約変更分を独立した契約として処理する。
　　　　Ⅱ　既存の契約を解約し新しい契約を締結したものと仮定して処理する。
　　　　Ⅲ　契約変更を既存の契約の一部と仮定して処理する。

問1 これらⅠⅡⅢの処理方法がどの要件を満たした場合に選択されるか，下記**＜要件＞**から選び解答欄の記号を○で囲むとともに，それぞれの要件に該当する**＜ケース＞**の番号を○で囲みなさい。ただし，1つのマスに2つ以上○をつけた場合は採点しない。

＜要件＞

イ　未だ移転していない財が契約変更日以前に移転した財と別個のものではなく，契約変更日において部分的に充足されている単一の履行義務の一部を構成する。

ロ　別個の財の追加により，契約の範囲が拡大され，かつ，変更される契約の価額が，追加的に約束した財に対する独立販売価額に特定の契約の状況にもとづく適切な調整を加えた金額分だけ増額された。

ハ　独立した契約とは言えないが，未だ移転していない財が契約変更日以前に移転した財と別個のものである。

＜前提条件＞

A社（決算日は3月31日）はB社に1個 *2,000* 円の商品P 100個を掛で販売する契約を結び40個を納めたが納期遅れが生じていた。残りについてもあらかじめ設定した納期を遵守できる見通しが立たないので，B社と交渉し，3月20日付で契約条件の変更を行った。

＜ケース＞

1　A社の3月20日付の契約変更が，未納入の商品P 60個の納期を遵守できる期日（5月10日）とし，今後納入する分については，納期遅延の代償として1個 *1,800* 円とするものであった。　**2**

2　A社の3月20日付の契約変更が，未納入の60個について，A社が4月1日に発売する商品P′に変更し，5月10日を納期とする掛売に変更するものであった。なお，契約額に変更はなく，商品P′の独立販売価格も *2,000* 円であった。　**3**

3　A社の3月20日付の契約変更が，商品Pを50個追加し，追加分について価格を1個 *1,950* 円とし，納期を未納入分とともに5月10日とする掛売に変更するものであった。なお，*2,000* 円との差額 *50* 円は，独立販売価格に対する適切な調整額と判断される。　**4**

なお，いずれのケースも複数の要件を含む契約変更には該当しない。

問2 問1のケース1において，A社が行なうべき，3月20日の契約変更に伴なう仕訳と，5月10日に商品P 60個を納入した取引に関する仕訳を示しなさい。

使用可能勘定科目：当座預金，売掛金，売上，売上原価

1 X04年4月の資産除去債務の計算では、問題文の現価係数を用いる。

2 ケース1の取引では、契約の範囲は拡大されていないし、別個の商品を渡すわけではない。

3 ケース2の取引では、契約の範囲は拡大されていないが、別個の商品（商品P′）を渡す契約に変更している。

4 ケース3の取引では、契約の範囲は100個から150個に拡大されており、100個とは別個の商品（50個）を渡す契約に変更している。

商簿・財会

209

商 業 簿 記 問 題（第211回）

解答解説： 229 ページ
解答用紙： 32 ページ

（注意事項）
　(1)　計算を容易にするために，数値を小さくしている。
　(2)　計算の過程で端数が生じた場合には，特に指定がない限り，解答の最終段階で円未満を四捨五入する。

問題1　全経テックグループは，親会社である㈱全経テックが研究開発と，製品の製造をおこない，本州では議決権株式の80％を所有する子会社の㈱全経販売が，九州では議決権株式の40％を所有する関連会社の㈱全経九州セールスが当該製品の販売を行っている。以下の資料にもとづいて，当期の連結財務諸表を作成するにあたって必要な棚卸資産に含まれる未実現利益の消去に係る修正を，(1)全経販売分，及び(2)全経九州セールス分にわけて解答用紙の指示にしたがって仕訳の形式で示しなさい。なお，消費税については，考慮しなくてよい。

＜資料＞
　①　全経テックは，製品Ｚの製造原価に対して45％の利益を加算した価格で全経販売と全経九州セールスに販売している。
　②　全経販売の製品Ｚの当期の仕入高は *1,740,000* 円，期首棚卸高は *356,700* 円，期末棚卸高は *414,700* 円である。
　③　全経九州セールスの製品Ｚの当期の仕入高は *696,000* 円，期首棚卸高は *107,010* 円，期末棚卸高は *82,940* 円である。
　④　実効税率30％として税効果会計を適用し，繰延税金資産は全額回収可能であると判断された。

問題2　以下の取引の仕訳を示しなさい。なお，仕訳では，それぞれに示された使用可能な勘定科目を用い，仕訳が不要な場合は解答欄に「仕訳なし」と記入すること。

(1)　2X02年度の決算にあたり，無形固定資産に計上している市場販売目的のソフトウェアの償却を，見込販売数量にもとづく方法によって行う。当該ソフトウェアの取得原価は480,000円で，2X01年度期首に無形固定資産に計上したものである。2X02年度期首時点の見込販売数量は3,000個，2X02年度の販売実績は1,200個である。なお，2X01年度期首時点の見込販売数量は6,000個，見込有効期間は3年であったが，2X01年度の販売実績が1,800個であったため，2X02年度期首に見込販売数量を見直した。ただし，各期首時点での見込販売数量は合理的な見積りにもとづくものであった。

使用可能な 勘定科目	研究開発費　仕掛品　ソフトウェア仮勘定　製品　ソフトウェア　特許権 ソフトウェア償却　特許権償却　売上　売上原価

(2)　2X02年度の決算にあたり，以下の資料の有形固定資産に減損の兆候が認められたため，必要な手続を行う。

＜資料＞

・各資産の取得原価等のデータは以下のとおりである。なお，減価償却は適正に行われている。

（単位：円）

	資産グループA	資産グループB	資産グループC	共用資産
取得原価	6,000	8,000	10,000	4,000
減価償却累計額	2,000	2,400	3,000	1,600
割引前将来キャッシュ・フロー	4,300	5,000	6,400	－
回収可能価額	4,100	4,000	5,600	1,800

・共用資産についての減損損失の認識の判定は，共用資産が関連する資産グループに共用資産を加えたより大きな単位で行う。

改・これらの資産グループと共用資産を含むより大きな単位での割引前将来キャッシュ・フローの金額は15,700円である。

使用可能な勘定科目	資産グループA　資産グループB　資産グループC　共用資産　のれん 減価償却費　のれん償却　減損損失

問題3　当社（会計期間は4月1日から3月31日までの1年間）の2X03年3月期に関する以下の**＜資料1＞**及び**＜資料2＞**にもとづいて，解答用紙に示した損益勘定と閉鎖残高勘定を完成させなさい。なお，解答用紙の空欄をすべて使用するとは限らない。

（注意事項）
(1)　税効果会計は適用しない。
(2)　利息や減価償却費などの時の経過に伴い発生する収益及び費用は，月割計算を行う。
(3)　特に指示のない限り，原則的な処理方法によること。

改　表中の割引前将来キャッシュ・フローの合計額と不一致であったため，改題している。

＜資料１＞　決算整理前残高試算表

決算整理前残高試算表
2X03 年 3 月 31 日
（単位：円）

借　方　科　目	金　額	貸　方　科　目	金　額
現　　　　　　　金	100,350	買　　掛　　金	72,500
当　座　預　金	223,000	電 子 記 録 債 務	8,800
売　　掛　　金	146,000	仮 受 消 費 税 等	58,640
電 子 記 録 債 権	28,000	商 品 低 価 切 下 額	4,000
仮　　払　　金	4,200	貸 倒 引 当 金	1,392
仮 払 消 費 税 等	34,560	長 期 借 入 金	30,000
仮 払 法 人 税 等	100,000	退 職 給 付 引 当 金	43,000
繰 越 商 品	124,000	建物減価償却累計額	25,000
建　　　　　物	150,000	資　　本　　金	300,000
土　　　　　地	230,000	資 本 準 備 金	130,000
満 期 保 有 目 的 債 券	133,000	利 益 準 備 金	19,000
関 連 会 社 株 式	100,000	繰 越 利 益 剰 余 金	213,460
そ の 他 有 価 証 券	50,000	売　　　　　上	2,081,868
仕　　　　　入	1,176,500	受 取 手 数 料	12,340
給　料　手　当	332,000		
広　告　宣　伝　費	18,700		
支　払　地　代	48,000		
雑　　　　　費	1,690		
	3,000,000		3,000,000

＜資料２＞　決算整理事項等

１．商品について

　　期末商品帳簿棚卸高は 222,000 円であり，当期末の正味売却価額は 215,000 円である（棚卸減耗は生じていない）。前期末及び当期末の収益性の低下の原因は市場の需給変化によるものであり，洗替え法で処理している。なお，期首の切下額の戻入は未処理であり，当期末の評価損とは相殺せずに，売上原価とは別建てで示すこと。

２．金銭債権について

　　当期末に，売掛金残高のうち 52,000 円について，得意先が電子記録債権機関に発生記録した旨の連絡を受けたが，未処理である。

　　また，売上債権の期末残高に対して，差額補充法により２％の貸倒引当金を設定する。

３．建物について

　　建物は，耐用年数 30 年，残存価額はゼロ，定額法で減価償却を行ってきたが，残存耐用年数を，当期首に当期を含めて 20 年に変更した。なお，耐用年数の見積りは，各見積り時点において合理的に行われたものであり，過年度の減価償却はすべて適正に行われている。

４．有価証券について

(1) 満期保有目的債券

　　満期保有目的債券は，当期首に５年満期の額面 1,000 ドルの外国債（ゼロクーポン債）の新発債を

2

950 ドルで購入したものである。取得原価と額面金額との差額は金利の調整と認められるため，償却原価法(定額法)によって処理する。なお，取得時の為替レートは *1* ドル＝ *140* 円，当期中の平均レートは *1* ドル＝ *138* 円，決算日の為替レートは *1* ドル＝ *137* 円である。

(2)　関連会社株式

甲社の発行済株式総数の20％である100株を保有している。期末の時価は1株当り *300* 円であり，株価が今後上昇する見込はないと判断された。

(3)　その他有価証券

市場価格のない乙社の株式である。当社は200株を保有しており直近の乙社の財政状態から，1株当りの実質価額は270円であると評価された。 **3**

5．従業員賞与について **4**

2X03年7月10日に支給予定の従業員賞与(計算期間は1月1日から6月30日)の支給見込額を *80,000* 円と見積り，その50％を当期負担額として見積り計上した。また，会社設立10周年の特別賞与 *5,000* 円を2X03年5月1日に支給することを決定しているが，未処理である。

6．退職給付について

当社は従業員非拠出の確定給付型の退職年金制度を採用している。当期の退職給付に関する事項は以下のとおりである。
・当期の勤務費用は *3,021* 円，利息費用は *1,411* 円，年金資産の期待運用収益は *270* 円である。
・期中の年金基金への拠出額は *2,700* 円であり，仮払金で処理している。
・当期中の年金資産から支払われた退職年金給付額は *4,400* 円である。
・過去勤務費用は生じていない。
・未認識数理計算上の差異の残高が *342* 円(借方差異)ある。これは，2X01年3月期末に生じたものであり，発生の翌期から平均残存勤務期間10年にわたって定額法にて費用処理を行っている。

7．中間配当について

2X02年11月に繰越利益剰余金を財源として *1,500* 円の中間配当を実施した。配当支払額を仮払金に計上したままとなっている。利益準備金については会社法の定める最低額を積み立てるものとする。

8．収益及び費用の見越し・繰延べについて
(1)　支払地代は毎年8月1日に1年分を前払いしたものである。
(2)　長期借入金は，2X02年12月1日に借入期間3年，利息は年3％で元金返済時に一括して支払うという条件で借り入れたものである。

9．消費税等に関する期末の処理を行う。

10.　当期の法人税等 *175,000* 円を計上する。

1 見込有効期間にもとづく償却額との比較を忘れないようにする。
2 商品評価損について、繰越商品の評価勘定として商品低価切下額勘定を用いているため、繰越商品勘定の金額は取得原価となる。
3 市場価格のない株式については、減損処理を行わない場合、取得原価で評価する。
4 支給額が確定している場合、支給額が支給対象期間に対応して算定されているときは未払費用となり、支給額が支給対象期間以外の基準に基づいて算定されているときは、未払金となる。

解答解説：237 ページ
解答用紙： 34 ページ

財 務 会 計 問 題（第 211 回）

問題 1　次の文章のうち，一般に公正妥当と認められる会計諸基準（企業会計原則・同注解をはじめとする各種会計基準，意見書等は令和 5 年 4 月 1 日現在のものを有効とする。）に照らして，正しいものには○を，誤っているものには×を正誤欄に記入し，×を記入した場合にはその理由を理由欄に述べなさい。なお，重要性の原則の適用はない。

1.「企業会計原則」によれば，損益計算書は，企業の経営成績を明らかにするため，一会計期間に属するすべての収益とこれに対応するすべての費用とを記載して経常利益を表示し，これに特別損益に属する項目を加減して当期純利益を記載しなければならない。

2.「企業会計原則注解」によれば，企業単位内部における原材料，半製品等の振替から生ずる内部利益は，売上高から内部売上高を控除し，仕入高（又は売上原価）から内部仕入高（又は内部売上原価）を控除するとともに，期末たな卸高から内部利益の額を控除する方法により除去する。

3.「連結キャッシュ・フロー計算書等の作成基準」によれば，法人税等（住民税及び利益に関連する金額を課税標準とする事業税を含む。）に係るキャッシュ・フローは，「財務活動によるキャッシュ・フロー」の区分に記載する。

4.「固定資産の減損に係る会計基準」によれば，正味売却価額（資産又は資産グループの時価から処分費用見込額を控除して算定される金額）と使用価値（資産又は資産グループの継続的使用と使用後の処分によって生ずると見込まれる将来キャッシュ・フローの現在価値）のいずれか高い方の金額が固定資産の回収可能価額になる。

5.「研究開発費等に係る会計基準」によれば，社内利用のソフトウェアについて，その利用により将来の収益獲得又は費用削減が確実であると認められる場合には，当該ソフトウェアの取得に要した費用を資産として計上することができる。

6.「退職給付に関する会計基準」によれば，年金資産の期待運用収益は，期末の年金資産の額に合理的に期待される収益率（長期期待運用収益率）を乗じて計算する。

7.「リース取引に関する会計基準」によれば，所有権移転外ファイナンス・リース取引については，リース資産を償却するにあたって，企業の実態に応じ，自己所有の固定資産と異なる償却方法を選択することができる。 **1**

8.「連結財務諸表に関する会計基準」によれば，子会社の欠損のうち，当該子会社に係る非支配株主持分に割り当てられる額が当該非支配株主の負担すべき額を超える場合には，当該超過額は，親会社の持分に負担させる。

9.「会計方針の開示，会計上の変更及び誤謬の訂正に関する会計基準」によれば，有形固定資産等の減価償却方法及び無形固定資産の償却方法の変更は，会計方針の変更であるため，新たな会計方針を過去の期間のすべてに遡及適用する。

10.「収益認識に関する会計基準」によれば，企業は約束した財又はサービス（資産）を顧客に移転することにより履行義務を充足した時に又は充足するにつれて収益を認識するが，資産が移転するのは，顧客が当該資産に対する所有権を獲得した時又は獲得するにつれてである。

問題2　次の「自己株式及び準備金の額の減少等に関する会計基準」からの抜粋について，以下の問に答えなさい。

> 7．取得した自己株式は，取得原価をもって純資産の部の株主資本から控除する(ア)。
>
> (略)
>
> 9．自己株式処分差益は，その他資本剰余金に計上する(イ)。
>
> 10．自己株式処分差損は，その他資本剰余金から減額する。
>
> 11．自己株式を消却した場合には，消却手続が完了したときに，消却の対象となった自己株式の帳簿価額をその他資本剰余金から減額する。
>
> 12．第10項及び第11項の会計処理の結果，その他資本剰余金の残高が負の値となった場合には，会計期間末において，その他資本剰余金を零とし，当該負の値をその他利益剰余金(繰越利益剰余金)から減額する(ウ)。

問1　下線部(ア)に関して，自己株式については資産として扱う考え(資産説)と資本の控除として扱う考え(資本控除説)があるが，それぞれの論拠を簡潔に答えなさい。　**2**

問2　下線部(イ)に関して，自己株式処分差益を損益計算書に計上するのではなく，その他資本剰余金に計上する論拠を簡潔に答えなさい。

問3　下線部(ウ)に関して，当該処理に対しては資本剰余金と利益剰余金の区別の観点から好ましくないとの異論があるにもかかわらず，本基準が当該処理を要求する論拠を答えなさい。　**3**

問題3　財務諸表分析に関する次の文章を読んで，問1及び問2に答えなさい。

　　　　| 1 |　の収益性をみる指標の代表的なものとしてROAとROEをあげることができる。このうちROAは，$ROA = \dfrac{当期純利益}{(期首\boxed{2}+期末\boxed{2}) \div 2} \times 100$ で算出することがある。しかし，分子に当期純利益を用いるこの計算は，財務諸表上に示された数値を用いることを優先した簡便法である。分母の　| 2 |　に理論的に対応するのは，営業利益に金融収益(営業外収益)を加えた(あるいは，経常利益に金融費用(営業外費用)を足し戻した)事業利益である。当期純利益では，債権者に対する　| 3 |　としての金融費用が控除されているのに対して，| 4 |　に対する　| 3 |　である　| 5 |　は控除されておらず，債権者と　| 4 |　は　| 1 |　に対する資金提供者という意味では同じであるにもかかわらず，両者に対する　| 3 |　が同等に扱われていないという問題をはらんでいるのである。

　このようにROAは　| 1 |　の立場からみた投資の効率性を示すものであるが，これに対して　| 4 |　の立場からみた投資の効率性を示すものがROEである。

問1　文中の空欄　| 1 |　から　| 5 |　に入る適当な語句を次のなかから選び記号で答えなさい。　**4**

　a．総資産　　　　b．純資産　　　　c．自己資本　　　　d．企業
　e．株主　　　　f．債権者　　　　g．配当　　　　　　h．利息
　i．資本コスト

問2　以下のデータに基づき，当期のROEを計算しなさい。なお，計算式の中に貸借対照表の数値（ストック）と損益計算書の数値（フロー）が混在する場合には，上記文中のROAの計算式のように，貸借対照表の数値について期首と期末の平均を用いること。また，割り切れない場合には，小数点以下を四捨五入すること。

＜資料＞

	期首	期末
総　　資　　産	200	200
負　　　　　債	80	70
株　主　資　本	120	130
営　業　利　益	12	
事　業　利　益	13	
経　常　利　益	14	
当　期　純　利　益	15	

1 所有権移転外の場合、償却期間についてはリース期間とするが、償却方法については必ず定額法でなければならないわけではない。

2 自己株式は有価証券であるため、売却（処分）により会社に資金が流入する点から財産と考えることもできる。

3 その他資本剰余金は資本取引から生じた剰余金であり、もともとは株式からの払込みである以上、本来は、マイナスとなることはない。

4 企業に対する資金提供者には、債権者と？がいる。

解答解説：242ページ
解答用紙： 36ページ

商 業 簿 記 問 題（第213回）

問題1 当社は，次の3社に対し，2X01年1月から6月までに商品X（売価 *10,000* 円／個・消費税抜・消費税の税率は10%）を100個以上購入した場合に，1個当たり15%の値引を行い，6月30日の売掛金残高と相殺する旨通知をした。2X01年3月31日（当社決算日）までの販売実績と，3月31日に合理的に予想した6月30日までの販売見積りは次のとおりである。

	3月31日までの販売実績	4月1日から6月30日までの販売予想
A社	70個	80個
B社	40個	80個
C社	30個	50個

なお，当社は期中には売価により税抜方式で仕訳を行い，販売予想に基づいて3月31日に変動対価分を売上勘定から契約負債勘定に振り替え，翌期首に戻し入れている。

2X01年6月30日に販売実績を確認したところ，次のとおりであった。

	4月1日から6月30日までの販売実績
A社	100個
B社	50個
C社	80個

問1 3月31日と4月1日の仕訳を示しなさい。 **1**

問2 6月30日の仕訳を示しなさい。 **2**

使用勘定科目：【A】売上 【B】売上原価 【C】売掛金 【D】契約資産 【E】契約負債
　　　　　　　【F】仮受消費税等

解答用紙には記号のみ記入すること。

問題2　P社はS社株式を次のとおり取得し，子会社とした。2X02年3月期(2X01年4月1日から2X02年3月31日まで)の連結財務諸表の作成に必要な修正を仕訳の形式で示しなさい。なお，のれんの償却期間は20年とし，2X01年3月期より償却している。また，P社とS社の間には配当金の授受以外の取引はない。

　　　取得日：2X00年3月31日
　　　取得株式の割合：70%（2X02年3月31日まで変更はない）
　　　取得原価：3,700,000円
　　　取得日のS社の純資産：資本金4,000,000円，利益剰余金1,000,000円
　　　　　　　　　　　　　　なお，S社の資産及び負債の時価は帳簿価額と同じであった。
　　　2X02年3月期のP社とS社の個別財務諸表は次のとおりである。

貸　借　対　照　表
2X02年3月31日

借方	P社	S社	貸方	P社	S社
諸　資　産	14,000,000	8,000,000	諸　負　債	6,700,000	1,200,000
S　社　株　式	3,700,000		資　本　金	5,000,000	4,000,000
			利　益　剰　余　金	6,000,000	2,800,000
	17,700,000	8,000,000		17,700,000	8,000,000

損　益　計　算　書
自 2X01年4月1日 至 2X02年3月31日

借方	P社	S社	貸方	P社	S社
諸　費　用	14,400,000	7,100,000	諸　収　益	18,000,000	9,600,000
当　期　純　利　益	4,440,000	2,500,000	受　取　配　当　金	840,000	
	18,840,000	9,600,000		18,840,000	9,600,000

　　2X02年3月期の配当金の支払額は，P社3,000,000円，S社1,200,000円である。

　　使用勘定科目：【A】S社株式　【B】資本金　【C】利益剰余金　【D】非支配株主持分　【E】のれん
　　　　　　　　　【F】のれん償却　【G】非支配株主に帰属する当期純利益　【H】受取配当金

　　解答用紙には記号のみ記入すること。

　1　1月から6月までの合計販売数が100個以上になるか否かで値引を行うかどうかを判断するので、3月31日までの実績も忘れずに考慮する。
　2　6月30日時点では、1月から6月までの販売実績が分かるので、販売実績に基づいて値引を行うかどうかを判断する。

問題3 株式会社全経(会計期間は4月1日から3月31日までの1年間)の2X22年度(2X23年3月期)に関する以下の<資料1>及び<資料2>に基づき，解答用紙の〔　　　　〕欄に金額を入れ，決算整理後残高試算表を完成させなさい。なお，金額は意図的に小さくしてある。

<注意事項>
(1) 税効果会計は適用しない。
(2) 消費税の税率は10%であり，税抜方式で処理している。
(3) 円未満の端数が生じた場合には，計算の最終段階で円未満を四捨五入する。
(4) 減価償却費などの時の経過に伴い発生する収益及び費用は，月割計算を行う。
(5) 特に指示のない限り，原則的な処理方法によること。

<資料1> 決算整理前残高試算表

決算整理前残高試算表

単位：円

借 方 科 目	金 額	貸 方 科 目	金 額
現　　　　金	100	買　　掛　　金	145,000
当 座 預 金	11,000	仮 受 消 費 税 等	150,000
クレジット売掛金	78,100	貸 倒 引 当 金	2,000
売　　掛　　金	125,000	建物減価償却累計額	391,500
売買目的有価証券	474,000	備品減価償却累計額	3,500
買建オプション	1,500	車両減価償却累計額	6,500
仮　　払　　金	10,120	社　　　　債	198,724
仮 払 法 人 税 等	25,000	資　　本　　金	800,000
仮 払 消 費 税 等	138,000	利 益 準 備 金	196,000
商　　　　品	180,000	繰 越 利 益 剰 余 金	313,210
建　　　　物	800,000	売　　　　上	1,600,000
備　　　　品	8,000		
車　　　　両	12,500		
借　　地　　権	500,000		
売 上 原 価	1,020,000		
給 与 手 当	250,000		
支 払 地 代	40,000		
支 払 手 数 料	8,000		
社 債 利 息	5,114		
その他の営業費用	120,000		
	3,806,434		3,806,434

<資料2>
1．商品取引について
(1) 商品取引の簿記処理には売上原価対立法を採用している。
(2) クレジットカードによる商品取引については，次のとおり処理している。なお，今期末の3)の処理はまだ行っていない。
1) 販売の都度消費税込の売上代金をクレジット売掛金勘定に借記する。
2) 後日売上代金(消費税込)の2%の手数料に消費税等を加算した金額(以下手数料等という)が売

商簿・財会

上代金から差し引かれた金額をカード会社から受け取るが，その際に手数料等をクレジット売掛金から支払手数料と仮払消費税等に振り替えている。

3）期末のクレジット売掛金に含まれる手数料等は，期末にクレジット売掛金から支払手数料と仮払消費税等に振り替え，翌期首には再振替を行っている。

2．売上債権について

(1) クレジット売掛金のうち 1,100 円は回収不能との連絡があったので，貸倒処理をすることにした。回収不能のクレジット売掛金にかかる手数料等は考慮しなくてよい。　❸

(2) 売掛金のうち 12,000 円について長期にわたり回収が滞っており，実質的に営業外債権となっている。債務者との話し合いの結果，2X24 年 3 月 31 日から毎年 3 月 31 日に 2,000 円ずつ返済してもらうことにした。同売掛金は長期貸付金に振り替え，貸倒懸念債権に分類したうえで，次の情報に基づきキャッシュ・フロー見積法により貸倒引当金を設定することにした。

1）当初の約定利子率を 1.5％とする。

2）年利率 1.5％・期間 6 年の年金現価係数を 5.697 として計算する。

3）当該長期貸付金に係る貸倒引当金繰入額は営業外費用に計上する。

4）総勘定元帳では，1 年以内に返済される長期貸付金の短期貸付金への振替は行わない。

(3) その他の売掛金はすべて一般債権である。売掛金とクレジット売掛金（手数料等控除前）の期末残高に対し 2 ％の貸倒引当金を差額補充法により設定する。

3．売買目的有価証券について

(1) ドル建株式　保有するドル建株式は次の表のとおりである。

	株数	購入年月	前期末または購入時		当期末	
			時価	円ドルレート	時価	円ドルレート
A社株式	10 株	2X19 年 8 月	1 株 80 ドル	1 ドル = 110 円	1 株 95 ドル	1 ドル = 130 円
B社株式	20 株	2X22 年 10 月	1 株 120 ドル	1 ドル = 120 円	1 株 105 ドル	

(2) 円建国債

国債は，次の条件で 2X20 年 12 月 1 日に発行された 10 年国債を，2X22 年 12 月 1 日に 1 口 100 円につき 98 円で 1,000 口購入したものである。

1）年利率：0.6％

2）利払日：毎年 5 月末と 11 月末

今後の市場金利上昇を見込み，2X23 年 2 月に同国債のプットオプションを 1 口 97 円で 1,000 口買い建て，オプション料（1 口につき 1.5 円）を支払った。

期末において，同国債は 1 口 95 円まで値下がりし，オプションの価格は 1 口 3.5 円まで上昇していた。

213

4．期末商品について

商品の期末帳簿棚卸高合計は 180,000 円であったが，一部の商品について次のような状況にあった。

1）帳簿棚卸高　商品P：80 個　@ 500 円
　　　　　　　　商品Q：40 個　@ 100 円

2）実地棚卸高　商品P：75 個　正味売却価額　@ 480 円
　　　　　　　　商品Q：40 個　正味売却価額　@ 100 円

商品Qのうち，10 個については汚れが付着したため，@ 30 円と評価した。帳簿上減耗損と評価損は売上原価勘定には振り替えない。他の期末在庫品については，減耗や正味売却価額の下落は認められなかった。

5．有形固定資産について

(1) 建物は1棟であり，次のとおりである。

　1）2X00年7月1日に使用を開始し，前期まで耐用年数40年，残存価額が取得原価の10%の定額法で減価償却をしてきた。

　2）2X22年4月に耐用年数と残存価額について誤謬が発見され，使用開始時から耐用年数32年，残存価額ゼロで減価償却すべきであったことが判明した。

　3）期首の減価償却累計額を訂正し，本年度より適切に減価償却を行う。　**4**

(2) 備品は事務機器であり，次のデータにより税法で定める200%定率法で償却をしている。なお，過去の減価償却は適正に行われてきた。

　　取得原価8,000円，耐用年数8年，期首の減価償却累計額3,500円，保証率0.079

　　この事務機器について，処理速度大幅向上のために8月1日に1,980円（消費税込）をかけて改良をし，全額が資本的支出とされた。なお，支払額は仮払金に計上したまま未処理である。また，資本的支出とされた部分は，耐用年数8年の新たな備品を取得したものとして同じ方法で減価償却をする。

(3) 車両について，次のデータにより税法で定める200%定率法で適正に償却してきた。

　　取得原価12,500円，耐用年数5年，期首の減価償却累計額6,500円，保証率0.108

　　6月30日にこの車両を6,380円（消費税込）で下取りに出し，新しい車両（取得原価14,520円（消費税込），耐用年数5年）を7月1日に取得した。このときに支払った代金は，仮払金に計上したまま未処理である。なお，車両の購入にかかるその他の経費は考慮しなくてよい。

6．社債について

　　社債は，2X19年7月1日に1口（額面100円）につき98円で発行した普通社債2,000口（約定利子率年3%，利払日年2回6月30日及び12月31日）であり，償却原価法（利息法）で処理している。2X22年12月31日までの利払と償却原価の処理は適正に済ませている。なお，実効利子率は年3.44%とする。

7．地代について　**5**

　　地代は，毎年11月30日に12月1日から翌年11月30日まで1年分を前払いし，支払地代勘定に借記している。

8．消費税について

　　消費税に関する勘定を整理し，未払消費税等を計上する。

9．法人税等について

　　当期の法人税等の申告額の合計は56,000円である。中間納付額との差額を未払法人税等として計上する。

3 貸倒れ処理するクレジット売掛金に対してすでに計上している手数料は考慮しなくてよいと考える。

4 誤謬は遡って修正する必要があるが，帳簿上で過去の損益計算書の収益・費用を修正することはできないので，繰越利益剰余金勘定を修正する。

5 前T／Bの支払地代は、前期末に計上した前払地代の再振替仕訳を反映した金額となっている。

財 務 会 計 問 題（第 213 回）

解答解説： 251 ページ
解答用紙： 38 ページ

問題 1　次の文章のうち，一般に公正妥当と認められる会計諸基準（企業会計原則・同注解をはじめとする各種会計基準，意見書等は令和 5 年 4 月 1 日現在のものを有効とする。）に照らして，正しいものには○を，誤っているものには×を正誤欄に記入し，×を記入した場合にはその理由を理由欄に述べなさい。なお，重要性の原則の適用はない。

1．「企業会計原則」によれば，財務諸表によって，利害関係者に対し必要な会計事実を明瞭に表示し，企業の状況に関する判断を誤らせないようにしなければならないとされているが，この明瞭表示は財務諸表本体における区分表示や総額表示とともに，重要な会計方針の注記，後発事象の開示や附属明細表の作成などによって達成されるものである。

2．「貸借対照表の純資産の部の表示に関する会計基準」によれば，純資産の部は株主資本と株主資本以外の各項目に区分され，株主資本以外の各項目は，個別貸借対照表上，評価・換算差額等，株式引受権及び新株予約権に区分される。

3．「資産除去債務に関する会計基準」によれば，割引前の将来キャッシュ・フローに重要な見積りの変更が生じた場合，その見積りの変更が生じた時点の割引率によって資産除去債務の見積りの変更に伴う調整額を計算する。　**1**

4．「連結財務諸表に関する会計基準」によれば，非支配株主が存在する連結子会社が意思決定機関を支配している他の会社に販売した棚卸資産に未実現利益が含まれている場合，その全額を消去し，全額を親会社の持分に配分しなければならない。

5．「税効果会計に係る会計基準」によれば，繰延税金資産または繰延税金負債は，その税効果を生じさせた一時差異等が生じた会計期間に適用される法人税率等によって計算する。

6．「金融商品に関する会計基準」によれば，繰延ヘッジ会計を適用している場合，ヘッジ会計の要件が充たされなくなったならば，ヘッジ会計の要件が充たされていた間のヘッジ手段に係る損益または評価差額の繰り延べが中止され，損益に計上しなければならない。

7．「退職給付に関する会計基準」によれば，確定拠出制度については，当該制度に基づく要拠出額をもって費用処理する。

213

8．「1 株当たり当期純利益に関する会計基準」によれば，優先株式を発行している場合，1 株当たり当期純利益は，損益計算書上の当期純利益を普通株式の期中平均株式数で除して算定する。　**2**

9．「固定資産の減損に係る会計基準」によれば，資産グループについて認識された減損損失は，資産グループを構成する各資産の帳簿価額に基づく比例的な配分等，合理的であると認められる方法によって配分する。

10．「賃貸等不動産の時価等の開示に関する会計基準」によれば，賃貸等不動産には，貸借対照表において投資不動産として区分されている不動産や，その他の賃貸されている不動産や将来において賃貸等不動産として使用される予定で開発中の不動産などの他に，将来の使用が見込まれていない遊休不動産も含まれる。

問題2 キャッシュ・フロー計算書に関する以下の問1及び問2に答えなさい。

問1 次の文章の ☐1☐ ～ ☐5☐ の空欄に入る適切な語句を解答欄に記入しなさい。

　日本の会計基準では，キャッシュ・フロー計算書に記載する資金の範囲は現金及び現金同等物としている。ここにいう現金とは，手許現金と ☐1☐ 預金であり，現金同等物とは，容易に ☐2☐ であり，かつ，☐3☐ について僅少なリスクしか負わない ☐4☐ であるとしている。この現金同等物に具体的に含まれるものは経営者の判断に委ねることが適当としつつも，その一例として，取得日から ☐5☐ 以内に満期日が到来する定期預金などが示されている。

問2 次の資料に基づき，解答用紙のキャッシュ・フロー計算書の営業活動によるキャッシュ・フローの区分を，(1)直接法及び(2)間接法により完成させなさい。なお，受取利息，受取配当金及び支払利息は営業活動によるキャッシュ・フローの区分に計上する方法によること。

＜資料1＞ 前期末・当期末貸借対照表及び当期の損益計算書　　　　❸

貸 借 対 照 表

(単位：千円)

勘定科目	前期末	当期末	勘定科目	前期末	当期末
現 金 預 金	180,000	224,900	買 掛 金	65,000	72,000
売 掛 金	100,000	120,000	未 払 社 債 利 息	0	300
有 価 証 券	23,000	0	未 払 給 料	2,600	4,000
商 品	82,000	63,500	貸 倒 引 当 金	2,000	2,400
前 払 地 代	4,000	6,500	減価償却累計額	200,000	220,000
未 収 利 息	0	200	未 払 法 人 税 等	34,000	37,800
建 物	500,000	500,000	社 債	0	80,000
土 地	360,000	450,000	資 本 金	800,000	800,000
長 期 貸 付 金	0	60,000	資 本 準 備 金	22,000	22,000
			利 益 準 備 金	18,000	20,500
			別 途 積 立 金	8,000	11,000
			繰越利益剰余金	97,400	155,100
	1,249,000	1,425,100		1,249,000	1,425,100

商
簿
・
財
会

損　益　計　算　書
（単位：千円）

売上高	500,000
売上原価	300,000
売上総利益	200,000
販売費及び一般管理費	
給料	43,000
貸倒引当金繰入	400
減価償却費	20,000
支払地代	12,000
営業利益	124,600
営業外収益	
受取利息	1,500
有価証券売却益	2,000
営業外費用	
社債利息	2,100
経常利益	126,000
税引前当期純利益	126,000
法人税等	37,800
当期純利益	88,200

＜資料２＞　その他の事項
 1．現金預金はすべて現金及び現金同等物に該当する。
 2．当期の定時株主総会において，繰越利益剰余金を原資とする剰余金の配当及び処分が以下のとおり決議された。
　　株主配当金　25,000 千円　利益準備金　2,500 千円　別途積立金　3,000 千円
 3．有価証券はすべて売買目的で保有する株式であり，切放法によって処理している。
 4．消費税，税効果会計は考慮外とする。

問題3 以下の文章を読んで，下記の問に答えなさい。

　資産の貸借対照表価額は，取得原価を原則としながらも，各会計基準によってより具体的な測定方法が定められている。

　通常の販売目的で保有する棚卸資産については，正味売却価額が取得原価よりも下落している場合は，当該正味売却価額とする。金銭債権については，取得価額から貸倒引当金を控除した金額，売買目的有価証券は時価が貸借対照表価額となる。なお，この時価については，「時価の算定に関する会計基準」によって定義され，その算定方法が定められている。(ア)

　また，有形固定資産のうち償却資産については，取得原価から減価償却累計額を控除した価額となるが，減損損失を認識すべきと判定された資産または資産グループについては，回収可能価額(イ)をもって貸借対照表価額とする。

問1 下線部(ア)の「時価の算定に関する会計基準」に関して以下の問に答えなさい。

(1) 同基準が定める以下の時価の定義の　1　～　5　の空欄にあてはまる語句を，選択肢の中から選び，その記号を解答欄に記入しなさい。

　　「時価」とは，　1　日において市場参加者間で秩序ある取引が行われると想定した場合の，当該取引における資産の　2　によって　3　価格又は負債の　4　のために　5　価格をいう。

ア．購入	イ．算定	ウ．交換	エ．取得	オ．売却
カ．移転	キ．引き受け	ク．預ける	ケ．支払う	コ．受け取る

(2) 時価の算定にあたって用いられる以下の①～③の評価技法は，(a)インカム・アプローチ，(b)コスト・アプローチ，(c)マーケット・アプローチのいずれに該当するか。該当するアプローチの記号を解答欄に記入しなさい。 **4**

①同一の又は類似の資産又は負債に関する市場取引による価格等のインプットを用いる評価技法
②利益やキャッシュ・フロー等の将来の金額に関する現在の市場の期待を割引現在価値で示す評価技法
③資産の用役能力を再調達するために現在必要な金額に基づく評価技法

問2 下線部(イ)の回収可能価額は，使用価値と正味売却価額のいずれか高い方の金額である。ここにいう①使用価値と②正味売却価額について説明しなさい。

1 資産除去債務の見積りの変更は、増加する場合も減少する場合も同じ処理？
2 1株当たり当期純利益とは、普通株式に係る1株当たりの当期純利益のこと。
3 間接法による場合、営業活動にかかる資産・負債の増減額に関する調整も必要だが、この中には営業活動に係る費用の前払・未払に関する資産・負債の増減額も対象となる。
4 「インカム」とは「収入」や「収益・利益」のこと、「マーケット」とは市場のこと。

問 題 編

原価計算
管理会計

【科目名の記載について】
令和6年度（2024年度）より、全経簿記能力検定試験の科目名が
下記のように変更となりました。
　（変更前）　　　（変更後）
　工業簿記　→　原価計算
　原価計算　→　管理会計
本書では、これから受験される方々の学習の利便性を考慮して、
科目名変更前に出題された過去問題についても、変更後の科目名
を付しています。

原　価　計　算　問　題（第197回）

解答解説：262ページ
解答用紙：　42ページ

問題1　全経機械株式会社は市場生産型企業であり，工程別総合原価計算（累加法，原価の配分は先入先出法，正常仕損費の処理は非度外視法による）を実施している。生産プロセスは3つの工程（A工程，B工程，C工程）からなり，C工程の完成品がC製品として販売される。なお，B工程の完成品の一部も半製品として販売される。

　　A工程とB工程それぞれの始点で材料が投入され，C工程ではA工程の完成品2単位とB工程の完成品1単位を投入してC製品1単位が製造される。なお，A工程の完成品はすべてC工程に投入されるが，B工程の完成品の一部は半製品として販売され，それ以外はすべてC工程に投入される。

　　次の**＜資料＞**にもとづいて問1から問10に答えなさい。なお，仕掛品勘定としては，各工程別に仕掛品—A工程勘定，仕掛品—B工程勘定，仕掛品—C工程勘定が設けられている。また，割り切れない場合は最終的な解答において小数点以下第1位を四捨五入すること。

＜資料＞

1．当月生産データ

	A工程		B工程		C工程	
月初仕掛品	300単位	(0.7)	100単位	(0.6)	100単位	(0.2)
当月投入	1,200		850		?	
計	1,500単位		950単位		?単位	
仕損品	100	(0.5)	—		—	
月末仕掛品	400	(0.6)	260	(0.5)	120	(0.5)
完成品	1,000単位		690単位		480単位	

　A工程の仕損品評価額は110円／単位である。また，B工程で作業屑5kgが生じたが，160円／kgで現金で売却した。なお，カッコ内は加工進捗度あるいは仕損発生点である。

2．当月原価データ

（単位：円）

	A工程	B工程	C工程
月初仕掛品原価			
直接材料費	135,000	65,580	—
A工程費	—	—	115,000
B工程費	—	—	135,000
加工費	134,400	43,200	16,300
当月製造費用			
直接材料費	583,200	550,800	—
A工程費	—	—	?
B工程費	—	—	①
加工費	696,600	539,600	②

加工費は，各工程の加工費予算を利用して予定配賦しており，C工程についての当月の加工費予算額および実際発生額は以下のとおりである。

	変動加工費	固定加工費
加工費予算額	231,000	220,000
加工費実際発生額	242,600	218,000

当月予定操業度　1,100時間　　　当月実際操業度 1,040時間

なお，A工程とB工程に関する加工費配賦差異は合計 12,300 円（有利差異）であった。

また，A工程およびB工程のC工程への振替原価は正常原価（A工程完了品単位当たり正常原価 1,150円，B工程完了品単位当たり正常原価 1,350 円）を利用している。なお，半製品についても正常原価で振り替えている。

3．販売等に関するデータ

月初製品数量・原価	120 単位	518,400 円
月初半製品数量・原価	50 単位	67,500 円
当月製品販売数量・価格	520 単位	9,800 円／単位
当月半製品販売数量・価格	130 単位	2,100 円／単位

問1　A工程の正常仕損費，月末仕掛品原価，完成品原価を計算しなさい。なお，仕損品は当月投入分から発生している。　**1**

問2　B工程で生じた作業屑は軽微であると判断されるため，原価計算基準に従って営業外収益として処理する。この場合の仕訳を示しなさい。

問3　B工程の月末仕掛品原価と完成品原価を計算しなさい。

問4　A工程完成品の振替のための仕訳を示しなさい。　**2**

問5　＜資料＞2の①と②を計算しなさい。　**3**

問6　A工程とB工程の振替差異を計算しなさい（不利差異の場合には△を付す）。また，工程間の原価振替を正常原価によって振り替えるのはなぜか，簡単に説明しなさい。

問7　C工程の月末仕掛品原価と完成品原価を計算しなさい。

問8　C工程の加工費配賦差異を解答欄にしたがって分析しなさい。

問9　月末半製品原価および月末製品原価を計算しなさい。

問10　当月の営業利益を計算しなさい。なお，当月の販売費及び一般管理費は 2,380,000 円であり，原価差異は当月の売上原価に含める。

原計・管理

197

問題2　原価に関する以下の文章を，空欄に適切な用語を補充することによって完成しなさい。

　　原価計算基準によると，原価計算制度における原価とは，経営における一定の給付にかかわらせて，把握された財貨又は用役の消費を，（　Ａ　）に表わしたものである。原価計算上の原価には製造原価のみならず（　Ｂ　）も含まれる。原価に算入しない項目を（　Ｃ　）といい，これには，(1)（　Ｄ　）に関連しない価値の減少，(2)（　Ｅ　）を原因とする価値の減少，(3)税法上とくに認められている損金算入項目，(4)その他の利益剰余金に課する項目がある。(1)の非原価項目の例には（　Ｆ　），(2)の例には（　Ｇ　）がある。

■1　非度外視法では、定点発生の正常仕損費は数量基準で按分する。
■2　工程への振替原価は正常原価を用いている。
■3　Ｃ工程では、Ａ工程の完成品2単位とＢ工程の完成品1単位が投入される。Ｂ工程の完成品量690単位のうち、Ｃ工程へ投入されるのは何単位？

管 理 会 計 問 題（第 197 回）

解答解説：269 ページ
解答用紙：　44 ページ

問題 1　全経工機株式会社大塚工場は，製品 X を生産・販売している。次の**＜資料＞**にもとづいて，問 1 から問 7 に答えなさい。計算において割り切れない場合は，最終的な解答の小数点以下第 1 位を四捨五入すること。なお，本社で管理する販売費及び一般管理費は，当工場の月次利益を計算する上で無視している。また，在庫は存在しないものとする。

＜資料＞

1．当月生産データ

(1)　製品 X 1 個は，部品 A 2 個と部品 B 3 個から構成される。

(2)　部品 A 1 個当たりの直接材料費は 8,500 円であり，部品 B 1 個当たりの直接材料費は 4,000 円である。

(3)　部品 A 担当の直接工の賃金は 1 時間当たり 2,800 円であり，部品 B 担当の直接工の賃金は 1 時間当たり 1,800 円である。また，部品 A 担当の直接工の月間最大直接作業時間は 1,400 時間であり，部品 B 担当の直接工の月間最大直接作業時間は 900 時間である。

(4)　製品 X 1 個当たりに必要な直接作業時間は，部品 A 2 個に関連して 4 時間であり，部品 B 3 個に関連して 3 時間である。なお，製品 X への各部品の組立は自動で行われるため，直接作業時間が追加的に生じないものとする。

(5)　製造間接費については，直接作業時間を配賦基準とし，公式法変動予算を採用している。部品 A 担当と部品 B 担当の直接工は，共通する工具や設備を使用している。そのため，年間基準操業度は，部品 A 担当と部品 B 担当の直接工の年間最大直接作業時間の合計を利用し，変動費率は，1 時間当たり 3,200 円を工場全体で利用している。年間固定製造間接費は 60,720,000 円である。

(6)　製品 X 1 個当たりの予定販売価格は 90,000 円である。当製品の需要は十分に見込まれる。

2．部品 C（部品 B の互換品）に関するデータ

(1)　部品 C は，外部から購入することができ，部品 B とまったく同じ機能を有している。

(2)　部品 C 1 個当たりの当初の購入原価は 15,000 円である。ただし，部品 C 1 個当たりの購入原価は，300 個を超えた分に対して 14,500 円，600 個を超えた分に対して 14,000 円，900 個を超えた分に対して 13,500 円というように，当初の購入原価の 90％まで，500 円ずつ段階的に減額されるように契約している。

3．製品 Y に関するデータ

(1)　製品 Y 1 個当たりの直接材料費は 20,000 円である。

(2)　製品 Y の生産は部品 B 担当の直接工によって行われる。また，製品 Y 1 個当たりの直接作業時間は 4 時間である。

(3)　製品 Y 1 個当たりの予定販売価格は 60,000 円である。当製品の需要は十分に見込まれる。

問 1　**＜資料＞** 1 をもとに，製造間接費の予定配賦率を計算しなさい。　**1**

問 2　**＜資料＞** 1 をもとに，部品 A 1 個当たりの製造原価と，部品 B 1 個当たりの製造原価を，内訳とともに答えなさい。

問 3　**＜資料＞** 1 をもとに，月次の損益分岐点における製品 X の生産・販売量を計算しなさい。また，このときの部品 A 担当の直接工の余剰時間と，部品 B 担当の直接工の余剰時間を答えなさい。　**2**

問4 ＜資料＞1をもとに，製品Xを最大限生産・販売したときの月次利益を計算しなさい。

問5 問4の結果をふまえて，＜資料＞1と2をもとに，部品Aと部品Bの自製を前提とすることで **3** 生じる部品Bの不足分を部品Cの購入で補充し，製品Xを最大限生産・販売したときの月次利益を計算しなさい。また，問4の月次利益と比較したとき，どちらがどれだけ利益が大きいかを答えなさい。

問6 問4の結果をふまえて，＜資料＞1から3をもとに，部品Bの自製をやめて部品Cの購入に全面的に切り替え，部品B担当の直接工の直接作業時間を製品Yの生産にすべて利用し，製品Xと製品Yを最大限生産・販売したときの月次利益を計算しなさい。また，問4の月次利益と比較したとき，どちらがどれだけ利益が大きいかを答えなさい。

問7 次の文章の空欄(ア)から(エ)に適切な語句を補充しなさい。

意思決定のための原価計算における（　ア　）原価とは，代替案の選択に影響されない原価であり，当該意思決定に（　イ　）な原価をいう。たとえば，既存設備の減価償却費など，すでに支出してしまった原価がこれに当たる。さらに，（　ウ　）の原価であっても，代替案間で（　エ　）して発生し，金額が同じであれば，（　ア　）原価である。

問題2 全経電機株式会社は，第1期から第5期までのデータを基礎に第6期の利益計画を作成中である。次の＜資料＞にもとづいて，問1から問5に答えなさい。計算において割り切れない場合は，別途指示する問4を除き，最終的な解答の小数点以下第2位を四捨五入すること。なお，在庫は存在しないものとする。

＜資料＞

1．第6期のデータ

　　製品1個当たりの販売価格は4.5千円，予定販売量は20,000個である。

2．第1期から第5期までのデータ

	販売量(X)	原価(Y)
第1期	16,000 個	62,800 千円
第2期	18,000 個	64,400 千円
第3期	17,000 個	63,000 千円
第4期	20,000 個	66,800 千円
第5期	19,000 個	66,000 千円

注：データはすべて正常操業圏にある。

問1 ＜資料＞1をもとに，第6期の予想売上高を求めなさい。

問2 ＜資料＞2をもとに，高低点法を用いて原価分解を行ったときの，製品1個当たりの変動費と，年間固定費を計算しなさい。

問3　＜資料＞2をもとに，最小自乗法を用いて原価分解を行ったときの，製品1個当たりの変動費と，年間固定費を計算しなさい。計算に当たっては，①第1期から第5期の原価(Y)の総和と販売量(X)の総和および期数(N)との関係を示す式($\Sigma Y = a\Sigma X + Nb$)と，②第1期から第5期の原価と販売量の積(XY)の総和と販売量の自乗(X^2)の総和および販売量(X)の総和との関係を示す式($\Sigma XY = a\Sigma X^2 + b\Sigma X$)からなる，連立方程式(正規方程式)を利用すること。

問4　＜資料＞1と2をもとに，(1)高低点法を用いたときの第6期での損益分岐点の販売量，および，(2)最小自乗法を用いたときの第6期での損益分岐点の販売量を求めなさい。なお，損益分岐点の販売量については，小数点以下第1位を切り上げて計算すること。

問5　原価分解における高低点法の問題点を簡潔に述べなさい。

1　問2とともに全部原価計算を前提とする。

2　損益分岐点の計算は，直接原価計算を前提とする。生産量＝販売量の場合，直接原価計算と全部原価計算のどちらを前提に計算しても同じ解答となる。

3　「部品Bの不足」とは、部品Aの自製可能量に合わせて製品Xを生産するためには部品Bが不足することを意味する。

原 価 計 算 問 題（第199回）

解答解説： 276 ページ
解答用紙： 46 ページ

問題1 全経油脂工業では，1つの工程を使って3つの等級製品を連続的に生産している。当月製造費用については，原価材の投入量の積数の比で各等級製品に按分する。また，直接材料は工程の始点ですべて投入されている。月末仕掛品の計算は平均法による。減損費の処理は非度外視法である。＜資料＞にもとづき，問1から問4に答えなさい。なお，割り切れない場合は最終的な解答において小数点以下第1位を四捨五入すること。

＜資料＞

1. 各等級製品の生産データは以下のとおりである。

等級製品Aと等級製品Bには正常減損が発生している。等級製品Bについては，正常減損は工程を通じて平均的に発生している。また，等級製品Cには異常減損が発生している。

	等級製品A	等級製品B	等級製品C
月初仕掛品(kg)	100	200	200
加工進捗度	0.3	0.4	0.5
完成品(kg)	3,800	4,600	3,600
月末仕掛品(kg)	200	800	400
加工進捗度	0.6	0.5	0.4
正常減損(kg)	100	200	—
減損発生点	0.4	平均発生	—
異常減損(kg)	—	—	100
減損発生点	—	—	0.2

2. 各等級製品の等価係数は以下のとおりである。

等価係数	等級製品A	等級製品B	等級製品C
直接材料費	1	0.8	0.6
加工費	1	0.7	0.5

3. 当月の原価データは以下のとおりである。

月初仕掛品原価

	等級製品A	等級製品B	等級製品C
直接材料費	86,500 円	152,000 円	153,000 円
加工費	12,420 円	23,700 円	26,400 円

当月製造費用

直接材料費	2,665,000 円
加工費	1,392,600 円

問1 各等級製品について，当月の投入量の積数を計算しなさい。

問2 各等級製品に按分される当月製造費用を計算しなさい。

問3 等級製品Cの異常減損費を計算しなさい。

問4 各等級製品の完成品総合原価と月末仕掛品原価を計算しなさい。

1

問題2　全経精密工業は本社と工場の会計を独立させている。次の取引について，工場側で行われるべき **2**
仕訳を答えなさい。なお，使用する勘定科目は以下から適切なものを選ぶこと。また，仕訳が不要
の場合には借方金額欄に「仕訳なし」と記入すること。

| 材　　　料 | 賃 金 給 料 | 仕 掛 品 | 製造間接費 | 製　　　品 | 買 掛 金 |
| 売 掛 金 | 内部売上原価 | 内 部 売 上 | 預 り 金 | 本　　　社 | |

(1)　本社は材料 320,000 円を掛けで仕入れ，材料は工場の倉庫に搬入された。
(2)　工場において，直接材料 250,000 円，間接材料 70,000 円を消費した。
(3)　本社は工場の従業員に対して，給与 500,000 円を支給し，納税等のための預り金 50,000 円を差し引いた金額が従業員に手渡された。
(4)　工場で完成した製品を本社に納入したが，その際に製品原価 1,200,000 円に 12% の内部利益を加算した金額で本社に納入した。
(5)　(4)で本社に納入した製品が 2,000,000 円で掛けで販売された。

問題3　全経化学工業では，製品 A について原料 X と原料 Y を配合して生産している。原価計算は標準 **3**
原価計算を採用している。当月の次の**＜資料＞**にもとづき，原料配合差異と原料歩留差異を計算し
なさい。なお，差異の数字にはプラスマイナスを付けず，有利な差異か不利な差異かに〇をすること。

＜資料＞
1．標準のデータ

	数量(kg)	単価(円／kg)	計(円)
原料 X	8	600	4,800
原料 Y	2	300	600
計	10		5,400

製品 A の 1 単位あたり重量　　9 kg

2．当月における実績

原料 X の消費量	2,198 kg
原料 Y の消費量	942 kg

製品 A の生産量　　2,790 kg

3．月初・月末に仕掛品はない。

1　正常減損費について、非度外視法では、定点発生の場合には数量を基準に配賦し、平均的発生の場合には完成品換算量を基準に配賦する。
2　問題文から本社と工場のどちらがその取引の主体であるかを判断する。
3　原料の標準消費量は、製品 A の生産量 2,790 kg を標準歩留率で割り返して算定する。

管 理 会 計 問 題（第 199 回）

解答解説： 283 ページ
解答用紙： 48 ページ

問題 1　全経工業株式会社（以下，当社）は，産業用機械を製造・販売している中規模企業である。当社では，従来から加工作業の一部を M 社に外注していたところであったが，このたび，M 社に買収提案をするか否かを検討することになった。次の**＜資料＞**にもとづいて問 1 から問 5 に答えなさい。なお，利益に対する税率は 30％であり，割り切れない場合は最終的な解答において小数点以下第 1 位を四捨五入すること。

＜資料＞

1．直近の M 社の財務諸表（単位：千円）

貸 借 対 照 表

流 動 資 産	30,000	負　　　債	40,000
固 定 資 産	50,000	純 資 産	40,000
	80,000		80,000

損 益 計 算 書

費　　　用	77,900	売 上 高	80,000
税引後利益	2,100		
	80,000		80,000

　費用のうち非現金支出費用は減価償却費 9,400 千円である。また，支払利息は 2,000 千円である。

2．資本コスト

　M 社の貸借対照表やその他の情報を収集して同社の資本コストを推定したところ，M 社の負債資本コストは 5％，自己資本コストは？％であり，加重平均資本コストは 7％である。また，当社においては，投資決定において資本コスト 8％を設定している。

3．現価係数表

利子率	1 年	2 年	3 年	4 年	5 年
7 ％	0.935	0.873	0.816	0.763	0.713
8 ％	0.926	0.857	0.794	0.735	0.681

問 1　M 社の自己資本コストは何％か計算しなさい。　　　　　　　　　　　　　　**1**

問 2　＜資料＞にもとづいて M 社の年間フリーキャッシュフロー（＝税引後利益＋減価償却費＋支払利息×（1 −税率））を計算しなさい。

問 3　以下に示す仮定にもとづいて，それぞれのケースにおける M 社の企業価値を計算しなさい。　　**2**
　　①　問 2 で計算した年間フリーキャッシュフローが将来 5 年間継続し，5 年後の M 社のターミナルバリューは 72,000 千円である。
　　②　問 2 で計算した年間フリーキャッシュフローが将来無限に継続する。

問4　M社を買収するか否かを検討するため，M社買収によって次年度の当社のキャッシュフローがどのように変化するかを予測する。そのための以下に示す追加資料にもとづいて，年間の当社のキャッシュフロー増減額を計算しなさい。非現金支出費用は減価償却費のみである。なお，減少する場合には金額の前に△を付しなさい。

＜追加資料＞　　　　　　　　　　（単位：千円）

	金　　額
売 上 高 の 増 加	90,000
外 注 加 工 費 の 減 少	3,000
人 件 費 の 増 加	32,000
減 価 償 却 費 の 増 加	15,000
その他業務費用の増加	30,000

問5　当社の企業価値を増加させるためには，買収提案において買収額は何千円以下にするべきか。問4で計算した次年度のキャッシュフローは次年度を含めて5期間継続し，5年を超えた期間においては，問4のキャッシュフローの半額が継続的に得られる。なお，買収を実行する際の諸経費は考慮しないものとする。 **3**

原計・管理

199

1 負債の資本コストは法人税等の影響を考慮する必要がある。
2 企業価値は、将来に得られるフリーキャッシュフローの現在価値合計。
3 企業価値＝株式価値＋負債価値
　　企業の買収額として、企業価値と株式価値のどちらが適切かを考える？

問 題 編

問題2 次の**＜資料＞**に示す事業部別損益計算書にもとづいて，下記の問1から問4に答えなさい。なお，割り切れない場合には最終的な解答の小数点以下を切り上げなさい。

＜資料＞

当期における事業部別損益計算書　　　　　　　　　　　　　　　　　　　　　　（単位：千円）

	A事業部	B事業部	C事業部	全　　社
売　　　　　上　　　　　高	200,000	300,000	500,000	1,000,000
変　　　　　動　　　　　費	80,000	150,000	275,000	505,000
（　　　　ア　　　　）	120,000	150,000	225,000	495,000
個　　別　　固　　定　　費	130,000	120,000	180,000	430,000
セグメント・マージン	△ 10,000	30,000	45,000	65,000
共　　通　　固　　定　　費				80,000
営　　　業　　　利　　　益				△ 15,000

問1 事業部別損益計算書の空欄（　ア　）に入る適切な用語を解答欄に記入しなさい。

問2 資料の全社欄を利用して，全社的損益分岐点売上高を計算しなさい。また，そのときの各事業部の売上高を計算しなさい。

問3 A事業部が共通固定費の回収に貢献するためには，最低でいくらの売上高が必要となるか。

問4 来期においてA事業部の売上高は185,000千円になり，B事業部の一層の販売努力によってB事業部とC事業部の売上高は1：1の割合になると予測される。このとき，全社的損益分岐点におけるB事業部売上高を計算しなさい。なお，各事業部における変動費率，個別固定費，および共通固定費は，当期と同様とする。

問題3 機会原価とは何か。60字以内で説明しなさい。

原計・管理

199

原 価 計 算 問 題（第201回）

解答解説： 289ページ
解答用紙： 50ページ

問題1 全経工業株式会社は，製品Aから製品Dの4種類の製品をロット別に生産し，修正パーシャル・プランによる標準原価計算制度を採用している。次の**＜資料＞**にもとづき問1から問7に答えなさい。なお，最終的な解答が割り切れない場合は，小数点以下第1位を四捨五入すること。

＜資料＞

1．標準原価カード

		製品A			製品B	
	標準単価・賃率・配賦率	標準数量・時間	原価標準	標準単価・賃率・配賦率	標準数量・時間	原価標準
直接材料費						
材料X	2,000円／kg	4kg	8,000円	2,000円／kg	3kg	6,000円
材料Y	1,500円／kg	4kg	6,000円	1,500円／kg	5kg	7,500円
直接労務費	2,400円／時間	2時間	4,800円	2,400円／時間	1.5時間	3,600円
製造間接費	?	?	?	?	?	?
1個当たり標準原価			?			?

		製品C			製品D	
	標準単価・賃率・配賦率	標準数量・時間	原価標準	標準単価・賃率・配賦率	標準数量・時間	原価標準
直接材料費						
材料X	2,000円／kg	3kg	6,000円	2,000円／kg	5kg	10,000円
材料Y	1,500円／kg	7kg	10,500円	1,500円／kg	5kg	7,500円
直接労務費	2,400円／時間	2時間	4,800円	2,400円／時間	2.5時間	6,000円
製造間接費	?	?	?	?	?	?
1個当たり標準原価			?			?

(注)？は各自推定すること。

2．生産に関するデータ
 (a) 製品Aのロットは500個で，月初に仕掛中(加工進捗度80%)であったが，当月に全量が完成している。
 (b) 製品Bのロットは500個で，月初に仕掛中(加工進捗度40%)であったが，当月に全量が完成している。
 (c) 製品Cのロットは600個で，当月に着手し，当月に全量が完成している。
 (d) 製品Dのロットは600個で，当月に着手し，月末に仕掛中(加工進捗度40%)である。

3．直接材料費に関するデータ
 (a) 材料XとYは，すべて掛で購入し，工程の始点で直接材料として投入している。
 (b) 材料Xの月初有高は*2,413,200*円，月初在庫量は1,200kg,当月実際購入額は*9,676,800*円，当月購入量は4,800kg,月末在庫量は800kgである。また，製品Dへの当月実際投入量は3,200kgである。
 (c) 材料Yの月初有高は*1,496,000*円，月初在庫量は1,000kg,当月実際購入額は*11,824,000*円，当月購入量は8,000kg,月末在庫量は1,700kgである。また，製品Dへの当月実際投入量は3,050kgである。
 (d) 材料XとYは材料勘定に記録し，他の材料(間接材料)は別の勘定で記録する。材料XとYの実際消費単価は平均法で計算する。材料XとYに関する棚卸減耗はない。

4．直接労務費に関するデータ
 当月実際直接作業時間は2,560時間，実際消費賃率は*2,435*円／時間である。

5．製造間接費に関するデータ
 (a) 製造間接費は，直接作業時間を基準に各製品に配賦する。
 (b) 製造間接費は，公式法変動予算を採用し，月次の予算額は，変動製造間接費が*6,240,000*円，固定製造間接費が*4,680,000*円である。また，月間の基準操業度は，2,600時間である。
 (c) 製造間接費の原価差異の分析は，3分法で行っている。能率差異は,変動費率を用いて計算している。
 (d) 当月実際製造間接費は*11,011,000*円である。

問1　＜資料＞1と5をもとに，標準原価カードに記入される製造間接費の標準配賦率を計算しなさい。

問2　＜資料＞1から5をもとに，当月完成品原価と月末仕掛品原価を計算しなさい。

問3　＜資料＞1から5をもとに，材料勘定から仕掛品勘定への直接材料費の振替仕訳を示しなさい。　■1

問4　＜資料＞1から5をもとに，賃金勘定から仕掛品勘定への直接労務費の振替仕訳を示しなさい。

問5　＜資料＞1から5をもとに，材料勘定から材料消費価格差異勘定への振替仕訳を示しなさい。　■2

問6　＜資料＞1から5をもとに，仕掛品勘定で把握される原価差異の総額，および，材料数量差異の内訳，製造間接費差異の内訳を計算しなさい。原価差異が不利差異の場合は，数値の前に△を付すこと。

問7　問5で示す方法では購買活動の管理にとって不十分であるため，責任会計の観点から修正することとした。購買管理に役立つために，どのように修正すればよいかについて，関連する金額を用いて説明しなさい。

問題2　全経産業株式会社は，＜資料＞1の標準原価カードを用いた標準原価計算制度を実施してきた。しかし，現場を調査したところ，工程の終点で正常仕損(経済価値はゼロ)が良品に対して3％生じていることが判明した。そこで，①原価要素別の標準数量・時間を3％増やして正常仕損費分を原価標準に含める方法，および，②正常仕損費分を含まない正味標準製造原価に特別費として3％を加える方法で再計算することとした。次の＜資料＞にもとづき問1と問2に答えなさい。なお，最終的な解答が割り切れない場合は，小数点以下第1位を四捨五入すること。

＜資料＞

1．標準原価カード

	標準単価・配賦率	標準数量・時間	原価標準
直接材料費	4,400 円／kg	2 kg	8,800 円
加工費	3,600 円／時間	3 時間	10,800 円
1 個当たり標準原価			19,600 円

2．実際原価に関するデータ

当月の直接材料費は 12,544,000 円，加工費は 18,309,975 円である。

3．生産に関するデータ

月初仕掛品	400 個(加工進捗度 25%)
完成品	1,600 個
月末仕掛品	200 個(加工進捗度 75%)

4．原価差異は，仕掛品勘定においてまとめて把握する。

問1　①の方法，および，②の方法で再計算した場合の仕掛品勘定を記入しなさい。

問2　再計算の結果，①の方法は，②の方法に比べて正確な計算が行えないという意見がある。その理由を簡潔に述べなさい。　■3

問題3　標準原価計算制度において用いられる2つの標準原価の名称をあげ，それらの意味を簡潔に述べなさい。

■1　修正パーシャル・プランでは、価格に関する差異は材料・賃金勘定で把握し、数量に関する差異は仕掛品勘定で把握する。

■2　不利差異の場合、材料消費価格差異勘定の借方に記入され、有利差異の場合は貸方に記入される。

■3　②の方法によると、正常仕損費を別建てで計算するため、正確な計算を行うことができる。①の方法ではどうかを考える。

問題1　全経精密工業では，3種類の製品 A，製品 B，製品 C を生産している。現在，間接労務費をこれらの製品にどのように配賦すればよいのかを検討中である。以下の**＜資料＞**をもとに，問1から問8に答えなさい。

＜資料＞

1．間接工の作業は段取，マテハン，検査という活動である。

2．間接工は10人在籍しており，一日の就業時間は8時間，月間の就業日数は20日間である。

3．間接工に支払っている月間の間接労務費の合計は *3,840,000* 円である。

4．月間の生産量は，製品 A が100個，製品 B が1,000個，製品 C が500個である。

5．各製品の製品単位当たりの直接作業時間は製品 A が5時間／個，製品 B が8時間／個，製品 C が7時間／個である。

6．間接工の作業を調査したところ，労力のウエイトは段取活動が20%，マテハン活動が70%，検査活動が10%である。

7．月間の活動量は，段取活動が240回，マテハン活動が4,000回，検査活動が40回である。製品ごとの活動量の内訳は以下の通りである。

活動消費量	製品 A	製品 B	製品 C
段取（回）	180	10	50
マテハン（回）	2,000	500	1,500
検査（回）	25	5	10

8．各活動の1回当たりの所要時間は，段取活動が40分／回，マテハン活動が15分／回，検査活動が60分／回である。

問1　直接作業時間を基準にして間接労務費を各製品に配賦する場合の配賦率と各製品の単位当たり配賦原価を計算しなさい。

問2　活動基準原価計算（ABC）によって間接労務費を各製品に配賦する。**＜資料＞**6のデータを資源ドライバー，**＜資料＞**7のデータを活動ドライバーとした場合の各製品の単位当たり配賦原価を計算しなさい。

問3　全経精密工業では，新しい間接費の配賦方法として時間基準の ABC（TDABC）を採用することにした。月間の総就業時間を最大生産能力とし，配賦のための基準操業度としては，不可避な停止時間（最大生産能力の20%）を除いた実際的生産能力（最大生産能力の80%）を用いることにした。**＜資料＞**2から，月間の実際的生産能力（分）を計算しなさい。　　**1**

問4　問3の結果と**＜資料＞**3から，1分当たりの配賦率を計算しなさい。

問5　問4の結果と**＜資料＞**8から，それぞれの活動1回当たりの原価を計算しなさい。

問6　問5の結果と**＜資料＞**7から，製品ごとの活動原価を計算しなさい。

問7　問6の結果と**＜資料＞**4から，各製品の単位当たり配賦原価を計算しなさい。

問8　問6の結果と**＜資料＞**3から，月間の未利用キャパシティ・コストを計算しなさい。

問題2　全経エレクトロニクスでは，3種類の製品X,製品Y,製品Zを2つの連続するプロセスを経て製造している。月次の各種データは**＜資料＞**のとおりである。**＜資料＞**をもとに，問1から問4に答えなさい。なお，それぞれの設問は独立しているものとする。

＜資料＞

1．製品の売価と変動費

	製品X	製品Y	製品Z
売価(円／個)	*375*	*1,000*	*500*
変動費(円／個)	*125*	*850*	*400*

2．作業時間のデータ

単位あたり作業時間(時間／個)

	製品X	製品Y	製品Z
プロセス1	2	1	1
プロセス2	1	2	1

プロセス1の最大能力：4,000時間
プロセス2の最大能力：5,500時間

3．製品の需要

	製品X	製品Y	製品Z
需要(個)	800	2,000	1,500

4．共通固定費　464,400円

問1　＜資料＞から，利益を最大化する製品の組み合わせと，全体の利益を計算しなさい。　❷

問2　問1の場合の加重平均の貢献利益率とこのときの損益分岐点売上高と安全余裕率を計算しなさい。割り切れない場合は，貢献利益率と安全余裕率はパーセントの小数点以下第2位を四捨五入し，損益分岐点売上高は小数点以下第1位を切り上げなさい。

問3　月々20,000円の固定費を追加することにより，プロセス1の最大能力が6,000時間になるとする。この場合の利益を最大化する製品の組み合わせと全体の利益を計算し，解答用紙の文章を完成させなさい。　❸

問4　月々20,000円の固定費を追加することにより，プロセス2の最大能力が6,000時間になるとする。この場合の利益を最大化する製品の組み合わせと全体の利益を計算し，解答用紙の文章を完成させなさい。

❶　実際的生産能力＝最大生産能力(月間就業時間)の80％
❷　共通の制約条件について、単位あたりの貢献利益を計算する。
❸　プロセス1の最大能力が6,000時間になると、プロセス1では需要をすべて満たす生産が可能になる。

原 価 計 算 問 題 (第 203 回)

解答解説： 305 ページ
解答用紙： 54 ページ

問題1 以下の材料に関する**<資料>**にもとづいて，下記の問1から問4に答えなさい。なお，割り切れ
ない場合には，最終的な解答の小数点以下第1位を四捨五入すること。

<資料>

1. 材料費計算について

　購入原価の計算には材料副費を含めており，材料の評価方法は先入先出法を採用している。また，材
料消費価格として予定価格 5,000 円／kg を利用している。

2. 当月の材料受け払いについて

　　10月 1日　棚 卸 数 量　1,200kg　　取得原価　5,200 円／kg

　　10月 5日　払い出し数量　1,000kg

　　10月10日　受け入れ数量　1,500kg　　購入代価　4,800 円／kg

　　10月16日　払い出し数量　1,200kg

　　10月23日　受け入れ数量　1,400kg　　購入代価　4,700 円／kg

　上記において，払い出しはいずれも直接材料としての払い出しである。月末に実地棚卸をしたところ，
棚卸数量は 1,860kg であった。

3. 材料副費について

　材料の取得原価の計算にあたっては，予算にもとづいて材料副費を予定配賦している。当月実際発生
額と月間予算額(材料予定購入量 3,000kg)は以下のとおりである。

(単位：円)

費　　　　　目	当月実際発生額	月 間 予 算 額
検　　収　　費	82,000	70,000
荷　　役　　費	335,000	330,000
引　取　運　賃	300,000	300,000
購　入　事　務　費	55,000	50,000
保　　管　　費	178,000	180,000

問1 材料副費は内部副費と外部副費に分類できる。当月の外部副費と内部副費の実際発生額を計算し
なさい。

問2 材料副費予定配賦率を計算しなさい。

問3 解答欄に従って材料副費配賦差異を分解しなさい。なお，材料副費予算は固定予算方式で設定さ
れている。 **1**

問4 解答用紙の材料勘定を完成しなさい。解答に当たって，相手勘定は以下のものから適切なものを
利用すること。また，不要な欄は空欄のままにすること。 **2**

　　製品　　仕掛品　　材料消費価格差異　　材料消費数量差異

　　材料副費配賦差異　　材料副費予算差異　　材料購入量差異　　製造間接費

問題2　全経工業株式会社は，連産品ＡとＢを生産しており，その生産工程において副産物が生じている。以下の**＜資料＞**にもとづいて，下記の問1から間3に答えなさい。なお，割り切れない場合には，最終的な解答の小数点以下第1位を四捨五入すること。

＜資料＞

1．生産データ

　　第1工程始点で材料を投入し，工程終点において連産品ＡとＢが分離される。連産品Ａはそのまま販売され，連産品Ｂは第2工程でさらに加工のうえ製品Ｂとして販売される。また，第1工程の途中点で副産物，第1工程の終点で仕損品が生じる。なお，副産物は追加加工のうえ第1工程投入の材料として利用され，仕損品は追加加工のうえ売却される。以下は第1工程に関する当月の生産データであり，カッコ内は進捗度あるいは発生点である。

月初仕掛品	300kg	(0.5)
当月投入	2,000kg	
月末仕掛品	400kg	(0.5)
副　産　物	100kg	(0.4)
仕　損　品	120kg	(終点)
完　成　品	1,680kg	うち連産品Ａ 880kg，連産品Ｂ 800kg

2．第1工程の原価データ　　　　　　　　　　（単位：円）

	直接材料費	加　工　費
月初仕掛品原価	474,000	285,000
当月製造費用	2,964,000	3,496,500

3．連産品および副産物に関するデータ　（単位：円／kg）

	見積売価*	見積加工費
連　産　品　Ａ	1,500	―
連　産　品　Ｂ	2,100	300
副　　産　　物	400	20
仕　　損　　品	300	70

　＊副産物については，節約される物品の見積購入原価である。

問1　副産物について必要となる仕訳を示しなさい。

問2　連産品ＡとＢの等価係数を正常市価基準によって設定しなさい。

問3　第1工程の月末仕掛品，当月完成の連産品ＡとＢの原価を計算しなさい。なお，棚卸資産の評価方法は先入先出法を採用している。　**3**

問題3　複合費とは何か述べなさい。また，複合費と補助部門費の類似点と相違点を簡潔に説明しなさい。　**4**

　1　固定予算方式に基づく製造間接費の差異分析と同様に考える。購入量差異は操業度差異に相当する。

　2　材料の棚卸減耗損（棚卸減耗費）は材料費でなく間接経費となる。

　3　月末仕掛品の加工進捗度が副産物の発生点よりも大きい場合は、両者負担の度外視法と同様に計算する。

　4　商業簿記で登場する広告宣伝費や試験研究費なども複合費の性質を持つ。

解答解説：312ページ
解答用紙： 56ページ

管 理 会 計 問 題 （第203回）

問題1 全経化工株式会社は，正味現在価値法を用いて，製品Aを製造するために現在使用している機械（旧機械）を，製造原価の低減が見込まれる新規の機械（新機械）に取り替えるかどうかについて検討している。次の**＜資料＞**にもとづいて，下記の問1から問8に答えなさい。同社は会社全体として十分な利益を上げており，この傾向は将来にわたり変わらないものとする。なお，最終的な解答が割り切れない場合は，小数点以下第1位を四捨五入すること。また，解答が負の値となる場合は，数字の前に△を付けること。販売費及び一般管理費，運転資本は考慮しない。

＜資料＞

1．製品Aの販売に関するデータ
  (a) 製品Aの1個当たりの販売価格は6,000円である。売上はすべて現金収入である。
  (b) 製品Aの予想販売数量は，第1年度が1,600個，第2年度が1,400個，第3年度が1,200個，第4年度が1,000個である。

2．旧機械に関するデータ
  (a) 取得原価は20,000,000円，耐用年数は8年であり，すでに4年が経過している。
  (b) 減価償却の方法は，残存価額を0円とする定額法である。
  (c) 旧機械を利用し続けた場合，第4年度期末に1,000,000円で売却する（現金収入）。
  (d) 旧機械を利用し続けた場合，製品Aの1個当たりの直接材料費は2,000円，製品Aの1個当たりの変動加工費は1,000円，製品Aにかかわる年間の固定加工費は1,000,000円である。これらの費用は，すべて現金支出費用である。

3．第1年度期首での旧機械の売却に関するデータ
  旧機械を第1年度期首で売却する場合，売却価格は12,000,000円である。

4．新機械に関するデータ
  (a) 第1年度期首に購入し，取得原価は14,000,000円，耐用年数は4年である。
  (b) 減価償却の方法は，残存価額を0円とする定額法である。
  (c) 購入した新機械は，第4年度期末に2,000,000円で売却する（現金収入）。
  (d) 新機械を購入し利用した場合，旧機械を利用し続けたときと比べて，製品Aの1個当たりの直接材料費は20%，製品Aの1個当たりの変動加工費は25%，製品Aにかかわる年間の固定加工費は30%低減する。これらの費用は，すべて現金支出費用である。

5．その他のデータ
  (a) 当社の資本コストは6%である。現価係数は次のとおりである。

第1年度	第2年度	第3年度	第4年度
0.943	0.890	0.840	0.792

  (b) 実効税率は30%である。
  (c) 上記3の売却による現金収入は第1年度期首に生じるが，これにかかわる売却損益に伴う税金の影響は第1年度期末に生じる。上記4の購入による現金支出は第1年度期首に生じる。その他の収入と支出（税金の影響を含む）は，すべて各年度の期末に生じる。

問1 **＜資料＞**1と2をもとに，旧機械を利用し続けた場合，各年度における売上と税引前の会計上の利益を計算しなさい。　**1**

問2　＜資料＞1，2，5をもとに，旧機械を利用し続けた場合，各年度の期末におけるネット・キャッ **2**
シュフローを計算しなさい。

問3　＜資料＞1，2，5をもとに，旧機械を利用し続けた場合における正味現在価値を計算しなさい。

問4　＜資料＞1から4をもとに，旧機械を売却し新機械を購入した場合，各年度における税引前の会 **3**
計上の利益を計算しなさい。

問5　＜資料＞1から5をもとに，旧機械を売却し新機械を購入した場合，各年度の期末におけるネッ **4**
ト・キャッシュフローを計算しなさい。

問6　＜資料＞1から5をもとに，旧機械を売却し新機械を購入した場合における正味現在価値を計算
しなさい。

問7　問3と問6の計算結果をもとに，①旧機械を利用し続ける案と，②旧機械を売却し新機械を購入
する案のいずれを選択すべきかを，理由となる数値を示して答えなさい。

問8　機械の中古市場を調査したところ，＜資料＞3で設定した旧機械の売却価格が高すぎることが判
明した。そこで，他の条件を一定とし，＜資料＞3のみを「旧機械を第1年度期首で売却する場合，
売却価格は8,000,000円である。」と修正する。この場合，①旧機械を利用し続ける案と，②旧機械を
売却し新機械を購入する案のいずれを選択すべきかを，理由となる数値を示して答えなさい。

問題2　全経興産株式会社は，耐用年数4年の新たな機械への投資を行うべきかどうかについて，内部収
益率法を用いて検討している。次の＜資料＞にもとづいて，下記の問1から問3に答えなさい。

＜資料＞
1．第1年度期首に購入し，取得原価は27,000,000円である。
2．ネット・キャッシュフローは，第1年度が10,000,000円，第2年度が8,000,000円，第3年度が7,000,000
円，第4年度が6,000,000円である。これらはすべて各年度の期末に生じる。
3．当社の資本コストは6％である。現価係数は次のとおりである。

利率	第1年度	第2年度	第3年度	第4年度
5％	0.952	0.907	0.864	0.823
6％	0.943	0.890	0.840	0.792
7％	0.935	0.873	0.816	0.763

問1　内部収益率とは何か。その意味を簡潔に述べなさい。

問2　内部収益率を計算し，この投資案を行うべきかどうかを判断しなさい。なお，計算に当たっては，
1％区間で線形補間法を適用すること。また，解答はパーセント表示の小数点以下第3位を四捨五
入すること。

問3　複数の排他的投資案からの選択における内部収益率法の問題の1つとして，正味現在価値の低い
投資案を選択してしまう点がある。こうした問題がどのような場合に生じるのかについて簡潔に述
べなさい。

原計・管理

203

問題3 原価企画にかかわる次の文章の空欄に適切な語句を記入しなさい。

　原価企画とは，製品の量産体制以前の（　1　）段階，すなわち，企画段階，開発段階，設計段階で原価を作り込む総合的利益管理活動をいう。ここでは，達成すべき目標原価が設定される。目標原価の設定方法としては，①予定売価から目標利益を控除して求められる（　2　）原価を目標原価とする方法，②現行製品を基準に設定した（　3　）原価を目標原価とする方法，③（　2　）原価と（　3　）原価をすり合わせて目標原価を設定する方法がある。①は（　4　）法，②は（　5　）法，③は折衷法とよばれている。

1 会計上の利益を計算する際は減価償却費も他の費用と同様に計算に含める。
2 税引前の会計上の利益を問1で求めているので、その数値を使うと速く計算できる。
3 旧機械の売却損益と新機械の売却損益の両方を忘れずに計算に含める。
4 旧機械の売却収入は第1年度期首に生じるが、売却損益に伴う税金の影響は第1年度期末に生じる点に注意。

原計・管理

203

解答解説： 319 ページ
解答用紙： 58 ページ

問題1　全経プラ工業では，製品Xのみを2つの工程で連続して製造している。製品の原価計算にあたっ ては，累加法による工程別総合原価計算を採用している。次の**＜資料＞**にもとづいて，下記の問1 から問5に答えなさい。なお，割り切れない場合には最終的な解答の小数点以下第1位を四捨五入 しなさい。

＜資料＞

1．第1工程は原材料Aを成形する工程であり，第2工程は原材料B（塗料）を使って第1工程の完成品 に塗装を行う工程である。原材料Aは第1工程の始点ですべて投入されている。第1工程の完成品は 第2工程の始点ですべて投入される。第1工程，第2工程ともに完成品原価と月末仕掛品原価の計算 は平均法で行う。第1工程，第2工程ともに仕損費は非度外視法で処理する。第2工程の正常仕損費は， 仕損発生点との関係で必要があれば異常仕損にも負担させる。

2．当月の第1工程の生産と原価に関するデータは以下のとおりである。括弧内は加工進捗度である。

月初仕掛品	200 個（0.8）
当月完成品	2,750 個
月末仕掛品	500 個（0.5）
正常仕損品	100 個

	原材料費A	加工費
月初仕掛品原価	61,000 円	19,520 円
当月製造費用	944,000 円	346,480 円

3．第1工程での正常仕損品は工程を通じて平均的に発生している。なお，正常仕損品は外部に販売す **1** ることができる。その正味売却額は 30 円／個である。

4．当月の第2工程の生産と原価に関するデータは以下のとおりである。括弧内は加工進捗度及び仕損 **2** 発生点である。

月初仕掛品	350 個（0.6）
当月完成品	2,800 個
月末仕掛品	150 個（0.5）
正常仕損品	100 個（0.4）
異常仕損品	50 個（0.6）

	前工程費	原材料費B	加工費
月初仕掛品原価	163,250 円	19,000 円	28,980 円
当月製造費用	？	246,050 円	368,595 円

　　第2工程では，加工の進行に応じて塗料が投入される。第2工程の仕損品には売却価値はない。

問1　第1工程の正常仕損費を計算しなさい。

問2　第1工程の完成品原価と月末仕掛品原価を計算しなさい。

問3　第2工程の正常仕損費を計算しなさい。

問4　第2工程の完成品原価，月末仕掛品原価，異常仕損費を計算しなさい。

問5　異常仕損費の会計処理について説明しなさい。

問題2　全経精工では，製品Yのみを製造・販売している。内部管理目的に直接原価計算を採用している。営業利益は，期末にころがし調整法によって全部原価計算方式の営業利益に調整している。＜資料＞にもとづいて，下記の問1から問4に答えなさい。なお，割り切れない場合には最終的な解答の小数点以下第1位を四捨五入しなさい。

＜資料＞

1．当期の製造と販売に関わるデータは以下のとおりである。

期首有高（個）	240
当期製造量（個）	2,850
期末有高（個）	190
販売単価（円／個）	1,200
当期販売高（個）	2,900

期首および期末に仕掛品はない。棚卸資産の評価方法は先入先出法による。

2．当期の原価に関するデータは以下のとおりである。

変動費のデータ	（単位：円／個）
直接材料費	200
直接労務費	240
変動製造間接費	150
変動販売費	250

固定費のデータ	（単位：円）
固定製造間接費	342,000
固定販売費	165,000
一般管理費	248,000

3．期首製品に含まれる単位当たり変動製造原価は600円／個，単位当たり固定製造間接費は160円／個である。

問1　解答用紙の当期の直接原価計算方式による損益計算書を完成させなさい。　**3**

問2　前期末から繰延固定製造間接費勘定に計上されている固定製造間接費を，当期末の在庫品に含まれる固定製造間接費と比較し，その差額を固定費調整勘定に振り替えるための仕訳を示しなさい。

問3　問2の固定費調整勘定の残高を損益勘定に振り替える仕訳を示しなさい。　**4**

問4　問3の結果から，全部原価計算方式の営業利益を計算しなさい。

1　正常仕損が工程を通じて平均的に発生しているときは，仕損費の計算における進捗度と按分計算の数量に要注意。

2　加工の進行に応じて投入される塗料は，＜資料＞1．で説明されているように「原材料B」のこと。

3　期首製品に含まれる単位当たり変動製造原価と当期発生単位当たり変動製造原価が異なる場合は，変動売上原価に計上される金額に注意。

4　直接原価計算方式の営業利益から全部原価計算方式の営業利益へ減算調整するということは，利益を減らす費用と同じ勘定記入になるはず。

問題1　以下の**＜資料＞**に示す全経機械株式会社の予算および実績の一部にもとづいて，下記の問1から問5に答えなさい。なお，割り切れない場合には最終的な解答の小数点以下第3位を四捨五入しなさい。

＜資料＞

1．予算の一部

	A製品	B製品	C製品
売　上　高	300,000 円	204,000 円	340,000 円
売 上 原 価	180,000 円	138,000 円	248,000 円
販 売 数 量	600 個	300 個	400 個

2．実績の一部

	A製品	B製品	C製品
売　上　高	317,200 円	173,550 円	336,200 円
売 上 原 価	189,100 円	114,810 円	262,400 円
販 売 数 量	610 個	267 個	410 個

問1　製品別売上総利益率および全社的売上総利益率を，予算を前提として計算しなさい。

問2　解答用紙に示す，全社的売上総利益率と製品別売上総利益率の関係式を，予算を前提として，空欄に適切な数値を入れることによって完成しなさい。　**1**

問3　全社的売上総利益差異はいくらか。

問4　全社的売上総利益差異を解答用紙に従って3つの差異に分解しなさい。　**2**

問5　問4の全社的売上総利益差異に含まれる，C製品の単位当たり売上総利益差異を，販売価格差異と単位当たり原価差異に分解しなさい。

問題2　全経工業では，X事業部がX製品，Y事業部がY製品を製造販売しており，本社は各事業部に対して管理サービスを提供している。X事業部は製造したX製品をY事業部に振り替えるが一部は外部に販売し，Y事業部はX製品をさらに加工することによってY製品を製造し，これを外部に販売する。当期における以下の**＜資料＞**にもとづいて，下記の問1から問4に答えなさい。なお，割り切れない場合には最終的な解答の小数点以下第1位を四捨五入しなさい。

＜資料＞

1．事業部別製造販売活動の状況

いずれの事業部においても在庫はない。また，Y事業部の製造原価に含まれる変動費 24,000 円／個に X事業部の製造単価 18,000 円／個が含まれている。

事業部	製造販売量	販売価格	製造原価	固定製造費
X	1,000 個 うち振替分 600 個 外部分 400 個	30,000 円／個	18,000 円／個 うち変動費 6,000 円／個	12,000,000 円
Y	600 個	60,000 円／個	42,000 円／個 うち変動費 24,000 円／個	10,800,000 円

2．事業部別販売費，一般管理費および本社費の状況

事業部	販売費		一般管理費	本社費
X	変動販売費	1,000 円／個	1,250,000 円	2,940,000 円
	固定販売費	1,200,000 円		
Y	変動販売費	1,300 円／個	1,600,000 円	
	固定販売費	1,800,000 円		

変動販売費は外部販売分にのみ発生し，一般管理費および本社費はすべて固定費である。また，本社費は各事業部に正確に跡付けることができないために，各事業部売上高の割合で配賦する。

問1 X製品のY事業部への振替においては，単位当たり製造原価を振替価格とする。このとき，X事業部の売上高を計算しなさい。なお，X事業部の売上高は，Y事業部への振替分と外部販売分から計算する。

問2 問1の解答を前提として，解答用紙に示す，全部原価計算方式の事業部別損益計算書を完成しなさい。　**❸**

問3 事業部の収益性を適切に把握するために，現在の振替価格および本社費の処理方法を見直すとともに，直接原価計算方式の事業部別損益計算書を導入することにした。解答用紙に示す，直接原価計算方式の事業部別損益計算書を完成しなさい。

問4 本社で開かれた経営会議において，Y事業部を閉鎖するべきであるか否かを検討することになった。以上の計算結果にもとづいて，あなたの意見とその根拠を述べなさい。なお，固定費はすべて回避不能費である。　**❹**

問題3 埋没原価とは何か。40文字以内で説明しなさい。

❶ 売上高の比が一定と仮定する複数製品のCVP分析では，どうやって全社的な利益率を求めていた？

❷ 販売数量に関する差異を「販売ミックス差異」と「販売数量差異」に分解することになるので，本問の「販売数量差異」は「総販売数量差異」に相当するものと考える。

❸ X事業部がY事業部への振り替える場合には変動販売費が生じない点に注意。

❹ 回避不能費とは，Y事業部を閉鎖しても同じ額発生してしまうことを指している。

解答解説：335 ページ
解答用紙： 62 ページ

原 価 計 算 問 題（第 207 回）

問題 1 全経産業株式会社は，受注生産型の企業であり，個別原価計算を採用している。次の当月（12 月）の**＜資料＞**にもとづき問 1 から問 7 に答えなさい。なお，割り切れない場合は最終的な解答の小数点以下第 1 位を四捨五入すること。

＜資料＞

1．当月の材料勘定に関するデータ

	数量×実際価格
月初棚卸高	800kg × 4,900 円／ kg
当月仕入高	4,200kg × 5,050 円／ kg

（注 1） 材料費の算定においては予定価格を適用する。予定価格は 5,000 円／ kg である。

（注 2） 当月消費数量の内訳は，直接材料として 2,600kg であり，残りは間接材料である。

（注 3） 月末帳簿棚卸数量は 700kg，月末実地棚卸数量は 680kg である。棚卸減耗は正常な範囲である。

（注 4） 原価配分方法は先入先出法による。

2．当月の賃金給料勘定に関するデータ

	金額
前月末未払分（11 月 21 日－ 11 月 30 日）	5,389,000 円
当 月 支 払 分（11 月 21 日－ 12 月 20 日）	16,099,000 円

（注 1） 労務費の算定においては予定賃率を適用する。予定賃率は 3,400 円／時間である。

（注 2） 当月（12 月 1 日－ 12 月 31 日）の作業時間と手待時間の合計は 4,820 時間である。そのうち，直接作業時間は 3,600 時間である。手待時間は正常な範囲である。

（注 3） 当月末未払分（12 月 21 日－ 12 月 31 日）は，この期間の作業時間の合計（1,680 時間）に予定賃率を乗じて算定する。ただし，1,680 時間のうち 30 時間は，繁忙期による時間外作業のため，予定賃率に 40％上乗せした賃率を適用する。

3．上記 1 と 2 以外の当月の製造間接費実際発生額　35,580,200 円

4．製造間接費予算

製造間接費予算は実査法変動予算を採用する。月間の予算額は，操業度が 100％の場合で 49,000,000 円，95％の場合で 48,600,000 円，90％の場合で 48,100,000 円である。月間の基準操業度（機械運転時間）は 5,000 時間である。

5．製造間接費の配賦

製造間接費の配賦においては予定配賦率を適用する。配賦基準は機械運転時間である。当月の実際機械運転時間は 4,940 時間である。

6．生産に関するデータ

	#1103	#1201	#1202	#1202R	#1203	#1203R	#1204
直接材料消費量	100kg	490kg	520kg	180kg	480kg	480kg	350kg
直接作業時間	120 時間	720 時間	780 時間	220 時間	700 時間	680 時間	380 時間
機械運転時間	250 時間	980 時間	990 時間	300 時間	980 時間	960 時間	480 時間
摘要	完成	完成	完成	#1202へ	#1203Rへ	完成	仕掛中
数量	50 個	50 個	50 個	40 個	50 個	50 個	50 個

（注１）　#1103 は月初仕掛品（*12,014,000* 円）である。

（注２）　#1202R は #1202 の補修のために発行したものであり，#1203R は #1203 の全品が仕損となったために発行したものである。仕損はすべて正常な範囲である。

（注３）　仕損品の評価額は *14,400* 円／個である。

問１　＜資料＞１をもとに，材料勘定から仕掛品勘定への振替仕訳，および，材料勘定から製造間接費勘定への振替仕訳を答えなさい。　**1**

問２　＜資料＞１をもとに，材料消費価格差異を計算しなさい。不利差異の場合は数値の前に△を付すこと。

問３　＜資料＞２をもとに，賃金給料勘定から仕掛品勘定への振替仕訳，および，賃金給料勘定から製造間接費勘定への振替仕訳を答えなさい。　**2**

問４　＜資料＞２をもとに，賃率差異を計算しなさい。不利差異の場合は数値の前に△を付すこと。

問５　＜資料＞１から３をもとに，当月の製造間接費の実際発生額（製造間接費勘定の借方側に集計される金額の合計）を答えなさい。

問６　＜資料＞１から５をもとに，製造間接費配賦差異を計算し，これを予算差異と操業度差異に分解しなさい。不利差異の場合は数値の前に△を付すこと。

問７　＜資料＞１から６をもとに，正常仕損費と完成品原価を計算しなさい。

207

問題２　全経化工株式会社は，大量生産型の企業であり，単純総合原価計算を採用している。次の＜資料＞にもとづき問１から問３に答えなさい。なお，割り切れない場合は最終的な解答の小数点以下第１位を四捨五入すること。

＜資料＞

１．生産データ

	第１工程	
月初仕掛品	500kg	（80％）
当月投入	2,500kg	
合計	3,000kg	
減損A	200kg	（50％）
減損B	100kg	（60％）
月末仕掛品	500kg	（80％）
完成品	2,200kg	

（注）カッコ内は加工進捗度である。

２．原価データ　（単位：円）

	原材料費	加工費
月初仕掛品	*3,875,000*	*5,400,000*
当月投入	*19,250,000*	*31,152,000*
合計	*23,125,000*	*36,552,000*

3．その他
　1．原価配分方法は先入先出法による。また，原材料は，すべて工程の始点で投入する。
　2．減損は，すべて当月投入分から発生している。正常減損費は，原価計算基準における処理方法を
　　採用し，減損発生点と月末仕掛品の進捗度を考慮して適切な負担先を決定している。

問1　原価計算基準における正常減損費の処理方法の名称を答えなさい。　　　　　　　　　　　　**3**

問2　＜資料＞をもとに，減損Aと減損Bがともに正常減損の場合での仕掛品勘定を完成させなさい。

問3　＜資料＞をもとに，減損Aが正常減損，減損Bが異常減損の場合での仕掛品勘定を完成させなさ　**4**
　　い。なお，正常減損費は異常減損に負担させないものとする。

問題3　次の文章の空欄にあてはまる最も適切な語句を記入しなさい。

　個別原価計算は，種類を異にする製品を個別的に生産する生産形態に適用する。個別原価計算にあたっ
ては，（　1　）について個別的に直接費および間接費を集計し，完成品原価は，これを当該指図書に含
まれる製品の（　2　）時に算定する。一方，総合原価計算は，原価集計の単位が期間生産量であること
を特質とする。すなわち，（　3　）にもとづき，一期間における生産量について（　4　）を算定し，こ
れを期間生産量に分割負担させることにより完成品総合原価を計算する。

　1　正常な範囲の棚卸減耗費は間接経費として処理される。
　2　特に指示がなければ、時間外作業手当は間接労務費として処理する。
　3　多くの企業が実践できるよう、原価計算基準の規定は簡便な処理が規定されることが
　　多い。
　4　正常減損費を負担しない異常減損の計算は、正常減損費を負担しない月末仕掛品原価
　　の計算、すなわち正常減損費を完成品のみに負担させる場合の計算と同様に行う。

管 理 会 計 問 題（第207回）

解答解説：344ページ
解答用紙：　64ページ

原計・管理

問題1　全経工機では，製品Aに組み込む部品Zの経済的発注量を計算しようとしている。下記の問1と問2に答えなさい。なお，割り切れない場合には解答の小数点以下第1位を切り上げること。

＜資料＞

1．部品Zに関するデータは次のとおりである。

単位当たり購入代価	4,000 円
注文1回あたりの発注費	4,000 円
部品1個当たりの保険料（年間）	80 円／個
年間必要量	15,125 個
倉庫の年間賃借料	1,200,000 円
倉庫の年間電力料	120,000 円

倉庫には十分なスペースがある。また，倉庫の電力料は保管する部品の数量にかかわらず一定額発生する。　**1**

2．部品の購入代価の8％を，在庫部品に関連する資本コストとして考慮し，これを在庫費の1つの項目とする。

問1　材料の年間の必要量をS，材料1単位当たりの在庫費をv，1回当たりの発注費をP，1回の発注ロットサイズをQとする。これらの文字を使い，経済的発注量に関する以下の文章の括弧を埋めなさい。

　　在庫費は，1単位当たりの在庫費に，平均在庫量を乗じて計算される。材料の払い出しが規則的であるとした場合，平均在庫量は（　①　）となる。したがって，在庫費は，（　②　）となる。　**2**
　　材料の発注回数は，年間の必要量と1回の発注ロットサイズから，（　③　）となる。材料の発注費は，1回当たりの発注費に発注回数を乗じればよいので，（　④　）となる。原価が最小になるところでは，在庫費＝発注費となるので，（　②　）＝（　④　）となる。この式をQについて整理すると，$Q^2 =$（　⑤　）となる。したがって，経済的発注量はQ＝（　⑥　）として求められる。

問2　＜資料＞から，部品Zの経済的発注量を求めなさい。

1　倉庫の年間賃借料や年間電力料は保管する量に関係なく一定額発生するため、経済的発注量の意思決定において埋没原価となる。
2　発注した材料は徐々に消費されて在庫が0になるとまた発注されるため、その間を平均すると発注量の半分が在庫として存在しているはずと仮定する。
3　品質不良によって販売を逃した製品から得られたはずの貢献利益は、一種の機会原価と考えて、外部失敗コストに含める。

問題2　全経精機では，製品Xと製品Yについて品質原価計算を行っている。下記の問1から問3に答えなさい。

<資料>

1．全経精機における品質原価計算に関わるデータ

	製品X	製品Y
生産・販売量(個)＊	1,200	2,500
販売価格(円／個)	650,000	400,000
製品1個当たり変動費(円／個)	250,000	200,000
品質改善設計時間(時間)	1,200	500
製品1個当たり検査時間(時間／個)	1.00	0.50
製品の再作業率	5％	10％
製品1個当たり再作業費(円／個)	300,000	200,000
販売済み製品の修理率	8％	4％
製品1個当たり修理費(円／個)	200,000	100,000
品質不良起因の推測逸失販売量(個)	40	100

＊期首と期末に製品・仕掛品の在庫はない。

2．1時間当たり設計費　20,000円／時　　1時間当たり検査費　6,000円／時

問1　品質原価計算に関する次の文章の括弧に適切な言葉を入れ，文章を完成させなさい。

　　品質原価計算上，品質原価は大きく（　①　）コストと（　②　）コストに分類できる。（　①　）コストはさらに（　③　）コストと評価コストに分類される。また，（　②　）コストはさらに（　④　）コストと外部失敗コストに分類される。このような品質原価の分類方法を，（　⑤　）法という。（　①　）コストと（　②　）コストの間には（　①　）コストを増加させると（　②　）コストが減少するという（　⑥　）関係があるので，（　①　）コストと（　②　）コストの合計が最小となる最適品質原価ポイントを実現するように管理していくべきであるとする考え方がある。

問2　<資料>にもとづき，全経精機での品質原価について，問1の③コスト，評価コスト，問1の④コスト，外部失敗コスト，品質原価合計を求めなさい。

問3　全経精機では，品質管理活動の改善を行うことにし，二つの案を考えた。A案は品質改善設計により多くの時間をかけるというものであり，B案は検査時間をより多くかけるというものである。
　　A案では，製品Xに1,300時間，製品Yに600時間の品質改善設計を行う。その結果，製品の再作業率が製品Xで3％，製品Yで8％になり，販売済み製品の修理率が製品Xで7％，製品Yで3％になると見込まれる。また，品質不良起因の推測逸失販売量は製品Xで30個，製品Yでは90個になると見込まれる。
　　B案では，製品1個当たりの検査時間を製品Xでは1.5時間／個，製品Yでは0.75時間／個とする。その結果，製品の再作業率は製品Xで4％，製品Yで7％となり，販売済み製品の修理率が製品Xで7.5％，製品Yで3.5％になると見込まれる。また，品質不良起因の推測逸失販売量は製品Xで35個，製品Yで85個になると見込まれる。
　　以上の条件から，A案とB案それぞれの品質原価を計算し，どちらの案を採った方が有利か，解答用紙の文章を完成させなさい。

原計・管理

207

原 価 計 算 問 題（第 209 回）

問題1 当社では，2つの製造部門と2つの補助部門を有しており，実際原価計算を実施している。また，部門別計算において補助部門費および製造部門費について予定配賦している。以下の**＜資料＞**にもとづいて，下記の問1から問5に答えなさい。なお，指示がない限り，割り切れない場合には最終的な解答の小数点以下第1位を四捨五入しなさい。

＜資料＞

1. 当月における各部門の部門費予算

	A製造部門	B製造部門	X補助部門	Y補助部門
部門変動費（単位：円）	168,000	283,000	7,000	12,400
部門固定費（単位：円）	282,150	459,050	18,000	15,000
部 門 費（単位：円）	450,150	742,050	25,000	27,400
作 業 時 間（単位：時間）	20,000	25,000	―	―
用役提供量：				
X補助部門（単位）	1,000	800	―	200
Y補助部門（単位）	500	500	―	―

2. 当月における各部門の部門費の実績

	A製造部門	B製造部門	X補助部門	Y補助部門
部門変動費（単位：円）	172,000	278,000	7,200	12,500
部門固定費（単位：円）	282,000	465,500	18,000	15,500
部 門 費（単位：円）	454,000	743,500	25,200	28,000
作 業 時 間（単位：時間）	22,000	24,000	―	―
用役提供量：				
X補助部門（単位）	980	840	―	180
Y補助部門（単位）	600	500	―	―

問1 各補助部門費の予定配賦率および配賦差異総額を計算しなさい。部門別計算において，補助部門費は階梯式配賦法にもとづいて予定配賦する。なお，予定配賦率が割り切れない場合には，小数点以下第3位を四捨五入すること。

問2 各製造部門費の予算額および予定配賦率を計算しなさい。なお，予定配賦率が割り切れない場合には，小数点以下第3位を四捨五入すること。

問3 A製造部門費について，配賦差異総額，予算差異，操業度差異を計算しなさい。なお，当社は，公式法変動予算を採用している。また，配賦先の製造部門において，補助部門からの配賦額は，すべて変動費とみなしている。

問4 B製造部門費について，仕掛品勘定に振り替える仕訳を示しなさい。

問5 これまでの問いにおいて行ってきた補助部門費の配賦方法を，原価管理の観点から改善するには，どのような方法で配賦するのが望ましいか。簡潔に説明しなさい。

問題2　標準原価計算制度を採用する当社に関する以下の**＜資料＞**にもとづいて，下記の問1から問3に答えなさい。なお，当社では原価差異に関する勘定として，受入価格差異勘定，直接材料費差異勘定，直接労務費差異勘定，製造間接費差異勘定を使用している。また，割り切れない場合には最終的な解答の小数点以下第1位を四捨五入しなさい。

＜資料＞

1．当会計期間の標準原価カード

	標準数量	標準価格等	原価標準
直 接 材 料 費	10kg	360 円/kg	3,600 円
直 接 労 務 費	4時間	520 円/時間	2,080 円
製 造 間 接 費	4時間	420 円/時間	1,680 円
			7,360 円

2．当会計期間の原価差異

材料受入価格差異　52,480 円（不利差異）

直接材料費差異：材料消費価格差異　？　円　材料消費量差異　？　円

直接労務費差異：賃 率 差 異　19,680 円（不利差異）　作業時間差異　76,920 円（不利差異）

製造間接費差異：予 算 差 異　32,000 円（有利差異）　能 率 差 異　63,000 円（不利差異）

操業度差異　36,000 円（有利差異）

3．当会計期間の材料受け払い（単位：kg）

	数　量
期 首 材 料	260
当 期 払 出	26,200
期 末 材 料	300

期首材料は標準価格で評価されている。

4．当会計期間の生産および販売データ（単位：個）

	数　量	加工進捗度
期 首 仕 掛 品	260	50%
期 末 仕 掛 品	300	40%
当 期 完 成 品	2,560	
当 期 首 製 品	500	
当 期 販 売 品	2,700	

材料は工程始点で投入され，期首棚卸資産原価には，標準原価差異は含まれていない。

問1　決算において，原価計算基準に従って材料受入価格差異を会計処理した後の材料期末有高を計算しなさい。　**3**

問2　当会計期間の標準原価差異が少額であるとする場合，当会計期間末において必要となる標準原価差異の会計処理について仕訳を示しなさい。　**4**

問3 当会計期間の標準原価差異のうち，作業時間差異および能率差異は比較的多額であり，材料消費数量差異は異常な原因にもとづく差異であり，その他の差異は少額の差異であるとする。このとき，当会計期間における売上原価，期末仕掛品原価，期末製品原価を計算しなさい。なお，標準原価差異を追加配賦する際には，期首棚卸資産を含めて，売上原価と期末棚卸資産に配賦する。また，比較的多額の差異である作業時間差異と能率差異の追加配賦は加工進捗度を反映すること。 **5**

問題3 原価計算基準は，原価計算制度上の原価の本質を4つの点から説明している。解答欄に示すもの以外の3つの点を簡潔に説明しなさい。

1 製造部門の資料の中に「補助部門の用役提供量」が記されているので、これは「補助部門から提供される用役の量」と読み取る。

2 補助部門から製造部門への配賦額が、すべて製造部門において変動費として扱う点に注意。

3 材料受入価格差異は必ず期末において未使用の材料に係る分と使用した材料に係る分に按分しなければならない。

4 原価差異が少額の時は売上原価に賦課するのが原則だが、材料受入価格差異のうち期末材料に配賦される金額は賦課の対象とはならない。

5 作業時間差異も能率差異も加工費に係る差異であるため、問題文の指示にしたがって加工進捗度を加味して追加配賦を行う。

管　理　会　計　問　題（第209回）

解答解説： 358 ページ
解答用紙：　68 ページ

問題1　全経化工株式会社は，製品A，製品B，製品Cを50％，30％，20％の売上高割合で製造・販売して ■1
いる。現在，X1年度の利益計画につき，従来の原価データを基礎とする計画（シナリオ α ）と新
たな原価データを基礎とする計画（シナリオ β ）を検討中である。次の**＜資料＞**にもとづき問1から
問8に答えなさい。なお，問1から問6において割り切れない場合，金額は最終的な解答の小数点
以下第1位を四捨五入し，安全余裕率と経営レバレッジ係数(DOL)は最終的な解答の小数点以下第
2位を四捨五入すること。

＜資料＞

1．二つのシナリオに共通する条件
　(1)　単位当たりの販売価格は，製品Aが 20,000 円，製品Bが 15,000 円，製品Cが 10,000 円である。
　(2)　X1年度に使用する総資本は，期首が 116,520,000 円，期末が 116,580,000 円である。
　(3)　実効税率は30％である。
　(4)　同社の年間の目標利益率（税引後営業利益をX1年度に使用する平均の総資本で除したもの）は，8％
　　　である。

2．シナリオ α における X1年度の原価データ（単位：円）

	製品A	製品B	製品C
単位当たり直接材料費	8,000	6,000	5,000
単位当たり変動加工費	3,000	2,500	2,000
単位当たり変動販売費	2,200	2,000	1,000
年間固定加工費		28,008,000	
年間固定販売費及び一般管理費		18,672,000	

3．シナリオ β における X1年度の原価データ
　(1)　単位当たりの変動加工費は，シナリオ α と比べて，製品Aで 490 円，製品Bで 200 円，製品Cで 25
　　　円上昇する。
　(2)　単位当たりの変動販売費は，シナリオ α と比べて，製品A，製品B，製品Cのすべてで5％上昇する。
　(3)　年間の固定費の合計は，シナリオ α と比べて，4,500,000 円低下する。

　問1　**＜資料＞**1と2をもとに，シナリオ α における，X1年度での製品A，製品B，製品Cの単位当
　　　たりの貢献利益を計算しなさい。

　問2　**＜資料＞**1と2をもとに，シナリオ α における，X1年度での製品A，製品B，製品Cの損益分
　　　岐点の売上高を計算しなさい。

　問3　**＜資料＞**1と2をもとに，シナリオ α における，目標利益率達成時でのX1年度の同社の売上高， ■2
　　　安全余裕率，経営レバレッジ係数(DOL)を計算しなさい。

　問4　**＜資料＞**1から3をもとに，シナリオ β における，X1年度での製品A，製品B，製品Cの単位
　　　当たりの貢献利益を計算しなさい。

原計・管理

209

問5　<資料>1から3をもとに，シナリオβにおける，X1年度での製品A，製品B，製品Cの損益分岐点の売上高を計算しなさい。

問6　<資料>1から3をもとに，シナリオβにおける，目標利益率達成時でのX1年度の安全余裕率と経営レバレッジ係数(DOL)を計算しなさい。

問7　<資料>1から3をもとに，①シナリオαでの目標利益率達成時の売上高と②シナリオβでの目標利益率達成時の売上高とを起点とし，それぞれの売上高が5％変動した場合での，①と②における税引後営業利益の変動率(税引後営業利益の増減額を目標利益率達成時の税引後営業利益で除したもの，プラス・マイナスは不要)を答えなさい。なお，割り切れない場合，最終的な解答の小数点以下第1位を四捨五入すること。　**3**

問8　問7の結果をもとにシナリオαとシナリオβを比較し，それぞれの特徴について簡潔に述べなさい。

問題2　全経電子株式会社では月間の生産能力に1,000時間の余裕が見込まれたため，これまで外部から購入していた部品Aを自製すべきかどうかについて検討している。次の<資料>にもとづき問1と問2に答えなさい。なお，割り切れない場合，最終的な解答の小数点以下第1位を四捨五入すること。

<資料>
1．部品Aの購入
　　単位当たりの部品Aの購入価格は*5,400*円である。
2．部品Aの自製
(1)　部品Aを1個製造するため，材料aを2kg利用する。材料aの単位当たりの当初の購入価格は*1,500*　**4**円/kgである。しかし，材料aの供給が不足していることから，2,500kgを超える分に対して*2,500*円/kgの購入価格が適用されることとなっている。
(2)　部品Aを1個製造するため，0.5時間の加工を必要とする。1時間当たりの変動加工費は*1,900*円/時間であり，そのうち*1,000*円/時間は直接労務費に関わるものである。なお，直接労務費は，部品の自製に際し，時間外労働が必要となるため，40％上昇することとなっている。
(3)　部品Aを製造するため，特殊な検査装置を外部からリースする。月間のリース料は*1,225,000*円である。

問1　<資料>1と2をもとに，(ア)部品Aの数量が500個の場合に自製すべきか購入すべきか，および，(イ)部品Aの数量が1,500個の場合に自製すべきか購入すべきかを，論拠となる数値を示しながら答えなさい。
問2　<資料>1と2をもとに，自製する方が購入するよりも有利となる部品Aの数量の範囲を答えなさ　**5**い。

問題3　次の文章の空欄に当てはまる最も適切な語句を記入しなさい。

　伝統的な原価計算において，（　ア　）は，生産量や操業度に応じて比例的に発生することを前提として各製品に配賦してきた。しかし，現代の経営環境では，こうした前提が当てはまりにくくなっている。こうした中，注目されている原価計算の方法がABCである。ABCでは，（　イ　）から（　ウ　）に原価を集計し，次いで（　ウ　）の利用程度に応じて（　エ　）に原価を割り当てるという手順を採る。

原計・管理

209

1　売上高の比が一定と仮定する複数製品のCVP分析では，どうやって全社的な利益率を求めていた？

2　安全余裕率と経営レバレッジ係数（DOL）の間には、どんな関係があった？

3　経営レバレッジ係数（DOL）を用いると、売上高の変動率から営業利益の変動率は簡単に計算できる。

4　材料を2,500円/kgで購入しなければならないのは、部品Aの生産量が何個を超えたとき？

5　材料が1,500円/kgで購入できれば、単位当たりの変動費は購入するよりも自製する方が安いが、材料が2,500円/kgになると、自製するときの単位当たりの変動費が購入するときよりも高くなってしまう。

原 価 計 算 問 題（第 211 回）

解答解説：365 ページ
解答用紙： 70 ページ

問題 1　東大塚醸造所では，共通の材料と共通の工程を使って，等級の異なる等級製品 X と等級製品 Y を製造している。月末仕掛品原価は等級製品ごとに認識しており，月末仕掛品原価の評価は平均法を採用している。また，計算に当たっては，月初仕掛品原価と当月製造費用の合計額を，各等級製品　**1**　の完成品原価と月末仕掛品原価に一括して配分している。正常減損については，非度外視法で処理する。必要があれば正常減損費は異常減損にも負担させる。次の**＜資料＞**に基づき，問 1 から問 5 に答えなさい。なお，割り切れない場合は最終的な解答の小数点以下第 1 位を四捨五入すること。

＜資料＞

1．等級製品 X および等級製品 Y の当月の生産状況，等価係数は次のとおりである。

生産の状況

	等級製品 X	等級製品 Y
月初仕掛品（ℓ）	100	250
加工進捗度	30%	40%
当月完成品（ℓ）	3,700	4,800
月末仕掛品（ℓ）	200	200
加工進捗度	60%	80%
正常減損（ℓ）	50	100
減損発生点	40%	50%
異常減損（ℓ）	100	－
減損発生点	50%	－

等価係数

	等級製品 X	等級製品 Y
直接材料費	1.0	0.8
加工費	1.0	0.6

2．当月の原価に関する情報は次のとおりである。

月初仕掛品原価

	等級製品 X	等級製品 Y
直接材料費	29,500 円	58,000 円
加工費	8,850 円	10,500 円

当月製造費用

直接材料費	2,351,500 円
加工費	1,221,930 円

直接材料はすべて工程の始点で投入されている。

問1　各等級製品の正常減損費を計算しなさい。

問2　各等級製品の正常減損費を追加配賦した完成品原価と月末仕掛品原価を計算しなさい。　**2**

問3　等級製品Xおよび等級製品Yの直接材料費と加工費の当月製造費用を計算しなさい。

問4　等級製品Xの異常減損費について，仕掛品勘定から異常減損費勘定への振り替える仕訳を答えなさい。なお，勘定科目は異常減損費および仕掛品を用いること。　**3**

問5　正常減損費が良品の製造原価に含められる理由を述べなさい。

問題2　東大塚製作所では，受注生産で製品を製造・販売しており，製品原価計算は製造指図書別の個別原価計算で行っている。製造間接費の配賦にあたっては，公式法変動予算を用いて予定配賦をしている。配賦基準は直接作業時間であり，基準操業度は過去5年間の平均操業度を用いている。間接労務費の固定費と変動費への分解は，高低点法によって行っている。月初に仕掛品はない。

　当月は，新たに3つの注文を受け入れ，すべて完成した。ただし，製造指図書No.1の製品には正常な仕損が発生し，補修指図書No.1-Rを発行した。また，製造指図書No.2の製品にも正常な仕損が生じたが，仕損の程度が著しく，代品を製造することにし，代品指図書No.2-2を発行した。No.2の仕損品については，145,000円で外部に売却することができた。製造指図書No.3の製品からは作業屑が発生し，25,000円で外部に売却することができた。

　次の**<資料>**に基づき，問1から問6に答えなさい。

<資料>

1．過去5年間の年間実際操業度（直接作業時間）

	×1年	×2年	×3年	×4年	×5年
直接作業時間	62,600	62,480	62,200	62,350	62,370

2．過去6ヶ月間の直接作業時間と間接労務費の実績

	1月	2月	3月	4月	5月	6月
直接作業時間	4,230	4,100	4,650	4,490	3,980	4,180
間接労務費(円)	1,513,560	1,478,690	1,548,500	1,535,940	1,474,800	1,508,950

＊過去の実績はすべて正常操業圏内である。

3．間接材料費と間接経費の月次予算

	変動費率(円/時間)	固定費(円)
間接材料費	70	158,000
間接経費	－	989,000

4．直接材料費の消費単位原価は1,200円/kg，直接労務費の消費賃率は1,080円/時間である。

5．当月の製造実績

	No.1	No.2	No.3	No.1-R	No.2-2
直接材料費消費量(kg)	1,500	300	1,380	80	700
直接作業時間	1,350	400	1,180	120	1,650

6．当月の製造間接費の実際発生額は3,280,000円であった。

問1　＜資料＞1から，年間の基準操業度を計算しなさい。

問2　＜資料＞2から，間接労務費の変動費率と月間固定費を計算しなさい。

問3　製造間接費の予定配賦率を計算しなさい。　　　　　　　　　　　　　　　　　　　4

問4　問3の結果および＜資料＞4と5から，製造指図書別に原価を集計し，解答用紙の原価計算表を完成させなさい。

問5　問4の結果と＜資料＞6から，製造間接費の差異分析を行い，解答用紙の該当箇所に記入しなさい。なお，解答する必要のない欄には－を記入すること。

問6　予定配賦率決定の際の基準操業度が平均操業度の場合の操業度差異と，実際的生産能力の場合の操業度差異について，それぞれの意味を説明しなさい。

1　本問の等級別総合原価計算は等価係数を用いてボックス図を1つにまとめてしまう方法。

2　非度外視法では、定点発生の正常減損費を数量に基づいて配賦する。

3　問題文に「○○勘定」とあれば、その勘定科目名で仕訳を解答する。

4　製造間接費は間接材料費・間接労務費・間接経費で構成される。

管　理　会　計　問　題（第 211 回）　　解答解説：373 ページ
解答用紙：　72 ページ

問題 1　当社は，A 製品を生産・販売しており，直接原価計算方式の損益計算書を利用して予算管理を実施している。**<資料>**にもとづいて下記の問 1 から問 3 に答えなさい。なお，解答にあたって不利差異には△を付すこと。

<資料>

1．20X3 年 11 月の予算関連の資料
　(1)　A 製品の製造費用と販売費及び一般管理費について
　　・製造費用
　　　製品単位当たり原料費　　　　　　　　*3,000* 円 ＝ *300* 円 /kg × 10kg
　　　製品単位当たり変動加工費　　　　　　*5,000* 円 ＝ *2,500* 円 / 時間 × 2 時間
　　　固定加工費予算　　　　　*3,850,000* 円
　　・販売費及び一般管理費
　　　製品単位当たり変動販売費　　　　　　*1,200* 円
　　　固定販売費及び一般管理費　　　　　*1,800,000* 円
　(2)　A 製品の販売単価は *25,000* 円 / 個である。
　(3)　在庫は存在せず，11 月の計画生産・販売量は 480 個であり，予定作業時間は 960 時間である。

2．20X3 年 11 月の実績データ
　(1)　実際発生額
　　・製造費用
　　　原料費　　　　　　　　　　　*1,705,000* 円
　　　変動加工費　　　　　　　　　*2,640,000* 円
　　　固定加工費　　　　　　　　　*3,780,000* 円
　　・販売費及び一般管理費
　　　変動販売費　　　　　　　　　　*625,000* 円
　　　固定販売費及び一般管理費　　*1,860,000* 円
　(2)　A 製品の販売単価は *24,700* 円 / 個である。
　(3)　在庫は存在せず，11 月の実際の生産・販売量は 500 個，実際原料消費量は，5,500 kg 実際作業時間は 1,100 時間である。

　問 1　解答用紙に示す 20X3 年 11 月の予算・実績差異分析総括表を完成しなさい。
　問 2　変動売上原価差異のうち，予算上の作業効率よりも実際の作業効率が悪かったことに起因して生じた差異はいくらか。　**1**
　問 3　売上高における販売数量差異について，下記の**<追加資料>**を考慮して，以下の値に分解しなさい。　**2**
　　①　市場占有率差異
　　②　市場総需要差異

　<追加資料>　予算上の市場占有率は 12%，実際の市場占有率は 10% である。

問題2　当社は，現在，新型製品Ｚの投入のために新規設備に関する投資案を検討している。当該投資案に関する以下の**＜資料＞**にもとづいて，下記の問1から問5に答えなさい。なお，割引計算においては，**＜資料＞**4の現価係数および年金現価係数を利用すること。

＜資料＞

1．新規設備の法定耐用年数は5年間であり，残存価額ゼロとして定額法で減価償却を行う。また，当該設備は法定耐用年数経過後に *1,200,000* 円で現金で売却できるが，解体等に *100,000* 円の支出を要すると予測している。

2．初期投資額について

　　購入代価　*31,500,000* 円　　　設置や試運転などのための支出　*500,000* 円

3．製品Ｚに関する毎年の損益予想等について

　　製品Ｚの販売価格は *5,000* 円で，年間 *3,000* 個の販売が見込まれている。その生産販売のために，材料費 *2,000,000* 円，人件費 *3,000,000* 円，その他の費用 *7,200,000* 円（減価償却費を含む）がかかる。なお，在庫等の運転資本は少額であるため無視し，利益に対する税率は30％であると予想する。

4．資本コストおよび(年金)現価係数表について

　　当社において，設備投資の経済性評価において利用する資本コストは8％である。また，利子率8％のもとでの現価係数および年金現価係数は以下のとおりである。

	1年	2年	3年	4年	5年
現価係数	0.926	0.857	0.794	0.735	0.681
年金現価係数	0.926	1.783	2.577	3.312	3.993

問1　製品Ｚの製造販売によって追加的に獲得できる年間の税引後利益を計算しなさい。　**3**

問2　初期投資額，年々のキャッシュ・フロー（売却によるキャッシュ・フローは含まない），売却におけるキャッシュ・フローを計算しなさい。なお，当社は将来にわたって十分な利益が得ることができると予想している。

問3　＜資料＞を前提にして，正味現在価値を計算し，採用すべきか否かを示しなさい。なお，初期投資以外のキャッシュフローは各年末に生じるものとする。

問4　＜資料＞に加えて，新型製品Ｚを市場に投入すると，旧型製品Ｙの需要の一部が製品Ｚに移ると予測されるとする。新型製品Ｚの市場投入による製品Ｙにおけるキャッシュ・フローの減少額(年間)がいくら以上のときにこの投資案は採択すべきでなくなるか(円単位で解答すること)。　**4**

問5　＜資料＞に加えて，当社は1年目において業績が悪いことが予測されており，製品Ｚ 3,000 個を製造販売するとしても全社的には利益を生み出せない(すなわち，課税される所得がない)とする。このとき，製品Ｚの製造販売による1年目のキャッシュ・フロー（初期投資額を含まない）はいくらか。　**5**

問題3　カッコ内に適切な用語を補充することによって，以下の文章を完成させなさい。

企業における組織単位は，管理者がどの範囲までの会計数値に責任を持つかによって，（　A　），（　B　），（　C　）に分けられる。生産と販売の機能について権限および責任を有するが，投資に関する権限と責任がない組織単位は（　B　）であり，生産機能だけを有する工場のような組織は（　A　）である。

日本企業の中に，製造部門を工程単位などの10人から50人ほどの小集団に分割し，それぞれの小集団に利益責任を持たせる管理システムを採用している企業がある。このような管理システムを（　D　）制と呼ぶ。そこでは，各小集団に比較的大きな（　E　）を委譲したうえで，社内の小集団間で，（　F　）に基づいて，財・サービスの（　G　）が行われる。このような管理システムを導入することによって，（　H　）の変化にすばやく対応でき，現場が活性化することが期待されている。

1　作業効率が悪かったことに起因する差異とは、数量差異や能率差異を表している。
2　市場占有率差異および市場総需要差異を求める際には、実際総需要量と予算市場占有率にもとづく販売量を基準とする。
3　会計上の利益を計算する際は減価償却費も他の費用と同様に計算に含める。
4　製品Yにおけるキャッシュ・フローの減少額の現在価値合計が、問3で求めた正味現在価値よりも大きくなると、新規投資案の正味現在価値がマイナスになってしまう。
5　税引後の会計上の利益を問1で求めているので、その数値を使うと速く計算できる。

原 価 計 算 問 題（第 213 回）

解答解説：381 ページ
解答用紙： 74 ページ

問題1　全経産業株式会社は単純総合原価計算を採用している。次の**＜資料＞**にもとづき，問1から問6に答えなさい。なお，計算上端数が生じる場合，最終的な解答の小数点以下第1位を四捨五入すること。

＜資料＞

1．当月の生産データ（単位：kg）

月初仕掛品	5,000	（　0.4　）
当月投入	16,000	
計	21,000	
仕損	1,000	（　　？　）
月末仕掛品	5,000	（　0.8　）
完成品	15,000	

（注1）　カッコ内の数値は，仕損の場合は仕損発生点，仕掛品の場合は加工進捗度を表す。仕損発生点や仕損費の処理方法は，各問の指示に従うこと。材料は工程の始点ですべて投入する。

（注2）　仕損が正常仕損の場合，正常仕損品は外部に売却でき評価額は *1,500* 円／ kg である。仕損が異常仕損の場合，異常仕損品は外部に売却できず評価額はゼロである。

2．当月の原価データ（単位：円）

	直接材料費	加工費
月初仕掛品	*13,200,000*	*5,110,000*
当月投入	*43,200,000*	*47,124,000*

（注）　棚卸資産の評価方法は先入先出法を採用している。仕損は当月投入分から生じたものとする。

問1　仕損が工程の終点で発生し，すべてが正常仕損である場合，仕損品評価額と完成品総合原価を計算しなさい。正常仕損費は非度外視法を用いて完成品に負担させるものとする。

問2　原価計算基準では，原価計算制度で原価に含めない項目が4つあげられている。解答欄に記載した項目を除く残り3つを答えなさい。

問3　仕損が工程の終点で発生し，その60％が正常仕損で残り40％が異常仕損である場合，月末仕掛品原価，異常仕損費，完成品総合原価を計算しなさい。正常仕損費は非度外視法を用いて完成品に負担させるものとする。

問4　仕損が工程の50％で発生し，その60％が正常仕損で残り40％が異常仕損である場合，月末仕掛品原価，異常仕損費，完成品総合原価を計算しなさい。正常仕損費は非度外視法を用いて完成品と月末仕掛品に負担させるものとする。　**1**

問5　仕損が工程の60％で発生し，その60％が正常仕損で残り40％が異常仕損である場合，月末仕掛品原価，異常仕損費，完成品総合原価を計算しなさい。正常仕損費は度外視法を用いて完成品と月末仕掛品に負担させるものとする。なお，仕損品評価額は直接材料費の当月投入分から控除すること。　**2**

問6　問5において，完成品と月末仕掛品に対する正常仕損費の負担割合がどのように決定されているのかを説明しなさい。　**3**

問題2　全経化学株式会社は単純総合原価計算を採用している。次の**＜資料＞**にもとづき，問1から問3に答えなさい。なお，計算上端数が生じる場合，最終的な解答の小数点以下第1位を四捨五入すること。

＜資料＞

1．当月の生産データ(単位：kg)

月初仕掛品	2,000	(0.2)
当月投入(A材料)	10,000	
当月投入(B材料)	(?)	
計	(?)	
月末仕掛品	(?)	(0.8)
完成品	12,000	

(注1)　カッコ内の数値は加工進捗度を表す。

(注2)　A材料は工程の始点ですべて投入する。B材料は工程の50％で投入する。B材料の単価は*20,120*円／kgである。

(注3)　完成品の重量はA材料とB材料の合計である。完成品における材料の重量比は，A材料：B材料＝2：1である。

2．当月の原価データ(単位：円)

	直接材料費(A材料)	直接材料費(B材料)	加工費
月初仕掛品	*43,000,000*	?	*20,483,200*
当月投入	*218,000,000*	?	*672,796,800*

(注)　棚卸資産の評価方法は平均法を採用している。

問1　B材料は工程の50％時点で必要な量をすべて投入したとする。この場合，月末仕掛品の重量はいくらになるかを答えなさい。

問2　B材料は工程の50％時点から投入を開始し，終点で所定の重量比になるように平均的に投入したとする。この場合，月末仕掛品の重量はいくらになるかを答えなさい。

問3　問2を前提に，A材料の重量に加工進捗度を乗じた値を加工に要した労力とし，これを基礎に加工費の計算を行ったとする。この場合，解答用紙の仕掛品勘定の空欄を記入しなさい。

問題3　連産品の原価計算の特徴を通常の原価計算との対比で述べるとともに，こうした原価計算が認められる理由について説明しなさい。

1　非度外視法では、定点発生の正常減損費を数量に基づいて配賦する。ただし、先入先出法の場合は月初仕掛品の取り扱いに気を付ける必要がある。

2　異常仕損に正常仕損費を負担させないので、先に異常仕損費を計算する。

3　度外視法・両者負担の場合、当月投入原価を完成品と月末仕掛品に按分する計算の過程で正常仕損費の按分も行われる。

4　まず、完成品 12,000kg に含まれるA材料とB材料の重量を計算するとよい。

5　50％時点から終点(100％時点)まで平均的に投入されると、月末仕掛品の80％時点でB材料は何％投入されている？

管 理 会 計 問 題（第213回）

解答解説：391ページ
解答用紙： 76ページ

問題1 全経製作所では，2つの連続したプロセスAとプロセスBによって製品Pと製品Qを製造してい **1**
る。＜資料＞にもとづき，問1から問5に答えなさい。

＜資料＞

1．製品Pと製品Qの販売価格，変動費，プロセスAとプロセスBの月間の製造固定費のデータは以下の
とおりである。

	製品P	製品Q
販売価格（円／個）	5,000	6,000
変 動 費（円／個）	2,900	3,000

製造固定費

プロセスA（円）	3,680,000
プロセスB（円）	2,850,000

2．共通の販売費及び一般管理費は，月間 1,800,000 円で，いずれも固定費である。

3．製品Pの月間の需要は6,000個，製品Qの月間の需要は2,000個である。

4．製品Pと製品QのプロセスAとプロセスBの製品単位当たり機械作業時間は以下のとおりである。

	製品P	製品Q
プロセスA（時間／個）	2	4
プロセスB（時間／個）	3	3

5．プロセスAの機械作業時間の上限は月間で13,000時間，プロセスBの機械作業時間の上限は月間で
21,000時間である。

6．月初と月末において製品および仕掛品の在庫はない。

問1 ＜資料＞にもとづき，製品Pおよび製品Qの単位当たり貢献利益を計算しなさい。

問2 ＜資料＞にもとづき，営業利益を最大化する製品ミックスを求め，その際の営業利益を計算しな
さい。

問3 製品Qの設計を見直したところ，プロセスAの製品単位当たり機械作業時間が2時間となった。 **2**
この場合の営業利益を最大化する製品ミックスを求め，その際の営業利益を計算しなさい。

問4 問3の設計見直しに加え，プロセスAに月間のリース料 460,000 円／台の機械を2台導入した。 **3**
その結果，プロセスAの機械作業時間が月間 10,000 時間増加した。この場合の営業利益を最大化す
る製品ミックスを求め，その際の営業利益を計算しなさい。

問5 問4のリースに関する意思決定について，生産能力の有効利用の観点から根拠となる数値（金額）
を用いてその良否を論じなさい。

問題2　全経電機の財務状態について，＜資料＞にもとづき問1から問6に答えなさい。

　　　　なお，計算にあたって割り切れない場合，金額については千円未満を，安全余裕率については％表示の小数点以下第1位を，経営レバレッジ係数については小数点以下第1位をそれぞれ四捨五入すること。

＜資料＞

全経電機の直接原価計算方式による第×1期の損益計算書は以下のとおりである。

第×1期　損益計算書	（単位：千円）
売上高	4,000,000
変動売上原価	1,400,000
（　　　　　　）	2,600,000
変動販売費	200,000
貢献利益	2,400,000
固定製造原価	1,260,000
固定販売費・一般管理費	540,000
営業利益	600,000

問1　第×1期の損益計算書の（　　　　　　）の中に入る適切な用語を記入しなさい。

問2　第×1期の損益分岐点売上高および安全余裕率を計算しなさい。

問3　経常利益段階での損益分岐点を算定する場合，営業外費用と営業外収益はどう扱うべきかを，理由とともに述べなさい。　　**4**

問4　第×1期の経営レバレッジ（オペレーティング・レバレッジ）係数を計算しなさい。

問5　第×2期の売上高が第×1期の売上高に比べて10％増加すると想定した場合，問4の結果（経営レバレッジ係数）を利用して，営業利益の増加額を計算しなさい（計算過程も示すこと）。ただし，第×1期と第×2期で変動費率および固定費額に変化はないものとする。

問6　下記の＜追加資料＞にもとづいて第×1期から第×2期にかけて全経電機の安全性は「改善した・悪化した・不変である」のいずれであるかを○で囲み，その理由を述べなさい。

＜追加資料＞

第×2期では，売上高が4,200,000千円，変動費合計が1,890,000千円，固定費合計が1,595,000千円であった。

1　2つのプロセスが連続しているため、プロセスAの加工が終わったものをプロセスBで加工するという生産工程だと理解する。

2　共通の制約条件の単位当たり貢献利益がどの制約条件でも一方の製品の方が高ければ、その製品を優先的に生産販売すれば良い。

3　機械作業時間（生産能力）が増えると、需要上限までの生産が可能になるかもしれない。

4　営業外費用や営業外収益と営業量（操業度や売上高）との間に対応関係はある？

情報コラム　　その①

全経簿記上級の出題パターン

　全経簿記上級には、全経簿記上級の出題パターンがあります。商業簿記・会計学では、連結会計の問題、新基準に関わる問題が、工業簿記・原価計算ではＣＶＰ分析といった問題が、全経簿記上級の出題の主流になっています。

　連結会計は、これからの会計の世界において主流となるものであり、今後も出題される可能性が十分考えられます。しかし、内容的には連結会計の基本的な点を問うものばかりであり、基本的な学習で対応できるものとなっています。

　また、新基準についても、会計の国際的調和化に伴って必修論点となるものでありますが、やはり基本的な学習で対応できるものとなっています。ただし、論点によっては、細かい知識を必要とする箇所も少なくはないので、自分なりに整理して覚える必要があります。

　一方、工業簿記については従来の学習方法ですすめることができますが、原価計算についてはＣＶＰ分析や、事業部制のように経営管理に役立つような論点が出題されているので、従来よりも広い分野で学習する必要があります。

解答・解説編

商業簿記
財務会計

会計基準の改定等を考慮し，問題を修正したものについては改マークをついています。

＜注意＞
解答部分の明朝体の数字は問題で与えられた金額，ゴシック体数字は解答となります。

第197回
商業簿記

問題1

(単位：千円)

	借方科目	借方金額	貸方科目	貸方金額
問1	減価償却費	1,600	減価償却累計額	1,600
問2	減価償却費	2,520	減価償却累計額	2,520

問2　別解　減価償却費　270　／　臨時償却費　1,350　　　　　各⑤
　　　　　減価償却累計額　1,080

問題3

損　益　　　　　　　　　　　　(単位：千円)

借方科目		金額	貸方科目		金額
仕　　　入	③	583,616	売　　　上		790,000
消耗品費		68	受取利息		50
社債利息	③	1,020	受取地代	〔	160 〕
支払利息		150	受取配当金		82
支払保険料		120	有価証券評価益	〔	600 〕
減価償却費	③	19,400	有価証券利息	③	94
減損損失	③	6,400	為替差益*	③	48
法人税等		6,500			
貸倒引当金繰入		571			
電子記録債権売却損	③	10			
繰越利益剰余金	③	173,179			
合　計		791,034	合　計		791,034

別解　貸倒損失　　　180
　　　貸倒引当金繰入　391
　　　＊「為替差損益」でも可。

116

問題2

（単位：千円）

	借 方 科 目	借方金額	貸 方 科 目	貸方金額
(1)	当 座 預 金	1,000	新 株 予 約 権	1,000
(2)	当 座 預 金	3,600	資 本 金	3,150
	新 株 予 約 権	600	自 己 株 式	600
			自 己 株 式 処 分 差 益	450
(3)	新 株 予 約 権	400	新 株 予 約 権 戻 入 益	400

各⑤

問題3

閉 鎖 残 高　　　　　　　　（単位：千円）

借 方 科 目	金　額	貸 方 科 目	金　額
現　　　　　　　金	〔 ③ 12,648 〕	支 払 手 形	800
当 座 預 金	〔 ③ 67,830 〕	買 掛 金	〔 ③ 1,890 〕
受 取 手 形	11,200	社　　　　　債	〔 ③ 29,760 〕
売 掛 金	〔 4,200 〕	長 期 借 入 金	5,000
電 子 記 録 債 権	〔 650 〕	貸 倒 引 当 金	〔 ③ 621 〕
売 買 目 的 有 価 証 券	〔 ③ 8,200 〕	建物減価償却累計額	〔 ③ 309,600 〕
繰 越 商 品	〔 ③ 20,384 〕	車両運搬具減価償却累計額	〔 ③ 600 〕
車 両 運 搬 具	1,200	資　　本　　金	400,000
建　　　　　物	〔 401,600 〕	資 本 準 備 金	60,000
土　　　　　地	508,000	利 益 準 備 金	27,000
貸 倒 懸 念 債 権	1,000	繰 越 利 益 剰 余 金	〔 ③ 205,979 〕
満 期 保 有 目 的 債 券	〔 1,970 〕	その他有価証券評価差額金	〔 1,600 〕
子 会 社 株 式	〔 ③ 3,200 〕	未 払 利 息	〔 ③ 50 〕
そ の 他 有 価 証 券	〔 ③ 6,100 〕	前 受 地 代	〔 ③ 800 〕
仮 払 法 人 税 等	0	未 払 法 人 税 等	〔 ③ 4,500 〕
消 耗 品	〔 ③ 8 〕		〔 　　 〕
前 払 保 険 料	〔 ③ 10 〕		〔 　　 〕
	〔 　　 〕		〔 　　 〕
	〔 　　 〕		〔 　　 〕
合　　　　計	〔 1,048,200 〕	合　　　　計	〔 1,048,200 〕

予想採点基準
⑤…5点×5 ＝　25点
③…3点×25 ＝　75点
100点

商簿・財会

197

《解　説》　　　　　　　　　　　　　　　　　　　　　　　　　　　▶ここに注意◀

問題1　仕訳問題(以下、単位：千円)

問1　減価償却方法の変更(定額法から定率法への変更)
　　　減価償却方法を定額法から定率法へ変更した場合には、変更時の固定資産の帳簿価額に残存耐用年数に対応する定率法の償却率を掛けて、当期の減価償却費を計算する。

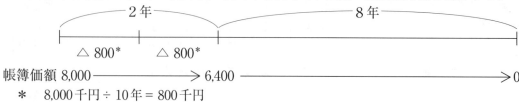

　＊　8,000千円 ÷ 10年 = 800千円

　　　変更時の帳簿価額：8,000千円 − 800千円 × 2年 = 6,400千円
　　　減価償却費：6,400千円 × 0.25 = 1,600千円

| (減 価 償 却 費) | 1,600 | (減 価 償 却 累 計 額) | 1,600 |

問2　耐用年数の変更

1．会社の処理
　　　「会計上の変更及び誤謬の訂正に関する会計基準」が公表される以前は、固定資産の耐用年数を変更した場合、変更前の過年度の減価償却累計額と変更後の耐用年数で計算した過年度の減価償却累計額との差額を、臨時償却費として一時に認識する方法により処理していた。

| (臨 時 償 却 費) | 1,350 | (減 価 償 却 累 計 額) | 3,600 |
| (減 価 償 却 費) | 2,250 | | |

変更前の減価償却累計額：$20,000千円 \times 0.9 \times \dfrac{3年}{10年} = 5,400千円$

変更後の減価償却累計額をXと置くと、次のようになる。

$\underset{変更後}{X} - \underset{変更前}{5,400千円} = \underset{臨時償却費}{1,350千円}$

X：5,400千円 + 1,350千円 = 6,750千円

変更後の耐用年数をYと置くと、次のようになる。

$20,000千円 \times 0.9 \times \dfrac{3年}{Y年} = 6,750千円$

$18,000千円 \times \dfrac{3年}{Y年} = 6,750千円$

$\dfrac{54,000千円}{Y年} = 6,750千円$

Y = 54,000千円 ÷ 6,750千円 = 8年

左のように、新しい見積りと今までの見積りとの差を見積りの変更を行う会計期間に修正する方法をキャッチアップ方式という。
最初から新しい見積りで計算した場合の金額まで変更した会計期間に追いつかせている。

２．正しい処理

固定資産の耐用年数を変更した場合、将来にわたり会計処理を行う。

具体的には、変更時の帳簿価額から残存価額を引いた額を残存耐用年数にわたって償却する。

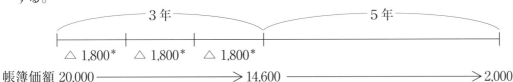

＊　20,000千円×0.9÷10年＝1,800千円

変更時の帳簿価額：20,000千円－1,800千円×3年＝14,600千円

当期の減価償却費：（14,600千円－2,000千円）÷（8年－3年）＝2,520千円

（減　価　償　却　費）	2,520	（減価償却累計額）	2,520

▶ここに注意◀

左のように、新しい見積額と今までの見積額との差額を将来の期間にわたり修正する方法をプロスペクティブ方式という。

商簿・財会

解説では適正な仕訳を記載しているが、修正仕訳を記載しても別解として認められると思われる。

問題２　仕訳問題　新株予約権(以下、単位：千円)

１．新株予約権の発行

（当　座　預　金）	1,000＊	（新　株　予　約　権）	1,000

＊　@100千円×10個＝1,000千円

２．新株予約権の権利行使

新株予約権の払込金額と権利行使に伴う払込金額の合計額のうち、新株発行分を払込資本とし、自己株式交付分を自己株式の処分の対価とする。

新株予約権の払込金額：@100千円×6個＝600千円

権利行使に伴う払込金額：@6千円×6個×100株＝3,600千円

新株発行分：$(600千円＋3,600千円)×\dfrac{450株}{600株}＝3,150千円$

自己株式交付分：$(600千円＋3,600千円)×\dfrac{150株}{600株}＝1,050千円$

新株発行と自己株式処分を同時に行う場合、自己株式処分差益となる場合にはその他資本剰余金で処理し、自己株式処分差損となる場合には、新株発行に伴う払込金額相当額から処分差損を引いた額を資本金等増加額とする。

自己株式処分差損益：1,050千円－600千円＝450千円(差益)

（当　座　預　金）	3,600	（資　　本　　金）	3,150
（新　株　予　約　権）	600	（自　己　株　式）	600
		（自己株式処分差益）	450

本問では問題文の勘定科目にその他資本剰余金がないため、自己株式処分差益を用いる。

３．権利行使期間満了時

新株予約権の権利行使期間が満了した時は、新株予約権の残高を新株予約権戻入益に振り替えます。

（新　株　予　約　権）	400＊	（新株予約権戻入益）	400

＊　@100千円×(10個－6個)＝400千円

問題3 損益勘定と閉鎖残高勘定の作成（以下、単位：千円）　　　　　　　　**▶ここに注意◀**

1．外国通貨

外国通貨については、決算時に決算時レートで換算替えを行う。

| （現　　　　　金） | 48* | （為　替　差　益） | 48 |

＊　$\underset{決算時}{@111円} - \underset{取得時}{@109円}) \times 24千ドル = 48千円（差益）$

2．債権債務

(1)　電子記録債権の発生記録

売掛金について、電子記録債権の発生記録を行ったときは売掛金から電子記録債権に振り替える。

| （電 子 記 録 債 権） | 220 | （売　　掛　　金） | 220 |

(2)　電子記録債権の譲渡記録（対取引先）

電子記録債権の譲渡記録を行ったときは電子記録債権を減少させる。

| （買　　掛　　金） | 70 | （電 子 記 録 債 権） | 70 |

(3)　電子記録債権の譲渡記録（対銀行）

電子記録債権の譲渡金額が債権金額より小さいときは、差額を電子記録債権売却損で処理する。

| （当 座 預 金） | 290 | （電 子 記 録 債 権） | 300 |
| （電子記録債権売却損） | 10 | | |

(4)　売掛金の貸倒れ

| （貸 倒 引 当 金） | 180 | （売　　掛　　金） | 180 |

貸倒れた売掛金が前期発生か当期発生かの指示がないため、貸倒損失で処理しても認められると考える。

(5)　長期貸付金

経営破綻の状況には陥っていないものの、債務の弁済に重大な問題が生じる可能性が高いため、貸倒懸念債権と考える。

| （貸 倒 懸 念 債 権） | 1,000 | （長 期 貸 付 金） | 1,000 |
| （貸 倒 引 当 金 繰 入） | 300* | （貸 倒 引 当 金） | 300 |

答案用紙の閉鎖残高勘定に貸倒懸念債権があるため、長期貸付金を貸倒懸念債権に振り替える。

＊　（1,000千円 - 400千円）× 50% = 300千円

当 座 預 金：67,540千円 + 290千円 = 67,830千円

売　掛　金：4,600千円 - 220千円 - 180千円 = 4,200千円

電子記録債権：800千円 + 220千円 - 70千円 - 300千円 = 650千円

買　掛　金：1,960千円 - 70千円 = 1,890千円

3．商品売買関連

(1)　売上原価の算定

| （仕　　　　　入） | 24,000 | （繰 越 商 品） | 24,000 |
| （繰 越 商 品） | 20,800* | （仕　　　　　入） | 20,800 |

＊　@40千円 × 520個 = 20,800千円

(2) 期末商品の評価

▶ここに注意◀

（棚　卸　減　耗　費）	240*1	（繰　越　商　品）	416
（商　品　評　価　損）	176*2		
（仕　　　　　　　入）	416	（棚　卸　減　耗　費）	240
		（商　品　評　価　損）	176

＊1　（520個 − 514個）× @ 40千円 = 240千円
＊2　品質低下品：(@ 40千円 − @ 18千円) × 8 個 = 176千円

問題文の指示より、棚卸減耗費および商品評価損については、売上原価に含める。

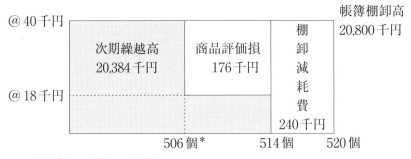

＊　514個 − 8 個 = 506個
繰　越　商　品：20,800千円 − 416千円 = 20,384千円
仕　　　　　　入：580,000千円 + 24,000千円 − 20,800千円 + 416千円 = 583,616千円

4．貸倒引当金

（貸　倒　引　当　金　繰　入）	271*	（貸　倒　引　当　金）	271

＊　(11,200千円 + 4,200千円 + 650千円) × 2 ％ = 321千円
　　　受取手形　　　売掛金　　電子記録債権

321千円 − (230千円 − 180千円) = 271千円
貸倒引当金繰入：300千円 + 271千円 = 571千円
貸 倒 引 当 金：230千円 − 180千円 + 300千円 + 271千円 = 621千円

5．有価証券
(1)　A社株式（売買目的有価証券）

（売　買　目　的　有　価　証　券）	600*	（有　価　証　券　評　価　益）	600

＊　8,200千円 − 7,600千円 = 600千円
売買目的有価証券：8,200千円（期末時価）

(2)　B社社債（満期保有目的債券）
　　期限到来済み社債利札は現金として処理する。問題文に「当座預金口座に振り込まれた」等の指示が無ければ、（借）当座預金とすると不正解となる。

（満　期　保　有　目　的　債　券）	14*3	（有　価　証　券　利　息）	94*1
（現　　　　　　　金）	80*2		

＊1　1,956千円 × 4.8％ = 93.888 → 94千円　＊3　94千円 − 80千円 = 14千円
＊2　2,000千円 × 4 ％ = 80千円
満期保有目的債券：1,956千円 + 14千円 = 1,970千円
現　　　　　　金：12,520千円 + 48千円 + 80千円 = 12,648千円

(3)　C社株式(子会社株式)

　　子会社株式は、原則として取得原価で評価します。そのため、「仕訳なし」となります。

▶ここに注意◀

(4)　D社株式(その他有価証券)

　①　期首の振戻し

| (その他有価証券評価差額金) | 1,200* | (そ の 他 有 価 証 券) | 1,200 |

　＊　残高試算表より

　②　期末評価

　　取得原価：5,700千円－1,200千円＝4,500千円

| (そ の 他 有 価 証 券) | 1,600* | (その他有価証券評価差額金) | 1,600 |

　＊　6,100千円－4,500千円＝1,600千円

　　その他有価証券：6,100千円(期末時価)

6．固定資産

(1)　建物E

| (減 価 償 却 費) | 10,800* | (建物減価償却累計額) | 10,800 |

　＊　240,000千円×0.9÷20年＝10,800千円

残存価額が取得原価の10％であることに注意する

(2)　建物F

| (減 価 償 却 費) | 8,400* | (建物減価償却累計額) | 8,400 |

　＊　168,000千円÷20年＝8,400千円

(3)　車両運搬具

| (減 価 償 却 費) | 200* | (車両運搬具減価償却累計額) | 200 |

　＊　$1,200千円×\dfrac{20,000km}{120,000km}=200千円$

車両運搬具減価償却累計額：400千円＋200千円＝600千円

減価償却費：10,800千円＋8,400千円＋200千円＝19,400千円

7．減損会計

(1)　建物の当期末帳簿価額

　　建物E

　　　期首減価償却累計額：240,000千円×0.9÷20年×16年＝172,800千円

　　　当期末帳簿価額：240,000千円－(172,800千円＋10,800千円)＝56,400千円

　　建物F

　　　期首減価償却累計額：168,000千円÷20年×14年＝117,600千円

　　　当期末帳簿価額：168,000千円－(117,600千円＋8,400千円)＝42,000千円

　　前T／B建物減価償却累計額：172,800千円＋117,600千円＝290,400千円

　　前T／B繰越利益剰余金：<u>1,640,522千円</u>－<u>1,607,722千円</u>＝32,800千円

　　　　　　　　　　　　　　　　借方合計　　　貸方合計(繰越利益剰余金除く)

　　建物減価償却累計額：290,400千円＋10,800千円＋8,400千円＝309,600千円

▶ここに注意◀

(2) 減損損失の認識

資産から得られる割引前将来キャッシュ・フローの総額が帳簿価額を下回る場合には、減損損失を認識する。

建物E

割引前将来キャッシュ・フロー：10,000千円×2年＋34,000千円＝54,000千円

56,400千円＞54,000千円　∴減損損失を認識する。

建物F

割引前将来キャッシュ・フロー：8,000千円×4年＋11,000千円＝43,000千円

42,000千円＜43,000千円　∴減損損失を認識しない。

(3) 減損損失の測定（建物E）

使用価値：$\dfrac{10,000千円}{1.05}+\dfrac{10,000千円}{1.05^2}+\dfrac{34,000千円}{1.05^3}=47,964.582\cdots\to47,965千円$

正味売却価額：50,000千円

回収可能価額：47,965千円＜50,000千円　∴　50,000千円

減損損失：56,400千円－50,000千円＝6,400千円

（減　損　損　失）	6,400	（建　　　物）	6,400

建物：408,000千円－6,400千円＝401,600千円

回収可能価額は、使用価値と正味売却価額のいずれか大きい方である。

8．社債

（社　債　利　息）	120*	（社　　　債）	120

＊　社債の発行価額：30,000千円×$\dfrac{@98円}{@100円}$＝29,400千円

（30,000千円－29,400千円）÷5年＝120千円

社　債：29,640千円＋120千円＝29,760千円

社債利息：900千円＋120千円＝1,020千円

9．消耗品

期中に消耗品費勘定で処理しているため、期末に未使用分を消耗品勘定に振り替える。

（消　耗　品）	8	（消　耗　品　費）	8

消耗品費：76千円－8千円＝68千円

10．収益・費用の見越し・繰延べ

(1) 保険料の繰延べ

5月1日に支払った保険料のうち1カ月分を繰延べる。

（前　払　保　険　料）	10*	（支　払　保　険　料）	10

＊　120千円×$\dfrac{1カ月}{12カ月}$＝10千円

支払保険料：130千円－10千円＝120千円

商簿・財会

197

⑵　利息の見越し

　　利息は6月末と12月末の後払いであるため、2X19年1月から3月までの3カ月分を未払利息とする。

（支　払　利　息）	50*	（未　払　利　息）	50

＊　　$5,000千円 \times 4\% \times \dfrac{3カ月}{12カ月} = 50千円$

支払利息：100千円 + 50千円 = 150千円

⑶　地代の繰延べ

　　2月1日に向こう1年分の地代を受け取っているため、2X19年4月から2X20年1月までの10カ月分を前受地代とする。

（受　取　地　代）	800*	（前　受　地　代）	800

＊　　$960千円 \times \dfrac{10カ月}{12カ月} = 800千円$

受取地代：960千円 − 800千円 = 160千円

11.　法人税等関連

（法　人　税　等）	6,500	（仮　払　法　人　税　等）	2,000
		（未　払　法　人　税　等）	4,500

前T／Bに仮払法人税等があるのを忘れないようにする。

12.　繰越利益剰余金

（損　　　　　益）	173,179*	（繰　越　利　益　剰　余　金）	173,179

＊　損益勘定の貸借差額より

繰越利益剰余金：32,800千円 + 173,179千円 = 205,979千円

▶ここに注意◀

第197回
財 務 会 計

問題1

	正誤	理　由
1.	○	
2.	×	取替資産については、部分的取替に要する原価を収益的支出として処理する方法を採用することができる。
3.	×	賃貸を目的として保有する不動産については、原価で評価し、時価を注記する。
4.	○	
5.	○	
6.	○	
7.	○	
8.	×	外貨建の子会社株式及び関連会社株式については、取得価額を取得時の為替相場により円換算した額を付する。
9.	○	
10.	×	自己株式の取得、処分及び消却に関する付随費用は、損益計算書の営業外費用に計上する。

各④

問題2

問1	用　語		用　語
(a)	事　実	(e)	期間比較
(b)	選　択	(f)	財務内容
(c)	毎　期	(g)	注　記
(d)	利　益		

各③

問2

| 組織再編により商品の評価方法を先入先出法から、総平均法に変更した場合 | ⑤ |

問3

| 利益を減少させ、利益操作につながるおそれがあること。 | ⑤ |

問4

| 継続性の原則により恣意的な利益操作を排除することができる。そのため、継続性の原則を遵守することにより「真実な報告」をすることに貢献する。 | ⑦ |

問題3

問1

基　準	支配力基準
長　所	実質的な支配の有無で判断するため、経済的実態をより反映できる。

基　準	持株基準
長　所	議決権の所有割合で客観的に判断でき、事務的負担が少ない。

各⑤

問2

| 議決権の過半数を占めていないが、支配に該当している場合の議決権の一時的所有が該当する。 | ⑤ |

問3

| 本ケースでは、セグメント情報により製造業、金融業といった事業の構成単位に分けて、それぞれの事業の売上高、利益、資産その他の財務情報が開示されることで、利害関係者の意思決定に役立つという役割を果たしている。 | ⑦ |

```
―― 予想採点基準 ――
⑦…7点×2 =   14点
⑤…5点×5 =   25点
④…4点×10=   40点
③…3点×7 =   21点
              100点
```

《解　説》　　　　　　　　　　　　　　　　　　　　　　　　　▶ここに注意◀
問題1　正誤問題

1．固定資産の表示：〇

固定資産のうち残存耐用年数が1年以下となったものも流動資産とせず固定資産に含ませる。なお、たな卸資産のうち恒常在庫品として保有するもの若しくは余剰品として長期間にわたって所有するものも固定資産とせず流動資産に含ませる。

「企業会計原則注解　注16」参照

2．取替法：×

同種の物品が多数集まって一つの全体を構成し、老朽品の部分的取替を繰り返すことにより全体が維持されるような固定資産については、部分的取替に要する費用を収益的支出として処理する方法(取替法)を採用することができる。

取替法は、減価償却法とは全く異なり、減価償却の代わりに部分的取替に要する取替費用を費用処理する方法である。

取替法の適用が認められる資産は取替資産と呼ばれ、軌条、信号機、送電線などがその例である。

「企業会計原則注解　注20」参照

3．賃貸等不動産：×

賃貸を目的として保有する不動産については、原価評価による会計処理を行うとともに、投資情報としてその時価を注記する。

近年に改正された金融商品会計基準では、貸付金など事業投資としての性格が見受けられるものであっても、時価を注記することとなった。このように金融商品の時価の注記対象を拡大したことを踏まえ、賃貸を目的として保有する不動産については、事実上、事業投資と考えられるものでも、その時価を開示することが投資情報として一定の意義があるという意見があること、さらに、国際財務報告基準が原価評価の場合に時価を注記することとしていることとのコンバージェンスを図る観点から、賃貸等不動産に該当する場合には、時価の注記を行う。

「賃貸等不動産の時価等の開示に関する会計基準18」参照

4．役員賞与：〇

会社の利益は職務執行の成果であり、この功労に報いるために支給される役員賞与は業績連動型の役員報酬と同様に職務執行の対価と考えられる。そのため、役員賞与は、発生した期間の費用として処理する。

「役員賞与に関する会計基準　3」参照

5．金融資産の消滅の認識：〇

金融資産の契約上の権利を行使したとき、権利を喪失したとき又は権利に対する支配が他に移転したときは、当該金融資産の消滅を認識しなければならない。

金融資産の契約上の権利に対する支配が他に移転するのは、次の要件がすべて充たされた場合とする。

(1)　譲渡された金融資産に対する譲受人の契約上の権利が譲渡人及びその債権者から法的に保全されていること

(2)　譲受人が譲渡された金融資産の契約上の権利を直接又は間接に通常の方法で享受できること

(3)　譲渡人が譲渡した金融資産を当該金融資産の満期日前に買戻す権利及び義務を実質的に有していないこと

「金融商品に関する会計基準　8、9」参照

商簿・財会

197

そのため、譲渡人が買戻す権利を有しているときは、上記(3)の要件を充たしていないため、権利に対する支配が他に移転していないと考える。したがって、金融資産の消滅を認識しない。

▶ここに注意◀

6．キャッシュ・フロー計算書の純額表示：○

キャッシュ・フロー計算書における投資活動および財務活動によるキャッシュ・フローで、期間が短く、かつ、回転が速い項目に係るキャッシュ・フローについては、純額で表示することができる。

「連結キャッシュ・フロー計算書等の作成基準注解注8」参照

例えば、短期借入と返済を頻繁に繰り返している場合、総額で表示すると金額が大きくなり利害関係者の判断を誤らせるおそれがあるため、純額表示を認めている。

7．一時差異：○

欠損金とは、課税所得の計算上、損金の額が益金の額を超えた場合の金額をいう。

「税効果会計に係る会計基準 第二 一 4」参照

欠損金は、法人税法上、一定期間にわたり繰り越すことができ、課税所得が生じた年度に、過去から繰り越してきた欠損金と相殺することにより課税所得を減額し、税額を減額することができる。

このように将来の課税所得と相殺可能な繰越欠損金等については、一時差異と同様に取り扱う。

8．外貨建の関係会社株式：×

子会社株式及び関連会社株式については、取得時の為替相場による円換算額を付する。

「外貨建取引等会計処理基準 一 2 (1) ③ ハ」参照

9．逆取得：○

吸収合併において、消滅会社が取得企業となる場合、存続会社の個別財務諸表では、当該取得企業(消滅会社)の資産及び負債を合併直前の適正な帳簿価額により計上する。

「企業結合に関する会計基準 34」参照

10．自己株式に係る付随費用：×

自己株式の取得、処分及び消却に関する付随費用は、損益計算書の営業外費用に計上する。

「自己株式及び準備金の額の減少等に関する会計基準 14」参照

問題2 理論問題
問1 空欄補充問題

本問では、継続性の原則について問われている。問題文の空欄を埋めると、次のようになる。

企業会計上継続性が問題とされるのは、一つの会計**事実**について二つ以上の会計処理の原則又は手続の**選択**適用が認められている場合である。

このような場合に、企業が**選択**した会計処理の原則及び手続を**毎期**継続して適用しないときは、同一の会計**事実**について異なる**利益**額が算出されることになり、財務諸表の**期間比較**を困難ならしめ、この結果、企業の**財務内容**に関する利害関係者の判断を誤らしめることになる。

従って、いったん採用した会計処理の原則又は手続は、正当な理由により変更を行う場合を除き、財務諸表を作成する各時期を通じて継続して適用しなければならない。

なお、正当な理由によって、会計処理の原則又は手続に重要な変更を加えたときは、これを当該財務諸表に**注記**しなければならない。

問2　正当な理由による会計処理の原則又は手続の変更の例

例えば、組織再編により当社が企業グループの子会社となり、企業グループの会計方針にそろえるために、商品の評価方法を変更した場合が考えられる。

この他にも、適切な正当な理由と変更例が書いてあれば正解と思われる。

▶ここに注意◀

問3　正当な理由による変更には当たらないと判断する根拠

インフレーションの下で商品の評価方法を先入先出法から移動平均法に変更した場合、売上高は販売時までのインフレーションを考慮した金額となるが、売上原価は平均化されるため先入先出法よりも大きくなり、その結果利益が小さくなる。

このようにインフレーションの下で会計方針を変更することは、利益操作につながるおそれがある。そのため、正当な理由にあたらないと判断される。

インフレーションとは、物価が継続的に上昇し、通貨の価値が下がることをいう。

数値例
期首商品　100個（原価@120円）　　　当期販売　200個（売価@250円）
当期仕入　400個（原価@150円）　　　期末商品　300個
　　　　　　　計500個

先入先出法の場合
売　上　高：@250円×200個＝50,000円
売 上 原 価：@120円×100個＋@150円×100個＝27,000円
利　　　益：50,000円−27,000円＝23,000円

移動平均法の場合：
売　上　高：@250円×200個＝50,000円
平 均 原 価：$\frac{@120円×100個＋@150円×400個}{100個＋400個}$＝@144円
売 上 原 価：@144円×200個＝28,800円
利　　　益：50,000円−28,800円＝21,200円

利益の変動額
21,200円−23,000円＝△1,800円（減少）

問4　継続性の原則を遵守することが「真実な報告」をすることに貢献する理由

真実性の原則は、「企業の財政状態及び経営成績に関して、真実な報告を提供するものでなければならない。」と規定している。真実性の原則における「真実」とは「相対的真実」を意味する。

「相対的真実」とは、一つの会計事実について二つ以上の会計処理の原則又は手続選択適用が認められている場合に、会社によって異なる方法を採用することによって財務諸表の数値が異なっていても、それが一般に公正妥当なものと認められるときは、いずれの場合も「真実」なものとして認められることをいう。

しかし、「真実」なものであっても別の方法に自由に変更することが認められると利益操作が可能となってしまう。そのため、継続性の原則を遵守することで利益操作を排除することにより、「真実」な報告をすることに貢献する。

問題3　理論問題

連結財務諸表を作成するにあたっては、まず子会社に該当するかどうかの判定を支配力基準によって行い、子会社に該当する場合、連結の範囲に含めるか否かを非連結子会社に該当しないかどうかによって行う。

問1　支配力基準と持株基準の長所

　子会社の判定基準としては、持株基準と支配力基準がある。

　持株基準：親会社が直接・間接に議決権の過半数を所有しているどうかにより子
　　　　　　会社の判定を行う基準

　支配力基準：実質的な支配関係の有無にもとづいて子会社の判定を行う基準

　持株基準には、議決権の所有割合で客観的に判断できるため事務的負担が少ないという長所がある。

　支配力基準には、実質的な支配の有無で判断するため経済的実態をより反映できるという長所がある。

　我が国においては、従来は持株基準を採用していた。しかし、持株基準によると議決権の所有割合が100分の50以下でも、その会社を事実上支配している会社が子会社に含まれないことになり、連結財務諸表が企業集団に係る実態を反映しないことになってしまう。そのため、現在は支配力基準に変わっている。

問2　支配が一時的であると認められる企業の具体例

　支配力基準により子会社に該当するかどうかの判定を行い、子会社に該当する場合には、原則として連結の範囲に含める。

　ただし、子会社のうち次に該当するものは、連結の範囲に含めない。

（1）　支配が一時的であると認められる企業

（2）　(1)以外の企業であって、連結することにより利害関係者の判断を著しく誤らせるおそれのある企業

　(1)の例としては、当連結会計年度において支配に該当しているものの、直前連結計年度において支配に該当しておらず、かつ、翌連結会計年度以降相当の期間にわたって支配に該当しないことが確実に予定されている場合をいう。

　具体的には、直前連結会計年度末において、所有する議決権が100分の50以下で支配に該当しておらず、かつ、翌連結会計年度以降その所有する議決権が相当の期間にわたって100分の50以下となり支配に該当しないことが確実に予定されている場合は、当連結会計年度における支配が一時的であると認められる。

　また、議決権の過半数を占めていないが、支配に該当している場合の議決権の一時的所有などについても同様に取り扱う。

要するに、当期は支配しているが、前期と翌期は支配しない場合を指している。

問3　セグメント情報が果たす役割

連結することにより「利害関係者の判断を著しく誤らせるおそれのある企業」は、連結の範囲に含めない。

事業の種類が著しく異なる子会社は、従来、連結することにより利害関係者の判断を著しく誤らせるおそれがあると考え、連結の範囲から除かれていた。

例えば、一般企業が銀行を連結するといった、著しく事業の種類が異なる会社を連結すると(当座預金が借方と貸方に計上されるなど)財務諸表の意味がわからなくなる可能性がある。

しかし、現在は、セグメント情報により事業の構成単位に分けて、それぞれの事業の売上高、利益、資産その他の財務情報が開示されている。

そのため、事業の種類が著しく異なる子会社は、「利害関係者の判断を著しく誤らせるおそれのある企業」には含めず、連結の範囲から除外しないものとしている。

商簿・財会

「利害関係者の判断を著しく誤らせるおそれのある企業」としては、在外子会社がある国でクーデターなどの理由から現地の子会社の経営権と資産が新政権の管理下に置かれているため、親会社の支配権が妨げられるなどの特定のケースに限られている。

197

第199回
商 業 簿 記

問題1

(単位：円)

問題番号		借 方 科 目	金 額	貸 方 科 目	金 額
(1)	①	減 価 償 却 累 計 額	140,000	備　　　　　品	420,000
		現　　　　　金	334,540	長 期 前 受 収 益	54,540
	②	リ ー ス 資 産	334,540	リ ー ス 債 務	334,540
(2)		リ ー ス 債 務	79,966	現　　　　　金	90,000
		支 払 利 息	10,034		
(3)		減 価 償 却 費	83,635	減 価 償 却 累 計 額	83,635
		長 期 前 受 収 益	13,635	長 期 前 受 収 益 償 却	13,635

【別解】　　　　　　　　　　　　　　　　　　　　　　　　　　　　　　　　　　各⑤

・(2)支払利息10,035　リース債務　79,965　　　・減価償却累計額は備品減価償却累計額でも可。

・リース資産は備品でも可。

・長期前受収益償却は減価償却費としても可。

問題3

損　　益　　(単位：円)

借 方 科 目		金 額		貸 方 科 目		金 額	
仕　　　　　　　入	〔③	2,264,440	〕	売　　　　　　上		3,210,000	
給 料 手 当		107,500		受 取 配 当 金		1,600	
広 告 宣 伝 費		14,500		償 却 債 権 取 立 益	〔③	1,300	〕
雑　　　　　　費		1,869		受 取 利 息	〔	2,000	〕
貸 倒 引 当 金 繰 入	〔	2,280	〕				
減 価 償 却 費	〔③	45,540	〕				
商 標 権 償 却	〔	4,800	〕				
社 債 利 息	〔③	40,511	〕				
※ 有 価 証 券 評 価 損 益	〔③	7,000	〕				
投 資 有 価 証 券 評 価 損	〔③	65,000	〕				
※ 為 替 差 損 益	〔③	800	〕				
法 人 税 等	〔	180,000	〕				
繰 越 利 益 剰 余 金 ②	〔	480,660	〕				
	〔	3,214,900	〕		〔	3,214,900	〕

※　有価証券評価損、為替差損でも可。

問題2

（単位：円）

①	2,251,000
②	△3,000
③	0
④	△130,000
⑤	△25,000
⑥	△7,000
⑦	△100,000
⑧	△2,000　各③

問題3

閉 鎖 残 高　　　　　　　　　　（単位：円）

借 方 科 目	金 額	貸 方 科 目	金 額
現　　　　　金	163,051	買　　掛　　金	〔 107,550 〕
当 座 預 金	〔③ 411,400 〕	電 子 記 録 債 務	21,450
売　　掛　　金	〔③ 364,000 〕	仮 受 消 費 税 等	0
電 子 記 録 債 権	21,000	※2 未　　払　　金	〔③ 1,800 〕
売 買 目 的 有 価 証 券	〔 103,000 〕	※2 未 払 消 費 税 等	〔③ 24,000 〕
繰 越 商 品	〔 72,560 〕	※2 未 払 法 人 税 等	〔③ 100,000 〕
仮 払 消 費 税 等	0	社　　　　　債	1,000,000
仮 払 法 人 税 等	0	社 債 発 行 差 金	〔 10,911 〕
※2 前　払　費　用	〔③ 200 〕	貸 倒 引 当 金	〔③ 7,700 〕
※2 未　収　収　益	〔③ 2,000 〕	建 物 減 価 償 却 累 計 額	〔 292,500 〕
建　　　　　物	675,000	備 品 減 価 償 却 累 計 額	〔 125,440 〕
備　　　　　品	160,000	資　　本　　金	2,000,000
土　　　　　地	1,800,000	資 本 準 備 金	120,000
商　　標　　権	〔③ 36,800 〕	利 益 準 備 金	34,000
そ の 他 有 価 証 券	〔 125,000 〕	繰 越 利 益 剰 余 金	〔 608,660 〕
子 会 社 株 式	〔③ 340,000 〕	その他有価証券評価差額金	〔③ 20,000 〕
長 期 性 預 金	200,000		
	〔 4,474,011 〕		〔 4,474,011 〕

※2　科目の順番は、順不同。

```
┌─── 予想採点基準 ───┐
│ ④…5点×4 ＝　20点 │
│ ③…3点×26＝　78点 │
│ ③…2点×1 ＝ 　2点 │
│ 　　　　　　 100点 │
└──────────────┘
```

《解　説》　　　　　　　　　　　　　　　　　　　　　　　　　　　▶ここに注意◀

問題1　仕訳問題(以下、単位：円)

(1)　2X05年4月1日

① 固定資産の売却時

　　セール・アンド・リースバック取引がファイナンス・リース取引に該当する場合、物件の売却に係る固定資産売却損益はただちに損益計上せず、長期前受収益または長期前払費用として、一時的に繰延べ処理する。

| (減価償却累計額) | 140,000*1 | (備　　　　　品) | 420,000 |
| (現　　　　　金) | 334,540 | (長期前受収益) | 54,540*2 |

＊1　420,000円÷6年×2年＝140,000円

＊2　334,540円－(420,000円－140,000円)＝54,540円

② リースバック時

　　所有権移転ファイナンス・リース取引の場合、貸し手の購入価額(借手の実際売却価額)をリース資産・リース債務の計上額とする。

| (リース資産) | 334,540 | (リース債務) | 334,540 |

(2)　2X06年3月31日

① リース料の支払い時

　　通常のファイナンス・リース取引と同様に、各期のリース料を利息相当額とリース債務返済額に区別して処理する。

| (リース債務) | 79,966*1 | (現　　　　　金) | 90,000 |
| (支払利息) | 10,034*2 | | |

＊1　2X06年3月末リース債務

　　90,000円×2.8286＝254,574円

　　リース債務返済額：334,540円－254,574円＝79,966円

＊2　90,000円－79,966円＝10,034円

② 決算時

　　通常のファイナンス・リース取引と同様に、減価償却を行う。ただし、リース物件の残存価額は、物件売却前の当初の取得価額にもとづいて計算する。さらに、長期前受収益または長期前払費用は、毎期のリース資産に対する減価償却費の割合に応じて償却(配分)し、減価償却費に加減する。

| (減価償却費) | 83,635*1 | (減価償却累計額) | 83,635 |
| (長期前受収益) | 13,635*2 | (長期前受収益償却) | 13,635 |

＊1　(334,540円－0円)÷4年＝83,635円

＊2　$54,540円 \times \dfrac{83,635円}{334,540円} = 13,635円$ または 54,540円÷4年＝13,635円

問題文の指示より、利息の計算にあたっては、年金現価係数を用いる。

別解
リース債務
(3.7171－2.8286)×90,000円
＝79,965円
支払利息
90,000円－79,965円
＝10,035円

問2　株主資本等変動計算書の作成(以下、単位：円)　　　　　▶ここに注意◀

(1)　新株予約権の行使

払込金額と権利行使された新株予約権の帳簿価額の合計額を資本金・資本準備金とする。

(現　金　預　金)	500,000	(資　　本　　金)	251,000*1
(新　株　予　約　権)	2,000	(資　本　準　備　金)	251,000*2

$*1$　$(500,000円 + 2,000円) \times \dfrac{1}{2} = 251,000円$

$*2$　$(500,000円 + 2,000円) - 251,000円 = 251,000円$

(2)　剰余金の処分

問題文の株主資本等変動計算書で、剰余金の配当と別途積立金の積立ての行が分かれていないため、仕訳もまとめて行う。

(繰　越　利　益　剰　余　金)	130,000	(未　払　配　当　金)	100,000*
		(別　途　積　立　金)	30,000

$*$　資本金の$\dfrac{1}{4}$：$(2,000,000円 + 251,000円) \times \dfrac{1}{4} = 562,750円$

準備金の額：$(300,000円 + 251,000円) + 100,000円 = 651,000円$

$562,750円 - 651,000円 = \triangle 88,250円$

準備金の額が資本金の4分の1を超えているため、準備金の積立額はゼロとなる。

会社計算規則(第22条第2項第1号)では、配当直前の準備金(資本準備金と利益準備金の合計)が資本金の4分の1以上の場合、剰余金の配当の際には、準備金を積み立てる必要がないと規定している。

なお、別途、株主総会の決議を経て、他の科目から準備金に振り替えることはできる。

問題文の株主資本等変動計算書における「剰余金の配当など」の「など」とは、準備金の積立てのことである。

利益準備金の積立て限度額の計算は、配当時の資本金と準備金の金額にもとづいて行う。

(3)　自己株式の消却

自己株式を消却したときは、その他資本剰余金で処理する。

(その他資本剰余金)	3,000	(自　己　株　式)	3,000

(4)　当期純損失の計上

(繰　越　利　益　剰　余　金)	25,000	(損　　　　　　益)	25,000

解答の集計

① 資本金当期末残高：2,000,000円 + 251,000円 = 2,251,000円

② 自己株式の消却：上記仕訳より△3,000円

③ 剰余金の配当など　利益準備金：上記仕訳より0円

④ 剰余金の配当など　繰越利益剰余金：上記仕訳より△130,000円

⑤ 当期純損失：上記仕訳より△25,000円

⑥ 自己株式当期末残高：△10,000円 + 3,000円 = △7,000円

⑦ 剰余金の配当など　株主資本合計　0円 + 30,000円 + △130,000円 = △100,000円

⑧ 新株予約権：上記仕訳より△2,000円

問題3　損益勘定と閉鎖残高勘定の作成(以下、単位：円)

1．当座預金の調整

(1)　貸倒れ処理済み債権の回収

貸倒れ処理済み債権を回収した場合には、償却債権取立益で処理する。

(当 座 預 金)	1,300	(償 却 債 権 取 立 益)	1,300

(2)　誤記入

(売 掛 金)	2,000*	(当 座 預 金)	2,000

＊　8,000円 − 6,000円 = 2,000円

(3)　未渡し小切手

費用に係る未渡し小切手は、未払金で処理する。

(当 座 預 金)	1,800	(未 払 金)	1,800

広告宣伝費という費用は当期に発生しているため、広告宣伝費を取り消さないように注意する。

(4)　社債利息の引き落とし未処理

当座預金21,500円の減少となる。仕訳は、7．(3)参照

当 座 預 金：431,800円 + 1,300円 − 2,000円 + 1,800円 − 21,500円 = 411,400円

売 掛 金：362,000円 + 2,000円 = 364,000円

2．貸倒引当金

(貸 倒 引 当 金 繰 入)	2,280*	(貸 倒 引 当 金)	2,280

＊　(362,000円 + 2,000円 + <u>21,000円</u>) × 2 % = 7,700円
　　　　　　売掛金　　　　　　電子記録債権

7,700円 − 5,420円 = 2,280円

貸倒引当金：5,420円 + 2,280円 = 7,700円

3．商品売買関連

(1)　A社株式(売買目的有価証券)

(売 買 目 的 有 価 証 券)	5,000*	(有 価 証 券 評 価 損 益)	5,000

＊　55,000円 − 50,000円 = 5,000円

(2)　B社株式(売買目的有価証券)

(有 価 証 券 評 価 損 益)	12,000*	(売 買 目 的 有 価 証 券)	12,000

＊　48,000円 − 60,000円 = △12,000円

有価証券評価損益：5,000円 + △12,000円 = △7,000円

売買目的有価証券：55,000円 + 48,000円 = 103,000円

(3)　C社株式（その他有価証券）
　　① 　期首の振戻し

| （その他有価証券評価差額金） | 30,000* | （その他有価証券） | 30,000 |

　　＊ 　残高試算表より
　　② 　期末評価

| （その他有価証券） | 20,000* | （その他有価証券評価差額金） | 20,000 |

　　＊ 　90,000円 − 70,000円 ＝ 20,000円

(4)　D社株式（その他有価証券）

| （投資有価証券評価損） | 65,000* | （その他有価証券） | 65,000 |

　　＊ 　100,000円 − 350,000円 × 10％ ＝ 65,000円
　　その他有価証券：90,000円 ＋ 35,000円 ＝ 125,000円

(5)　E社株式（子会社株式）
　　子会社株式は、原則として取得原価で評価する。そのため、「仕訳なし」となる。

「投資有価証券評価損」は
その他有価証券に係る評
価損、固定資産の減損で
用いる「減損損失」とす
ると不正解となる点に注
意する。

4．期末商品の評価
(1)　売上原価の算定

| （仕　　　　　入） | 92,000 | （繰　越　商　品） | 92,000 |
| （繰　越　商　品） | 80,000* | （仕　　　　　入） | 80,000 |

　　＊ 　＠100円 × 300個 ＋ ＠500円 × 100個 ＝ 80,000円

(2)　期末商品の評価

（棚　卸　減　耗　損）	3,500*1	（繰　越　商　品）	7,440
（商　品　評　価　損）	3,940*2		
（仕　　　　　入）	7,440	（棚　卸　減　耗　損）	3,500
		（商　品　評　価　損）	3,940

　　＊1　（300個 − 290個）× ＠100円 ＋ （100個 − 95個）× ＠500円 ＝ 3,500円
　　＊2　（＠100円 − ＠94円）× 290個 ＋ （＠500円 − ＠280円）× 10個 ＝ 3,940円

問題文の指示より、棚卸
減耗損および商品評価損
については、仕入勘定に
含める。

A商品

@100円　商品評価損　1,740円　　帳簿棚卸高 30,000円　棚卸減耗損
@94円　A商品 次期繰越高：27,260円　1,000円
290個　300個

B商品

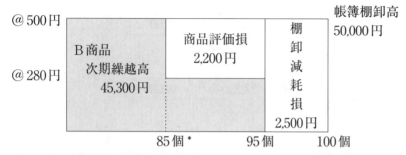

@500円

B商品
次期繰越高
45,300円

商品評価損
2,200円

帳簿棚卸高
50,000円

棚
卸
減
耗
損
2,500円

@280円

85個*　　95個　　100個

＊　95個 − 10個 = 85個

繰越商品：80,000円 − 7,440円 = 72,560円

仕　　　　入：2,245,000円 + 92,000円 − 80,000円 + 7,440円 = 2,264,440円

5．固定資産

（1）建物

（減価償却費）	22,500*	（建物減価償却累計額）	22,500

＊　675,000円 ÷ 30年 = 22,500円

建物減価償却累計額：270,000円 + 22,500円 = 292,500円

（2）備品

（減価償却費）	23,040*	（備品減価償却累計額）	23,040

＊　（160,000円 − 102,400円）× 40％ = 23,040円

備品減価償却累計額：102,400円 + 23,040円 = 125,440円

減価償却費：22,500円 + 23,040円 = 45,540円

6．為替予約

（1）取引時（処理済み）

（仕　　　　　入）	22,000	（買　　掛　　金）	22,000

取引時のレート：22,000円 ÷ 200ドル = 110円／ドル

（2）為替予約時（未処理）

　　取引発生後に為替予約を付した場合、取引発生時の為替レートと予約時の為替レートとの差額（直々差額）は当期の損益とし、予約時のレートと予約レートとの差額（直先差額）は予約時から決済時までの期間に配分する。

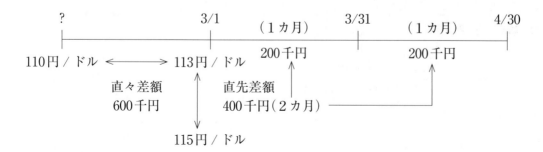

?　　　　　　　3/1　　　（1カ月）　　3/31　　（1カ月）　　4/30

110円／ドル ⟷ 113円／ドル　200千円　　　　200千円

直々差額
600千円

直先差額
400千円（2カ月）

115円／ドル

| （為 替 差 損 益） | 600*1 | （買　　　掛　　　金） | 1,000*3 |
| （前　払　費　用） | 400*2 | | |

▶ここに注意◀

*1　（113円／ドル－110円／ドル）×200ドル＝600円
　　　　予約時のレート　　取引時のレート

*2　（115円／ドル－113円／ドル）×200ドル＝400円
　　　　予約レート　　予約時のレート

*3　（115円／ドル－110円／ドル）×200ドル＝1,000円
　　　　予約レート　　取引時のレート

（3）決算時

| （為 替 差 損 益） | 200* | （前　払　費　用） | 200 |

*　$400円 \times \dfrac{1カ月}{2カ月} = 200円$

前　払　費　用：400円－200円＝200円
為 替 差 損 益：600円＋200円＝800円
買　　掛　　金：106,550円＋1,000円＝107,550円

7．社債

　社債発行差金勘定は社債の評価勘定である。この勘定を用いる場合、社債発行時には額面金額で社債勘定（貸方）に記入し、額面金額と払込金額との差額を社債発行差金勘定に記入する。
　また、償却原価法適用時には、社債発行差金勘定を減少させる。
　本問では打歩発行（額面金額より高い価格で発行）しているため、社債発行差金勘定は、発行時に貸方に計上され、償却時に借方に計上される。

（1）発行時（処理済み）

| （当 座 預 金） | 1,013,400*1 | （社　　　　　債） | 1,000,000 |
| | | （社 債 発 行 差 金） | 13,400*2 |

*1　$1,000,000円 \times \dfrac{@101.34円}{@100円} = 1,013,400円$

*2　1,013,400円－1,000,000円＝13,400円

（2）利払い時：2X04年9月30日（処理済み）
　　償却原価法（利息法）における利息配分額の計算は、社債の正味の簿価（社債額面＋社債発行差金）に実効利子率を掛けて計算する。

| （社 債 利 息） | 20,268*1 | （当 座 預 金） | 21,500*2 |
| （社 債 発 行 差 金） | 1,232*3 | | |

*1　$(1,000,000円 + 13,400円) \times 4\% \times \dfrac{6カ月}{12カ月} = 20,268円$

*2　$1,000,000円 \times 4.3\% \times \dfrac{6カ月}{12カ月} = 21,500円$

*3　20,268円－21,500円＝△1,232円

社債発行差金は、打歩発行に限らず、額面金額と発行価額に差があった場合の差額である。イメージとしては、社債発行差金は貸倒引当金のように社債の評価勘定であるといえる。
額面金額で計上する社債勘定から社債発行差金を引くことで、貸借対照表に計上する社債の価値がわかる。
なお、この処理は全経上級特有の出題である。

社債を割引発行している売の社債の正味の簿価は、（社債額面－社債発行差金）となる。

商簿・財会

199

(3)　利払い時：2X05年3月31日（未処理）　　　　　　　　　　　　　　　　　　　　**▶ここに注意◀**

（社　債　利　息）	20,243*1	（当　座　預　金）	21,500*2
（社 債 発 行 差 金）	1,257*3		

*1　$(1,000,000円 + 13,400円 - 1,232円) \times 4\% \times \dfrac{6カ月}{12カ月} = 20,243.36 \rightarrow 20,243円$

*2　$1,000,000円 \times 4.3\% \times \dfrac{6カ月}{12カ月} = 21,500円$

*3　$20,243円 - 21,500円 = \triangle 1,257円$

社債発行差金：$12,168円 - 1,257円 = 10,911円$

社債利息：$20,268円 + 20,243円 = 40,511円$

8. 商標権

（商　標　権　償　却）	4,800*	（商　　標　　権）	4,800

残高試算表の商標権の金額は未償却残高であるため、残存月数をもとに償却額を計算する。

*　$41,600円 \times \dfrac{12カ月}{120カ月 - 16カ月} = 4,800円$

商標権：$41,600円 - 4,800円 = 36,800円$

9. 収益・費用の見越し・繰延べ

（未　収　収　益）	2,000*	（受　取　利　息）	2,000

*　$200,000円 \times 2.4\% \times \dfrac{5カ月}{12カ月} = 2,000円$

10. 消費税等

（仮 受 消 費 税 等）	80,000	（仮 払 消 費 税 等）	56,000
		（未 払 消 費 税 等）	24,000

11. 法人税等関連

（法　人　税　等）	180,000	（仮 払 法 人 税 等）	80,000
		（未 払 法 人 税 等）	100,000

前T/Bに仮払法人税等があるのを忘れないようにする。

12. 繰越利益剰余金

（損　　　　　益）	480,660*	（繰 越 利 益 剰 余 金）	480,660

*　損益勘定の貸借差額より

繰越利益剰余金：$128,000円 + 480,660円 = 608,660円$

第199回
財　務　会　計

問題1

	正誤	理　　　　　由
1.	×	未払費用及び未収収益は、当期の損益計算に計上し、前払費用及び前受収益は、当期の損益計算から除去しなければならない
2.	×	将来の特定の費用又は損失の発生は、当期ではなく、当期以前の事象に起因する。
3.	×	現金同等物とは、容易に換金可能であり、かつ、価値の変動について僅少なリスクしか負わない短期投資をいう。
4.	×	資産又は資産グループから得られる割引前将来キャッシュ・フローの総額が帳簿価額を下回る場合には、減損損失を認識する。
5.	○	
6.	○	
7.	○	
8.	×	減価償却方法の変更は、会計上の見積りの変更として取り扱い、遡及適用は行わない。
9.	○	
10.	○	

各④

問題2
問1

(a)	サービス	(d)	払込金額
(b)	払込資本	(e)	自己株式処分差額
(c)	自己株式	(f)	利益

各③

問2

従業員等は、ストック・オプションを対価としてこれと引換えに企業にサービスを提供し、企業はこれ
を消費しているため、費用認識を行う。

⑥

問3

新株予約権は返済義務のある負債ではなく、負債の部に表示することは適当ではないため、純資産の部に
計上する。

⑥

問4

権利確定日後に株主との直接的な取引である資本取引となるか損益取引となるかが判明することが、権利
確定日以前に払込資本として計上することの問題点である。

⑥

問題3

問1

ＲＯＡは、企業の立場からの総資産に対する収益性をみる比率であり、ＲＯＥは株主の立場からの株主資
本に対する収益利性をみる比率である。

⑥

問2

株主資本は負債に対する担保となるものであるから、負債の返済に対する余裕度を示す純資産負債比率が
低い方が長期的視点からは安全である。

⑥

問3

(1)	流動資産の中には、負債の返済に充てられない前払費用や棚卸資産があるためである。
(2)	（　当　座　）比率

各⑥

┌─ 予想採点基準 ─┐
⑥…6点× 7 ＝　42点
④…4点×10＝　40点
③…3点× 6 ＝　18点
　　　　　　　100点
└──────────┘

《解　説》
問題1　正誤問題

1．経過勘定：×

　　未払費用は既に当期の費用として発生しているものであり、未収収益は既に当期の収益として発生しているものであるため、いずれも当期の損益計算に計上しなければならない。

　　一方、前払費用は次期以降の費用となるものであり、前受収益は次期以降の収益となるものであるため、当期の損益計算から除去しなければならない。

「企業会計原則注解　注5」参照

2．引当金：×

　　将来の特定の費用又は損失であって、その発生が当期以前の事象に起因し、発生の可能性が高く、かつ、その金額を合理的に見積ることができる場合には、当期の負担に属する金額を当期の費用又は損失として引当金に繰入れ、当該引当金の残高を貸借対照表の負債の部又は資産の部に記載するものとする。

「企業会計原則注解　注18」参照

3．連結キャッシュ・フロー計算書等における資金の範囲：×

　　連結キャッシュ・フロー計算書が対象とする資金の範囲は、現金及び現金同等物である。現金とは、手許現金及び要求払預金をいい、現金同等物とは、容易に換金可能であり、かつ、価値の変動について僅少なリスクしか負わない短期投資をいう。

　　なお、これは個別キャッシュ・フロー計算書も同様である。

「連結キャッシュ・フロー計算書等の作成基準　第二・一・1、2」参照

4．減損損失の認識：×

　　減損の兆候がある資産または資産グループについての減損損失を認識するかどうかの判定は、資産または資産グループから得られる割引**前**将来キャッシュ・フローの総額と帳簿価額を比較することによって行い、資産または資産グループから得られる割引前将来キャッシュ・フローの総額が帳簿価額を下回る場合には、減損損失を認識する。

「固定資産の減損に係る会計基準二・2・(1)」参照

199

5．自己株式処分差益：○

　　自己株式処分差益は、その他資本剰余金に計上する。

「自己株式及び準備金の額の減少等に関する会計基準　9」参照

6．棚卸資産の評価：○

　　棚卸資産の評価において、製造業における原材料等のように再調達原価の方が把握しやすく、正味売却価額が当該再調達原価に歩調を合わせて動くと想定される場合には、継続して適用することを条件として、再調達原価によることができる。

「棚卸資産の評価に関する会計基準　10」参照

7．資産除去債務：○

　　資産除去債務に対応する除去費用は、資産除去債務として計上した時に、当該負債の計上額と同額を、関連する有形固定資産の帳簿価額に加える。資産計上された資産除去債務に対応する除去費用は、減価償却を通じて、当該有形固定資産の残存耐用年数にわたり、各期に費用配分する。

「資産除去債務に関する会計基準7」参照

8. 減価償却方法の変更：×

有形固定資産等の減価償却方法及び無形固定資産の償却方法は、会計方針に該当する。その変更については、会計方針の変更とする考え方と会計上の見積りの変更とする考え方がある。

減価償却方法が会計方針に該当するため、その変更は会計方針の変更に該当すると考えることができる。

一方、減価償却方法の変更は、固定資産の将来の経済的便益の予測消費パターンが変化したものと考える場合、会計上の見積りの変更と考えることもできる。

このように、会計方針の変更を会計上の見積りの変更と区別することが困難な場合については、会計上の見積りの変更と同様に取り扱い、遡及適用は行わない。

▶ここに注意◀
「会計方針の開示、会計上の変更及び誤謬の訂正に関する会計基準19、20」参照

9. 包括利益計算書：○

包括利益を表示する計算書は、次のいずれかの形式による。連結財務諸表においては、包括利益のうち親会社株主に係る金額及び非支配株主に係る金額を付記する。

(1) 当期純利益を表示する損益計算書と、当期純利益にその他の包括利益の内訳項目を加減して包括利益を表示する包括利益計算書からなる形式（2計算書方式）

(2) 当期純利益の表示と、包括利益の表示を1つの計算書（「損益及び包括利益計算書」）で行う形式（1計算書方式）

「包括利益の表示に関する会計基準11」参照

10. 年金資産の評価：○

年金資産の額は、期末における時価（公正な評価額）により計算する。

「退職給付に関する会計基準22」参照

問題2 理論問題

問1 空欄補充問題

本問では、ストック・オプションの会計処理について問われている。

問題文の空欄を埋めると、次のようになる。

4. ストック・オプションを付与し、これに応じて企業が従業員等から取得する**サービス**は、その取得に応じて費用として計上し、対応する金額を、ストック・オプションの権利の行使又は失効が確定するまでの間、貸借対照表の純資産の部に新株予約権として計上する。

…

8. ストック・オプションが権利行使され、これに対して新株を発行した場合には、新株予約権として計上した額（第4項）のうち、当該権利行使に対応する部分を**払込資本**に振り替える。

なお、新株予約権の行使に伴い、当該企業が**自己株式**を処分した場合には、**自己株式**の取得原価と、新株予約権の帳簿価額及び権利行使に伴う**払込金額**の合計額との差額は、**自己株式処分差額**であり、（以下略）

9. 権利不行使による失効が生じた場合には、新株予約権として計上した額（第4項）のうち、当該失効に対応する部分を**利益**として計上する。

問2 ストック・オプションの費用認識の根拠

従業員等は、ストック・オプションを対価としてこれと引換えに企業に労働というサービスを提供し、企業は労働というサービスを消費しているから、費用認識に根拠があるといえる。

▶ここに注意◀

商簿・財会

問3　新株予約権が純資産の部に計上される理由

　新株予約権は、将来、権利行使され払込資本となる可能性がある一方、失効して払込資本とはならない可能性もある。このように、発行者側の新株予約権は、権利行使の有無が確定するまでの間、その性格が確定しないことから、これまで、仮勘定として負債の部に計上することとされていた。

　しかし、新株予約権は、返済義務のある負債ではなく、負債の部に表示することは適当ではないため、純資産の部に記載することとした。

問4　権利確定日以前から払込資本として計上する処理の問題点

　上記問3で記載したように権利確定日以前においては、新株予約権は、権利行使されて払込資本となるか、権利行使されずに利益となるか確定していない。

　そのため、権利確定日以前に払込資本として計上することは問題である。

問題3　理論問題

問1　ROAとROEの違い

1．ROA（総資産当期純利益率）

　ROAは総資産に占める当期純利益の割合をいう。ROAは主に企業の立場から、総資産をいかに効率的に使用したかを示す比率である。

$$ROA：\frac{当期純利益}{（期首総資産＋期末総資産）÷2}×100\%$$

2．ROE（株主資本当期純利益率）

　ROEは株主資本に占める当期純利益の割合をいう。ROEは主に株主の立場から、株主資本をいかに効率的に使用したかを示す比率である。

$$ROE：\frac{当期純利益}{（期首株主資本＋期末株主資本）÷2}×100\%$$

問2　純資産負債比率が低い方が安全である理由

　純資産負債比率は純資産に占める負債の割合をいう。純資産も負債も企業の資金の調達源泉を示しているが、負債は返済を要するが純資産は返済を要しない。

　つまり、純資産は負債に対する担保となるものであり、純資産負債比率は負債に対する純資産の余裕度をあらわしている。そのため、純資産負債比率は低い方が安全である。

$$純資産負債比率：\frac{負債}{純資産}×100\%$$

問3　流動比率と当座比率

⑴　流動比率について200％以上が求められる理由

　流動比率は短期の債務である流動負債の支払いに対応できるかどうかを示す割合をいい、安全性分析の指標の1つであり、以下の式で計算する。

$$流動比率：\frac{流動資産}{流動負債}×100\%$$

　流動比率について200％以上が求められるのは、流動資産の中には負債の返済に充てることができないものが含まれているからである。

199

つまり、前払費用など期間損益計算上、資産として計上されるものは負債の返済に充てることができない。

また、継続して企業活動を遂行していくためには一定の在庫が必要なように、流動資産の中には、企業活動上、必要な資産が含まれている。

そのため、流動比率は200％以上が求められる。

(2) 当座比率

流動資産の中にはすぐ資金化するのが難しい項目が含まれているため、流動資産のうち換金性の高い項目である当座資産をもとに短期的支払能力を分析する当座比率がある。

当座比率：$\dfrac{\text{当座資産}}{\text{流動負債}} \times 100\%$

当座比率は100％を上回ることが望ましいとされる。なお、この比率が高すぎることは、企業として投資先がなく金余りの現象が生じていることを意味するため、高ければ高いほど望ましいというわけではない。

第201回

商　業　簿　記

商簿・財会

問題1

連結精算表

(単位：円)

科目	個別財務諸表		修正消去		連結財務諸表
	P社	S社	借方	貸方	
貸借対照表					**連結貸借対照表**
現金預金	4,000	1,000			5,000
売掛金	700,000	200,000		20,000	880,000 ②
貸倒引当金	(14,000)	(4,000)	400		(17,600)②
商品	450,000	125,000		7,500	567,500 ②
土地	1,000,000	500,000	200,000		1,700,000 ②
S社株式	536,000			536,000	0
繰延税金資産			2,250	120	2,130 ②
その他資産	460,000	299,000			759,000
資産合計	3,136,000	1,121,000	202,650	563,620	3,896,030 ②
買掛金	(500,000)	(150,000)	20,000		(630,000)②
繰延税金負債			120	60,000	(60,000)②
				120	
その他負債	(336,000)	(421,000)			757,000)
資本金	(1,600,000)	(400,000)	400,000		(1,600,000)②
利益剰余金	(700,000)	(150,000)	130,000	80,000	(711,030)②
			6,750	2,025	
			173,645	89,400	
評価差額			140,000	140,000	0
非支配株主持分			16,000	134,000	(138,000)②
				20,000	
負債・純資産合計	(3,136,000)	(1,121,000)	886,515	525,545	(3,896,030)
損益計算書					**連結損益計算書**
売上高	(3,000,000)	(800,000)	80,000		(3,720,000)②
売上原価	2,200,000	500,000	7,500	80,000	2,620,750 ②
				6,750	
貸倒引当金繰入	8,000	1,000		400	8,600 ②
受取配当金	(64,000)		64,000		0
その他費用	456,000	199,000			655,000
法人税等調整額			2,025	2,250	(105)②
			120		
当期純利益	(400,000)	(100,000)	153,645	89,400	(435,755)
非支配株主当期純利益			20,000		20,000 ②
親会社株主当期純利益			173,645	89,400	(415,755)②

別　解　繰延税金資産：2,250円、繰延税金負債：60,120円

　「修正消去」欄は記入方法が複数ある箇所もあるため、採点対象にならないと考えられる。そのため、例えば売上原価の貸方の80,000と6,750を合わせて86,750と記入しても問題ない。

問題2

決算整理後残高試算表　　　　　　　（単位：円）

借方科目		金額	貸方科目		金額
現 金		100	買 掛 金		154,000
当 座 預 金		5,000	仮 受 消 費 税 等		0
売 掛 金	〔③	104,900〕	未 払 消 費 税 等	〔③	25,900〕
売 買 目 的 有 価 証 券	〔	102,000〕	未 払 法 人 税 等	〔③	6,600〕
買 建 オ プ シ ョ ン	〔	800〕	貸 倒 引 当 金	〔	2,588〕
仮 払 消 費 税 等		0	建物減価償却累計額	〔③	358,343〕
仮 払 法 人 税 等		0	備品減価償却累計額	〔③	69,375〕
繰 越 商 品	〔③	147,900〕	社 債	〔③	92,381〕
貯 蔵 品	〔	1,000〕	退 職 給 付 引 当 金	〔③	66,600〕
前 払 地 代	〔③	12,000〕	資 産 除 去 債 務	〔③	141,304〕
建 物	〔	632,770〕	資 本 金		500,000
備 品	〔③	120,000〕	その他資本剰余金		80,000
保 証 金		500,000	利 益 準 備 金		50,000
長 期 貸 付 金	〔③	20,000〕	繰 越 利 益 剰 余 金		60,860
仕 入	〔③	752,000〕	新 株 予 約 権	〔③	9,430〕
給 与 手 当		150,000	売 上	〔③	1,159,000〕
支 払 地 代	〔	24,000〕	受 取 利 息		500
減 価 償 却 費	〔	65,493〕	有 価 証 券 運 用 損 益	〔③	1,000〕
貸倒引当金繰入（販売費）	〔③	1,098〕			
棚 卸 減 耗 損	〔③	5,500〕			
商 品 評 価 損	〔③	4,600〕			
退 職 給 付 費 用	〔	4,600〕			
そ の 他 の 費 用		100,000			
社 債 利 息	〔	1,811〕			
オ プ シ ョ ン 差 損	〔③	700〕			
貸倒引当金繰入（営業外費用）	〔③	490〕			
資 産 除 去 債 務 調 整 額	〔	1,399〕			
固 定 資 産 除 去 損	〔③	6,920〕			
法 人 税 等		12,800			
	〔	2,777,881〕		〔	2,777,881〕

予想採点基準
③…3点×22＝ 66点
②…2点×17＝ 34点
　　　　　　100点

《解　説》

問題1　連結精算表の作成（以下、単位：円）

▶ここに注意◀

1．資本連結に係る仕訳

(1)　子会社の資産・負債の時価評価

（土　　　　　　　地）	200,000*1	（繰 延 税 金 負 債）	60,000*2
		（評　価　差　額）	140,000*3

＊1　700,000円 − 500,000円 = 200,000円　　＊3　200,000円 − 60,000円 = 140,000円

＊2　200,000円 × 30% = 60,000円

(2)　資本連結

のれん：（400,000円 + 130,000円 + 140,000円）× 80% − 536,000円 = 0円

（資　　本　　金）	400,000	（S　社　株　式）	536,000
（利　益　剰　余　金）	130,000	（非 支 配 株 主 持 分）	134,000*
（評　価　差　額）	140,000		

＊　（400,000円 + 130,000円 + 140,000円）× 20% = 134,000円

(3)　前期の当期純利益の振替え

　　S社の利益剰余金が前々期末と前期末で同じ130,000円であるため、子会社の増加利益剰余金の非支配株主持分への振り替えは不要である。

2．その他の連結修正仕訳

(1)　子会社当期純利益の振替え

（非支配株主当期純利益）	20,000*	（非 支 配 株 主 持 分）	20,000

＊　100,000円 × 20% = 20,000円

子会社の当期純利益は、連結精算表からわかる。

(2)　子会社の剰余金の配当の修正

　　子会社の剰余金の配当のうち、親会社分は親会社の受取配当金と相殺し、非支配株主分は非支配株主持分を減少させる。

（受　取　配　当　金）	64,000*1	（利　益　剰　余　金）	80,000
（非 支 配 株 主 持 分）	16,000*2		

＊1　80,000円 × 80% − 64,000円　　＊2　80,000円 × 20% = 16,000円

(3)　売上高と売上原価の相殺

（売　　上　　高）	80,000	（売　上　原　価）	80,000

(4)　期首商品に係る未実現利益の消去（ダウン・ストリーム）

① 　前期の未実現利益の消去

（利　益　剰　余　金） 売上原価	6,750*1	（商　　　　　品）	6,750
（繰　延　税　金　資　産）	2,025*2	（利　益　剰　余　金） 法人税等調整額	2,025

＊1　18,000円 × $\dfrac{0.6}{1.6}$ = 6,750円　　＊2　6,750円 × 30% = 2,025円

② 当期の未実現利益の実現

▶ここに注意◀

| (商 品) | 6,750*1 | (売 上 原 価) | 6,750 |
| (法 人 税 等 調 整 額) | 2,025*2 | (繰 延 税 金 資 産) | 2,025 |

上記の①と②の仕訳を合わせたものが当期の連結修正仕訳となる。

| (利 益 剰 余 金) | 6,750 | (売 上 原 価) | 6,750 |
| (法 人 税 等 調 整 額) | 2,025 | (利 益 剰 余 金) | 2,025 |

原価1に対して60%の利益を付加しているので、売価は1＋60%となる。

(5) 期末商品に係る未実現利益の消去（ダウン・ストリーム）

| (売 上 原 価) | 7,500*1 | (商 品) | 7,500 |
| (繰 延 税 金 資 産) | 2,250*2 | (法 人 税 等 調 整 額) | 2,250 |

＊1　$20,000 円 \times \dfrac{0.6}{1.6} = 7,500 円$

＊2　$7,500 円 \times 30\% = 2,250 円$

(6) 売掛金・買掛金の相殺

| (買 掛 金) | 20,000 | (売 掛 金) | 20,000 |

(7) 貸倒引当金の修正

① 貸倒引当金

| (貸 倒 引 当 金) | 400 | (貸 倒 引 当 金 繰 入) | 400* |

＊　$20,000 円 \times 2\% = 400 円$

② 税効果会計

| (法 人 税 等 調 整 額) | 120 | (繰 延 税 金 負 債) | 120* |

＊　$400 円 \times 30\% = 120 円$

(8) 繰延税金資産と繰延税金負債の相殺

繰延税金資産と繰延税金負債を相殺する。ただし、異なる納税主体（P社とS社）に係る繰延税金資産と繰延税金負債は相殺できないことに注意する。

問題文に「繰延税金資産と繰延税金負債は相殺する」という指示が無いため、連結精算表上では、相殺しない解答も別解として認められると考えられる。

P 社		S 社	
繰延税金資産 2,250	繰延税金負債 120		繰延税金負債 60,000

| (繰 延 税 金 負 債) | 120 | (繰 延 税 金 資 産) | 120 |

(9) 本問の利益剰余金の修正消去欄の記入方法

① 利益剰余金の修正消去欄に、開始仕訳などで計上された利益剰余金（当期首残高）を記入する。

② 当期純利益の修正消去欄に、借方、貸方の合計（153,645円、89,400円）を記入する。

③ 親会社株主当期純利益の修正消去欄に、借方、貸方の合計（173,645円、89,400円）を記入する。

④ 利益剰余金の修正消去欄に、親会社株主当期純利益の借方、貸方の合計（173,645円、89,400円）を移記する。

問題2　決算整理後残高試算表の作成（以下、単位：円）

1．商品販売の収益認識

会社では着荷基準（引渡基準）を採用しているが、期中には出荷時に売上を計上し、期末に出荷済み、未引渡しの分について売上を取り消す処理を行っている。そのため、期末出荷済み、未引渡しである商品Qと商品Rの売上を取り消す。

（売　　　　上）	41,000*3	（売　掛　金）	45,100*1
（仮　受　消　費　税）	4,100*2		

＊1　22,000円＋23,100円＝45,100円

＊2　$45,100円 \times \dfrac{10\%}{100\% + 10\%} = 4,100円$

＊3　$45,100円 \times \dfrac{100\%}{100\% + 10\%} = 41,000円$

売　　上：1,200,000円－41,000円＝1,159,000円

2．貸倒引当金

(1)　貸倒懸念債権

キャッシュ・フロー見積法により、債権金額から将来キャッシュ・フローの現在価値を引いた額を貸倒見積高とする。

①　貸付金への振替え

問題文に指示があるため、長期貸付金に振替える。

（長　期　貸　付　金）	20,000	（売　掛　金）	20,000

②　貸倒引当金の計上

（貸 倒 引 当 金 繰 入）	490*	（貸　倒　引　当　金）	490

＊　5,000円×3.9020＝19,510円
20,000円－19,510円＝490円

(2)　一般債権

（貸 倒 引 当 金 繰 入）	1,098*	（貸　倒　引　当　金）	1,098

＊　（170,000円－45,100円－20,000円）×2％＝2,098円
2,098円－1,000円＝1,098円

売　掛　金：170,000円－45,100円－20,000円＝104,900円
貸倒引当金：1,000円＋490円＋1,098円＝2,588円

3．売買目的有価証券とオプションの評価

(1)　売買目的有価証券

売買目的有価証券は、期末に時価で評価し、評価差額は損益とする。

（売 買 目 的 有 価 証 券）	1,000*	（有 価 証 券 運 用 損 益）	1,000

＊　期末時価：＠102円×1,000口＝102,000円
簿　　価：101,000円（前T／Bより）
運用損益：102,000円－101,000円＝1,000円

(2) プットオプション

①購入時(処理済み)

オプションを購入しているため、買建オプションで処理している。

プット・オプションの買い建てとは、本問では@101円で買った国債について(時価の下落に備えるため)、例えば@103円で売る権利を購入したということ。しかし、実際には時価は下がらず@102円となったため、オプションの価値も下がっている。

解く際は、**支払ったオプション料と期末のオプションの価値を比較して、期末の価値が上がっていたら利益、下がっていたら損失で処理**すればよい。

(買建オプション)	1,500*	(当座預金など)	700

＊　1.5円×1,000口＝1,500円

②決算時

オプションは、期末に時価で評価し、評価差額は損益とする。

(オプション差損)	700*	(買建オプション)	700

＊　期末時価：0.8円×1,000口＝800円

　　簿　　価：1,500円(前T／Bより)

　　評価差額：800円－1,500円＝△700円

売買目的有価証券：102,000円(期末時価)

買建オプション：　　800円(期末時価)

本問ではヘッジ会計を適用していないため、評価差額は当期の損益とする。

４．商品

(1) 売上原価の算定

期末商品帳簿棚卸高に上記1の売上取消しによる商品の増加を含めることに注意する。

問題文の商品Ｓ、Ｔは棚卸減耗が生じている商品であり、期末商品はＳ、Ｔ以外にもあることに注意する。

(仕　　　入)	110,000	(繰　越　商　品)	110,000
(繰　越　商　品)	158,000*	(仕　　　入)	158,000

＊　売上取消分：@500円×40個＋@600円×30個＝38,000円

　　修正後期末帳簿棚卸高：120,000円＋38,000円＝158,000円

(2) 期末商品の評価

(棚　卸　減　耗　損)	5,500*1	(繰　越　商　品)	10,100
(商　品　評　価　損)	4,600*2		

＊1　(100個－90個)×@300円＋(120個－115個)×@500円＝5,500円

＊2　(@500円－@460円)×115個＝4,600円

商品Ｓ

　　@300円

問題文の指示より、棚卸減耗損および商品評価損については、仕入勘定に含めない。
また、答案用紙の決算整理後残高試算表に仕入勘定の他に、棚卸減耗損と商品評価損が別にあるため、仕入勘定に振り替える必要はない。

正味売却価額が原価を上回っている場合には原価で評価する。

商品はＳとＴの他にもあるため、期末商品を79,900円としないこと。

▶ここに注意◀

商品T

@500円

@460円

商品評価損　4,600円	棚卸減耗損
次期繰越高 52,900 円	2,500円

115個　　120個

繰　越　商　品：158,000円 − 10,100円 = 147,900円
仕　　　　　入：800,000円 + 110,000円 − 158,000円 = 752,000円

5．建物

(1) 除去費用見積り額の増加
　　除去費用見積り額が増加したときは、増加額を増加時の割引率で割り引いた額だけ固定資産と資産除去債務を増加させる。

(建　　　　　　　物)	46,635*	(資　産　除　去　債　務)	46,635

　　＊　(150,000円 − 100,000円) × 0.9327 = 46,635円

問題文の「期間7年」の現価係数は、当期首に新たに増加した資産除去債務 50,000 円について、2X26 年から 2X19 年まで割り引くために用いるものであり、2X11 年に計上された資産除去債務が7年後の 2X18 年に履行されるという意味ではない。

(2) 利息費用の計上
　　当初計上した資産除去債務と、期首に新たに増加した資産除去債務について利息費用（資産除去債務調整額）を計上する。

(資産除去債務調整額)	1,399*	(資　産　除　去　債　務)	1,399

　　＊　当初分：93,270円 × 1% = 932.7 → 933円
　　　　増加分：46,635円 × 1% = 466.35 → 466円
　　　　合　計：933円 + 466円 = 1,399円

答案用紙に利息費用が無く資産除去債務調整額があるため、それを用いる。

(3) 減価償却
　　問題文の指示より、期首の建物の帳簿価額と除去費用の増加による建物増加分の合計を、残存耐用年数にわたり費用配分する。

期首簿価 273,530円	増加額 46,635 円
減価償却累計額 312,605円 （償却済み）	
既存分 586,135円	増加分 46,635円

(減　価　償　却　費)	45,738*	(建物減価償却累計額)	45,738

　　＊　期首簿価：586,135円 − 312,605円 = 273,530円
　　　　減価償却費：(273,530円 + 46,635円) ÷ 7 年 = 45,737.8… → 45,738円
　　建　　　物：586,135円 + 46,635円 = 632,770円
　　建物減価償却累計額：312,605円 + 45,738円 = 358,343円
　　資産除去債務：93,270円 + 46,635円 + 1,399円 = 141,304円

既存の建物の毎年の減価償却費は端数処理により 39,076 円となり、経過年数8 年を掛けると、期首累計額は本来 312,608 円となるべきである。しかし、残高試算表に 312,605 円とあるため、解答上それを用いて解答せざるをえない。

商簿・財会

201

6. 備品

(1) 備品A（除却）

（備品減価償却累計額）	19,200	（備 品）	30,000
（減 価 償 却 費）	2,880*1		
（貯 蔵 品）	1,000		
（固 定 資 産 除 却 損）	6,920*2		

*1　償却率：$1 \div 5\,年 \times 200\% = 0.4$

$$(30,000\,円 - 19,200\,円) \times 0.4 \times \frac{8\,カ月}{12\,カ月} = 2,880\,円$$

*2　$1,000\,円 - (30,000\,円 - 19,200\,円 - 2,880\,円) = \triangle 6,920\,円$

(2) 備品B（減価償却）

（減 価 償 却 費）	16,875*	（備品減価償却累計額）	16,875

*　償却率：$1 \div 8\,年 \times 200\% = 0.25$

$(120,000\,円 - 52,500\,円) \times 0.25 = 16,875\,円$

備品：$150,000\,円 - 30,000\,円 = 120,000\,円$

備品減価償却累計額：$71,700\,円 - 19,200\,円 + 16,875\,円 = 69,375\,円$

減価償却費：$45,738\,円 + 2,880\,円 + 16,875\,円 = 65,493\,円$

7. 退職給付引当金

勤務費用：5,000円

利息費用：$400,000\,円 \times 1\% = 4,000\,円$

期待運用収益：$320,000\,円 \times 2\% = 6,400\,円$

過去勤務費用の償却額：$20,000\,円 \div 10\,年 = 2,000\,円$

集計：$5,000\,円 + 4,000\,円 - 6,400\,円 + 2,000\,円 = 4,600\,円$

掛け金の拠出は、期中取引であるため問題文に「未処理である。」等の指示が無い場合には、**期中取引として処理済み**で、決算整理前残高試算表に反映済みと考える。

また、問題文にも「期中に退職給付引当金を減額している。」と記載がある。

（退 職 給 付 費 用）	4,600	（退 職 給 付 引 当 金）	4,600

退職給付引当金：$62,000\,円 + 4,600\,円 = 66,600\,円$

8. 新株予約権付社債（転換社債型）

本問では区分法を採用しているため、社債と新株予約権を区分して計上する。そして、発行価額100,000千円は、社債の発行価額相当額と新株予約権を合わせた金額である。

社債の発行価額相当額は、社債に係る将来キャッシュ・フローを実効利子率で割り引いた割引現在価値となる。

本問では利札は無利息、実効利子率2％、期間5年のため、社債の発行価額は次のように計算できる。

社債の発行価額：$\dfrac{100,000\,千円}{1.02^5}$ →本問では1.02^5の現価係数が0.9057のため、

$$100,000\,千円 \times 0.9057 = 90,570\,千円$$

新株予約権：$100,000\,千円 - 90,570\,千円 = 9,430\,千円$

▶ここに注意◀

見積売却価額は貯蔵品として処理する。
なお、備品Aは帳簿外の処理をしただけで、物はまだ社内にあり、外部に売却したわけではないので、現金預金で処理しないことに注意する。

▶ここに注意◀

商簿・財会

(1)　社債発行時

① 正しい仕訳

(当 座 預 金 な ど)	100,000	(社　　　　債)	90,570
		(新 株 予 約 権)	9,430

② 会社の仕訳

(当 座 預 金 な ど)	100,000	(社　　　　債)	100,000

③ 修正仕訳

(社　　　債)	9,430	(新 株 予 約 権)	9,430

区分法を採用しているため、社債と新株予約権を分けて処理する。

(2)　決算時

利息法により償却原価法を適用する。

(社 債 利 息)	1,811*	(社　　　　債)	1,811

　＊　利息配分額：90,570円×2％＝1,811.4→1,811円

　　　利息支払額：無利息のため0円

　　　償　却　額：1,811円－0円＝1,811円

　社　　　債：100,000円－9,430円＋1,811円＝92,381円

9．地代の繰延べ

毎年9月末に10月1日から1年分支払っているため、残高試算表には期首の再振替仕訳の6か月分と当期の9月に支払った12カ月分の合計18カ月分が計上されている。

(前 払 地 代)	12,000*	(支 払 地 代)	12,000

　＊　36,000円÷18カ月＝@2,000円

　　　@2,000円×6カ月＝12,000円

　支払地代：36,000円－12,000円＝24,000円

10．消費税

(仮 受 消 費 税 等)	115,900*1	(仮 払 消 費 税 等)	90,000
		(未 払 消 費 税 等)	25,900*2

　＊1　120,000円－4,100円＝115,900円

　＊2　115,900円－90,000円＝25,900円

11．法人税等関連

(法 人 税 等)	12,800	(仮 払 法 人 税 等)	6,200
		(未 払 法 人 税 等)	6,600

前T/Bに仮払法人税等があるのを忘れないようにする。

12．繰越利益剰余金

当期純利益の繰越利益剰余金への振替えは、決算整理仕訳ではなく決算振替仕訳で行う。

そのため、決算整理後残高試算表の金額は当期純利益振替え前の金額(60,860円)となる。

201

第201回
財 務 会 計

問題1

	正誤	理　　　　　由
1.	○	
2.	×	四半期連結財務諸表の範囲には、四半期連結包括利益計算書も含まれる。
3.	○	
4.	×	給付算定式基準も認められる。
5.	○	
6.	×	リース債務は、一年基準により流動負債または固定負債の部に表示する。
7.	×	市場販売目的と自社利用のソフトウェア制作費のうち一定のものは無形固定資産の区分に計上し、受注制作のソフトウェア制作費は、請負工事の会計処理に準じて処理する。
8.	×	繰延税金資産は投資その他の資産の区分に表示し、繰延税金負債は固定負債の区分に表示する。
9.	○	
10.	○	

各④

問題2

問1	用　　語		用　　語
(a)	為替差損益	(d)	親会社が換算に用いる
(b)	株式取得時	(e)	為替換算調整勘定
(c)	発生時		

各④

問2

在外支店の財務諸表は個別財務諸表の構成要素となるので、本店の外貨建項目の換算基準と整合的であることが望ましい。そのため、在外支店における外貨建取引については、原則として、本店と同様に処理する。　⑥

問3

在外子会社は、在外支店と比較すると独立事業体としての性格が強く、親会社と同様に処理することが実務的に困難である。その場合、収益及び費用は一会計期間にわたって発生したものと考えるのが適当と考えるため、原則として期中平均相場による円換算額を付する。　⑥

問題3

問1

(a)	報告単位
(b)	共通支配下
(c)	共同支配企業の形成

各④

問2

取得企業が被取得企業の支配を獲得する買収ないし取得という取引では、通常の資産売買と同様の処理が要求され、この処理は取得原価主義の考え方と整合的である。そのため、取得企業において識別可能資産・負債を取得時の時価で評価する。

⑥

問3

(1)	のれんまたは負ののれん
(2)	のれんは、無形固定資産に計上し、20年以内のその効果の及ぶ期間にわたって、定額法その他の合理的な方法により規則的に償却する。負ののれんが生じると見込まれる場合、取得企業は、まずすべての識別可能資産及び負債が把握されているか、また、取得原価の配分が適切に行われているかどうかを見直す。そして、見直しを行っても、負ののれんが生じる場合、割安購入と考え負ののれんが生じた事業年度の特別利益として処理する。

(1)　④

(2)　⑥

予想採点基準
⑥…6点×4 ＝　24点
④…4点×19＝　76点
　　　　　　100点

《解　説》　　　　　　　　　　　　　　　　　　　　　　　　　▶ここに注意◀
問題1　正誤問題

1．真実性の原則：〇

　　企業会計原則の真実性の原則では、「企業会計は、企業の財政状態及び経営成績に関して、真実な報告を提供するものでなければならない」としているが、この真実性は相対的なものと解されている。　　　　　　　　　　　　　　　　　　　　　　　　　　　　　　　　　「企業会計原則　第一一」参照

　　例えば、減価償却方法について、定額法を採用している場合でも、定率法を採用している場合でも、減価償却費はそれぞれ異なるがそれらはいずれも真実なものと考える。

2．四半期連結財務諸表：×

　　四半期連結財務諸表の範囲は、1計算書方式による場合、四半期連結貸借対照表、四半期連結損益及び包括利益計算書、並びに四半期連結キャッシュ・フロー計算書とする。また、2計算書方式による場合、四半期連結貸借対照表、四半期連結損益計算書、四半期連結包括利益計算書及び四半期連結キャッシュ・フロー計算書とする。　　　　　　　　　　　　　「四半期財務諸表に関する会計基準　7」参照

3．株主資本等変動計算書：〇

　　貸借対照表の純資産の部における株主資本以外の各項目は、当期首残高、当期変動額及び当期末残高に区分し、当期変動額は純額で表示する。　　　　　　　　　　　　　　　　「株主資本等変動計算書に関する会計基準　8」参照

　　ただし、当期変動額について主な変動事由ごとにその金額を表示することができる。

4．退職給付会計：×

　　退職給付見込額のうち期末までに発生したと認められる額は、次のいずれかの方法を選択適用して計算する。この場合、いったん採用した方法は、原則として、継続して適用しなければならない。　　　　　　　　　　　　　　　　　　　　　　　　　　　　　　　　　「退職給付に関する会計基準　19」参照

(1) 期間定額基準
　　退職給付見込額について全勤務期間で除した額を各期の発生額とする方法

(2) 給付算定式基準
　　退職給付制度の給付算定式に従って各勤務期間に帰属させた給付に基づき見積った額を、退職給付見込額の各期の発生額とする方法

5．転換社債型新株予約権付社債：〇

　　転換社債型新株予約権付社債の発行者の処理としては一括法と区分法が認められている。一括法では新株予約権と社債を区別せずに一括して処理し、区分法では新株予約権と社債を区別して処理します。　　　　　　　　　　　　　　　　　　　　　　　　　　　　　　「金融商品に関する会計基準　36」参照

数値例　区分法の場合

(1) 発行時

(現　金　預　金)	10,000	(社　　　　　債)	9,000
		(新　株　予　約　権)	1,000

(2) 決算時（償却原価法）

(社　債　利　息)	200	(社　　　　　債)	200

▶ここに注意◀

(3) 権利行使時(翌期首に権利行使されたと仮定)

| （社 債） | 9,200 | （資 本 金） | 10,200 |
| （新 株 予 約 権） | 1,000 | | |

一括法の場合

(1) 発行時

| （現 金 預 金） | 10,000 | （社 債） | 10,000 |

(2) 決算時

| 仕 訳 な し |

(3) 権利行使時(翌期首に権利行使されたと仮定)

| （社 債） | 10,000 | （資 本 金） | 10,000 |

6．リース会計：×

　リース債務については、貸借対照表日後1年以内に支払の期限が到来するものは流動負債に属するものとし、貸借対照表日後1年を超えて支払の期限が到来するものは固定負債に属するものとする。

　一方、リース資産を含む有形固定資産については、長期間にわたり使用するための資産という性質上、残存耐用年数が1年を切った場合でも、例外的に、流動資産に振り替えずにそのまま「有形固定資産」の区分に表示する。

「リース会計に関する会計基準　17」参照

7．ソフトウェアの会計処理：×

　ソフトウェアについては利用目的に応じて、次のように定められている。

(1) 受注制作のソフトウェア

　受注制作のソフトウェアの制作費は、請負工事の会計処理に準じて処理する。

(2) 市場販売目的のソフトウェアに係る会計処理

　市場販売目的のソフトウェアである製品マスターの制作費は、研究開発費に該当する部分を除き、資産として計上しなければならない。ただし、製品マスターの機能維持に要した費用は、資産として計上してはならない。

(3) 自社利用のソフトウェアに係る会計処理

　社内利用のソフトウェアについては、完成品を購入した場合のように、その利用により将来の収益獲得又は費用削減が確実であると認められる場合には、当該ソフトウェアの取得に要した費用を資産として計上しなければならない。

「研究開発費等に係る会計基準　四　1、2、3」参照

201

8．税効果会計：×

　繰延税金資産は投資その他の資産の区分に表示し、繰延税金負債は固定負債の区分に表示する。なお、同一納税主体の繰延税金資産と繰延税金負債は、双方を相殺して表示する。異なる納税主体の繰延税金資産と繰延税金負債は、双方を相殺せずに表示する。

「「税効果会計に係る会計基準」の一部改正　2」参照

9．事業税：○

　法人税、住民税及び事業税(所得割)は、損益計算書の税引前当期純利益の次に、法人税、住民税及び事業税などその内容を示す科目をもって表示する。

　事業税(付加価値割及び資本割)は、原則として、損益計算書の販売費及び一般管理費として表示する。

「法人税、住民税及び事業税等に関する会計基準　9、10」参照

所得割とは、企業の儲けである課税所得に対する税金をいう。付加価値割とは、企業が生み出した価値に対する税金をいう。資本割とは、期末の資本金等に対する税金をいう。

▶ここに注意◀
「連結財務諸表に関する会計基準　20」参照

10. 全面時価評価法：○

連結貸借対照表の作成にあたっては、支配獲得日において、子会社の資産及び負債のすべてを支配獲得日の時価により評価する方法(全面時価評価法)により評価する。

問題2　理論問題
問1　空欄補充問題

本問では、在外支店と在外子会社の財務諸表項目の換算について問われている。
問題文の空欄を埋めると、次のようになる。

在外支店における外貨建取引については、原則として、本店と同様に処理する。ただし、在外支店の外貨表示財務諸表に基づき本支店合併財務諸表を作成する場合には、特例として、期中平均相場によって収益及び費用(収益性負債の収益化額及び費用性資産の費用化額を除く。)を換算することもできる。なお、本店と異なる方法により換算することによって生じた換算差額は、当期の**為替差損益**として処理する。

連結財務諸表の作成又は持分法の適用にあたり、在外子会社の外貨表示財務諸表項目の換算は、次のように行う。

貸借対照表に関し、資産及び負債については決算時の為替相場による円換算額を、親会社による株式の取得時における資本に属する項目については、**株式取得時**の為替相場による円換算額を、親会社による株式の取得後に生じた資本に属する項目については、当該項目の**発生時**の為替相場による円換算額を付する。

損益計算書に関し、収益及び費用については、原則として期中平均相場による円換算額を付する。ただし、決算時の為替相場による円換算額を付することもできる。なお、親会社との取引による収益及び費用の換算については、**親会社が換算に用いる**為替相場による。この場合に生じる差額は当期の**為替差損益**として処理する。

また、換算によって生じた換算差額については、**為替換算調整勘定**として貸借対照表の純資産の部に記載する。

問2　在外支店の換算方法として本店と同様に処理する理由

在外支店の財務諸表は国内にある本店の財務諸表と合算して個別財務諸表を作成する。つまり、在外支店の財務諸表は本店の個別財務諸表の構成要素となる。
そのため、在外支店における外貨建取引については、原則として、本店と同様に処理した方が望ましい。

問3　在外子会社の換算方法について在外支店とは異なる換算方法を定めた理由

在外子会社は、国内の親会社により支配はされているものの、在外支店と比べると、独立した事業体としての性格が強い。そのため、本店と同様に処理することは実務的に難しい。
本店と同様に処理することが難しい場合に、収益及び費用については一会計期間にわたって発生したものと考えるのが適当であり、収益及び費用は、原則として期中平均相場による円換算額を付している。

問題3　理論問題

▶ここに注意◀

問1　空欄補充問題

本問では、企業結合について問われている。問題文の空欄を埋めると、次のようになる。

　企業結合とは、ある企業と他の企業とが1つの**報告単位**に統合されることをいう。この企業結合の類型としては、**共通支配下**の取引と独立企業間の取引に分けられ、独立企業間の取引は**共通支配企業の形成**とそれ以外の企業結合取引に分けられる。

(1)　報告単位

　報告単位とは、イメージとしては(連結)財務諸表を作成する単位をいう。

(2)　共通支配下の取引

　共通支配下の取引とは、結合当事企業(又は事業)のすべてが、企業結合の前後で同一の株主(以下のA)により最終的に支配され、かつ、その支配が一時的ではない場合の企業結合をいう。親会社と子会社の合併及び子会社同士の合併は、共通支配下の取引に含まれる。

　　例　親会社が子会社を吸収合併する場合

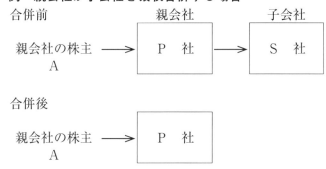

(3)　共同支配企業の形成

　共同支配企業とは、複数の独立した企業により共同で支配される企業をいい、共同支配企業の形成とは、複数の独立した企業が契約等に基づき、当該共同支配企業を形成する企業結合をいう。

　なお、共同支配投資企業とは、共同支配企業を共同で支配する企業をいう。

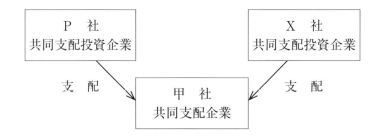

問2　取得企業が被取得企業の識別可能資産・負債を時価で評価する理由

取得企業が被取得企業の支配を獲得する買収ないし取得という取引では、通常の資産売買と同様の処理が要求される。つまり、商品を購入する取引では商品を購入時の時価で取得するのと同様に、企業を取得する取引では取得時の時価で取得する処理が要求される。

この処理は、取得原価主義の考え方と整合的である。そのため、取得企業において識別可能資産・負債を取得時の時価で評価する。

問3　のれんまたは負ののれんの処理方法

(1)　企業結合の対価と、受け入れた資産・負債の時価との差額

企業結合において、取得原価が、受け入れた資産及び引き受けた負債に配分された純額を上回る場合には、その超過額はのれんとして会計処理し、下回る場合には、その不足額は負ののれんとして会計処理する。

(2)　のれんまたは負ののれんの処理

①　のれん

のれんは、資産に計上し、20年以内のその効果の及ぶ期間にわたって、定額法その他の合理的な方法により規則的に償却する。ただし、のれんの金額に重要性が乏しい場合には、当該のれんが生じた事業年度の費用として処理することができる。

②　負ののれん

負ののれんが生じると見込まれる場合には、次の処理を行う。

イ　取得企業は、すべての識別可能資産及び負債が把握されているか、また、それらに対する取得原価の配分が適切に行われているかどうかを見直す。

ロ　上記の見直しを行っても、なお取得原価が受け入れた資産及び引き受けた負債に配分された純額を下回り、負ののれんが生じる場合には、当該負ののれんが生じた事業年度の利益として処理する。

イメージ

見直し前には負ののれん発生益が生じていたが、調査したところ負債の一部が把握されていなかったため計上し、のれんが生じた場合、次のようになる。

見直し前

(諸 資 産)	××	(諸 負 債)	×
		(資 本 金)	×××
		(負ののれん発生益)	×

見直し後

(諸 資 産)	××	(諸 負 債)	×
(の れ ん)	×	(その他負債)	×
		(資 本 金)	×××

第203回
商　業　簿　記

問題1

(単位：円)

問題番号		借　方　科　目	金　　額	貸　方　科　目	金　　額
(1)		減　価　償　却　費	320,000	備品減価償却累計額※	320,000
(2)	①	構　　築　　物	20,000,000	現　　　　　金	20,000,000
	②	減　価　償　却　費	4,000,000	構築物減価償却累計額※	4,000,000
	③	取　　替　　費	300,000	当　座　預　金	300,000
	④	減　価　償　却　費	2,000,000	構築物減価償却累計額※	2,000,000
(3)		構築物減価償却累計額※	56,000	構　　築　　物	280,000
		固　定　資　産　廃　棄　損	224,000		
		構　　築　　物	300,000	当　座　預　金	300,000

※「減価償却累計額」でも可。　　　　　　　　　　　　　　　　　　　　　　各④

問題3

閉　鎖　残　高

(単位：円)

借　方　科　目		金　　額	貸　方　科　目		金　　額
現　　　　　　金	〔	1,241 〕	支　払　手　形		1,200
当　座　預　金		62,800	買　　掛　　金		1,480
受　取　手　形		20,300	短　期　借　入　金		4,800
売　　掛　　金	〔	4,800 〕	退　職　給　付　引　当　金	〔 ③	7,565 〕
売買目的有価証券	〔	5,300 〕	社　　　　　債	〔	40,000 〕
繰　越　商　品	〔 ③	39,775 〕	貸　倒　引　当　金	〔 ③	562 〕
建　　　　　物	〔	58,400 〕	建物減価償却累計額	〔	48,000 〕
備　　　　　品		3,500	備品減価償却累計額	〔 ③	3,122 〕
土　　　　　地		132,800	資　　本　　金		100,000
長　期　貸　付　金	〔	1,700 〕	資　本　準　備　金		22,000
関　連　会　社　株　式	〔	1,260 〕	利　益　準　備　金		11,500
その他有価証券	〔	3,800 〕	繰　越　利　益　剰　余　金	〔	93,603 〕
社　債　発　行　差　金	〔 ③	1,150 〕	その他有価証券評価差額金	〔 ③	300 〕
未　収　利　息	〔 ③	5 〕	未　払　社　債　利　息	〔	500 〕
前　払　広　告　宣　伝　費	〔 ③	500 〕	未　払　法　人　税　等	〔 ③	490 〕
消　耗　品※	〔 ③	3 〕	未　払　給　料	〔 ③	2,100 〕
	〔	〕	未　払　利　息	〔 ③	112 〕
	〔	〕		〔	〕
	〔	〕		〔	〕
	〔	337,334 〕		〔	337,334 〕

※「貯蔵品」でも可。

問題２

（単位：円）

	借　方　科　目	金　額	貸　方　科　目	金　額
(1)	現　　　　　金	320	自　己　株　式	300
			その他資本剰余金	20
(2)	現　　　　　金	290	自　己　株　式	300
	その他資本剰余金	10		
(3)	270			各④

問題３

損　益　　　　　　（単位：円）

借　方　科　目	金　額	貸　方　科　目	金　額
仕　　　　　入	〔 153,000 〕	売　　　　　上	280,000
広　告　宣　伝　費	〔 700 〕	受　取　利　息	〔 30 〕
給　　　　　料	〔 38,100 〕	受　取　配　当　金	56
消　耗　品　費	〔 55 〕	雑　　　　　益	〔 ③ 15 〕
支　払　利　息	〔 336 〕		〔 〕
社　債　発　行　費	720		〔 〕
旅　費　交　通　費	〔 ③ 317 〕		〔 〕
貸　倒　引　当　金　繰　入	〔 292 〕		〔 〕
有　価　証　券　評　価　損	〔 ③ 100 〕		〔 〕
投　資　有　価　証　券　評　価　損	〔 ③ 100 〕		〔 〕
棚　卸　減　耗　損	〔 600 〕		〔 〕
商　品　評　価　損	〔 1,625 〕		〔 〕
減　価　償　却　費	〔 6,378 〕		〔 〕
減　損　損　失	〔 ③ 1,600 〕		〔 〕
社　債　利　息	〔 ③ 550 〕		〔 〕
退　職　給　付　費　用	〔 1,265 〕		〔 〕
法　人　税　等	〔 900 〕		〔 〕
関連会社株式評価損	〔 ③ 1,340 〕		〔 〕
繰　越　利　益　剰　余　金	〔 ③ 72,123 〕		〔 〕
	〔 〕		〔 〕
	〔 〕		〔 〕
	〔 280,101 〕		〔 280,101 〕

予想採点基準
④…４点×10＝　40点
③…３点×20＝　60点
100点

《解　説》　　　　　　　　　　　　　　　　　　　　　▶ここに注意◀
問題1　仕訳問題(以下、単位：円)

1．減価償却(級数法)

級数法とは、有形固定資産の耐用期間中、毎期一定の額を算術級数的に逓減した減価償却費を計上する方法である。

$$\text{減価償却費}=(\text{取得原価}-\text{残存価額})\times\frac{\text{期首の残存耐用年数}}{\text{総項数}}$$

$$\text{総項数}=\frac{\text{耐用年数}\times(\text{耐用年数}+1)}{2}$$

X3年3月31日

（減　価　償　却　費）	320,000*	（備品減価償却累計額）	320,000

*　$\text{総項数}=\dfrac{5\times(5+1)}{2}=15$

$1,200,000\text{円}\times\dfrac{4}{15}=320,000\text{円}$

X2年3月に1年分の償却を行っているため、残存耐用年数は4年となる。

2．取替法・半額償却法

(1)　取替法

同種の物品が多数集まって、一つの全体を構成し、老朽品の部分的取替を繰り返すことにより全体が維持されるような固定資産に対しては、取替法を適用することができる。

取替法は、固定資産の部分的取替に要する費用を収益的支出(費用)として処理する方法であり、減価償却とは全く異なる方法である。

取替法の適用が認められる資産は取替資産と呼ばれ、鉄道のレール、枕木、電柱、信号機などがある。

(2)　半額償却法

半額償却法とは、取得原価の半額になるまで減価償却と取替法を行い、半額になった以後は取替法のみ行う方法である。

仮に取替法のみを採用した場合、固定資産の帳簿価額は取得原価のままになり、使用による価値の減少を反映しないことになってしまう。

半額償却法では、使用により固定資産の実質価額は取得原価の50％になると考え、50％に達するまで償却を行う。

取得原価の50％まで償却できるということは、裏返すと固定資産の帳簿価額が50％になるまで償却できるということ。

①　X1年4月1日(取得時)

構築物とは、土地の上に作られた建物以外の工作物をいう。構築物の例としては、駐車場のアスファルト、塀、トンネル、鉄道のレールなどがある。

（構　　築　　物）	20,000,000	（現　　　　　金）	20,000,000

②　X2年3月31日(決算時)

減価償却累計額が取得原価の50％に達する年の前の年までは、耐用年数にもとづき減価償却を行う。

（減　価　償　却　費）	4,000,000*	（構築物減価償却累計額）	4,000,000

*　$20,000,000\text{円}\div5\text{年}=4,000,000\text{円}$

取得原価の50％：$20,000,000\text{円}\times50\%=10,000,000\text{円}$

取替法と減価償却とは本来異なる方法であり、両者を同一の資産に対して適用することは会計理論的にはおかしい。
ただし、より多くの費用を計上できる方法として法人税法上、認められている。

203

商
簿
・
財
会

③ X2年4月1日(取替時)
固定資産の一部の取替えにかかった費用を取替費として処理する。

(取 替 費)	300,000	(当 座 預 金)	300,000

④ X3年3月31日(決算時)

(減 価 償 却 費)	4,000,000*	(構築物減価償却累計額)	4,000,000

* 20,000,000円 ÷ 5 年 = 4,000,000円

⑤ X4年3月31日(決算時)
耐用年数にもとづいて減価償却を行うと、減価償却累計額が取得原価の50%を超えてしまう。そのため、取得原価の50%から減価償却累計額を引いた額を減価償却費とする。

(減 価 償 却 費)	2,000,000*	(構築物減価償却累計額)	2,000,000

* 20,000,000円 × 50% = 10,000,000円
10,000,000円 − (4,000,000円 + 4,000,000円) = 2,000,000円

(3) 定額法を適用していた場合
定額法を適用していた場合に、固定資産の一部の取替えを行ったときは、廃棄した資産の帳簿価額及び減価償却累計額を減らし、差額を固定資産廃棄損で処理するとともに、新たに取得した資産を固定資産に計上する。
① 古くなった固定資産の廃棄

(構築物減価償却累計額)	56,000*1	(構 築 物)	280,000
(固 定 資 産 廃 棄 損)	224,000*2		

*1 280,000円 ÷ 5 年 = 56,000円
*2 280,000円 − 56,000円 = 224,000円
② 新しい固定資産の取得

(構 築 物)	300,000	(当 座 預 金)	300,000

問2 仕訳問題、分配可能額の計算(以下、単位:円)
1.自己株式の処分
自己株式を処分したときの売却価額と帳簿価額の差額は、その他資本剰余金として処理する。
(1) 第1回

(現 金)	320	(自 己 株 式)	300
		(その他資本剰余金)	20

(2) 第2回

(現 金)	290	(自 己 株 式)	300
(その他資本剰余金)	10		

2.分配可能額の計算
分配可能額は、以下の式で計算する。

分配可能額=剰余金−分配時の自己株式−自己株式の処分対価−分配制限額

(1)　剰余金

　　　分配可能額算定のための剰余金は、前期末の剰余金に期首から分配の日までの剰余金の増減を加減して計算する。

　　　剰余金は、その他資本剰余金とその他利益剰余金(任意積立金と繰越利益剰余金)となる。

　　　　　分配時の剰余金：$(20円 - 10円) + 970円 = 980円$
　　　　　　　　　　　　　その他資本剰余金　その他利益剰余金

▶ここに注意◀

商簿・財会

(2)　分配時の自己株式

　　$700円 - 300円 - 300円 = 100円$

(3)　自己株式の処分対価：$320円 + 290円 = 610円$

(4)　分配可能額

　　$980円 - 100円 - 610円 = 270円$

分配制限額は、のれん等調整額などを指すが、本問ではゼロである。

問題3　損益勘定と閉鎖残高勘定の作成(以下、単位：円)

1．現金過不足

(1)　旅費交通費の精算

（旅　費　交　通　費）	317*2	（仮　　払　　金）	260*1
		（現　　　　金）	57

　＊1　問題文 **資料2** 5．より

　＊2　$260円 + 57円 = 317円$

　修正後の現金の帳簿残高：$1,283円 - 57円 = 1,226円$

(2)　現金過不足の処理

（現　　　　金）	15	（雑　　　益）	15*

　＊　$\underset{実際有高}{1,241円} - \underset{帳簿残高}{1,226円} = 15円$

　現金：1,241円(実際有高)

2．貸倒引当金

(1)　貸倒懸念債権

　①　貸付金への振替え

　　　問題文に指示があるため、長期貸付金に振替える。

（長　期　貸　付　金）	1,100	（売　　掛　　金）	1,100

　②　貸倒引当金の計上

（貸 倒 引 当 金 繰 入）	60*	（貸　倒　引　当　金）	60

　＊　$(1,100円 - 900円) \times 30\% = 60円$

(2)　一般債権

（貸 倒 引 当 金 繰 入）	232*	（貸　倒　引　当　金）	232

　＊　$(20,300円 + 5,900円 - 1,100円) \times 2\% = 502円$
　　　$502円 - 270円 = 232円$

売　　掛　　金：5,900円 − 1,100円 = 4,800円
長 期 貸 付 金：600円 + 1,100円 = 1,700円
貸倒引当金繰入：60円 + 232円 = 292円
貸 倒 引 当 金：60円 + 502円 = 562円

▶ここに注意◀

3．有価証券の評価

(1) 売買目的有価証券（A社株式、B社株式）

売買目的有価証券は期末に時価で評価し、評価差額は当期の損益とする。

(有 価 証 券 評 価 損)	100*	(売買目的有価証券)	100

＊ （2,200円 + 3,100円）−（2,600円 + 2,800円）= △100円

売買目的有価証券：2,200円 + 3,100円 = 5,300円（期末時価合計）

(2) その他有価証券

部分純資産直入法によるため、時価が取得原価を下回る銘柄については投資有価証券評価損を計上し、時価が取得原価を上回る銘柄についてはその他有価証券評価差額金を計上する。

① 期首の振戻し仕訳（C社株式、D社株式）

(そ の 他 有 価 証 券)	300	(投資有価証券評価損)	300*1

＊1 1,800円 − 2,100円 = △300円

(その他有価証券評価差額金)	200*2	(そ の 他 有 価 証 券)	200

＊2 2,000円 − 1,800円 = 200円

② 期末の評価替えの仕訳（C社株式、D社株式）

(投資有価証券評価損)	400*1	(そ の 他 有 価 証 券)	400

＊1 1,700円 − 2,100円 = △400円

(そ の 他 有 価 証 券)	300*2	(その他有価証券評価差額金)	300

＊2 2,100円 − 1,800円 = 300円

そ の 他 有 価 証 券：1,700円 + 2,100円 = 3,800円（期末時価合計）

投資有価証券評価損：400円 − 300円 = 100円

投資有価証券評価損の解答にあたっては、期首の振戻し分を忘れないようにする。

(3) 関連会社株式

実質価額が著しく下落しているため、帳簿価額を実質価額まで引き下げる。

(関連会社株式評価損)	1,340*	(関 連 会 社 株 式)	1,340

＊ 実質価額：3,600円 × 35% = 1,260円

1,260円 − 2,600円 = △1,340円

関連会社株式：1,260円（実質価額）

4．商品

(1) 売上原価の算定

(仕　　　　　入)	39,000	(繰 越 商 品)	39,000
(繰 越 商 品)	42,000*	(仕　　　　　入)	42,000

＊ @120円 × 350個 = 42,000円

(2)　期末商品の評価

| (棚　卸　減　耗　損) | 600*1 | (繰　越　商　品) | 2,225 |
| (商　品　評　価　損) | 1,625*2 | | |

▶ここに注意◀
問題文の指示より、棚卸
減耗損及び商品評価損に
ついては、仕入勘定に含
めない。

商簿・財会

＊1　（350個 − 345個）× @120円 = 600円
＊2　（@120円 − @55円）× 25個 = 1,625円

繰越商品：42,000円 − 2,225円 = 39,775円
仕　　入：156,000円 + 39,000円 − 42,000円 = 153,000円

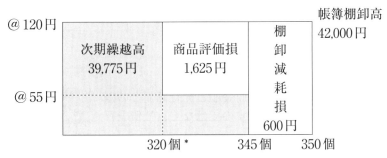

＊　345個 − 25個 = 320個

5．固定資産

(1)　建物

① 減価償却

| (減　価　償　却　費) | 6,000* | (建物減価償却累計額) | 6,000 |

＊　60,000円 ÷ 10年 = 6,000円
建物減価償却累計額：42,000円 + 6,000円 = 48,000円

② 減損会計

イ　建物の当期末帳簿価額：60,000円 − 48,000円 = 12,000円

ロ　減損損失の認識
　　資産から得られる割引前将来キャッシュ・フローの総額が帳簿価額を下回る場合
　には、減損損失を認識する。
　　　割引前将来キャッシュ・フロー：5,616円 + 5,408円 = 11,024円
　　　12,000円 ＞ 11,024円　∴減損損失を認識する。

ハ　減損損失の測定

$$使用価値：\frac{5,616円}{1.04} + \frac{5,408円}{1.04^2} = 10,400円$$

　　正味売却価額：10,000円
　　回収可能価額：10,000円 ＜ 10,400円　∴　10,400円
　　減損損失：12,000円 − 10,400円 = 1,600円

| (減　損　損　失) | 1,600 | (建　　　　　物) | 1,600 |

建物：60,000円 − 1,600円 = 58,400円

(2) 備品

簿価に償却率を掛けた額が、取得原価に保証率を掛けた額を下回るため、簿価に改定償却率を掛けて減価償却費を計算する。

（減　価　償　却　費）	378*	（備品減価償却累計額）	378

* 償却率：$1 \div 5 年 \times 200\% = 0.4$
$(3,500 円 - 2,744 円) \times 0.4 = 302.4 円$
$3,500 円 \times 0.10800 = 378 円$
$302.4 円 < 378 円 \quad \therefore \quad (3,500 円 - 2,744 円) \times 0.5 = 378 円$

備品減価償却累計額：$2,744 円 + 378 円 = 3,122 円$
減価償却費：$6,000 円 + 378 円 = 6,378 円$

▶ここに注意◀
①簿価×定率法償却率
②取得原価×保証率
①＞②の場合、
　①が減価償却費
①＜②の場合、
　簿価×改定償却率

6．社債

問題文にある社債発行差金勘定は社債の評価勘定で、社債の額面金額と発行価額との差額を計上したものである。償却原価法適用時には社債勘定を増やすのではなく、社債発行差金勘定を減らす。

社債勘定は、将来償還されるべき債務額を表す。社債勘定と社債発行差金勘定の差額は、社債の貸借対照表価額を表す。

(1) 発行時（処理済み）

（当 座 預 金 な ど）	38,800*²	（社　　　　　　債）	40,000*¹
（社 債 発 行 差 金）	1,200*³		

＊1　社債の額面金額

＊2　$40,000 円 \times \dfrac{@97 円}{@100 円} = 38,800 円$

＊3　$40,000 円 - 38,800 円 = 1,200 円$

(2) 償却原価法（定額法）

（社　債　利　息）	50*	（社 債 発 行 差 金）	50

＊　$1,200 円 \times \dfrac{5 カ 月}{12 カ 月 \times 10 年} = 50 円$

(3) 利息の見越し計上

（社　債　利　息）	500*	（未 払 社 債 利 息）	500

＊　$40,000 円 \times 3\% \times \dfrac{5 カ 月}{12 カ 月} = 500 円$

社債発行差金：$1,200 円 - 50 円 = 1,150 円$
社債利息：$50 円 + 500 円 = 550 円$

7．退職給付引当金

(1) 退職給付費用の計上

勤務費用：800 円
利息費用：$12,000 円 \times 5\% = 600 円$
期待運用収益：$4,500 円 \times 3\% = 135 円$
集計：$800 円 + 600 円 - 135 円 = 1,265 円$

（退 職 給 付 費 用）	1,265	（退 職 給 付 引 当 金）	1,265

(2) 年金掛け金の拠出及び退職一時金の支払い

▶ここに注意◀

| （退 職 給 付 引 当 金） | 1,200* | （仮　　払　　金） | 1,200 |

＊　500円 + 700円 = 1,200円

退職給付引当金：7,500円 + 1,265円 − 1,200円 = 7,565円

8．収益及び費用の見越し・繰延べ
(1) 未払給料

| （給　　　　　料） | 2,100 | （未　払　給　料） | 2,100 |

給料：36,000円 + 2,100円 = 38,100円

(2) 未払利息

| （支　払　利　息） | 112* | （未　払　利　息） | 112 |

＊　$4,800円 \times 7\% \times \dfrac{4 カ月}{12 カ月} = 112円$

支払利息：224円 + 112円 = 336円

(3) 未収利息

| （未　収　利　息） | 5* | （受　取　利　息） | 5 |

＊　$600円 \times 5\% \times \dfrac{2 カ月}{12 カ月} = 5円$

受取利息：25円 + 5円 = 30円

(4) 前払広告宣伝費

| （前 払 広 告 宣 伝 費） | 500* | （広　告　宣　伝　費） | 500 |

＊　$1,200円 \times \dfrac{5 カ月}{12 カ月} = 500円$

広告宣伝費：1,200円 − 500円 = 700円

(5) 消耗品

残高試算表に消耗品費があり消耗品を購入時に費用処理していることがわかる。そのため、期末未使用分を消耗品費から消耗品に振替える。

| （消　耗　品） | 3 | （消　耗　品　費） | 3 |

消耗品費：58円 − 3円 = 55円

9．法人税等

| （法　人　税　等） | 900 | （仮　　払　　金） | 410 |
| | | （未　払　法　人　税　等） | 490 |

仮払金に中間納付額が含まれていることに注意する。

10．繰越利益剰余金

| （損　　　　　益） | 72,123* | （繰 越 利 益 剰 余 金） | 72,123 |

＊　損益勘定の貸借差額より、当期純利益72,123円

繰越利益剰余金：21,480円 + 72,123円 = 93,603円

第203回
財 務 会 計

問題1

	正誤	理　　　　　由
1.	○	
2.	×	科目ごとに減価償却累計額を控除する方法を原則とするが、減価償却累計額を一括して控除する方法、または減価償却累計額を控除した残額のみを記載する方法によることもできる。
3.	×	最善の見積りを行わなかったことにより引当金の残高が存在する場合は過去の誤謬に該当するため、修正再表示を行う。
4.	○	
5.	×	未認識数理計算上の差異のうち当期に費用処理された部分については、その他の包括利益の調整（組替調整）が行われる。
6.	○	
7.	○	
8.	×	識別可能性の要件を満たす限り、その企業結合日の時価に基づいて資産として計上する。
9.	×	その他有価証券の時価が著しく下落した場合には、回復する見込みがあると認められる場合を除き、その時価を翌期首の取得原価とする。
10.	○	

各④

問題2

問1	株主との間における株主資本の増減取引である資本取引と、株主資本の利用による損益取引とを区別することで適正な期間損益計算を行うためである。	
問2	(1) 資本準備金	その他資本剰余金
	(2) 利益準備金	その他利益剰余金
問3	欠損てん補のために、その他資本剰余金を繰越利益剰余金に振り替える場合	
問4	その他利益剰余金を資本金に振り替える場合	
問5	利益剰余金から資本準備金への振替え	
	資本剰余金から利益準備金への振替え	

問題2は各⑤、問5は両方正解で⑤

【別解】
問1 「利益隠ぺいや粉飾決算を防止するため」といった解答でも可。
問4 「その他資本剰余金の負の残高をその他利益剰余金から減額する場合」でも可。
問5 「その他利益剰余金から資本準備金への振替え、その他資本剰余金から利益準備金への振替え」でも可。
「繰越利益剰余金からの配当で資本準備金の積立て、その他資本剰余金からの配当で利益準備金の積立て」といった解答でも可。

問題3
問1

		営業活動によるキャッシュ・フロー	投資活動によるキャッシュ・フロー	財務活動によるキャッシュ・フロー	
方法①	利息の受取額	○			
	配当金の受取額	○			③
	利息の支払額	○			③
	配当金の支払額			○	③
方法②	利息の受取額		○		
	配当金の受取額		○		③
	利息の支払額			○	③
	配当金の支払額			○	③

問2	方法①は、損益計算に関連する受取配当金、受取利息及び支払利息の三者と、損益計算と関係しない支払配当金を区別するという考え方に依拠している。	⑥
問3	方法②は、投資活動の成果と財務活動上のコストとを区別するという考え方に依拠している。	⑥

予想採点基準
⑥…6点×2＝ 12点
⑤…5点×6＝ 30点
④…4点×10＝ 40点
③…3点×6＝ 18点
100点

173

《解　説》　　　　　　　　　　　　　　　　　　　　　　　▶ここに注意◀
問題1　正誤問題

1．重要性の原則：〇

　企業会計は、定められた会計処理の方法に従って正確な計算を行うべきものであるが、　「企業会計原則注解　注
企業会計が目的とするところは、企業の財務内容を明らかにし、企業の状況に関する利害　1」参照
関係者の判断を誤らせないようにすることにあるから、重要性の乏しいものについては、
本来の厳密な会計処理によらないで他の簡便な方法によることも正規の簿記の原則に従っ
た処理として認められる。

　重要性の原則の適用例として、消耗品、消耗工具器具備品その他の貯蔵品等のうち、重
要性の乏しいものについて、その買入時又は払出時に費用として処理する方法がある。

2．有形固定資産の表示：×

　減価償却累計額は、その有形固定資産が属する科目ごとに控除する形式で表示すること　「企業会計原則注解　注
を原則とするが、次の方法によることもできる。　　　　　　　　　　　　　　　　　　　17」参照

　⑴　二以上の科目について、減価償却累計額を一括して記載する方法

　⑵　減価償却累計額を控除した残額のみを記載し、減価償却累計額を注記する方法

3．誤謬の訂正：×

　引当額の過不足が計上時の見積り誤りに起因する場合には、過去の誤謬に該当するため、　「会計方針の開示、会計上
修正再表示を行う。　　　　　　　　　　　　　　　　　　　　　　　　　　　　　　　の変更及び誤謬の訂正に
　　　関する会計基準　55」参
　一方、過去の財務諸表作成時において入手可能な情報に基づき最善の見積りを行った場　照
合には、当期中における状況の変化により会計上の見積りの変更を行ったときの差額、又
は実績が確定したときの見積金額との差額は、その変更のあった期、または実績が確定し
た期に、その性質により、営業損益又は営業外損益として認識する。

4．のれんの減損：〇

　企業が、他の企業または事業を取得した際に、その取得原価が受け入れた資産及び引き　「企業結合に関する会計基
受けた負債の純額を上回る場合には、その超過額はのれんとして処理する。　　　　　　準　109」参照

　ここで、企業結合のプロセスにおいて、買収対価（発行株式金額）の過大評価や過払いが
生じている可能性がある場合には、のれん等が過大に計上される状況が考えられる。

　このように取得原価のうち、のれんやのれん以外の無形資産に配分された金額が相対的
に多額になるときには、企業結合年度においても「固定資産の減損に係る会計基準」の適用
上、減損の兆候が存在すると判定される場合もある。

5．その他の包括利益の組替調整：×

　数理計算上の差異の当期発生額及び過去勤務費用の当期発生額のうち、費用処理されな　「退職給付に関する会計基
い部分（未認識数理計算上の差異及び未認識過去勤務費用となる。）については、その他の包　準　15」参照
括利益に含めて計上する。

　その他の包括利益累計額に計上されている未認識数理計算上の差異及び未認識過去勤務
費用のうち、当期に費用処理された部分については、その他の包括利益の調整（組替調整）
を行う。

6．棚卸資産の評価：○

「棚卸資産の評価に関する会計基準　36」参照

収益性が低下した場合における簿価切下げは、取得原価基準の下で回収可能性を反映させるように、過大な帳簿価額を減額し、将来に損失を繰り延べないために行われる会計処理である。

棚卸資産の収益性が当初の予想よりも低下した場合において、回収可能な額まで帳簿価額を切り下げることにより、財務諸表利用者に的確な情報を提供することができるものと考えられる。

7．連結子会社が保有する親会社株式：○

「自己株式及び準備金の額の減少等に関する会計基準　16、17」参照

連結子会社が保有する親会社株式は、親会社が保有している自己株式と合わせ、純資産の部の株主資本に対する控除項目として表示する。

連結子会社における親会社株式の売却損益は、親会社における自己株式処分差額の会計処理と同様とする。そのため、自己株式処分差額はその他資本剰余金として処理する。

8．企業結合における研究開発費の処理：×

「「研究開発等に係る会計基準」の一部改正　5」参照
「企業結合に関する会計基準　101」
企業結合により受け入れた研究開発の途中段階の成果は、仕掛研究開発として無形固定資産に計上する。

企業結合において、被取得企業が行っていた研究開発を取得企業が受け入れる場合には、研究開発費の処理の考え方を重視し費用処理する考え方と、企業結合の処理の考え方を重視し一定の要件を満たすものについて資産計上する考え方があった。

日本の会計基準では、これまで「研究開発費等に係る会計基準」の考え方に従い、その金額を配分時に費用処理することとしていたが、識別可能性の要件を満たす限り、価値のある成果を受け入れたという実態を財務諸表に反映するために、その企業結合日の時価にもとづいて、資産計上する方法に変更した。

9．有価証券の減損処理：×

「金融商品に関する会計基準　21」参照

満期保有目的の債券、子会社株式及び関連会社株式並びにその他有価証券のうち、市場価格のない株式等以外のものについて時価が著しく下落したときは、回復する見込があると認められる場合を除き、時価をもって貸借対照表価額とし、評価差額は当期の損失として処理しなければならない。

この場合には、当該時価及び実質価額を翌期首の取得原価とする。

10．事業税の表示：○

「法人税、住民税及び事業税等に関する会計基準　9」参照

法人税、住民税及び事業税(所得割)は、損益計算書の税引前当期純利益の次に、法人税、住民税及び事業税などその内容を示す科目をもって表示する。

なお、事業税(付加価値割及び資本割)は、原則として、損益計算書の販売費及び一般管理費に租税公課として表示する。

所得割とは、企業の儲けである課税所得に対する税金をいう。付加価値割とは、企業が生み出した価値に対する税金をいう。資本割とは、期末の資本金等に対する税金をいう。

問題2　理論問題
問1　資本取引と損益取引を区別しなければならない理由

資本取引とは、企業の株主資本を直接増減させることを目的として行われる取引であり、損益取引とは、企業が利益の獲得をめざして行う取引である。

両者を区別することで企業活動の成果である期間損益を適正に計算することができる。

問2　資本剰余金と利益剰余金の配当の可否

▶ここに注意◀

(1) 配当が許容される資本剰余金

資本剰余金は資本取引から生じた剰余金であり維持拘束性を特質とする。

一方、利益剰余金は損益取引から生じた剰余金であり、分配可能性を特質とする。配当は、企業が獲得した利益の中から行うべきであり、株主から払い込まれた企業にとっての元本の一部である資本剰余金からは、本来、配当することができない。

しかし、会社法上は、その他利益剰余金が少ない場合でも株主に配当をしたいという企業からの要請により、その他資本剰余金からの配当を認めている。

「会社法 第446条、第453条」

(2) 配当が禁止されている利益剰余金

利益剰余金は損益取引から生じた剰余金であり、本来、配当することができる。

しかし、会社法上、会社の債権者に返済する額を企業内に残すために、その他利益剰余金から配当を行った際に、一定の額を利益準備金として積み立てることを規定している。繰越利益剰余金から利益準備金を積み立てた額は、配当として社外に流出することがなくなる。

このように利益準備金は債権者を保護するために積み立てられたものであるため、配当することができない。

問3　資本剰余金から利益剰余金への振替え

(1) 原則的な考え方

資本剰余金は維持拘束性を特質とし、利益剰余金は分配可能性を特質とし、両者の特質は異なる。ここで、資本剰余金とすべきものを利益剰余金とすると、維持すべき資本が侵食され債権者の利益を害するおそれがある。そのため、資本剰余金を利益剰余金に振り替えることは、原則として認められない。

(2) 利益剰余金が負の残高の場合

利益剰余金が負の残高のときにその他資本剰余金で補てん(欠そんてん補)するのは、資本剰余金と利益剰余金の混同にはあたらないと考えられる。

もともと払込資本と留保利益の区分が問題になったのは、同じ時点で両者が正の値であるときに、両者の間で残高の一部又は全部を振り替えたり、一方に負担させるべき分を他方に負担させるようなケースである。

負の残高になった利益剰余金を、将来の利益を待たずにその他資本剰余金で補うのは、払込資本に生じている毀損を事実として認識するものであり、払込資本と留保利益の区分の問題にはあたらないと考えられる。

「自己株式及び準備金の額の減少等に関する会計基準 61」参照

問4　利益剰余金から払込資本への振替え

資本と利益を明確に区分するという観点から、利益剰余金を払込資本に振替えることは、原則として認められない。そのため、企業が獲得した利益を財源に増資をしたい場合には、従来、いったん株主に配当を行ったうえで、その資金を出資してもらって増資するという手続きをとらなければならなかった。

しかし、金銭による払込みがなくても資本金を増加させたいという企業の要請により、会社計算規則が改正され、現在、その他利益剰余金(任意積立金、繰越利益剰余金)または利益準備金を資本金に振替えることが可能となっている。

「会社計算規則 第25条第1項」

▶ここに注意◀

問5　会社法が禁止している準備金の額の増加
　　　資本準備金は払込資本のうち資本金としなかった部分またはその他資本剰余金から配当を行った際に積み立てた額である。
　　　資本剰余金と利益剰余金を区別するために、資本剰余金を減少させて利益準備金を増加すること、または、利益剰余金を減少させて資本準備金を増加させることはできない。

問題3　理論問題

問1　キャッシュ・フロー計算書における利息及び配当金の表示区分
　　　利息及び配当金に係るキャッシュ・フローは次の2つのうちのいずれかの方法で記載する。

記載方法①

	営業活動	投資活動	財務活動
受取利息	○		
受取配当金	○		
支払利息	○		
支払配当金			○

記載方法②

	営業活動	投資活動	財務活動
受取利息		○	
受取配当金		○	
支払利息			○
支払配当金			○

問2　記載方法①が依拠する考え方
　　　記載方法①は、損益計算に関連する受取配当金、受取利息及び支払利息の三者と、損益計算と関係しない支払配当金を区別するという考え方に依拠している。

問3　記載方法②が依拠する考え方
　　　記載方法②は、投資活動の成果と財務活動上のコストとを区別するという考え方に依拠している。

商簿・財会

203

第205回

商業簿記

問題1

(単位：円)

問題番号	借方科目	金額	貸方科目	金額	
(1)	株式報酬費用	111,000	新株予約権	111,000	
(2)	株式報酬費用	216,600	新株予約権	216,600	
(3)	株式報酬費用	224,400	新株予約権	224,400	

各④

問題2

ケース1

(単位：円)

問題番号	借方科目	金額	貸方科目	金額	
(1)	半成工事※1	284,000	材料費	92,000	③
			労務費	121,000	
			経費	71,000	
(2)	半成工事原価※2	284,000	半成工事※1	284,000	③
(3)	契約資産※4	384,000	半成工事収益※3	384,000	④

ケース2

(単位：円)

問題番号	借方科目	金額	貸方科目	金額	
(1)	半成工事※1	284,000	材料費	92,000	③
			労務費	121,000	
			経費	71,000	
(2)	半成工事原価※2	284,000	半成工事※1	284,000	③
(3)	契約資産※4	284,000	半成工事収益※3	284,000	③

※1 「半成工事」は、「未成工事支出金」でも可。

※2 「半成工事原価」は、「完成工事原価」でも可。

※3 「半成工事収益」は、「完成工事高」でも可。

※4 本書では問題文を「収益認識に関する会計基準」に合わせて改題し、「半成工事売掛金」を「契約資産」としています。

問題3

損　　　　益 （単位：円）

借　方　科　目	金　　額	貸　方　科　目	金　　額
売　上　原　価	〔 ③ 　1,650,950 〕	売　　　　　　上	2,454,000
給　料　手　当	221,000	受　取　配　当　金	280
退　職　給　付　費　用	〔 ③ 　1,600 〕	受　取　利　息	〔 　10 〕
広　告　宣　伝　費	〔 ③ 　4,200 〕	有　価　証　券　利　息	〔 　2,262 〕※1
支　払　家　賃	〔 　3,600 〕	償　却　債　権　取　立　益	〔 ③ 　800 〕
雑　　　　　　費	1,526		
貸　倒　引　当　金　繰　入	〔 　3,000 〕		
減　価　償　却　費	〔 ③ 　9,212 〕		
支　払　利　息	〔 　1,264 〕		
投　資　有　価　証　券　評　価　損	〔 ③ 　1,000 〕		
法　人　税　等	185,000		
繰　越　利　益　剰　余　金	〔 ③ 　375,000 〕※2		
	〔 　2,457,352 〕		〔 　2,457,352 〕

※1　有価証券利息は2,261円でも可。

※2　繰越利益剰余金は374,999円でも可。

問題3

閉 鎖 残 高

（単位：円）

借 方 科 目		金 額		貸 方 科 目		金 額	
現　　　　　金		121,079		買　　掛　　金		51,000	
当 座 預 金	〔③	379,200 〕		電 子 記 録 債 務	〔③	29,200 〕	
売　　掛　　金	〔	125,700 〕		未 払 消 費 税 等	〔③	25,575 〕	
電 子 記 録 債 権		84,000		未 払 法 人 税 等	〔③	85,000 〕	
繰 越 商 品	〔③	192,050 〕		**未　　払　　金**	〔③	400 〕	
前 払 家 賃 ※1	〔③	1,200 〕		未 払 リ ー ス 債 務	〔③	3,961 〕	
未 収 利 息 ※2	〔③	10 〕		貸 倒 引 当 金	〔③	4,194 〕	
建　　　　　物		150,000		リ ー ス 債 務	〔③	13,363 〕	
備　　　　　品	〔③	21,060 〕		退 職 給 付 引 当 金	〔③	12,100 〕	
土　　　　　地		380,000		建 物 減 価 償 却 累 計 額	〔	40,000 〕	
満 期 保 有 目 的 債 券	〔③	96,512 〕※3		備 品 減 価 償 却 累 計 額	〔	4,212 〕	
そ の 他 有 価 証 券	〔	30,300 〕		資　　本　　金	〔③	661,000 〕	
長 期 性 預 金		1,200		資 本 準 備 金		100,000	
				利 益 準 備 金		32,000	
				繰 越 利 益 剰 余 金	〔	519,006 〕※4	
				その他有価証券評価差額金	〔③	1,300 〕	
		〔 1,582,311 〕				〔 1,582,311 〕	

※1 「前払家賃」は、「前払費用」でも可。

※2 「未収利息」は、「未収収益」でも可。

　　なお、※1※2は上下逆でも可。

※3 満期保有目的債券は、「96,511」でも可。

※4 繰越利益剰余金は、「519,005」でも可。

《解　説》

問題1　仕訳問題　ストック・オプション(以下、単位：円)

▶ここに注意◀

ストック・オプションは、従業員等の労働に対する報酬としての意味があるため、決算時にはその報酬分を**株式報酬費用(費用)**として計上するとともに、同額の**新株予約権(純資産)**を計上する。

$$株式報酬費用 = 公正な評価額 \times \frac{付与日から当期末までの期間(月数)}{対象勤務期間(月数)} - 過年度費用計上額$$

公正な評価単価 × ストック・オプション数*

＊　ストック・オプション総数 － 失効すると見込まれるストック・オプション数

(1)　決算時(2X02年3月31日)

| （株 式 報 酬 費 用） | 111,000* | （新 株 予 約 権） | 111,000 |

＊　@3,000円 × (200名 × 1個／名 － 15個) × $\frac{6 \text{カ月}}{30 \text{カ月}}$ ＝ 111,000円

分母の対象勤務期間は、付与日の2X01年10月1日から権利確定日までの2X04年3月31日までの30カ月である。

(2)　決算時(2X03年3月31日)

| （株 式 報 酬 費 用） | 216,600* | （新 株 予 約 権） | 216,600 |

＊　@3,000円 × (200名 × 1個／名 － 18個) × $\frac{18 \text{カ月}}{30 \text{カ月}}$ － 111,000円 ＝ 216,600円

(3)　決算時(2X04年3月31日)

権利確定年度は差額で計算する。

| （株 式 報 酬 費 用） | 224,400* | （新 株 予 約 権） | 224,400 |

＊　@3,000円 × 184個 － 111,000円 － 216,600円 ＝ 224,400円

問題2　工事契約(以下、単位：円)

ケース1　進捗度にもとづき収益を認識する場合

原価比例法による場合の工事収益は以下の式で計算する。なお、計算の際は、進捗度をいったん計算し(必要な場合、端数処理を行ってから)、工事収益総額に進捗度を掛けて計算した方がよい。

$$工事収益 = 工事収益総額 \times \underbrace{\frac{当期末までの実際工事原価累計額}{見積工事原価総額}}_{(進捗度)} - 過年度収益計上額$$

1．2X05年3月期

(1)　工事原価の集計・算定

（半 成 工 事）	256,000	（材 料 費）	102,000
		（労 務 費）	106,000
		（経 費）	48,000

※　「半成工事」は「**未成工事支出金**」を用いてもよい。

全経上級の公式テキストである「全経簿記上級 商業簿記・会計学テキスト」に基づいた勘定科目を用いていますが、学習上、一般的に用いられる科目でも正解と考えられます。

(2) 工事原価の計上

(半 成 工 事 原 価)	256,000		(半 成 工 事)	256,000

※ 「半成工事原価」は「完成工事原価」を用いてもよい。

(3) 工事収益の計上

本問は「収益認識に関する会計基準」に基づいて改題しています。**工事物件の引渡し時に支払義務が確定する契約の場合、支払義務が確定する前の債権は「契約資産」として処理し、支払義務確定後に「契約資産」から完成工事未収入金(半成工事売掛金)に振り替えます。**

(契 約 資 産)	480,000*		(半 成 工 事 収 益)	480,000

※ 「半成工事収益」は「完成工事高」を用いてもよい。

＊ 工事原価総額：256,000円 + 384,000円 = 640,000円

$$1,200,000円 \times \frac{256,000円}{640,000円}(0.4) = 480,000円$$

２．2X06年３月期

(1) 工事原価の集計・算定

(半 成 工 事)	284,000		(材 料 費)	92,000
			(労 務 費)	121,000
			(経 費)	71,000

(2) 工事原価の計上

(半 成 工 事 原 価)	284,000		(半 成 工 事)	284,000

(3) 工事収益の計上

(契 約 資 産)	384,000*		(半 成 工 事 収 益)	384,000

＊ 工事原価総額：256,000円 + 284,000円 + 210,000円 = 750,000円

$$1,200,000円 \times \frac{256,000円 + 284,000円}{750,000円}(0.72) - 480,000円 = 384,000円$$

ケース２　原価回収基準にもとづき収益を認識する場合

１．2X05年３月期

原価回収基準とは、履行義務を充足する際に発生する費用のうち、回収することが見込まれる費用の金額で収益を認識する方法をいう。

原価回収基準では、**工事原価と同額の工事収益を計上する。**

(1) 工事原価の集計・算定

(半 成 工 事)	256,000		(材 料 費)	102,000
			(労 務 費)	106,000
			(経 費)	48,000

(2) 工事原価の計上

(半 成 工 事 原 価)	256,000		(半 成 工 事)	256,000

(3) 工事収益の計上

▶ここに注意◀

| (契　約　資　産) | 256,000* | (半 成 工 事 収 益) | 256,000 |

＊　工事原価：256,000円

２．2X06年３月期
(1) 工事原価の集計・算定

(半　成　工　事)	284,000	(材　　　料　　　費)	92,000
		(労　　　務　　　費)	121,000
		(経　　　　　　　費)	71,000

(2) 工事原価の計上

| (半 成 工 事 原 価) | 284,000 | (半　成　工　事) | 284,000 |

(3) 工事収益の計上

| (契　約　資　産) | 284,000* | (半 成 工 事 収 益) | 284,000 |

＊　工事原価：284,000円

問題３　損益勘定と閉鎖残高勘定の作成(以下、単位：円)
１．当座預金
(1) 貸倒れ処理済み債権の回収
　過年度に貸倒れ処理済みの債権を回収したときは、償却債権取立益勘定で処理する。

| (当　座　預　金) | 800 | (償 却 債 権 取 立 益) | 800 |

(2) 売掛金振込み誤記入
① 正しい仕訳

| (当　座　預　金) | 6,900 | (売　　　掛　　　金) | 6,900 |

② 会社の仕訳

| (当　座　預　金) | 9,600 | (売　　　掛　　　金) | 9,600 |

③ 修正仕訳

| (売　　　掛　　　金) | 2,700 | (当　座　預　金) | 2,700* |

＊　9,600円 − 6,900円 = 2,700円

売掛金：123,000円 + 2,700円 = 125,700円

(3) 電子記録債務の引落し未達

| (電 子 記 録 債 務) | 2,800 | (当　座　預　金) | 2,800 |

電子記録債務：32,000円 − 2,800円 = 29,200円

(4) 未渡し小切手
　小切手振り出し時に当座預金を減少させたにもかかわらず、先方に渡していなかったため、当座預金の減少の取消しとして借方を当座預金とする。また、広告宣伝費の未払い分を未払金として処理する。

| (当　座　預　金) | 400 | (未　　　払　　　金) | 400 |

広告宣伝費という費用が発生している事実は変わらないため、貸方を広告宣伝費としないことに注意する。

205

(5) 決算整理前残高試算表の当座預金

以下の銀行勘定調整表を作成し、銀行の残高証明書残高から加算と減算を逆にして、決算整理前残高試算表の当座預金の金額を計算する。

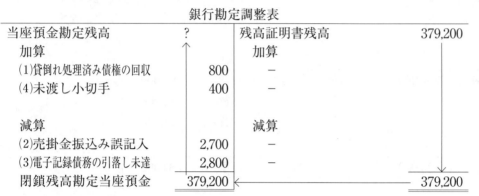

銀行勘定調整表

当座預金勘定残高		?	残高証明書残高		379,200
加算			加算		
(1)貸倒れ処理済み債権の回収		800			–
(4)未渡し小切手		400			–
減算			減算		
(2)売掛金振込み誤記入		2,700			–
(3)電子記録債務の引落し未達		2,800			–
閉鎖残高勘定当座預金		379,200			379,200

決算整理前残高試算表の当座預金：

379,200円 + 2,800円 + 2,700円 − 400円 − 800円 = 383,500円

2．貸倒引当金

売上債権期末残高：123,000円 + 2,700円 + 84,000円 = 209,700円

売掛金   電子記録債権

（貸倒引当金繰入）	3,000*	（貸 倒 引 当 金）	3,000

* 209,700円 × 2 % = 4,194円

    4,194円 − 1,194円 = 3,000円

貸倒引当金：1,194円 + 3,000円 = 4,194円

3．有価証券の評価

(1) 満期保有目的債券

債券には利付債と割引債がある。

利付債：債券の利率にもとづいた利息(利札)が、決まった時期に支払われる債券

割引債：利息(利札)は決まった時期に支払われないが、額面金額より割り引いた低い価格で発行される債券

利付債でも、債券を購入してもらうために、債券を割引発行することはある。

①　2X01 年 10 月 1 日(発行時　処理済み)

債券の発行価額は、債券の将来キャッシュ・フローを実効利子率で割り引いた割引現在価値となる。

本問では割引債で利札が無いため、債券の割引現在価値は満期償還時の 100,000円を 3 年で割り引いて計算する。

100,000円 ÷ 1.024³ = 93,132.25…→93,132円

問題 1 の前に、円未満の端数は四捨五入する指示があることに注意する。

（満期保有目的債券）	93,132	（当 座 預 金 な ど）	93,132

償却原価のスケジュール表

年　月　日	利息配分額	利札受取額	償却額	償却原価(帳簿価額)
2X01年10月1日	−	−	−	93,132
2X02年9月30日	2,235 *1	−	2,235	95,367 *2
2X03年9月30日	2,289 *3	−	2,289	97,656
2X04年9月30日	2,344 *4	−	2,344	100,000

＊1　93,132円×2.4% = 2,235.168→2,235円

＊2　93,132円 + 2,235円 = 95,367円

＊3　95,367円×2.4% = 2,288.808→2,289円

＊4　100,000円 − 97,656円 = 2,344円

② 2X02年3月31日(決算時 処理済み)

1年分の利息配分額2,235円のうち6カ月分を計上する。

(満期保有目的債券)　　　1,118*　　(有価証券利息)　　　1,118

＊　$2,235 円 \times \dfrac{6 カ月}{12 カ月} = 1,117.5 → 1,118 円$

決算整理前残高試算表の満期保有目的債券：

93,132円 + 1,118円 = 94,250円

決算整理前残高試算表の資本金：

3,585,480円 − 2,924,480円 = 661,000円

借方合計　　資本金を除く貸方合計

③ 2X02年9月30日(未処理)

1年分の利息配分額2,235円から、半年分を引いた額を償却額とする。

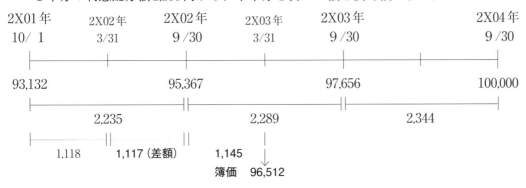

(満期保有目的債券)　　　1,117*　　(有価証券利息)　　　1,117

＊　2,235円 − 1,118円 = 1,117円

$(93,132 + 1,118) \times 2.4\% \times \dfrac{6 カ月}{12 カ月} = 1,131 円$とすると、1年分の償却合計は2,249

円となり、満期時に額面金額(100,000円)を超えてしまうため、不正解である。

④ 2X03年3月31日(決算時)

利息配分額2,289円のうちの6カ月分を計上する。

(満期保有目的債券)　　　1,145*　　(有価証券利息)　　　1,145

＊　$2,289 円 \times \dfrac{6 カ月}{12 カ月} = 1,144.5 → 1,145 円$

▶ここに注意◀

別解　2X03年3月31日の処理

　割引現在価値の考え方からすると割り引く期間ごとに償却額を計算(2,289円)し端数処理をした上で、決算日とずれる場合には月割計算を行うの(1,145円)が本来のあるべき考え方である。しかし、以下のように計算しても別解として認められると考えられる。

$$95,367円(期首簿価) \times 2.4\% \times \frac{6\,カ月}{12\,カ月} = 1,144.404 \to 1,144円$$

(満期保有目的債券)	1,144	(有価証券利息)	1,144

　　有価証券利息：1,117円 + 1,145円 = 2,262円

　　満期保有目的債券：94,250円 + 1,117円 + 1,145円 = 96,512円

　　　　　　　　　　　　前T/B　　9月分　　3月分

(2)　その他有価証券

　部分純資産直入法によるため、時価が取得原価を下回る銘柄については投資有価証券評価損を計上し、時価が取得原価を上回る銘柄についてはその他有価証券評価差額金を計上する。

①　A社株式

(投資有価証券評価損)	3,000*	(その他有価証券)	3,000

　　*　9,000円 − 12,000円 = △3,000円

②　B社株式

(その他有価証券)	1,300*	(その他有価証券評価差額金)	1,300

　　*　21,300円 − 20,000円 = 1,300円

　　その他有価証券：9,000円 + 21,300円 = 30,300円(期末時価合計)

　　投資有価証券評価損：3,000円 − 2,000円(前T/B) = 1,000円

決算整理前残高試算表の貸方の投資有価証券評価損を忘れないようにする。

4．期末商品の評価

(1)　売上原価の算定

(仕　　　　　入)	184,000	(繰　越　商　品)	184,000
(繰　越　商　品)	210,000*	(仕　　　　　入)	210,000

　　*　問題文＜資料2＞5より。期末商品はA商品、B商品だけではないことに注意する。

(2)　期末商品の評価

　問題文に「商品評価損及び棚卸減耗損は…仕入勘定に振り替える。」とあるため、仕入勘定に振り替える。

(棚　卸　減　耗　損)	2,200*1	(繰　越　商　品)	17,950
(商　品　評　価　損)	15,750*2		
(仕　　　　　入)	17,950	(棚　卸　減　耗　損)	2,200
		(商　品　評　価　損)	15,750

　　*1　(500個 − 490個) × @100円 + (100個 − 98個) × @600円 = 2,200円

　　*2　(@100円 − @75円) × 490個 + (@600円 − @250円) × 10個 = 15,750円

答案用紙に売上原価勘定しかないため、棚卸減耗損と商品評価損を振り替えた後の仕入勘定残高を、売上原価勘定に振り替える。

▶ここに注意◀

| （売　上　原　価） | 1,650,950* | （仕　　　　　入） | 1,650,950 |

*　$\underset{\text{当期仕入}}{\underline{1,659,000\text{円}}} + \underset{\text{期首商品}}{\underline{184,000\text{円}}} - \underset{\text{期末商品}}{\underline{210,000\text{円}}} + \underset{\text{棚減・評価損}}{\underline{17,950\text{円}}} = 1,650,950\text{円}$

A商品

B商品

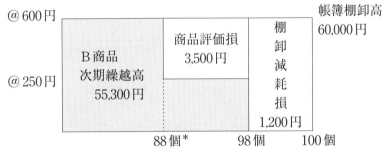

*　98個 − 10個 = 88個

繰　越　商　品：210,000円 − 17,950円 = 192,050円

5．固定資産

(1)　建物（減価償却）

| （減　価　償　却　費） | 5,000* | （建物減価償却累計額） | 5,000 |

*　150,000円 ÷ 30年 = 5,000円

建物減価償却累計額：35,000円 + 5,000円 = 40,000円

(2)　備品（リース資産）

①　取得（未処理）

答案用紙にリース資産勘定がなく備品勘定があるため、リース資産を備品勘定で処理する。見積現金購入価額とリース料総額の割引現在価値のいずれか低い額を備品として計上する。

所有権移転条項および割安購入選択権がなく、特別仕様でもないことから所有権移転外ファイナンス・リース取引となる。

（備　　　　　品）	21,060*	（リ　ー　ス　債　務）	21,060

　　＊　割引現在価値：5,000円 × 4.212 = 21,060円
　　　　21,060 ＜ 23,000円　∴ 21,060円
②　リース料の支払い（未処理）

（リ　ー　ス　債　務）	3,736*²	（仮　　払　　金）	5,000
（支　払　利　息）	1,264*¹		

　　＊1　21,060円 × 6 ％ = 1,263.6 → 1,264円
　　＊2　5,000円 − 1,264円 = 3,736円
　　リース債務残高：21,060円 − 3,736円 = 17,324円
③　リース債務の1年基準による振替え
　　　答案用紙に未払リース債務とリース債務があること及び問題文の指示から1年以内に返済予定のリース債務を未払リース債務に振り替える。

（リ　ー　ス　債　務）	3,961*	（未　払　リ　ー　ス　債　務）	3,961

「未払リース債務」は、全経簿記特有の科目である。

　　＊　17,324円 × 6 ％ = 1,039.44 → 1,039円
　　　　5,000円 − 1,039円 = 3,961円
　　リース債務：17,324円 − 3,961円 = 13,363円
④　減価償却
　　　所有権移転外ファイナンス・リース取引であるため、リース期間にわたり減価償却を行う。

（減　価　償　却　費）	4,212*	（備品減価償却累計額）	4,212

　　＊　21,060円 ÷ 5 年 = 4,212円
　　減価償却費：5,000円 + 4,212円 = 9,212円

6．退職給付引当金

（1）退職給付費用の計上
　　勤務費用：1,000円
　　利息費用：70,000円 × 3 ％ = 2,100円
　　期待運用収益：50,000円 × 5 ％ = 2,500円
　　過去勤務費用の償却額：10,000円 ÷ 10年 = 1,000円
　　集計：1,000円 + 2,100円 − 2,500円 + 1,000円 = 1,600円

前 T / B 退職給付引当金は、70,000 円 − 50,000 円 − （10,000 円 − 1,000 円）= 11,000 円と計算することもできる。

（退　職　給　付　費　用）	1,600	（退　職　給　付　引　当　金）	1,600

（2）年金掛け金の拠出額の処理

（退　職　給　付　引　当　金）	500	（仮　　払　　金）	500

　　退職給付引当金：11,000円 + 1,600円 − 500円 = 12,100円

7．収益及び費用の見越し・繰延べ

（1）前払家賃
　　①　2X02年3月31日（前期末）

（前　払　家　賃）	4カ月分*	（支　払　家　賃）	4カ月分

　　＊　2X02年4月1日から2X02年7月31日までの家賃

188

② 2X02年4月1日（当期首　再振替仕訳　処理済み）

（支　払　家　賃）	4カ月分	（前　払　家　賃）	4カ月分

③ 2X02年8月1日（2X02年8月から2X03年7月までの支払い　処理済み）

（支　払　家　賃）	12カ月分	（当　座　預　金　など）	12カ月分

　　　上記のうち当期の仕訳②と③の仕訳より、**決算整理前残高試算表には、16カ月分（4カ月＋12カ月）の支払家賃が計上されている**ことがわかる。

　　　1カ月の家賃：4,800円（前T／B）÷16カ月＝@300円

④ 2X03年3月31日（当期末）

（前　払　家　賃）	1,200*	（支　払　家　賃）	1,200

　＊　@300円×4カ月＝1,200円

　支払家賃：4,800円－1,200円＝3,600円

(2) 未収利息

（未　収　利　息）	10*	（受　取　利　息）	10

　＊　$1,200円 × 2\% × \dfrac{5カ月}{12カ月} = 10円$

8．法人税等

（法　人　税　等）	185,000	（仮　払　金）	100,000
		（未　払　法　人　税　等）	85,000

(右欄注記) 仮払金に中間納付額が含まれていることに注意する。

9．消費税等

（仮　受　金）	62,000	（仮　払　金）	36,425
		（未　払　消　費　税　等）	25,575*

　＊　62,000円－36,425円＝25,575円

10．繰越利益剰余金

（損　　　益）	375,000*	（繰　越　利　益　剰　余　金）	375,000

　＊　損益勘定の貸借差額より、当期純利益：375,000円

　繰越利益剰余金：144,006円＋375,000円＝519,006円

第205回
財 務 会 計

問題1

	正誤	理 由
1.	×	資本取引・損益取引区分の原則では、資本剰余金と利益剰余金を混同してはならないとしている。
2.	○	
3.	×	共用資産を加えることによって算定される減損損失の増加額は、原則として、共用資産に配分する。
4.	○	
5.	×	1株当たり当期純利益は、連結財務諸表においては、親会社株主に帰属する当期純利益をもとに算定する。
6.	○	
7.	×	ストック・オプションの付与に応じて企業が従業員等から取得するサービスは、貸借対照表の純資産の部に新株予約権として計上する。
8.	×	時の経過による資産除去債務の調整額は、関連する有形固定資産の減価償却費と同じ区分に含めて計上する。
9.	○	
10.	○	

各④

問題2

問1

| 会計は株主と債権者の間の利害調整機能を果たすことが要請されており、株主への分配額を算定する際には換金可能性や処分可能性が求められる。 | ⑧ |

問2

| 売買目的有価証券は、売却することについて事業遂行上等の制約がなく、時価評価差額の実現可能性が高いと考えられる。そのため、時価評価差額を当期の損益として処理する。 | ⑩ |

問3

(1)	子会社株式について上場している場合には、上場していない場合と比較すると、売却により現金あるいはその同等物への転換が容易であるため、時価評価差額は「実現可能な成果」といえる。	
(2)	子会社株式については、事業投資と同じく時価の変動を財務活動の成果とは捉えないという考え方に基づき、時価評価差額を認識しない。	各⑧

問題3

問1

| 電力会社は、他の業界と比較すると有形固定資産を多く保有しているため総資産が大きくなる。そのため、総収益を総資産で割ることにより計算する総資産回転率について、電力会社は相対的に低い業界に属するといえる。 | ⑩ |

問2

| 棚卸資産回転率の計算において分子に売上高を用いる場合、分母が棚卸資産で原価となっているのに対し、分子が売上高で原価に利益を加えた売価となっており、分母と分子で計算の基礎が異なる。そのため、分子に売上原価を用いる場合よりも回転率が高く計算されてしまうという問題がある。 | ⑧ |

問3

| 73　　　（日） | ⑧ |

予想採点基準
⑩…10点×2＝　　20点
⑧…8点×5＝　　40点
④…4点×10＝　　40点
　　　　　　　　100点

《解　説》　　　　　　　　　　　　　　　　　　　　　　　　　▶ここに注意◀
問題1　正誤問題

1．資本取引・損益取引区分の原則：×
　資本取引・損益取引区分の原則では、資本取引と損益取引とを明瞭に区別し、特に資本剰余金と利益剰余金とを混同してはならないとしている。

「企業会計原則　第一
三」参照

2．棚卸資産の評価：○
　通常の販売目的で保有する棚卸資産について、収益性の低下による簿価切下額は売上原価とするが、棚卸資産の製造に関連し不可避的に発生すると認められるときには製造原価として処理する。

　また、収益性の低下に基づく簿価切下額が、臨時の事象に起因し、かつ、多額であるときには、特別損失に計上する。

　臨時の事象とは、例えば重要な事業部門の廃止や災害損失の発生をいう。

　なお、この場合には、洗替え法を適用していても、簿価切下額の戻入れを行ってはならない。

「棚卸資産の評価に関する
会計基準　17」参照

3．共用資産を含む固定資産の減損：×
　共用資産を含む、より大きな単位について減損損失を認識するかどうかを判定するに際しては、共用資産を含まない各資産または資産グループにおいて算定された減損損失控除前の帳簿価額に共用資産の帳簿価額を加えた金額と、割引前将来キャッシュ・フローの総額とを比較する。

　この場合に、共用資産を加えることによって算定される減損損失の増加額は、原則として、共用資産に配分する。

「固定資産の減損に係る会
計基準　二7」参照

4．キャッシュ・フロー計算書：○
　利息及び配当金に係るキャッシュ・フローは、次のいずれかの方法により記載する。
(1)　受取利息、受取配当金及び支払利息は「営業活動によるキャッシュ・フロー」の区分に記載し、支払配当金は「財務活動によるキャッシュ・フロー」の区分に記載する方法
(2)　受取利息及び受取配当金は「投資活動によるキャッシュ・フロー」の区分に記載し、支払利息及び支払配当金は「財務活動によるキャッシュ・フロー」の区分に記載する方法

「連結キャッシュ・フロー
計算書等の作成基準　第
二二3」参照

5．1株当たり当期純利益：×
　1株当たり当期純利益は、普通株式に係る当期純利益を普通株式の期中平均株式数で除して算定する。

$$1株当たり当期純利益＝\frac{普通株式に係る当期純利益}{普通株式の期中平均株式数}$$

　なお、連結財務諸表においては、親会社株主に帰属する当期純利益をもとに計算する。

「1株当たり当期純利益に
関する会計基準　12」参
照

6．税効果会計における税率：〇

繰延税金資産または繰延税金負債の金額は、回収または支払が行われると見込まれる期の税率に基づいて計算する。

▶ここに注意◀
「税効果会計に係る会計基準　第二　二　2」参照

7．ストック・オプション：×

ストック・オプションを付与し、これに応じて企業が従業員等から取得するサービスは、その取得に応じて費用として計上し、対応する金額を、ストック・オプションの権利の行使又は失効が確定するまでの間、貸借対照表の純資産の部に新株予約権として計上する。

「ストック・オプション等に関する会計基準　4」参照

8．資産除去債務：×

時の経過による資産除去債務の調整額(利息費用)は、損益計算書上、資産除去債務に関連する有形固定資産の減価償却費と同じ区分に含めて計上する。

そのため、関連する有形固定資産の減価償却費を販売費及び一般管理費の区分に表示する場合には、資産除去債務の調整額は、販売費及び一般管理費の区分に表示する。

「資産除去債務に関する会計基準　14」参照

9．負ののれん：〇

親会社の子会社に対する投資とこれに対応する子会社の資本との相殺消去にあたり、差額が生じる場合には、差額をのれんまたは負ののれんとする。

負ののれんは発生した事業年度の利益(特別利益)として処理する。

「連結財務諸表に関する会計基準　24」
「企業結合に関する会計基準　48」参照

10．数理計算上の差異：〇

数理計算上の差異は、原則として各期の発生額について、予想される退職時から現在までの平均的な期間以内の一定の年数で按分した額を毎期費用処理する。

「退職給付に関する会計基準　24」参照

問題2　理論問題　収益の認識

1．企業会計原則による収益の認識(実現主義の原則)

収益の認識の伝統的な考え方として、企業会計原則における「実現主義の原則」がある。

実現主義の原則は、**財(商品など)を引渡しまたは用役(サービス)を提供し、対価として現金または現金同等物を受取った時点**で収益を認識する考え方である。

本問における狭義の「実現した成果」とは、どちらかといえば、実現主義の原則を指している。(問1)

「企業会計原則　第二　3　B」参照

2．「財務会計の概念フレームワーク」による収益の認識(投資のリスクからの解放)

「財務会計の概念フレームワーク」では、「投資のリスクから解放」された時点で収益を認識するとしている。

企業は調達した資金を財やサービスに投下し、販売や利用によってそれを上回る資金を回収する。投入された資金は、将来得られるキャッシュ・フローが不確実であるというリスクにさらされている。

投資の成果がリスクから解放されるのは、キャッシュ（現金または現金同等物)を獲得したときであるが、実際にキャッシュを獲得していなくても実質的にキャッシュを獲得したとみなされる場合も含まれる。

そのため、「投資のリスクからの解放」には、「狭義の実現した成果」だけでなく、実質的にキャッシュを獲得したとみなされる場合も含まれる。(問2)

「財務会計の概念フレームワーク　第3章　13」参照

問1　「実現した成果」に換金可能性や処分可能性が求められる理由　　　　　　▶ここに注意◀
1．会計の社会的役割
　　会計の社会的役割には、利害調整機能と情報提供機能がある。
　　利害調整機能：企業の利害関係者の利害対立を解消または調整する機能であり、主
　　　　　　　　　に株主と債権者の間の利害を調整する機能をいう。

　　情報提供機能：企業の利害関係者の意思決定に有用な情報を提供する機能をいう。

2．「実現した成果」に換金可能性や処分可能性が求められる理由
　　会計で計算された利益は株主に分配され、**分配可能額の規定により株主と債権者の**
利害の調整がはかられている。
　　そのため、利益の計算要素である収益について、換金可能性や処分可能性が求めら
れる。

問2　売買目的有価証券の時価評価差額を当期の損益として処理する理由
　　売買目的有価証券は、時価の変動によって利益を得ることを目的として保有する有価
証券であり、その他有価証券のように、**売却することについて事業遂行上等の制約がな**
い。
　　そのため、たとえ実際に売却していなくても、**時価評価差額は実現する可能性が高い。**
したがって、時価評価差額を当期の損益として処理する。

問3　上場している子会社株式の時価評価差額が「実現可能な成果」といえる理由
　　証券取引所に上場している子会社株式は、**取引所で売却することにより現金または現**
金同等物への転換が容易である。そのため、時価評価差額は「**実現可能な成果**」というこ
とはできる。
　　しかし、子会社株式の売却には事業遂行上等の制約があるため、「リスクから解放さ
れた投資の成果」には該当しない。

　　本問の文章を、簡略化したイメージ図にすると次のとおりである。

問4　上場している子会社株式の時価評価差額を認識しない理由

　子会社株式は、時価の変動によって利益を得ること（金融投資）を目的として保有しているわけではなく、**子会社の支配を通じて事業活動を行うことで利益を得ること（事業投資）を目的としている**。そのため、子会社株式の時価が変動しても「実現した成果」ではないため、時価評価差額を当期の損益として認識しない。

問題3　理論問題　財務諸表分析における回転率と回転期間

　財務諸表分析における回転率は、以下の式で計算する。

> 総資産回転率：$\dfrac{総収益}{総資産}$（回）

　なお、通常、分子は売上高とし、分母を各資産に分けて詳細に分析する。

> ○○資産回転率：$\dfrac{売上高}{○○資産}$（回）

問1　電力会社における総資産回転率

　電力会社は発電のため多くの設備を有し、**有形固定資産を多く保有している**。そのため、電力会社の総資産は大きくなり、総資産回転率における分母が大きくなる。

　したがって、総資産回転率について、電力会社は、他の業界を比較すると**相対的に低い**業界に属するといえる。

問2　棚卸資産回転率

　棚卸資産回転率とは、**棚卸資産がどのくらい効率よく販売できているかを測るための指標**で、棚卸資産が1年間で何回販売されているかを表す。棚卸資産回転率は、以下の式で計算する。

> 棚卸資産回転率：$\dfrac{売上高}{棚卸資産}$（回）または$\dfrac{売上原価}{棚卸資産}$（回）

　計算式の分子を売上高とする場合と、売上原価とする場合がある。

　分子に売上高を用いる場合、**分母が棚卸資産で原価となっているのに対し、分子が売上高で原価に利益を加えた売価となっており**、分母と分子で計算の基礎が異なる。

　そのため、分子に売上原価を用いる場合よりも回転率が高く計算され、実態を反映しないという問題がある。

問3　売上債権回転日数

　売上債権回転期間は、**売上により発生した債権が回収される期間**を表す。売上債権回転日数は、以下の式で計算する。

> 売上債権回転日数：$\dfrac{（期首売上債権＋期末売上債権）÷2}{売上高}×365（日）$
>
> または$\dfrac{（期首売上債権＋期末売上債権）÷2}{売上高÷365}（日）$

$$\frac{（370円＋120円＋300円＋150円）÷2}{2,350円}×365＝73日$$

なお、問題文の指示により売上債権は、期首・期末の平均値を用いる。

売上債権回転月数の場合、365の代わりに12を掛ける。

第207回

商 業 簿 記

問題1

(単位：円)

問題番号	借 方 科 目	金 額	貸 方 科 目	金 額	
(1)	売 掛 金	2,310,000	売 上	1,848,000	
			返 金 負 債	252,000	⑤
			仮 受 消 費 税 等	210,000	
	売 上 原 価	1,056,000	商 品	1,200,000	⑤
	返 品 資 産	144,000			
(2)	商 品	160,000	返 品 資 産	144,000	⑤
			売 上 原 価	16,000	
(3)	返 金 負 債	252,000	売 掛 金	308,000	
	売 上	28,000			⑤
	仮 受 消 費 税 等	28,000			

問題2

(単位：円)

借 方 科 目	金 額	貸 方 科 目	金 額	
諸 資 産	800,000	諸 負 債	300,000	
土 地	400,000	資 本 金	100,000	
仕 掛 研 究 開 発 費	50,000	資 本 準 備 金	50,000	⑤
の れ ん	30,000	その他資本剰余金	560,000	
		自 己 株 式	270,000	

問題3

勘定の内訳

(単位：円)

	その他有価証券		繰延税金資産		繰延税金負債		その他有価証券評価差額金			
	借 方		借 方		貸 方		借 方		貸 方	
A社社債	9,930				23			③	55	
B社社債	10,350		③ 45				105			
C社株式	10,500				282			③	658	
D社株式	9,000									
計	③ 39,780		45		③ 305		105		713	

問題3

決算整理後残高試算表

（単位：円）

借　方　科　目		金　額	貸　方　科　目		金　額
現　　　　　　　金		1,520	買　　掛　　金		39,000
当　座　預　金		5,770	仮　受　消　費　税　等		0
売　　掛　　金		60,000	仮　　受　　金		0
割　賦　売　掛　金	〔③	9,884 〕	貸　倒　引　当　金	〔	957 〕
仮　　払　　金		0	未　払　消　費　税　等	〔③	8,200 〕
仮　払　法　人　税　等		0	未　払　法　人　税　等	〔③	12,910 〕
仮　払　消　費　税　等		0	建物減価償却累計額	〔	79,180 〕
繰　越　商　品	〔③	21,916 〕	備品減価償却累計額	〔	33,160 〕
前　払　地　代	〔③	5,400 〕	繰　延　税　金　負　債	〔	305 〕
建　　　　　　　物		150,000	利　息　調　整　勘　定	〔③	915 〕
備　　　　　品		54,000	商　品　低　価　引　当　金	〔③	160 〕
その他有価証券	〔	39,780 〕	資　　本　　金	〔③	200,000 〕
保　　証　　金		98,000	資　本　準　備　金	〔	0 〕
繰　延　税　金　資　産	〔	45 〕	その他資本剰余金	〔③	0 〕
自　己　株　式	〔	0 〕	利　益　準　備　金		20,000
仕　　　　　入	〔③	258,000 〕	繰　越　利　益　剰　余　金	〔③	54,772 〕
給　　与　　手　当		45,000	その他有価証券評価差額金	〔	608 〕
支　払　地　代	〔	7,200 〕	新　株　予　約　権	〔	0 〕
その他の費用		53,000	売　　　　上		400,000
貸　倒　引　当　金　繰　入	〔③	557 〕	割　賦　売　上		10,000
減　価　償　却　費	〔③	14,070 〕	受　取　利　息	〔③	989 〕
棚　卸　減　耗　損	〔③	84 〕	受　取　配　当　金	〔③	60 〕
商　品　評　価　損	〔③	130 〕	新株予約権戻入益	〔③	1,000 〕
固　定　資　産　除　却　損	〔③	7,950 〕			
有価証券評価損（特別損失）	〔③	6,000 〕			
法　人　税　等		23,910			
	〔	862,216 〕		〔	862,216 〕

注意：〔　　　〕内の金額がゼロである場合，０と記入すること。

```
┌───予想採点基準───┐
⑤…5点×5 ＝  25点
③…3点×25 ＝  75点
              100点
```

《解　説》　　　　　　　　　　　　　　　　　　　　　　　　　　▶ここに注意◀

問題1　返品権付き販売(以下、単位：円)

1. 販売時

　返品権付き販売をしたときは、返品による返金が見込まれる分について変動対価と考え売上計上せず、返金負債として認識する。

　また、返品に伴い顧客から商品を回収する権利を返品資産として認識する。なお、消費税法上は、変動対価という考えはないため、販売金額に対して仮受消費税等を計上する。

(売　掛　金)	2,310,000*1	(売　　上)	1,848,000*2
		(返　金　負　債)	252,000*3
		(仮　受　消　費　税　等)	210,000*4

*1　@700円 × 3,000個 = 2,100,000円
　　　2,100,000円 × 110% = 2,310,000円
*2　2,100,000円 × (1 − 12%) = 1,848,000円
*3　2,100,000円 × 12% = 252,000円
*4　2,100,000円 × 10% = 210,000円

| (売　上　原　価) | 1,056,000*2 | (商　　品) | 1,200,000*1 |
| (返　品　資　産) | 144,000*3 | | |

*1　@400円 × 3,000個 = 1,200,000円
*2　1,200,000円 × (1 − 12%) = 1,056,000円
*3　1,200,000円 × 12% = 144,000円

2. 返品時

　返品分について、返品資産を減らす。なお、返品分が返品資産を超えた分については売上原価勘定で調整する。

| (商　　品) | 160,000*1 | (返　品　資　産) | 144,000*2 |
| | | (売　上　原　価) | 16,000*3 |

*1　@400円 × 400個 = 160,000円
*2　1,200,000円 × 12% = 144,000円
*3　160,000円 − 144,000円 = 16,000円

問題文にある返金時の販売価格@450円は、本問では解答上、使用しない。返品されたときの商品の評価額が仕入原価を上回っているため、評価損等を計上する必要はないという指示になる。

3. 返金時

　返金分について、返金負債及び仮受消費税等を減らす。なお、返金額が返金負債を超えた分については売上勘定で調整する。

(返　金　負　債)	252,000*2	(売　掛　金)	308,000*1
(売　　上)	28,000*3		
(仮　受　消　費　税　等)	28,000*4		

*1　@700円 × 400個 = 280,000円
　　　280,000円 × 110% = 308,000円
*2　2,100,000円 × 12% = 252,000円
*3　280,000円 − 252,000円 = 28,000円
*4　280,000円 × 10% = 28,000円

問題2　合併(以下、単位：円)

　　取得企業が受け入れた資産に分離して譲渡可能な無形資産が含まれる場合には、識別可能資産として計上する。仕掛中の研究開発費については仕掛研究開発費として計上する。

(1)　被取得企業の取得原価：@ 980円 × 1,000株 = 980,000円

(2)　払込資本
　　交付株式の時価から自己株式の簿価を控除した額を払込資本とする。
　　自己株式の簿価：@ 900円 × 300株 = 270,000円
　　交付株式の時価：@ 980円 × 1,000株 = 980,000円
　　払込資本：980,000円 − 270,000円 = 710,000円

(諸　資　産)	800,000	(諸　負　債)	300,000
(土　地)	400,000*1	(資　本　金)	100,000
(仕掛研究開発費)	50,000	(資本準備金)	50,000
(の　れ　ん)	30,000*2	(その他資本剰余金)	560,000*3
		(自己株式)	270,000

＊1　時価
＊2　980,000円(取得原価) − (800,000円 + 400,000円 + 50,000円 − 300,000円) = 30,000円
＊3　710,000円(払込資本) − 100,000円 − 50,000円 = 560,000円

問題3　決算整理後残高試算表の作成(以下、単位：円)

1．割賦販売

(1)　販売時(処理済み)

　　本問では、決算整理前残高試算表に利息調整勘定があるため、利息分については利息調整勘定で処理していることがわかる。

(割賦売掛金)	12,355	(割賦売上)	10,000
		(仮受消費税等)	1,000
		(利息調整勘定)	1,355

(2)　代金回収時

①　仮受金処理

(現金など)	2,471	(仮受金)	2,471

②　修正仕訳

　　毎回の支払額2,471円、支払回数5回、年利率4％で割引現在価値を計算すると11,000円となる。

$$割引現在価値：\frac{2,471円}{1.04} + \frac{2,471円}{1.04^2} + \frac{2,471円}{1.04^3} + \frac{2,471円}{1.04^4} + \frac{2,471円}{1.04^5}$$

= 11,000.452… → 11,000円

　　そのため、当期回収分に含まれる利息の計算は11,000円をもとに行う。利息受取時に、利息調整勘定から受取利息に振替える。

(仮受金)	2,471	(割賦売掛金)	2,471
(利息調整勘定)	440*	(受取利息)	440

＊　11,000円(消費税等を含む) × 4％ = 440円

▶ここに注意◀

利息調整勘定：1,355円 − 440円 = 915円

割賦売掛金：12,355円 − 2,471円 = 9,884円

2．貸倒引当金

売上債権の平均回収期間は1年未満であるため、期末の売上債権は、基本的には翌期中に回収されるか、回収不能（貸倒れ）となる。

そのため、各期末の債権残高と翌期の貸倒実績をもとに貸倒実績率を計算する。例えば、2X21年3月期の期末債権残高と、2022年3月期の貸倒実績額を対応させて計算する。

$$2X19年3月期の期末分：\frac{600円}{50,000円} = 0.012$$

$$2X20年3月期の期末分：\frac{480円}{48,000円} = 0.01$$

$$2X21年3月期の期末分：\frac{616円}{56,000円} = 0.011$$

貸倒実績率：(0.012 + 0.01 + 0.011) ÷ 3年 = 0.011

（貸 倒 引 当 金 繰 入）	557*	（貸 倒 引 当 金）	557

* 売掛金に係る貸倒見積高：60,000円 × 0.011 = 660円

　 割賦売掛金に係る貸倒見積高：9,884円 × 0.03 = 296.52 → 297円

　 貸倒引当金繰入額：(660円 + 297円) − 400円 = 557円

貸倒引当金：660円 + 297円 = 957円

3．投資有価証券（その他有価証券）の評価

（1） A社社債（割引債）

$$取得価額：10,000円 × \frac{@97.54円}{@100円} = 9,754円$$

前期償却額：9,754円 × 0.5% = 48.77 → 49円

前期末償却原価：9,754円 + 49円 = 9,803円

（そ の 他 有 価 証 券）	49*	（受 取 利 息）	49

* 9,803円 × 0.5% = 49.015 → 49円

当期末償却原価：9,803円 + 49円 = 9,852円

その他有価証券で償却原価法を適用する債券の場合、まず償却原価法を適用したあとの償却原価を時価に評価替えをする。

（そ の 他 有 価 証 券）	78*1	（繰 延 税 金 負 債）	23*2
		（その他有価証券評価差額金）	55*3

*1　9,930円 − 9,852円 = 78円

*2　78円 × 30% = 23.4 → 23円

*3　78円 − 23円 = 55円

受取利息：500円 + 440円 + 49円 = 989円

割引債とは、利札による利息が付かない社債をいう。利息が付かないため、その分発行価額が低くなる。

(2)　B社社債（利付債）

| （繰 延 税 金 資 産） | 45*2 | （そ の 他 有 価 証 券） | 150*1 |
| （その他有価証券評価差額金） | 105*3 | | |

＊1　取得価額：100ドル×@105円（HR）= 10,500円
　　　期末時価：90ドル×@115円（CR）= 10,350円
　　　評価差額：10,350円 − 10,500円 = △150円
＊2　150円×30% = 45円
＊3　150円 − 45円 = 105円

(3)　C社株式

①　配当金の処理
　　配当原資が利益剰余金の場合には受取配当金で処理する。一方、配当原資が資本剰余金（その他資本剰余金）の場合には、資本の払戻し（投資の払戻し）が行われたと考え、有価証券の勘定を減らす。

| （仮 　 受 　 金） | 100 | （受 取 配 当 金） | 60*1 |
| | | （そ の 他 有 価 証 券） | 40*2 |

＊1　100円×60% = 60円　　＊2　100円×40% = 40円
払戻し後の簿価：9,600円 − 40円 = 9,560円

②　期末の評価
　　払戻し後の簿価を時価に評価替えする。

| （そ の 他 有 価 証 券） | 940*1 | （繰 延 税 金 負 債） | 282*2 |
| | | （その他有価証券評価差額金） | 658*3 |

＊1　10,500円 − 9,560円 = 940円　　＊2　940円×30% = 282円
＊3　940円 − 282円 = 658円
繰延税金負債：23円 + 282円 = 305円
その他有価証券評価差額金：55円 − 105円 + 658円 = 608円

(4)　D社株式

| （有 価 証 券 評 価 損） | 6,000* | （そ の 他 有 価 証 券） | 6,000 |

＊　9,000円 − 15,000円 = △6,000円
その他有価証券：9,930円 + 10,350円 + 10,500円 + 9,000円 = 39,780円

4．商品

(1)　売上原価の算定

| （仕 　 　 　 入） | 20,000 | （繰 越 商 品） | 20,000 |
| （繰 越 商 品） | 22,000 | （仕 　 　 　 入） | 22,000 |

(2)　期末商品の評価
期首（処理済み　金額は残高試算表より）

| （商 品 低 価 引 当 金） | 30 | （商 品 評 価 損） | 30 |

　　商品評価損について本問では商品低価引当金で処理しているため、繰越商品を減らさないことに注意する。
　　また、先入先出法では先に仕入れた商品から払出単価を計算するため、期末商品は最も後に仕入れた商品の単価から構成される。

（棚 卸 減 耗 損）	84*¹	（繰 越 商 品）	84
（商 品 評 価 損）	160*²	（商 品 低 価 引 当 金）	160

▶ここに注意◀

＊1　（50個－44個）×＠14円＝84円　　＊2　（＠22円－＠18円）×40個＝160円

繰越商品：22,000円－84円＝21,916円

仕　　　入：260,000円＋20,000円－22,000円＝258,000円

商品評価損：160円－30円（前Ｔ／Ｂ）＝130円

商品Ｐ

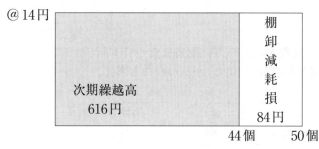

正味売却価額が原価を上回っている場合には原価で評価する。

商品Ｑ

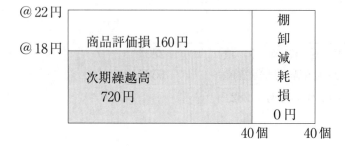

5．固定資産

（1）建物

①　除却

イ　正しい仕訳

建物の取り壊し費用は固定資産除却損に含める。

（建物減価償却累計額）	12,000	（建　　　　　物）	20,000
（減 価 償 却 費）	250*	（現 金 な ど）	200
（固 定 資 産 除 却 損）	7,950		

＊　$20,000円 \div 20年 \times \dfrac{3 カ月}{12 カ月} = 250円$

ロ　会社の仕訳

（建物減価償却累計額）	12,000	（建　　　　　物）	20,000
（固 定 資 産 除 却 損）	8,000		

（仮　　払　　金）	200	（現 金 な ど）	200

ハ　修正仕訳

▶ここに注意◀

| （減 価 償 却 費） | 250 | （仮　　　払　　　金） | 200 |
| | | （固 定 資 産 除 却 損） | 50 |

固定資産除却損：8,000円 − 50円 = 7,950円

② 減価償却

| （減 価 償 却 費） | 4,180* | （建物減価償却累計額） | 4,180 |

$*$　新築分：$24,000 円 ÷ 20 年 × \dfrac{4 \, カ月}{12 \, カ月} = 400 円$

　　既存分：$(150,000 円 − 24,000 円) × 0.9 ÷ 30 年 = 3,780 円$

　　合　計：$400 円 + 3,780 円 = 4,180 円$

建物減価償却累計額：75,000円 + 4,180円 = 79,180円

(2)　備品

簿価に通常の償却率を掛けた額が、取得価額に保証率を掛けた額を下回るため、簿価に改定償却率を掛けて減価償却費を計算する。

| （減 価 償 却 費） | 9,640* | （備品減価償却累計額） | 9,640 |

$*$　償却率：$1 ÷ 5 年 × 200 \% = 0.4$

　　当期取得分：$24,000 円 × 0.4 × \dfrac{8 \, カ月}{12 \, カ月} = 6,400 円$

　　既存分：$(30,000 円 − 23,520 円) × 0.4 = 2,592 円$

　　　　　　$30,000 円 × 0.108 = 3,240 円$

　　　　　　$2,592 円 < 3,240 円$ ∴改定償却率を用いる

　　　　　　$(30,000 円 − 23,520 円) × 0.5 = 3,240 円$

　　合　計：　$6,400 円 + 3,240 円 = 9,640 円$

備品減価償却累計額：23,520円 + 9,640円 = 33,160円

減価償却費：250円 + 4,180円 + 9,640円 = 14,070円

6．自己株式（消却）

自己株式を消却したときは、その他資本剰余金で処理します。

| （その他資本剰余金） | 7,500* | （自　己　株　式） | 7,500 |

$*$　@150円 × 50株 = 7,500円

7．新株予約権

(1)　発行時（処理済み）

| （現　金　な　ど） | 3,000* | （新　株　予　約　権） | 3,000 |

$*$　@200円 × 15個 = 3,000円

(2) 権利行使時(未処理)

自己株式処分差益が生じる場合にはその他資本剰余金で処理し、処分差損が生じる場合には新株発行の対価から処分差損を引いた額を払込資本とする。

(仮 受 金)	18,000*1	(資 本 金)	10,000*5
(新 株 予 約 権)	2,000*2	(自 己 株 式)	7,500*3
		(その他資本剰余金)	2,500*4

* 1 @180円 × 10株 × 10個 = 18,000円

* 2 @200円 × 10個 = 2,000円

* 3 @150円 × 50株 = 7,500円

* 4 自己株式の処分対価：$(18,000円 + 2,000円) \times \dfrac{50株}{10株 \times 10個} = 10,000円$

自己株式処分差損益：10,000円 − 7,500円 = 2,500円(差益)

* 5 新株発行分：$(18,000円 + 2,000円) \times \dfrac{50株}{10株 \times 10個} = 10,000円$

その他資本剰余金：5,000円 − 7,500円 + 2,500円 = 0円

資本金：190,000円 + 10,000円 = 200,000円

自己株式：15,000円 − 7,500円 − 7,500円 = 0円

(3) 新株予約権の失効(未処理)

(新 株 予 約 権)	1,000*	(新株予約権戻入益)	1,000

* @200円 × (15個 − 10個) = 1,000円

新株予約権：3,000円 − 2,000円 − 1,000円 = 0円

8. 地代の繰延べ

毎年12月末に1月1日から1年分支払っているため、残高試算表には期首の再振替仕訳の9か月分と当期の12月に支払った12カ月分の合計21か月分が計上されている。

(前 払 地 代)	5,400*	(支 払 地 代)	5,400

* 12,600円 ÷ 21カ月 = @600円

@600円 × 9カ月 = 5,400円

支払地代：12,600円 − 5,400円 = 7,200円

9. 消費税等

(仮 受 消 費 税 等)	41,000	(仮 払 消 費 税 等)	32,800
		(未 払 消 費 税 等)	8,200

10. 法人税等

(法 人 税 等)	23,910	(仮 払 法 人 税 等)	11,000
		(未 払 法 人 税 等)	12,910

第207回
財 務 会 計

問題1

	正誤	理　　由
1.	○	
2.	×	貸借対照表における流動・固定の分類は、正常営業循環基準と1年基準によって行われる。
3.	×	資産除去債務には、法令又は契約で要求される法律上の義務及びそれに準ずるものも含まれる。
4.	×	連結財務諸表の会計方針の統一にあたっては、子会社の会計方針にあわせる場合も考えられる。
5.	×	財務諸表の科目分類、科目配列及び報告様式は、表示方法に該当する。
6.	○	
7.	○	
8.	○	
9.	○	
10.	×	被投資会社が関連会社に該当しなくなった場合の投資は、連結貸借対照表上、個別貸借対照表上の帳簿価額をもって評価する。

各④

問題2
問1

債務概念	「基準」の概念	債務概念の認識範囲の説明	
予測給付債務概念	○ ⑤	従業員の年金受給権確定部分に未確定部分を加え、これに将来の昇給部分を含めた額を債務の認識対象とする。	⑤
累積給付債務概念		従業員の年金受給権確定部分に未確定部分を加えた額を債務の認識対象とし、昇給部分については考慮しない。	⑤
確定給付債務概念		従業員の年金受給権確定部分のみを債務の認識対象とし、未確定部分と昇給部分については考慮しない。	⑤

問2

(1)連結財務諸表	数理計算上の差異のうち費用処理された部分は当期純利益を構成し、費用処理されない未認識数理計算上の差異については、連結財務諸表上、税効果を調整の上、その他の包括利益を通じて純資産の部に計上する。	⑧
(2)個別財務諸表	退職給付債務に未認識数理計算上の差異を加減した金額から、年金資産の額を控除した額を負債(退職給付引当金)として計上する。	⑧

問題3
問1

自己株式の取得に係る付随費用は株主との間の資本取引ではなく、財務費用と考え損益取引とし、自己株式の取得原価に含めない。	⑧

問2

(1)	自己株式処分差益は、その他資本剰余金に計上する。自己株式処分差損は、その他資本剰余金から減額する。	⑧
(2)	自己株式処分差額は払込資本と同様の経済的実態を有するため資本剰余金とすべきであるが、資本準備金は会社法で限定されているため、その他資本剰余金とする。	⑧

```
── 予想採点基準 ──
⑧…8点×5 =  40点
⑤…5点×4 =  20点
④…4点×10=  40点
        100点
```

《解　説》　　　　　　　　　　　　　　　　　　　　　▶ここに注意◀
問題1　正誤問題
1．商品売買と役務の給付：〇
　　企業が商品等の販売と役務の給付とをともに主たる営業とする場合には、商品等の売上　　「企業会計原則 第二 三
高と役務による営業収益とは、これを区別して記載する。　　　　　　　　　　　　　　　A」参照

Ⅰ	売上高		
	商品売上高	100,000	
	役務収益	50,000	150,000
Ⅱ	売上原価		
	商品売上原価		
	期首商品棚卸高	10,000	
	当期商品仕入高	80,000	
	合計	90,000	
	期末商品棚卸高	20,000	70,000
	役務原価		30,000
	売上原価合計		100,000
	売上総利益		50,000

2．流動項目・固定項目の分類：×
　　貸借対照表における流動項目・固定項目の分類について、企業の主目的たる営業取引に　　「企業会計原則注解 注16」
より発生した債権及び債務は、流動資産または流動負債の区分に表示する。　　　　　　　参照
　　一方、企業の主目的以外の取引によって発生した債権及び債務で、貸借対照表の翌日か
ら1年以内に入金または支払いの期限が到来するものは流動資産または流動負債に表示
し、入金または支払いの期限が1年を超えて到来するものは固定資産、固定負債の区分に
表示する。

3．資産除去債務：×
　　資産除去債務とは、有形固定資産の取得、建設、開発又は通常の使用によって生じ、当　　「資産除去債務に関する会
該有形固定資産の除去に関して法令又は契約で要求される法律上の義務及びそれに準ずる　計基準 3⑴」参照
ものをいう。この場合の法律上の義務及びそれに準ずるものには、有形固定資産を除去す
る義務のほか、有形固定資産の除去そのものは義務でなくとも、有形固定資産を除去する
際に当該有形固定資産に使用されている有害物質等を法律等の要求による特別の方法で除
去するという義務も含まれる。

4．連結会計における会計方針の統一：×
　　親会社及び子会社が採用する会計方針は、原則として統一する。このとき、子会社の会　　「連結財務諸表に関する会
計処理を親会社の会計処理に合わせる場合のほか、親会社の会計処理を子会社の会計処理　計基準 17」参照
に合わせる場合も考えられる。
　　以前は、親会社の会計方針に統一するとされていたが、近年の基準の改正より変わって
いる点に注意する。

5．会計方針：×

　「会計方針」とは、財務諸表の作成にあたって採用した会計処理の原則及び手続をいう。財務諸表の科目分類、科目配列及び報告様式は「表示方法」に該当する。

▶ここに注意◀
「会計方針の開示、会計上の変更及び誤謬の訂正に関する会計基準 4 (1) (2)」参照

6．原価回収基準：〇

　履行義務の充足に係る進捗度を合理的に見積ることができないが、当該履行義務を充足する際に発生する費用を回収することが見込まれる場合には、履行義務の充足に係る進捗度を合理的に見積ることができる時まで、一定の期間にわたり充足される履行義務について原価回収基準により処理する。

「収益認識に関する会計基準 45」参照

7．リース債権の評価：〇

　所有権移転ファイナンス・リース取引によって貸し手に生じるリース債権は金融商品と考えられるため、「金融商品に関する会計基準」の定めに従って貸倒見積高を算定する。

「リース取引に関する会計基準 41」参照

8．その他の包括利益の表示：〇

　「包括利益の表示に関する会計基準」では当期純利益にその他の包括利益の内訳項目を加減して包括利益を表示するが、その他の包括利益の内訳項目は税効果を控除した後の金額で表示する。ただし、各内訳項目を税効果を控除する前の金額で表示して、それらに関連する税効果の金額を一括して加減する方法で記載することができる。

「包括利益の表示に関する会計基準 6、8」参照

9．事業分離：〇

　事業分離において、分離元企業は、移転した事業に対する投資が清算されたとみなされる場合には移転損益を認識するが、そのまま継続しているとみなされる場合には移転損益を認識しない。

「事業分離等に関する会計基準 77」参照

10．関連会社株式の売却：×

　関連会社に対する投資の売却等により被投資会社が関連会社に該当しなくなった場合には、連結財務諸表上、残存する当該被投資会社に対する投資は、個別貸借対照表上の帳簿価額をもって評価する。

「持分法に関する会計基準 15」参照

問題2　理論問題（退職給付会計）

問1　退職給付債務の概念

　退職給付債務とは、一定の期間にわたり労働を提供したこと等の事由に基づいて退職以後に従業員に支給される給付（退職給付）のうち、認識時点までに発生していると認められるものをいう。

　そして、退職給付見込額（退職時に見込まれる退職給付の総額）は、合理的に見込まれる退職給付の変動要因を考慮して見積られなければならない。

　ここで、退職給付債務の概念には、予測給付債務概念、累積給付債務概念、確定給付債務概念の3つがある。

予測給付債務概念：従業員の年金受給権確定部分に未確定部分を加え、これに将来
の昇給部分を含めた額を債務の認識対象とする。

累積給付債務概念：従業員の年金受給権確定部分に未確定部分を加えた額を債務の
認識対象とし、昇給部分については考慮しない。

確定給付債務概念：従業員の年金受給権確定部分のみを債務の認識対象とし、未確
定部分と昇給部分については考慮しない。

受給権の確定部分	受給権の未確定部分	昇給など将来の変動要因
←確定給付債務概念→		
←————累積給付債務概念————→		
←——————予測給付債務概念——————→		

「退職給付に関する会計基準」では、最も広い債務概念である予測給付債務概念が採
用されている。

問2　数理計算上の差異
(1)　個別財務諸表上の処理
退職給付債務に未認識数理計算上の差異を加減した金額から、年金資産の額を控
除した額を負債（退職給付引当金）として計上する。

(2)　連結財務諸表上の処理
数理計算上の差異のうち費用処理された部分は当期純利益を構成し、費用処理さ
れない未認識数理計算上の差異については、連結財務諸表上、税効果を調整の上、
その他の包括利益を通じて純資産の部に計上する。

問題3　理論問題（自己株式）
問1　自己株式の取得原価に付随費用を含めない理由
自己株式の取得に係る付随費用は株主との間の資本取引ではなく、資本の払戻し
に係る財務費用として損益取引と考える。
そのため、自己株式の取得に係る付随費用は、自己株式の取得原価に含めない。

問2　自己株式処分差額の処理と理由
(1)　自己株式処分差額の処理
自己株式処分差益は、その他資本剰余金に計上し、自己株式処分差損は、その
他資本剰余金から減額する。

⑵　**自己株式処分差額をその他資本剰余金とする理由**　　　　　　　　　　▶**ここに注意**◀

　　自己株式の処分は、会社が取得した自社の株式を新たに株主となるものに交付する行為であり、新株の発行と同様の経済的実態を有する。

　　そのため、自己株式処分差額は、資本取引の結果生じた剰余金として資本剰余金として処理すべきである。

　　ここで、自己株式処分差益については会社法において分配可能額からの控除項目とされていない。一方、資本準備金については分配可能額の控除項目とされている。したがって、自己株式処分差益を資本準備金として処理することができず、その他資本剰余金として処理する。

　　また、自己株式処分差損については借方に生じる。資本準備金の減額については会社法上の制約を受ける。そのため、自己株式処分差損を資本準備金として処理することができず、その他資本剰余金として処理する。

第209回
商 業 簿 記

問題1

閉 鎖 残 高　　　　　　　　（単位：円）

借 方 科 目		金 額	貸 方 科 目		金 額
現　　　　　金		9,715	支 払 手 形		800
当 座 預 金	〔 ②	61,530 〕	買 掛 金	〔 ②	3,448 〕
受 取 手 形	〔	10,800 〕	短 期 借 入 金		4,000
売 掛 金	〔 ②	7,400 〕	未 払 金		1,100
売 買 目 的 有 価 証 券	〔	1,010 〕	預 り 保 証 金		1,000
繰 越 商 品	〔	14,000 〕	社 債		60,000
建 物	〔	370,000 〕	貸 倒 引 当 金	〔 ②	2,196 〕
備 品	〔 ②	2,993 〕	建物減価償却累計額	〔 ②	160,000 〕
備 品 改 修 費	〔	0 〕	備品減価償却累計額	〔 ②	1,196 〕
長 期 貸 付 金		5,000	仮 受 金		0
そ の 他 有 価 証 券	〔	1,170 〕	資 産 除 去 債 務	〔 ②	307 〕
社 債 発 行 差 金	〔 ②	3,974 〕	資 本 金		180,000
自 己 株 式	〔 ②	1,300 〕	資 本 準 備 金		31,000
仮 払 法 人 税 等		0	そ の 他 資 本 剰 余 金	〔 ②	0 〕
破 産 更 生 債 権 等	〔 ②	2,500 〕	利 益 準 備 金		8,780
※ 前 払 広 告 宣 伝 費	〔 ②	160 〕	繰 越 利 益 剰 余 金	〔 ②	35,340 〕
※ 未 収 利 息	〔 ②	50 〕	その他有価証券評価差額金	〔 ②	150 〕
	〔	〕	未 払 法 人 税 等	〔 ②	1,810 〕
	〔	〕	※ 未 払 給 料	〔 ②	340 〕
	〔	〕	※ 未 払 利 息	〔 ②	100 〕
	〔	〕	※ 新 株 予 約 権	〔 ②	35 〕
	〔	〕		〔	〕
合 計	〔	491,602 〕	合 計	〔	491,602 〕

※順不同。

問題1

損　　益　　　　　　　　　　　（単位：円）

借　方　科　目	金　額	貸　方　科　目	金　額
仕　　　　　　入	〔② 267,000 〕	売　　　　　　上	340,000
給　　　　　　料	〔② 2,740 〕	受　取　利　息	〔 220 〕
社　債　利　息	〔 4,417 〕	有価証券評価損益	〔② 20 〕
広　告　宣　伝　費	〔 320 〕	為　替　差　損　益	〔② 12 〕
支　払　利　息	〔② 194 〕		〔 〕
その他有価証券評価損	〔② 90 〕		〔 〕
貸　倒　引　当　金　繰　入	〔 1,966 〕		〔 〕
減　価　償　却　費	〔② 20,776 〕		〔 〕
減　損　損　失	〔② 30,000 〕		〔 〕
利息費用(資産除去債務)	〔 14 〕		〔 〕
法　人　税　等	〔 3,810 〕		〔 〕
株　式　報　酬　費　用	〔② 35 〕		〔 〕
繰　越　利　益　剰　余　金	〔② 8,890 〕		〔 〕
	〔 〕		〔 〕
	〔 340,252 〕		〔 340,252 〕

(注)すべての空欄に記入するとは限らない。

問題2

約定日基準				
	借　方　科　目	金　額	貸　方　科　目	金　額
3/30	売 買 目 的 有 価 証 券	200,000	未　　払　　金	200,000
3/31	売買目的有価証券評価損	30,000	売 買 目 的 有 価 証 券	30,000
4/1	売 買 目 的 有 価 証 券	30,000	売買目的有価証券評価益※	30,000
4/2	未　　払　　金	200,000	当　座　預　金	200,000

修正受渡日基準				
	借　方　科　目	金　額	貸　方　科　目	金　額
3/30	な　　　　　　　　し			
3/31	売買目的有価証券評価損	30,000	売 買 目 的 有 価 証 券	30,000
4/1	売 買 目 的 有 価 証 券	30,000	売買目的有価証券評価益※	30,000
4/2	売 買 目 的 有 価 証 券	200,000	当　座　預　金	200,000

仕訳1組につき②

※別解　「売買目的有価証券評価損」でも可。

問題3

（1）　三分法

	借　方　科　目	金　額	貸　方　科　目	金　額	
7/14	売　　掛　　金	2,000	売　　　　　上	2,000	②
8/10	売　　　　　上	200	売　　掛　　金	200	②
10/3	仕　　　　　入	1,100	買　　掛　　金	1,100	②
決算	仕　　　　　入	1,250	繰　越　商　品	1,250	②
	繰　越　商　品	2,120	仕　　　　　入	2,120	

売上原価対立法

	借　方　科　目	金　額	貸　方　科　目	金　額	
7/14	売　　掛　　金	2,000	売　　　　　上	2,000	②
	売　上　原　価	1,150	商　　　　　品	1,150	②
8/10	売　　　　　上	200	売　　掛　　金	200	②
	商　　　　　品	120	売　上　原　価	120	②
10/3	商　　　　　品	1,100	買　　掛　　金	1,100	②
決算	な　　　　　し				②

（2）　三分法

借　方　科　目	金　額	貸　方　科　目	金　額	
棚　卸　減　耗　費	120	繰　越　商　品	120	②

売上原価対立法

借　方　科　目	金　額	貸　方　科　目	金　額	
棚　卸　減　耗　費	120	商　　　　　品	120	②

予想採点基準
②…2点×50＝　100点

商簿・財会

209

《解　説》　　　　　　　　　　　　　　　　　　　　　　　　　▶ここに注意◀

問題1　閉鎖残高勘定、損益勘定の作成(以下、単位：円)

1．当座預金の修正

(1)　未渡小切手

（当　座　預　金）	1,500	（買　　掛　　金）	1,500

(2)　未取付小切手

　　銀行側の減算項目となり、当社は「仕訳なし」となる。

(3)　売掛金回収未通知

（当　座　預　金）	5,000	（売　　掛　　金）	5,000

(4)　時間外預入れ

　　銀行側の加算項目となり、当社は「仕訳なし」となる。

　　当座預金：55,030円 ＋ 1,500円 ＋ 5,000円 ＝ 61,530円

2．有価証券の評価

(1)　売買目的有価証券

（売買目的有価証券）	20*	（有価証券評価損益）	20

　　＊　（630円 ＋ 380円）－（570円 ＋ 420円）＝ 20円

　　売買目的有価証券：630円 ＋ 380円 ＝ 1,010円

(2)　その他有価証券

　　部分純資産直入法のため、評価益が出ている銘柄と評価損が出ている銘柄を分けて処理する。

　①　C社株式

　　　決算整理前残高試算表にその他有価証券評価差額金があるため、期首の振戻仕訳が未処理であることがわかる。そして、D社株式とE社株式は当期に取得したものであるため、その他有価証券評価差額金はC社株式に係るものであることがわかる。

　　イ　期首の振り戻し

（その他有価証券評価差額金）	120	（そ の 他 有 価 証 券）	120

　　ロ　期末の評価

（そ の 他 有 価 証 券）	150*	（その他有価証券評価差額金）	150

　　　＊　280円－（250円 － 120円）＝ 150円

　②　D社株式、E社株式

（その他有価証券評価損）	90	（そ の 他 有 価 証 券）	90

　　　＊　（570円 ＋ 320円）－（620円 ＋ 360円）＝ △90円

　　その他有価証券：280円 ＋ 570円 ＋ 320円 ＝ 1,170円

　　その他有価証券評価差額金：120円 － 120円 ＋ 150円 ＝ 150円

3．貸倒引当金

(1)　破産更生債権等

　①　科目の振替え

（破 産 更 生 債 権 等）	2,500	（受　　取　　手　　形）	1,800
		（売　　　掛　　　金）	700

商簿・財会

② 貸倒引当金の計上

（貸 倒 引 当 金 繰 入）	1,500*	（貸 倒 引 当 金）	1,500

＊　2,500円 − 1,000円 = 1,500円

(2) 一般債権

受 取 手 形：12,600円 − 1,800円 = 10,800円

売 掛 金：13,100円 − 5,000円 − 700円 = 7,400円

長期貸付金：5,000円

貸倒見積高：(10,800円 + 7,400円 + 5,000円) × 3 % = 696円

（貸 倒 引 当 金 繰 入）	466*	（貸 倒 引 当 金）	466

＊　696円 − 230円 = 466円

貸倒引当金繰入：1,500円 + 466円 = 1,966円

貸倒引当金：230円 + 1,500円 + 466円 = 2,196円

4．外貨建て買掛金の換算

（買 掛 金）	12*	（為 替 差 損 益）	12

＊　3ドル×@126円 − 390円 = △12円

買掛金：1,960円 + 1,500円 − 12円 = 3,448円

5．商品（売上原価の算定）

（仕 入）	16,000	（繰 越 商 品）	16,000
（繰 越 商 品）	14,000	（仕 入）	14,000

仕入：265,000円 + 16,000円 − 14,000円 = 267,000円

6．自己株式の処分

(1) 自己株式の処分

（仮 受 金）	1,200	（自 己 株 式）	3,700
（その他資本剰余金）	2,500*		

＊　1,200円 − 3,700円 − △2,500円

その他資本剰余金残高：450円 − 2,500円 = △2,050円

自己株式：5,000円 − 3,700円 = 1,300円

(2) 繰越利益剰余金との相殺

（繰 越 利 益 剰 余 金）	2,050	（その他資本剰余金）	2,050

7．建物（減価償却と減損）

(1) 減価償却

（減 価 償 却 費）	20,000*	（建物減価償却累計額）	20,000

＊　400,000円 ÷ 20年 = 20,000円

建物減価償却累計額：140,000円 + 20,000円 = 160,000円

建物の期末帳簿価額：400,000円 − 160,000円 = 240,000円

(2) 減損

（減　損　損　失）	30,000*	（建　　　　　物）	30,000

＊　240,000円 − 210,000円 = 30,000円

建物：400,000円 − 30,000円 = 370,000円

▶ここに注意◀

8．備品

(1) 改良費

使用にあたり発生した費用は固定資産の付随費用として固定資産の取得原価に含める。

（備　　　　　品）	100	（備　品　改　修　費）	100

(2) 資産除去債務

（備　　　　　品）	293*	（資　産　除　去　債　務）	293

＊　340円 ÷ 1.158 = 293.609…→293円

問題文に「円未満切り捨て」とあることに注意する。

(3) 利息費用

（利　　息　　費　　用）	14*	（資　産　除　去　債　務）	14

＊　293円 × 5 % = 14.65…→14円

資産除去債務：293円 + 14円 = 307円

(4) 減価償却

① 資産除去債務分

（減　価　償　却　費）	531*	（備品減価償却累計額）	531

＊　（1,200円 + 100円 + 293円）÷ 3 年 = 531円

② 1,400円分

帳簿価額を残存耐用年数で配分します。

（減　価　償　却　費）	245*	（備品減価償却累計額）	245

＊　過年度減価償却費：1,400円 × 0.9 ÷ 6 年 × 2 年 = 420円

（1,400円 − 420円）÷（6 年 − 2 年）= 245円

備品：2,600円 + 100円 + 293円 = 2,993円

減価償却費：20,000円 + 531円 + 245円 = 20,776円

備品減価償却累計額：420円 + 531円 + 245円 = 1,196円

備品の本体分1,300円と、資産除去債務分293円の減価償却費を別々に計算し、端数処理をしても別解として認められると考えられる。

9．社債

問題文にある社債発行差金勘定は社債の評価勘定で、社債の額面金額と発行価額との差額を計上したものである。償却原価法適用時には社債勘定を増やすのではなく、社債発行差金勘定を減らす。

(1) 発行時（処理済み）

（当　座　預　金　な　ど）	55,209	（社　　　　　債）	60,000
（社　債　発　行　差　金）	4,791		

社債勘定は、将来償還されるべき債務額を表す。社債勘定と社債発行差金勘定の差額は、社債の貸借対照表価額を表す。

(2) 償却原価法（利息法）

| （社　債　利　息） | 817* | （社　債　発　行　差　金） | 817 |

▶ここに注意◀

* 55,209円 × 8 % = 4,416.72 → 4,417円
  60,000円 × 6 % = 3,600円
  4,417円 − 3,600円 = 817円

社債発行差金：4,791円 − 817円 = 3,974円
社債利息：3,600円 + 817円 = 4,417円

10. ストック・オプション

決算時に**株式報酬費用（費用）**を計上するとともに、同額の**新株予約権（純資産）**を計上する。

$$\text{株式報酬費用} = \text{公正な評価額} \times \frac{\text{付与日から当期末までの期間（月数）}}{\text{対象勤務期間（月数）}} - \text{過年度費用計上額}$$

公正な評価単価 × ストック・オプション数*

* ストック・オプション総数 − 失効すると見込まれるストック・オプション数

| （株　式　報　酬　費　用） | 35* | （新　株　予　約　権） | 35 |

* @5円 × (30名 × 1個 / 名 − 6個) × $\dfrac{7\text{カ月}}{24\text{カ月}}$ = 35円

分母の対象勤務期間は、付与日の2X02年9月1日から権利確定日までの2X04年8月31日までの24カ月である。

11. 費用・収益の見越し、繰延べ

(1) 給料

| （給　　　　料） | 340 | （未　払　給　料） | 340 |

(2) 短期借入金

| （支　払　利　息） | 100* | （未　払　利　息） | 100 |

* 4,000円 × 6 % × $\dfrac{5\text{カ月}}{12\text{カ月}}$ = 100円

(3) 長期貸付金

| （未　収　利　息） | 50* | （受　取　利　息） | 50 |

* 5,000円 × 4 % × $\dfrac{3\text{カ月}}{12\text{カ月}}$ = 50円

(4) 広告宣伝費

| （前　払　広　告　宣　伝　費） | 160* | （広　告　宣　伝　費） | 160 |

* 480円 × $\dfrac{4\text{カ月}}{12\text{カ月}}$ = 160円

給　料：2,400円 + 340円 = 2,740円　　　支払利息：94円 + 100円 = 194円
広告宣伝費：480円 − 160円 = 320円　　　受取利息：170円 + 50円 = 220円

▶ここに注意◀

12. 法人税等

（法　人　税　等）	3,810	（仮 払 法 人 税 等）	2,000
		（未 払 法 人 税 等）	1,810

13. 繰越利益剰余金

（損　　　　　益）	8,890*	（繰 越 利 益 剰 余 金）	8,890

　＊　損益勘定の貸借差額より

問題2　仕訳問題　有価証券（以下、仕訳の単位：円）

1．約定日基準

約定日基準では、有価証券の購入の契約日に有価証券を認識する。

(1)　3月30日（契約日）

（売 買 目 的 有 価 証 券）	200,000	（未　　払　　金）	200,000

(2)　3月31日（決算日）

（売買目的有価証券評価損）	30,000*	（売 買 目 的 有 価 証 券）	30,000

　＊　170,000円 − 200,000円 ＝ △30,000円

(3)　4月1日（翌期首）

（売 買 目 的 有 価 証 券）	30,000	（売買目的有価証券評価益）	30,000

(4)　4月2日（受渡し日）

（未　　払　　金）	200,000	（当 座 預 金）	200,000

2．修正受渡日基準

修正受渡日基準では、有価証券の受渡し日に有価証券を認識する。

ただし、売買目的有価証券では、決算日に時価変動による損益を計上する。

(1)　3月30日（契約日）

「仕訳なし」となる。

(2)　3月31日（決算日）

（売買目的有価証券評価損）	30,000*	（売 買 目 的 有 価 証 券）	30,000

　＊　170,000円 − 200,000円 ＝ △30,000円

(3)　4月1日（翌期首）

（売 買 目 的 有 価 証 券）	30,000	（売買目的有価証券評価益）	30,000

(4)　4月2日（受渡し日）

（売 買 目 的 有 価 証 券）	200,000	（当 座 預 金）	200,000

問題3　仕訳問題　商品売買（以下、仕訳の単位：円）

1．三分法

(1)　3月25日（売上）

（売　　掛　　金）	2,000*	（売　　　　　上）	2,000

　＊　@100円 × 20個 ＝ 2,000円

　商品有高：@50円 ×（25個 − 20個）＝ 250円

▶ここに注意◀

(2)　5月7日（仕入）

| （仕 | 入） | 1,800* | （買 | 掛 | 金） | 1,800 |

＊　@60円 × 30個 ＝ 1,800円

商品有高：@50円 × 5個 ＋ @60円 × 30個 ＝ 2,050円

(3)　7月14日（売上）

| （売 | 掛 | 金） | 2,000* | （売 | 上） | 2,000 |

＊　@100円 × 20個 ＝ 2,000円

商品有高：@60円 ×（30個 － 15個）＝ 900円

(4)　8月10日（売上戻り）

| （売 | 上） | 200* | （売 | 掛 | 金） | 200 |

＊　@100円 × 2個 ＝ 200円

先入先出法では、先に仕入れたものから費用化するため、売上戻りがあった場合、先に仕入れたものは売れたと考え、後から仕入れたものが戻ってきたと考える。

商品有高：@60円 ×（15個 ＋ 2個）＝ 1,020円

(5)　10月3日（仕入）

| （仕 | 入） | 1,100* | （買 | 掛 | 金） | 1,100 |

＊　@55円 × 20個 ＝ 1,100円

商品有高：@60円 × 17個 ＋ @55円 × 20個 ＝ 2,120円

(6)　12月31日（決算）

①　売上原価の算定

| （仕 | 入） | 1,250*1 | （繰 | 越 | 商 | 品） | 1,250 |
| （繰 | 越 | 商 | 品） | 2,120*2 | （仕 | 入） | 2,120 |

＊1　@50円 × 25個 ＝ 1,250円

＊2　@60円 × 17個 ＋ @55円 × 20個 ＝ 2,120円

②　棚卸減耗費

先入先出法では、先に仕入れたものから費用化するため、棚卸減耗があった場合、先に仕入れたものから棚卸減耗が生じたと考える。

| （棚 | 卸 | 減 | 耗 | 費） | 120* | （繰 | 越 | 商 | 品） | 120 |

＊　@60円 × 2個 ＝ 120円

2．売上原価対立法

(1)　3月25日（売上）

| （売 | 掛 | 金） | 2,000*1 | （売 | 上） | 2,000 |
| （売 | 上 | 原 | 価） | 1,000*2 | （商 | 品） | 1,000 |

＊1　@100円 × 20個 ＝ 2,000円

＊2　@50円 × 20個 ＝ 1,000円

商品有高：@50円 ×（25個 － 20個）＝ 250円

(2)　5月7日（仕入）

| （商 | 品） | 1,800* | （買 | 掛 | 金） | 1,800 |

＊　@60円 × 30個 ＝ 1,800円

商品有高：@50円 × 5個 ＋ @60円 × 30個 ＝ 2,050円

商簿・財会

209

▶ここに注意◀

(3) 7月14日（売上）

| （売　　掛　　金） | 2,000*1 | （売　　　　　　上） | 2,000 |
| （売　上　原　価） | 1,150*2 | （商　　　　　　品） | 1,150 |

＊1　@100円×20個＝2,000円

＊2　@50円×5個＋@60円×15個＝1,150円

商品有高：@60円×（30個－15個）＝900円

(4) 8月10日（売上戻り）

| （売　　　　　　上） | 200*1 | （売　　掛　　金） | 200 |
| （商　　　　　　品） | 120*2 | （売　上　原　価） | 120 |

＊1　@100円×2個＝200円

＊2　@60円×2個＝120円

商品有高：@60円×（15個＋2個）＝1,020円

(5) 10月3日（仕入）

| （商　　　　　　品） | 1,100* | （買　　掛　　金） | 1,100 |

＊　@55円×20個＝1,100円

商品有高：@60円×17個＋@55円×20個＝2,120円

(6) 12月31日（決算）

① 売上原価の算定

　売上原価対立法では、期首商品、期末商品の振り替えの仕訳は不要である。

② 棚卸減耗費

| （棚　卸　減　耗　費） | 120* | （商　　　　　　品） | 120 |

＊　@60円×2個＝120円

第209回
財　務　会　計

問題1

	正誤	理　　　由
1.	×	企業会計は、予測される将来の危険に備えて、慎重な判断に基づく会計処理を行わなければならない。
2.	×	内部利益とは、本店、支店、事業部等の企業内部における独立した会計単位相互間の内部取引から生じる未実現の利益をいう。
3.	○	
4.	×	その他有価証券について、期末前1カ月間の市場価格の平均にもとづいて算定された価額を用いることはできない。
5.	×	所有権移転ファイナンス・リースでは、貸手はリース債権を計上し、所有権移転外ファイナンス・リースではリース投資資産を計上する。
6.	○	
7.	○	
8.	○	
9.	×	有形固定資産の減価償却方法の変更は、会計上の見積りの変更として取り扱い、将来にわたり会計処理を行う。
10.	○	

各④

問題2

問1	計算過程 $10{,}000 \times 30\% + 15{,}000 \times 60\% + 20{,}000 \times 10\% = 14{,}000$	③

	⑤	
金額	14,000	円

問2	計算過程 $14{,}000 \times 0.614 = 8{,}596$	③

	⑤	
金額	8,596	円

問3	引当金処理では、有形固定資産の除去に必要な金額が貸借対照表に計上されず、資産除去債務の負債計上が不十分であることから資産負債の両建処理を行う。

⑧

別解：国際的な会計基準とのコンバージェンスを解答しても可。

問4	計算過程 ③ 10,000 × 20% ＋ 15,000 × 40% ＋ 20,000 × 40% ＝ 16,000 16,000 － 14,000 ＝ 2,000 14,000 × 0.711 ＋ 2,000 × 0.760 ＝ 11,474	⑤ 金額　　11,474　円

問5	割引前将来キャッシュ・フローが増加した場合には、新たな負債が発生したとみなし、その時点の割引率を採用する。

⑧

問題3

問1	処理方法	要件			ケース		
	Ⅰ	イ	ⓛ口	ハ	1	2	③
	Ⅱ	イ	口	Ⓗハ	1	②	3
	Ⅲ	④イ	口	ハ	①	2	3

各③

問2	日付	借　方　科　目	金　　額	貸　方　科　目	金　　額
	3 /20	売　　　　　　上	4,800	売　　掛　　金	4,800
	5 /10	売　　掛　　金	112,800	売　　　　　　上	112,800

各①

《解　説》　　　　　　　　　　　　　　　　　　　　　　　　　▶ここに注意◀
問題1　正誤問題

1．保守主義の原則：×

　　企業会計は、予測される将来の危険に備えて慎重な判断に基づく会計処理を行わなけれ　「企業会計原則 注解 注4」
ばならないが、過度に保守的な会計処理を行うことにより、企業の財政状態及び経営成績　参照
の真実な報告をゆがめてはならない。慎重な判断に基づく会計処理を行うことが「できる」
という規定ではない。

2．内部利益：×

　　内部利益とは、原則として、本店、支店、事業部等の企業内部における独立した会計単　「企業会計原則注解 注11」
位相互間の内部取引から生ずる未実現の利益をいう。　　　　　　　　　　　　　　　　　参照

3．破産更生債権等：〇

　　債務者から契約上の利払日を相当期間経過しても利息の支払を受けていない債権及び破　「金融商品に関する会計基
産更生債権等については、すでに計上されている未収利息を当期の損失として処理すると　準 注9」参照
ともに、それ以後の期間に係る利息を計上してはならない。

4．その他有価証券の期末時価：×

　　その他有価証券の決算時の時価は、「時価の算定に関する会計基準」に従い算定された時
価をもって貸借対照表価額とする。
　　なお、期末前1カ月の市場価格の平均に基づいて算定された価額の規定は「時価の算定
に関する会計基準」の新設により廃止された。

5．ファイナンス・リース取引の貸手の処理：×

　　貸手は、リース取引開始日に、通常の売買取引に係る方法に準じた会計処理により、所　「リース取引に関する会計
有権移転ファイナンス・リース取引についてはリース債権として、所有権移転外ファイナ　基準 13」参照
ンス・リース取引についてはリース投資資産として計上する。

6．連結財務諸表（未実現利益の消去）：〇

　　連結財務諸表の作成において、売手側の子会社に非支配株主が存在する場合には、未実　「連結財務諸表に関する会
現損益は、親会社と非支配株主の持分比率に応じて、親会社の持分と非支配株主持分に配　計基準 38」参照
分する。

7．ストック・オプション：〇

　　ストック・オプションを付与し、これに応じて企業が従業員等から取得するサービスは、　「ストック・オプション等
その取得に応じて費用として計上し、対応する金額を、ストック・オプションの権利の行　に関する会計基準 4」
使又は失効が確定するまでの間、貸借対照表の純資産の部に新株予約権として計上する。　参照

8．自己株式の消却：〇

　　自己株式を消却した場合には、消却手続が完了したときに、消却の対象となった自己株　「自己株式及び準備金の額
式の帳簿価額をその他資本剰余金から減額する。　　　　　　　　　　　　　　　　　　　の減少等に関する会計基
　　　準」11」参照

商簿・財会

209

9. 減価償却方法の変更：×

「減価償却方法」は会計方針に該当するが、「減価償却方法の変更」は固定資産に関する経済的便益の消費パターンに関する見積りの変更を伴うものと考えられる。

このため、「減価償却方法の変更」は、会計方針の変更を会計上の見積りの変更と区別することが困難な場合に該当するものとし、会計上の見積りの変更と同様に会計処理を行う。

▶ここに注意◀
「会計方針の開示、会計上の変更及び誤謬の訂正に関する会計基準 19、20」参照

10. 外貨建有価証券の減損処理：〇

外貨建有価証券の時価の著しい下落又は実質価額の著しい低下により、決算時の為替相場による換算を行ったことによって生じた換算差額は、当期の有価証券の評価損として処理する。

「外貨建取引等会計処理基準 一 2 (2)」参照

問題2　計算問題、理論問題（資産除去債務）

問1　X01年4月1日の除去費用の期待値

期待値法では、割引前将来キャッシュ・フローを確率で加重平均して計算する。

10,000円 × 30% + 15,000円 × 60% + 20,000円 × 10% = 14,000円

問2　X01年4月1日の資産除去債務

問題文に現価係数が与えられているため、現価係数にもとづいて資産除去債務を計算する。

14,000円 × 0.614 = 8,596円

問3　両建処理を行う理由

両建処理とは会計基準で採用されているもので、資産除去債務を計上するとともに、同額を有形固定資産の取得原価に含める処理である。

一方、会計基準で採用されていない引当金処理は、資産除去債務の金額を各期に配分するとともに、その配分額を費用として計上する方法である。

会計基準では、以下の理由から両建処理が採用されている。解答では以下のいずれかを書けば、正解として認められると考えられる。

(1) 引当金処理の負債計上額

引当金処理の場合には、有形固定資産の除去に必要な金額が貸借対照表に計上されないことから、資産除去債務の負債計上が不十分である。

(2) 両建処理の長所

資産負債の両建処理は、有形固定資産の取得等に付随して不可避的に生じる除去サービスの債務を負債として計上するとともに、対応する除去費用をその取得原価に含めることで、当該有形固定資産への投資について回収すべき額を引き上げることを意味する。

この結果、有形固定資産に対応する除去費用が、減価償却を通じて、有形固定資産の使用に応じて各期に費用配分されるため、資産負債の両建処理は引当金処理を包摂するものといえる。

(3) 国際的なコンバージェンス

両建処理は、国際的な会計基準とのコンバージェンス（会計基準の統合）にそったものである。

問4　X04年4月1日の資産除去債務

　　除去費用の見積額が増加した場合には、増加分を増加時の割引率を用いて計算し、当初見積分を当初の割引率を用いて計算する。

　　なお、問題文に現価係数が与えられているため、現価係数にもとづいて資産除去債務を計算する。

　　変更後期待値：10,000円 × 20% + 15,000円 × 40% + 20,000円 × 40% = 16,000円

　　除去費用の増加額：16,000円 − 14,000円 = 2,000円

　　資産除去債務：14,000円 × 0.711 + 2,000円 × 0.760 = 11,474円

問5　増加時の割引率を用いる理由

　　割引前将来キャッシュ・フローが増加した場合には、新たな負債が発生したとみなし、その時点の割引率を採用する。

（参考）　各取引の仕訳（X04年4月1日まで）（減価償却を除く）

⑴　X01年4月1日

（建　　　　　　物）	208,596	（当　座　預　金）	200,000
		（資 産 除 去 債 務）	8,596

⑵　X02年3月31日

　　現価係数が与えられている場合には、利息費用を現在価値の差額で計算する。

（利　息　費　用）	434*	（資 産 除 去 債 務）	434

　　＊　期末除去債務：14,000円 × 0.645 = 9,030円
　　　　期首除去債務：8,596円
　　　　利息費用：9,030円 − 8,596円 = 434円

⑶　X03年3月31日

（利　息　費　用）	448*	（資 産 除 去 債 務）	448

　　＊　期末除去債務：14,000円 × 0.677 = 9,478円
　　　　期首除去債務：9,030円
　　　　利息費用：9,478円 − 9,030円 = 448円

⑷　X04年3月31日

（利　息　費　用）	476*	（資 産 除 去 債 務）	476

　　＊　期末除去債務：14,000円 × 0.711 = 9,954円
　　　　期首除去債務：9,478円
　　　　利息費用：9,954円 − 9,478円 = 476円

⑸　X04年4月1日

（建　　　　　　物）	1,520*	（資 産 除 去 債 務）	1,520

　　＊　2,000円 × 0.760 = 1,520円

▶ここに注意◀

209

225

問題3　計算問題、理論問題（収益認識、契約の変更）　　　　▶ここに注意◀
問1　契約変更の各処理方法の要件

契約変更は、契約の当事者が承認した**契約の範囲の変更**または**価格の変更**をいう。

契約変更を行った場合には、その変更後の契約を**独立した契約として処理する場合**と、独立した契約として処理しない場合がある。

そして、独立した契約として処理しない場合には、主に「**既存の契約を解約して、新しい契約を締結したものと仮定して処理する方法**」と、「**契約変更を既存の契約の一部と仮定して処理する方法**」などがある。

```
                ┌─ 独立した契約として処理する  Ⅰ
契約変更 ───┤                           ┌─ 既存の契約を解約し、新しい契約を締結したと仮定  Ⅱ
                └─ 独立した契約として処理しない ─┤
                                            └─ 既存の契約の一部と仮定  Ⅲ
```

以下、抽象的な文言が続くため、問題文の取引例（ケース）を用いて説明する。

あわせて、「収益認識に関する会計基準」（以下、基準）で「財またはサービス」としている箇所を商品と置き換えて説明する。

Ⅰ　独立した契約として処理する場合（ケース3）
次の要件をいずれも満たす場合、独立した契約として処理する。

要件

① 別個の商品の追加（商品Pを50個追加）により**契約の範囲が拡大**（100個→150個）され、かつ、

② 変更後の契約の価額（@1,950円）が追加的に約束した商品の**独立販売価格**（@2,000円）に**調整**を加えた分（△50円）だけ増額（97,500円*）されること。

＊ @1,950円×50個＝97,500円

よって、問題文の要件**ロ**が解答となる。

Ⅱ　既存の契約を解約し、新しい契約を締結したと仮定して処理する場合（ケース2）
以下の場合には、既存の契約を解約し、新しい契約を締結したと仮定して処理する。

要件

上記①、②の独立した契約として処理するための要件を満たさないが、いまだ移転していない商品（商品P´）が、契約変更日以前に移転した商品（商品P）と**別個のもの**であること。

よって、問題文の要件**ハ**が解答となる。

Ⅲ　契約変更を既存の契約の一部と仮定して処理する場合（ケース１）　　　▶ここに注意◀

以下の場合には、契約変更を既存の契約の一部と仮定して処理する。

要件

上記①、②の独立した契約として処理するための要件を満たさず、

いまだ移転していない商品（商品P 60個）が、契約変更日以前に移転した商品と**別個の**ものではなく、契約変更日において部分的に充足（商品P 40個の引渡し）されている**単一の履行義務**（100個の引渡し）の**一部を構成**すること。

よって、問題文の要件**イ**が解答となる。

問２　契約変更を既存の契約の一部と仮定して処理する場合（ケース１）の仕訳

基準では、「履行義務の充足に係る進捗度及び取引価格が変更される場合には、契約変更日において、収益の額を累積的な影響にもとづき修正する」としている。

要するに、工事契約における契約変更と同じ処理のことである。

非常に難解であるため数値例をもとに説明する。

契約変更前取引価格：@2,000円×100個＝200,000円

契約変更後取引価格：@2,000円×40個＋@1,800円×60個＝188,000円

１．商品P 40個の引渡し時：当期

商品P 40個を引き渡したときの収益計上額

$$200{,}000円 \times \frac{40個}{100個} = 80{,}000円　または　@2{,}000円 \times 40個 = 80{,}000円$$

（売 掛 金）	80,000	（売 上）	80,000

２．契約変更時（３月20日）：当期

①　契約変更による適正な収益計上額

$$188{,}000円 \times \frac{40個}{100個} = 75{,}200円$$

②　修正額

75,200円－80,000円＝△4,800円

上記①と②をまとめると、以下の式となる。

$$188{,}000円 \times \frac{40個}{100個} - 80{,}000円 = △4{,}800円$$

（売 上）	4,800	（売 掛 金）	4,800

3．商品P 60個の引渡し時（5月10日）：翌期

188,000円 − (80,000円 − 4,800円) = 112,800円
または

$$188,000円 \times \frac{60個}{100個} = 112,800円$$

（売　　掛　　金）	112,800	（売　　　　　　上）	112,800

参考　ケース3の取引の仕訳（独立した契約として処理する場合）

　商品P 60個と、商品P 50個の販売をそれぞれ独立した契約として処理する場合には、それぞれの販売価格で売上計上します。

1．商品P 40個の引渡し時：当期

（売　　掛　　金）	80,000	（売　　　　　　上）	80,000

2．商品P 60個の引渡し時（5月10日）：翌期

（売　　掛　　金）	120,000	（売　　　　　　上）	120,000

60個分：＠2,000円 × 60個 = 120,000円

3．商品P 50個の引渡し時（5月10日）：翌期

（売　　掛　　金）	97,500	（売　　　　　　上）	97,500

50個分：＠1,950円 × 50個 = 97,500円

参考　ケース2の取引の仕訳
（既存の契約を解約し、新しい契約を締結したと仮定して処理する場合）

　商品Pを100個引き渡す契約を解約し、すでに引き渡した40個を除いた60個を引き渡す契約を新たに締結したと仮定して処理する。

1．商品P 40個の引渡し時：当期

（売　　掛　　金）	80,000	（売　　　　　　上）	80,000

2．商品P′60個の引渡し時（5月10日）：翌期

　もし納入数量の追加があり販売価格が異なる場合には、販売額総額を販売総数量で割って計算した平均販売単価をもとに売上計上します。しかし、本問では、契約変更後の販売価格（＠2,000円）と納入する数量（60個）は、契約変更前と同じとなっています。
　＠2,000円 × 60個 = 120,000円

（売　　掛　　金）	120,000	（売　　　　　　上）	120,000

第211回
商　業　簿　記

問題1

（単位：円）

問題番号		借　方　科　目	金　額	貸　方　科　目	金　額	
(1) 全経 販売分	期首分	〔 利 益 剰 余 金 期 首 残 高 〕	〔 110,700 〕	〔 売 上 原 価 〕	〔 110,700 〕	⑤
		〔 法 人 税 等 調 整 額 〕	〔 33,210 〕	〔 利 益 剰 余 金 期 首 残 高 〕	〔 33,210 〕	
		〔 　 〕	〔 　 〕	〔 　 〕	〔 　 〕	
	期末分	〔 売 上 原 価 〕	〔 128,700 〕	〔 製 　 品 〕	〔 128,700 〕	⑤
		〔 繰 延 税 金 資 産 〕	〔 38,610 〕	〔 法 人 税 等 調 整 額 〕	〔 38,610 〕	
(2) 全経九 州セー ルス分	期首分	〔 利 益 剰 余 金 期 首 残 高 〕	〔 13,284 〕	〔 売 上 高 〕	〔 13,284 〕	⑤
		〔 法 人 税 等 調 整 額 〕	〔 3,985 〕	〔 利 益 剰 余 金 期 首 残 高 〕	〔 3,985 〕	
	期末分	〔 売 上 高 〕	〔 10,296 〕	〔 関 連 会 社 株 式 〕	〔 10,296 〕	⑤
		〔 繰 延 税 金 資 産 〕	〔 3,089 〕	〔 法 人 税 等 調 整 額 〕	〔 3,089 〕	

（注）〔　　　　　　　〕には勘定科目あるいは金額を1つのみ記入すること。

　　「利益剰余金期首残高」は「利益剰余金当期首残高」でも可。

問題3

損　　　益　　　　　　　　　　（単位：円）

借 方 科 目	金 額	貸 方 科 目	金 額
仕 　 入	〔 ③ 1,078,500 〕	売 上	2,081,868
商 品 低 価 評 価 損	〔 ③ 7,000 〕	受 取 手 数 料	12,340
給 料 手 当	332,000	商 品 低 価 切 下 額 戻 入	〔 ③ 4,000 〕
退 職 給 付 費 用	〔 ③ 4,200 〕	有 価 証 券 利 息	〔 ③ 1,380 〕
特 別 賞 与 ※1	〔 ③ 5,000 〕		〔 　 〕
賞 与 引 当 金 繰 入	〔 40,000 〕		
広 告 宣 伝 費	18,700		
支 払 地 代	〔 36,000 〕		
貸 倒 引 当 金 繰 入	〔 ③ 2,088 〕		
減 価 償 却 費	〔 ③ 6,250 〕		
雑 費	1,690		
支 払 利 息	〔 300 〕		
為 替 差 損 益 ※2	〔 ③ 2,860 〕		
関 連 会 社 株 式 評 価 損	〔 ③ 70,000 〕		
	〔 　 〕		
法 人 税 等	175,000		
繰 越 利 益 剰 余 金	〔 ① 320,000 〕		
	〔 2,099,588 〕		〔 2,099,588 〕

（注）すべての空欄を使用するとは限らない。　　※1「賞与」でも可。　　※2「為替差損」でも可。

問題2

（単位：円）

問題番号	借 方 科 目	金 額	貸 方 科 目	金 額
(1)	ソフトウェア償却※	160,000	ソフトウェア	160,000
(2)	減 損 損 失	3,500	資 産 グ ル ー プ B	1,600
			資 産 グ ル ー プ C	1,400
			共 用 資 産	500

※ 「売上原価」でも可。　　　　　　　　　　　　　　　　　　　　　　各⑤

問題3

閉 鎖 残 高　　　　　　　　　　　　（単位：円）

借 方 科 目		金 額	貸 方 科 目		金 額
現　　　　　　　金		100,350	買　　掛　　金		72,500
当 座 預 金		223,000	電 子 記 録 債 務		8,800
売　　掛　　金	〔	94,000 〕	未 払 消 費 税 等	〔③	24,080 〕
電 子 記 録 債 権	〔	80,000 〕	未 払 法 人 税 等	〔③	75,000 〕
繰 越 商 品	〔③	222,000 〕	未　　払　　金	〔③	5,000 〕
前 払 地 代 ※1	〔③	12,000 〕	未 払 利 息 ※2	〔③	300 〕
建　　　　物		150,000	商 品 低 価 切 下 額	〔③	7,000 〕
土　　　　地		230,000	貸 倒 引 当 金	〔	3,480 〕
満 期 保 有 目 的 債 券	〔③	131,520 〕	賞 与 引 当 金	〔③	40,000 〕
関 連 会 社 株 式	〔③	30,000 〕	長 期 借 入 金		30,000
そ の 他 有 価 証 券	〔③	50,000 〕	退 職 給 付 引 当 金	〔③	44,500 〕
	〔	〕	建 物 減 価 償 却 累 計 額	〔	31,250 〕
			資　　本　　金		300,000
			資 本 準 備 金		130,000
			利 益 準 備 金	〔③	19,000 〕
			繰 越 利 益 剰 余 金	〔	531,960 〕
				〔	〕
	〔	1,322,870 〕		〔	1,322,870 〕

(注)すべての空欄を使用するとは限らない。

※1「前払費用」でも可。　　※2　「未払費用」でも可。

予想採点基準
⑤…5点× 6 ＝　30点
③…3点×23 ＝　69点
①…1点× 1 ＝　　1点
　　　　　　　100点

《解　説》　　　　　　　　　　　　　　　　　　　　　　　▶ここに注意◀

問題1　連結修正仕訳(以下、単位：円)

1．全経テック(親会社)から全経販売(子会社)への製品の販売

(1)　期首製品に係る未実現利益の消去(ダウン・ストリーム)

①　前期の未実現利益の消去

| (利益剰余金期首残高) | 110,700 *1 | (製　　　　　　品) | 110,700 |
| (繰 延 税 金 資 産) | 33,210 *2 | (利益剰余金期首残高) | 33,210 |

$*1 \quad 356,700円 \times \dfrac{0.45}{1.45} = 110,700円$

$*2 \quad 110,700円 \times 30\% = 33,210円$

②　当期の未実現利益の実現

| (製　　　　　　品) | 110,700 | (売　上　原　価) | 110,700 |
| (法 人 税 等 調 整 額) | 33,210 | (繰 延 税 金 資 産) | 33,210 |

上記の①と②の仕訳を合わせたものが当期の連結修正仕訳となる。

| (利益剰余金期首残高) | 110,700 | (売　上　原　価) | 110,700 |
| (法 人 税 等 調 整 額) | 33,210 | (利益剰余金期首残高) | 33,210 |

(2)　期末製品に係る未実現利益の消去(ダウン・ストリーム)

| (売　上　原　価) | 128,700 *1 | (製　　　　　　品) | 128,700 |
| (繰 延 税 金 資 産) | 38,610 *2 | (法 人 税 等 調 整 額) | 38,610 |

$*1 \quad 414,700円 \times \dfrac{0.45}{1.45} = 128,700円$

$*2 \quad 128,700円 \times 30\% = 38,610円$

2．全経テック(投資会社)から全経九州セールス(関連会社)への製品の販売

(1)　期首製品に係る未実現利益の消去(ダウン・ストリーム)

①　前期の未実現利益の消去

| (利益剰余金期首残高) | 13,284 *1 | (関 連 会 社 株 式) | 13,284 |
| (繰 延 税 金 資 産) | 3,985 *2 | (利益剰余金期首残高) | 3,985 |

$*1 \quad 107,010円 \times \dfrac{0.45}{1.45} \times 40\% = 13,284円$

$*2 \quad 13,284円 \times 30\% = 3,985.2 \rightarrow 3,985円$

②　当期の未実現利益の実現

| (関 連 会 社 株 式) | 13,284 | (売　　上　　高) | 13,284 |
| (法 人 税 等 調 整 額) | 3,985 | (繰 延 税 金 資 産) | 3,985 |

上記の①と②の仕訳を合わせたものが当期の連結修正仕訳となる。

| (利益剰余金期首残高) | 13,284 | (売　　上　　高) | 13,284 |
| (法 人 税 等 調 整 額) | 3,985 | (利益剰余金期首残高) | 3,985 |

持分法の未実現利益の消去の場合、持分割合を掛けるのを忘れないようにする。

211

(2) 期末製品に係る未実現利益の消去(ダウン・ストリーム)

(売　　　上　　　高)	10,296 *1	(関 連 会 社 株 式)	10,296
(繰 延 税 金 資 産)	3,089 *2	(法 人 税 等 調 整 額)	3,089

* 1　$82,940 円 \times \dfrac{0.45}{1.45} \times 40\% = 10,296 円$

* 2　$10,296 円 \times 30\% = 3,088.8 \rightarrow 3,089 円$

問題2　市場販売目的のソフトウェア、減損会計(以下、単位:円)

1. 市場販売目的のソフトウェア

(1) 2X01年度

　毎期の償却額は残存有効期間(見込有効期間)にもとづく償却額を下回ってはならない点に注意する。

見込販売数量による償却額:$480,000 円 \times \dfrac{1,800 個}{6,000 個} = 144,000 円$

見込有効期間による償却額:$480,000 円 \div 3 年 = 160,000 円$

償却額:144,000円 < 160,000円　∴ 160,000円

(ソ フ ト ウ ェ ア 償 却)	160,000	(ソ フ ト ウ ェ ア)	160,000

(2) 2X02年度

見込販売数量による償却額:$(480,000 円 - 160,000 円) \times \dfrac{1,200 個}{3,000 個} = 128,000 円$

見込有効期間による償却額:$(480,000 円 - 160,000 円) \div 2 年 = 160,000 円$

償却額:128,000円 < 160,000円　∴ 160,000円

(ソ フ ト ウ ェ ア 償 却)	160,000	(ソ フ ト ウ ェ ア)	160,000

2. 減損会計

(1) 資産グループごとの減損損失の認識の判定および測定

　① 減損の認識の判定

　　減価償却後の帳簿価額と割引前将来キャッシュ・フローを比較して、割引前将来キャッシュ・フローが帳簿価額を下回っている場合には、減損損失を認識する。

　イ 資産グループA:

　　帳簿価額:6,000円 − 2,000円 = 4,000円

　　4,000円(帳簿価額) < 4,300円(割引前将来C / F)　∴ 減損損失を認識しない

　ロ 資産グループB:

　　帳簿価額:8,000円 − 2,400円 = 5,600円

　　5,600円(帳簿価額) > 5,000円(割引前将来C / F)　∴ 減損損失を認識する

　ハ 資産グループC:

　　帳簿価額:10,000円 − 3,000円 = 7,000円

　　7,000円(帳簿価額) > 6,400円(割引前将来C / F)　∴ 減損損失を認識する

② 減損損失の測定
減損損失は、減価償却後の帳簿価額と回収可能価額との差額によって計算する。
イ　資産グループB：
減損損失：5,600円 − 4,000円 = 1,600円
ロ　資産グループC：
減損損失：7,000円 − 5,600円 = 1,400円

(2) 共用資産を含む、より大きな単位での認識および測定
共用資産を含む、より大きな単位で減損損失の認識の判定および測定を行う。
① 共用資産を含む、より大きな単位での減損の認識の判定
共用資産の帳簿価額：4,000円 − 1,600円 = 2,400円
帳簿価額の合計：4,000円 + 5,600円 + 7,000円 + 2,400円 = 19,000円
割引前将来C／Fの合計：15,700円
19,000円(帳簿価額合計) ＞ 15,700円(割引前将来C／F合計)
∴　減損損失を認識する
② 共用資産を含む、より大きな単位での減損損失の測定
回収可能価額合計：4,100円 + 4,000円 + 5,600円 + 1,800円 = 15,500円
19,000円(帳簿価額合計) − 15,500円(回収可能価額) = 3,500円
③ 共用資産の減損損失
共用資産を含む、より大きな単位での減損損失は全体の減損損失であるため、(1)で求めた資産グループB、Cの減損損失も含まれている。
そのため、全体の減損損失3,500円から資産グループB、Cの減損損失を引いた額が、共用資産に配分される減損損失となる。
3,500円(全体) − 1,600円(資産グループB) − 1,400円(資産グループC) = 500円

(減 損 損 失)	3,500	(資 産 グ ル ー プ B)	1,600
		(資 産 グ ル ー プ C)	1,400
		(共 用 資 産)	500

問題3　損益勘定と閉鎖残高勘定の作成(以下、単位：円)
1．商品(売上原価の算定)
(1) 売上原価の算定

| (仕 入) | 124,000 | (繰 越 商 品) | 124,000 |
| (繰 越 商 品) | 222,000 | (仕 入) | 222,000 |

仕入：1,176,500円 + 124,000円 − 222,000円 = 1,078,500円
(2) 前期の商品評価損の戻入(洗替え法)
問題文の決算整理前残高試算表に「商品低価切下額」があるため、商品の評価の処理について評価勘定で処理していることがわかる。

| (商 品 低 価 切 下 額) | 4,000 | (商品低価切下額戻入) | 4,000 |

▶ここに注意◀

(3) 当期の商品評価損の計上
評価勘定で処理しているため、閉鎖残高勘定における繰越商品は取得原価のままとなる。

（商 品 低 価 評 価 損）	7,000 *	（商 品 低 価 切 下 額）	7,000

* 222,000円 − 215,000円 = 7,000円
商品低価切下額：4,000円 − 4,000円 + 7,000円 = 7,000円

２．貸倒引当金

(1) 電子記録債権への振替え

（電 子 記 録 債 権）	52,000	（売 掛 金）	52,000

(2) 貸倒引当金の計上
電子記録債権：28,000円 + 52,000円 = 80,000円
売掛金：146,000円 − 52,000円 = 94,000円
貸倒見積高：(80,000円 + 94,000円) × 2 % = 3,480円

（貸 倒 引 当 金 繰 入）	2,088 *	（貸 倒 引 当 金）	2,088

* 3,480円 − 1,392円 = 2,088円
貸倒引当金：3,480円

３．建物（耐用年数の変更）

当期首に耐用年数を変更した場合には、期首帳簿価額を変更後の残存耐用年数にわたり費用配分する。

期首帳簿価額：150,000円 − 25,000円 = 125,000円
減価償却費：125,000円 ÷ 20年 = 6,250円

（減 価 償 却 費）	6,250	（建物減価償却累計額）	6,250

建物減価償却累計額：25,000円 + 6,250円 = 31,250円

仮に当期末に耐用年数を変更した場合には、当期末は変更前の耐用年数で償却し、翌期から変更後の耐用年数で償却する。

４．有価証券

(1) 満期保有目的債券

当期末ＣＲ137円

ＡＲ138円

ＨＲ140円

為替差損 △2,860円*4

取得原価 133,000円

有価証券利息 1,380円*2

Ｂ／Ｓ価額 131,520円*3

ＨＲ：取得時レート
ＡＲ：期中平均レート
ＣＲ：決算日レート

取得原価 950ドル

償却原価 960ドル*1

ゼロクーポン債であるため、利札による利息は付かない。

* 1 (1,000ドル − 950ドル) ÷ 5年 = 10ドル
  950ドル + 10ドル = 960ドル
* 2 10ドル × 138円 / ドル = 1,380円
* 3 960ドル × 137円 / ドル = 131,520円
* 4 131,520円 − (133,000円 + 1,380円) = △2,860円

▶ここに注意◀

| （満期保有目的債券） | 1,380 | （有　価　証　券　利　息） | 1,380 |
| （為　替　差　損　益） | 2,860 | （満期保有目的債券） | 2,860 |

商簿・財会

(2) 関連会社株式

時価が著しく下落し、株価(時価)が今後上昇する見込はないため、帳簿価額を時価まで引き下げる。

| （関連会社株式評価損） | 70,000 ＊ | （関　連　会　社　株　式） | 70,000 |

時価 30,000 円が、取得原価の 50%（50,000 円）以上、下落しているため、著しい下落と考える。

＊　期末時価：@ 300 円× 100 株＝ 30,000 円

　　　30,000 円－ 100,000 円＝△ 70,000 円

関連会社株式：30,000 円（時価）

(3) その他有価証券

市場価格のない有価証券は、実質価額が著しく下落している場合を除き、取得原価で評価する。

実質価額：@ 270 円× 200 株＝ 54,000 円

50,000 円（取得原価）＜ 54,000 円　著しい下落は生じていない。そのため、「仕訳なし」となる。

5．従業員賞与

(1) 従業員賞与

従業員への賞与支給額が確定していない場合には、支給見込額のうち当期に帰属する額を賞与引当金として計上する。

| （賞　与　引　当　金　繰　入） | 40,000 ＊ | （賞　与　引　当　金） | 40,000 |

＊　80,000 円× 50%＝ 40,000 円

(2) 特別賞与

従業員への賞与支給額が確定しており、賞与支給額が支給対象期間以外の基準に基づいて算定されている場合には、未払金として計上する。

| （特　別　賞　与） | 5,000 | （未　払　金） | 5,000 |

仮に賞与支給額が確定しており、賞与支給額が支給対象期間に対応して算定されている場合には、未払費用として計上する。

なお、借方科目は「賞与」も別解として認められると考えられる。

211

6．退職給付引当金

(1) 退職給付費用の計上

勤務費用：3,021 円

利息費用：1,411 円

期待運用収益：270 円

数理計算上の差異の償却額：342 円÷ 9 年＝ 38 円

集計：3,021 円＋ 1,411 円－ 270 円＋ 38 円＝ 4,200 円

| （退　職　給　付　費　用） | 4,200 | （退　職　給　付　引　当　金） | 4,200 |

数理計算上の差異の残高（未認識数理計算上の差異）にもとづいて償却額を計算する場合、償却期間からすでに償却した期間を引いた残存期間をもとに計算する。

(2) 年金掛け金の拠出の支払い

| （退　職　給　付　引　当　金） | 2,700 | （仮　払　金） | 2,700 |

退職給付引当金：43,000 円＋ 4,200 円－ 2,700 円＝ 44,500 円

7．中間配当

準備金の合計額が資本金の４分の１を超えているため、利益準備金の積立ては不要である。

資本金の４分の１：$300,000 円 \times \dfrac{1}{4} = 75,000 円$

準備金の合計額：130,000 円 ＋ 19,000 円 ＝ 149,000 円

75,000 円＜ 149,000 円　利益準備金の積立額：0

（繰越利益剰余金）	1,500	（仮　　払　　金）	1,500

8．費用の見越し・繰延べ

(1)　支払地代

毎年８月１日に１年分を前払いしているため、決算整理前残高試算表には期首の再振替仕訳の４カ月分と当期の８月に支払った12カ月分の合計16カ月分が計上されている。

（前　払　地　代）	12,000 *	（支　払　地　代）	12,000

＊　48,000 円÷16カ月＝＠3,000 円

　　＠3,000 円× 4カ月＝ 12,000 円

支払地代：48,000 円－ 12,000 円＝ 36,000 円

(2)　支払利息

（支　払　利　息）	300 *	（未　払　利　息）	300

＊　$30,000 円 \times 3 \% \times \dfrac{4 カ月}{12 カ月} = 300 円$

9．消費税等

（仮受消費税等）	58,640	（仮払消費税等）	34,560
		（未払消費税等）	24,080

10．法人税等

（法　人　税　等）	175,000	（仮払法人税等）	100,000
		（未払法人税等）	75,000

11．繰越利益剰余金

（損　　　　　益）	320,000 *	（繰越利益剰余金）	320,000

＊　損益勘定の貸借差額より、当期純利益320,000 円

繰越利益剰余金：213,460 円－ 1,500 円＋ 320,000 円＝ 531,960 円

第211回

財　務　会　計

問題1

	正誤	理　　　　　由
1.	○	
2.	×	原材料、半製品等の振替から生じる損益は振替損益であり、内部利益とは、独立した会計単位相互間の内部取引から生ずるものである。
3.	×	法人税等に係るキャッシュ・フローは、「営業活動によるキャッシュ・フロー」の区分に記載する。
4.	○	
5.	×	将来の収益獲得または費用削減が確実であると認められる場合には、当該ソフトウェアの取得に要した費用を資産として計上しなければならない。
6.	×	年金資産の期待運用収益は、期首の年金資産の額に長期期待運用収益率を乗じて計算する。
7.	○	
8.	○	
9.	×	減価償却方法は会計方針に該当するが、減価償却方法の変更は、会計上の見積りの変更と同様に取り扱い、遡及適用は行わない。
10.	×	資産が移転するのは、顧客が当該資産に対する支配を獲得した時または獲得するにつれてである。

各④

211

問題2

問1

資産説	資産説は、自己株式を取得したのみでは株式は失効しておらず、自己株式は他の有価証券と同様に換金性のある会社財産とみられることを論拠とする。
資本控除説	資本控除説は、自己株式の取得は株主との間の資本取引であり、会社所有者に対する会社財産の払戻しの性格を有することを論拠とする。

各⑤

問2

　自己株式の処分は新株の発行と同様の経済的実態を有し、損益取引ではなく資本取引に該当する。そのため、自己株式処分差益は資本取引に係る差額として資本剰余金とすべきであるが、資本準備金は会社法で限定されている。
　したがって、自己株式処分差益をその他資本剰余金とする。

⑦

問3

　その他資本剰余金は、払込資本から配当規制の対象となる資本金及び資本準備金を控除した残額であり、払込資本の残高が負の値となることはあり得ない以上、その他資本剰余金について負の残高を認めることは適当ではない。
　そのため、その他資本剰余金の残高が負の残高となる場合は、利益剰余金で補てんするほかないと考えられ、それは資本剰余金と利益剰余金の混同にはあたらないと考えられる。したがって、基準では本問における処理を要求している。

⑦

問題3

問1

1	d
2	a
3	i
4	e
5	g

各⑥

問2

12　　（%）	⑥

予想採点基準
⑦…7点×2 ＝　14点
⑥…6点×6 ＝　36点
⑤…5点×2 ＝　10点
④…4点×10＝　40点
　　　　　　100点

238

《解　説》　　　　　　　　　　　　　　　　　　　　　　　　　▶ここに注意◀
問題1　正誤問題

1．損益計算書：○

損益計算書は、企業の経営成績を明らかにするため、一会計期間に属するすべての収益とこれに対応するすべての費用とを記載して経常利益を表示し、これに特別損益に属する項目を加減して当期純利益を表示しなければならない。

「企業会計原則　第二　一」参照

2．内部利益：×

内部利益とは、原則として、本店、支店、事業部等の企業内部における独立した会計単位相互間の内部取引から生ずる未実現の利益をいう。したがって、会計単位内部における原材料、半製品等の振替から生ずる振替損益は内部利益ではない。

内部利益の除去は、本支店等の合併損益計算書において売上高から内部売上高を控除し、仕入高(または売上原価)から内部仕入高(または内部売上原価)を控除するとともに、期末たな卸高から内部利益の額を控除する方法による。

「企業会計原則注解　注11」参照

3．キャッシュ・フロー計算書：×

法人税等(住民税及び利益に関連する金額を課税標準とする事業税を含む。)に係るキャッシュ・フローは、「営業活動によるキャッシュ・フロー」の区分に記載する。

「連結キャッシュ・フロー計算書等の作成基準　第二　二　2」参照

4．固定資産の減損：○

正味売却価額とは、資産または資産グループの時価から処分費用見込額を控除して算定される金額をいう。

使用価値とは、資産または資産グループの継続的使用と使用後の処分によって生ずると見込まれる将来キャッシュ・フローの現在価値をいう。

回収可能価額とは、資産または資産グループの正味売却価額と使用価値のいずれか高い方の金額をいう。

「固定資産の減損に係る会計基準注解　注1」参照

5．社内利用のソフトウェア：×

社内利用のソフトウェアについては、完成品を購入した場合のように、その利用により将来の収益獲得または費用削減が確実であると認められる場合には、当該ソフトウェアの取得に要した費用を資産として計上しなければならない。

「研究開発費等に係る会計基準　四　3」参照

6．期待運用収益：×

期待運用収益は、期首の年金資産の額に合理的に期待される収益率(長期期待運用収益率)を乗じて計算する。

「退職給付に関する会計基準　23」参照

7．リース資産の減価償却：○

所有権移転ファイナンス・リース取引については、リース物件の取得と同様の取引と考えられるため、自己所有の固定資産と同一の方法により減価償却費を算定する。

一方、所有権移転外ファイナンス・リース取引については、リース物件の取得とは異なりリース物件を使用できる期間がリース期間に限定されるという特徴がある。

そのため、原則として、リース資産の償却期間はリース期間とし、残存価額はゼロとする。

また、償却方法については、企業の実態に応じ、自己所有の固定資産と異なる償却方法を選択することができる。

「リース取引に関する会計基準　39」参照

商簿・財会

211

8. 子会社の欠損の処理：○

子会社の欠損のうち、当該子会社に係る非支配株主持分に割り当てられる額が当該非支配株主の負担すべき額を超える場合には、当該超過額は、親会社の持分に負担させる。この場合において、その後当該子会社に利益が計上されたときは、親会社が負担した欠損が回収されるまで、その利益の金額を親会社の持分に加算する。

▶ここに注意◀
「連結財務諸表に関する会計基準　27」参照

9. 減価償却方法の変更：×

会計方針の変更を会計上の見積りの変更と区別することが困難な場合については、会計上の見積りの変更と同様に取り扱い、遡及適用は行わない。

有形固定資産等の減価償却方法及び無形固定資産の償却方法は、会計方針に該当するが、その変更については会計方針の変更を会計上の見積りの変更と区別することが困難な場合に該当し、遡及適用は行わない。

「会計方針の開示、会計上の変更及び誤謬の訂正に関する会計基準19、20」参照

10. 収益認識：×

企業は約束した財またはサービス(以下「資産」と記載)を顧客に移転することにより履行義務を充足した時にまたは充足するにつれて、収益を認識する。資産が移転するのは、顧客が当該資産に対する支配を獲得した時または獲得するにつれてである。

「収益認識に関する会計基準　35」参照

問題2　理論問題(自己株式)
問1　資産説と資本控除説

自己株式については、かねてより資産として扱う考えと資本の控除として扱う考えがあった。

(1)　資産説

自己株式を資産として扱う考えは、自己株式を取得したのみでは株式は失効しておらず、他の有価証券と同様に換金性のある会社財産とみられることを主な論拠とする。

(2)　資本控除説

自己株式を資本の控除として扱う考えは、自己株式の取得は株主との間の資本取引であり、会社所有者に対する会社財産の払戻しの性格を有することを主な論拠とする。

現在の「自己株式及び準備金の額の減少等に関する会計基準」では、資本の控除とすることが適切であるとされている。

問2　自己株式処分差益をその他資本剰余金に計上する理由

自己株式の処分は、会社が取得した自社の株式を新たに株主となるものに交付する行為であり、新株の発行と同様の経済的実態を有する。

そのため、自己株式処分差額は、資本取引の結果生じた剰余金として、資本剰余金とすべきである。

ここで、自己株式処分差益については会社法において分配可能額からの控除項目とされていない。一方、資本準備金については分配可能額の控除項目とされている。したがって、自己株式処分差益を資本準備金として処理することができず、その他資本剰余金として処理する。

▶ここに注意◀

問3　その他資本剰余金の負の残高をその他利益剰余金から減額する理由

　　その他資本剰余金は、払込資本から配当規制の対象となる資本金及び資本準備金を控除した残額であり、払込資本の残高が負の値となることはあり得ない以上、払込資本の一項目として表示するその他資本剰余金について、負の残高を認めることは適当ではない。

　　よって、その他資本剰余金が負の残高になる場合は、利益剰余金で補てんするほかないと考えられ、それは資本剰余金と利益剰余金の混同にはあたらないと判断される。

　　したがって、その他資本剰余金の残高を超える自己株式処分差損については、その他利益剰余金(繰越利益剰余金)から減額している。

問題3　財務分析
問1　空欄補充問題

　　本問では、ROAとROEについて問われている。問題文の空欄を埋めると、次のようになる。

　　企業の収益性をみる指標の代表的なものとしてROAとROEをあげることができる。このうちROAは、

$$ROA = \frac{当期純利益}{(期首\textbf{総資産}+期末\textbf{総資産})\div 2}\times 100$$

で算出することがある。しかし、分子に当期純利益を用いるこの計算は、財務諸表上に示された数値を用いることを優先した簡便法である。

　　分母の**総資産**に理論的に対応するのは，営業利益に金融収益(営業外収益)を加えた(あるいは、経常利益に金融費用(営業外費用)を足し戻した)事業利益である。

　　当期純利益では、債権者に対する**資本コスト**としての金融費用が控除されているのに対して、**株主**に対する**資本コスト**である**配当**は控除されておらず、債権者と**株主**は**企業**に対する資金提供者という意味では同じであるにもかかわらず、両者に対する**資本コスト**が同等に扱われていないという問題をはらんでいるのである。

　　このようにROAは**企業**の立場からみた投資の効率性を示すものであるが、これに対して**株主**の立場からみた投資の効率性を示すものがROEである。

問2　計算問題

　　ROEは株主資本に占める当期純利益の割合をいう。ROEは主に株主の立場から、株主資本をいかに効率的に使用したかを示す比率である。

$$ROE : \frac{当期純利益}{(期首株主資本+期末株主資本)\div 2}\times 100\%$$

$$\frac{15}{(120+130)\div 2}\times 100\% = 12\%$$

第213回
商 業 簿 記

問題１及び２について, 【　　　】には科目の記号を, 〔　　　　〕には金額をそれぞれ１つのみ記入すること。なお, 空欄となる場合もある。

問題１

	日付	借 方 科 目	金 額	貸 方 科 目	金 額	
問１	3/31	【　A　】	〔　165,000　〕	【　E　】	〔　165,000　〕	④
	4/1	【　E　】	〔　165,000　〕	【　A　】	〔　165,000　〕	④
問２	6/30	【　A　】	〔　420,000　〕	【　C　】	〔　462,000　〕	④
		【　F　】	〔　42,000　〕	【　　　】	〔　　　〕	

問題２

	借 方 科 目	金 額	貸 方 科 目	金 額	
開 始 仕 訳	【　B　】	〔　4,000,000　〕	【　A　】	〔　3,700,000　〕	
	【　C　】	〔　1,160,000　〕	【　D　】	〔　1,650,000　〕	④
	【　E　】	〔　190,000　〕	【　　　】	〔　　　〕	
のれんの償却	【　F　】	〔　10,000　〕	【　E　】	〔　10,000　〕	④
純利益の振替	【　G　】	〔　750,000　〕	【　D　】	〔　750,000　〕	④
配 当 金 の 修 正	【　H　】	〔　840,000　〕	【　C　】	〔　1,200,000　〕	④
	【　D　】	〔　360,000　〕	【　　　】	〔　　　〕	

問題3

決算整理後残高試算表　　　　　単位：円

借　方　科　目		金　額	貸　方　科　目		金　額
現　　　　　　　　金		100	買　　掛　　金		145,000
当　座　預　金		11,000	仮　受　消　費　税　等		0
クレジット売掛金	〔③	75,282 〕	貸　倒　引　当　金	〔③	4,406 〕
売　　掛　　金	〔③	113,000 〕	未　払　利　息	〔	1,500 〕
売買目的有価証券	〔	491,500 〕	未　払　消　費　税　等	〔③	10,824 〕
買建オプション	〔③	3,500 〕	未　払　法　人　税　等	〔③	31,000 〕
未　収　利　息	〔	200 〕	建物減価償却累計額	〔③	568,750 〕
仮　　払　　金		0	備品減価償却累計額	〔③	4,925 〕
前　払　地　代	〔③	16,000 〕	車両減価償却累計額	〔③	3,960 〕
仮　払　法　人　税　等		0	社　　　　債	〔③	198,933 〕
仮　払　消　費　税　等		0	資　　本　　金		800,000
商　　　　品	〔③	175,300 〕	利　益　準　備　金		196,000
建　　　　物		800,000	繰越利益剰余金	〔③	160,960 〕
備　　　　品	〔③	9,800 〕	売　　　　上		1,600,000
車　　　　両	〔③	13,200 〕	有価証券評価損益	〔③	17,500 〕
借　　地　　権		500,000	オプション差損益	〔	2,000 〕
長　期　貸　付　金	〔	12,000 〕	受　取　利　息	〔③	200 〕
売　上　原　価		1,020,000	固定資産売却損益	〔③	400 〕
給　与　手　当		250,000			
支　払　地　代	〔	24,000 〕			
支　払　手　数　料	〔③	9,562 〕			
貸倒引当金繰入(営業費)	〔③	2,800 〕			
減　価　償　却　費	〔③	30,985 〕			
棚　卸　減　耗　損	〔③	2,500 〕			
商　品　評　価　損	〔	2,200 〕			
その他の営業費用		120,000			
貸倒引当金繰入(営業外)	〔③	606 〕			
社　債　利　息	〔③	6,823 〕			
法　人　税　等		56,000			
	〔	3,746,358 〕		〔	3,746,358 〕

注意：〔　　　〕内の金額がゼロである場合、0と記入すること。

予想採点基準
④…4点×7＝ 28点
③…3点×24＝ 72点
100点

《解　説》　　　　　　　　　　　　　　　　　　　　　　　　　　　　　▶ここに注意◀

問題1　収益認識、変動対価(以下、単位：円)

1．3月31日までの販売実績

値引が見込まれる分については変動対価と考え売上計上せず、本文では契約負債として認識する。

ただし、本問では問題文に「期中には売価により税抜方式で仕訳を行い…」とあるため、期中には契約負債の計上を行わない。

なお、消費税法上は、変動対価という考えはないため、販売金額に対して仮受消費税等を計上する。

> 問題指示により、3月31日に変動対価分を売上勘定から契約負債勘定へ振り替える。

(売　　掛　　金)	1,540,000 *3	(売　　　　　上) 1,400,000 *1
		(仮 受 消 費 税 等) 140,000 *2

＊1　@10,000円×(A社70個＋B社40個＋C社30個)＝1,400,000円

＊2　1,400,000円×10%＝140,000円

＊3　1,400,000円×110%＝1,540,000円

2．問1の解答

(1)　3月31日の仕訳

本問は、6月までに商品を100個以上購入した場合に、1個当たり15%の値引を行うという条件である。

6月までのA社に対する販売予想は150個(＝70個＋80個)、B社に対する販売予想は120個(＝40個＋80個)であるため、契約負債の計上を行う。

なお、C社に対する販売予想は80個(＝30個＋50個)であり、100個以上となる見込みではないため、契約負債の計上は不要である。

> 契約負債を計上するのは、3月31日までに販売した商品に係る部分のみである。

(売　　　　　上)	165,000	(契　約　負　債) 165,000 *

＊　@10,000円×(A社70個＋B社40個)×15%＝165,000円

(2)　4月1日の仕訳

上記(1)の仕訳の貸借反対仕訳を行う。

> 4月～6月の販売の仕訳
> (売　掛　金) 2,300,000
> 　(売　　上) 2,300,000
> @10,000円×(100個＋50個＋80個)＝2,300,000

(契　約　負　債)	165,000	(売　　　　　上) 165,000

3．問2の解答

6月までの販売実績が100個以上となったのは、A社170個(＝70個＋100個)とC社110個(＝30個＋80個)である。よって、1個当たり15%の値引を行う。

なお、B社に対しては90個(＝40個＋50個)であったため、値引は行わない。

> 値引を行うのは1月から6月までの販売実績に対してである。

(売　　　　　上)	420,000 *1	(売　　掛　　金) 462,000 *3
(仮 受 消 費 税 等)	42,000 *2	

＊1　@10,000円×(A社170個＋C社110個)×15%＝420,000円

＊2　420,000円×10%＝42,000円

＊3　420,000円×110%＝462,000円

> 本問の販売数量に基づく値引きは、顧客から受取った対価の額のうち企業が権利を得ると見込まない額であり、**本来は返金負債**として認識します。「収益認識に関する会計基準の適用指針」設例13でも返金負債としています。
> しかし、本試験の問題文の選択肢には返金負債がなかったため、契約負債を用いて解説しています。

問題2　連結会計(連結仕訳)（以下、単位：円）

▶ここに注意◀

1．取得日（2X00年3月31日）における資本連結

（資　　本　　金）	4,000,000	（S　社　株　式）	3,700,000
（利　益　剰　余　金）	1,000,000	（非 支 配 株 主 持 分）	1,500,000 *1
（の　　れ　　ん）	200,000 *2		

＊1　(4,000,000円 + 1,000,000円) × 30% = 1,500,000円

＊2　3,700,000円 − (4,000,000円 + 1,000,000円) × 70% = 200,000円

2．2X02年3月期における連結修正仕訳

(1)　開始仕訳

（資　　本　　金）	4,000,000	（S　社　株　式）	3,700,000
（利　益　剰　余　金）	1,160,000 *2	（非 支 配 株 主 持 分）	1,650,000 *1
（の　　れ　　ん）	190,000 *3		

＊1　(資本金4,000,000円 + 前期末利益剰余金1,500,000円) × 30% = 1,650,000円

＊2　1,000,000円 + $\underbrace{(1,500,000円 − 1,000,000円) × 30\%}_{\text{前期純利益の振替え}}$ + $\underbrace{200,000円 ÷ 20年}_{\text{のれん償却}}$

$\qquad$ = 1,160,000円

＊3　200,000円 − 200,000円 × $\dfrac{1年}{20年}$ = 190,000円

S社の利益剰余金2,800,000円は当期末の金額であり、前期末の金額は2,800,000円 + 配当金1,200,000円 − 当期純利益2,500,000円 = 1,500,000円である。

(2)　のれんの償却

（の　れ　ん　償　却）	10,000 *	（の　　れ　　ん）	10,000

＊　200,000円 ÷ 20年 = 10,000円

(3)　子会社当期純利益の振替

（非支配株主に帰属する当期純利益）	750,000 *	（非 支 配 株 主 持 分）	750,000

＊　2,500,000円 × 30% = 750,000円

(4)　子会社の剰余金の配当の修正

（受　取　配　当　金）	840,000 *1	（利　益　剰　余　金）	1,200,000
（非 支 配 株 主 持 分）	360,000 *2	剰余金の配当	

＊1　1,200,000円 × 70% = 840,000円

＊2　1,200,000円 × 30% = 360,000円

問題3　決算整理後残高試算表の作成（以下、単位：円）

1．商品取引

(1)　クレジットカードによる販売

本問ではカード会社から手数料控除後の代金受取り時に支払手数料と手数料にかかる仮払消費税を計上する。

①　販売時

（ク レ ジ ッ ト 売 掛 金）	×××	（売　　　　　上）	×××
		（仮 受 消 費 税 等）	×××

② 代金受取り時

▶ここに注意◀

（当　座　預　金）	×××	（クレジット売掛金）	×××
（支　払　手　数　料）	×		
（仮　払　消　費　税　等）	×		

問題文の指示より、期末の未回収のクレジット売掛金に係る手数料と消費税をクレジット売掛金から振り替える。

（支　払　手　数　料）	1,562 *1	（クレジット売掛金）	1,718 *3
（仮　払　消　費　税　等）	156 *2		

＊1　78,100円× 2 ％＝1,562円
＊2　1,562円×10%＝156.2円 → 156円
＊3　1,562円＋156円＝1,718円
支払手数料：8,000円＋1,562円＝9,562円

本問では売上代金（消費税込）の 2 ％の手数料という指示に従う。
なお、回収不能のクレジット売掛金1,100円については、問題指示により手数料等を考慮しない。

2．売上債権

（1）貸倒処理

（貸　倒　引　当　金）	1,000 *1	（クレジット売掛金）	1,100
（仮　受　消　費　税　等）	100 *2		

＊1　1,100円÷110%＝1,000円
＊2　1,000円×10%＝100円
クレジット売掛金：78,100円－1,718円－1,100円＝75,282円

クレジット売掛金には消費税等が含まれている。

（2）貸倒懸念債権

① 貸付金への振替え
問題文に指示があるため、長期貸付金に振替える。

（長　期　貸　付　金）	12,000	（売　　掛　　金）	12,000

売掛金：125,000円－12,000円＝113,000円

② 貸倒引当金の計上
キャッシュ・フロー見積法により、債権金額から将来キャッシュ・フローの現在価値を引いた額を貸倒見積高とする。

（貸倒引当金繰入（営業外））	606 *	（貸　倒　引　当　金）	606

＊　2,000円×5.697＝11,394円
　　12,000円－11,394円＝606円

将来キャッシュ・フローの金額は、1 年後の2X24年 3 月31日から毎年2,000円（期間 6 年）である。

（3）一般債権
クレジット売掛金については、問題指示により手数料1,718円控除前の期末残高に対して貸倒引当金を設定する。

（貸倒引当金繰入（営業費））	2,800 *	（貸　倒　引　当　金）	2,800

＊　（75,282円＋1,718円＋113,000円）× 2 ％＝3,800円
　　3,800円－（2,000円－1,000円）＝2,800円
貸倒引当金：2,000円－1,000円＋606円＋2,800円＝4,406円

▶ここに注意◀

3．売買目的有価証券
売買目的有価証券は、期末に時価で評価し、評価差額は損益とする。

(1) A社株式

（売買目的有価証券）	35,500 *	（有価証券評価損益）	35,500

＊　簿価：10株×@80ドル×110円＝88,000円
時価：10株×@95ドル×130円＝123,500円
評価損益：123,500円－88,000円＝35,500円

(2) B社株式

（有価証券評価損益）	15,000 *	（売買目的有価証券）	15,000

＊　簿価：20株×@120ドル×120円＝288,000円
時価：20株×@105ドル×130円＝273,000円
評価損益：273,000円－288,000円＝△15,000円

(3) 円建国債

① 時価評価

（有価証券評価損益）	3,000	（売買目的有価証券）	3,000 *

＊　簿価：@98円×1,000口＝98,000円
時価：@95円×1,000口＝95,000円
評価損益：95,000円－98,000円＝△3,000円

売買目的有価証券：123,500円＋273,000円＋95,000円＝491,500円
有価証券評価損益：35,500円－15,000円－3,000円＝17,500円

② 利息の見越計上
利払日が11月末、決算日が3月末であるため、4カ月分の利息の見越計上を行う。

（未　収　利　息）	200 *	（受　取　利　息）	200

＊　@100円×1,000口×0.6%×$\frac{4カ月}{12カ月}$＝200円

③ プットオプション
オプションは、期末に時価で評価し、評価差額は損益とする。

（買建オプション）	2,000 *	（オプション差損益）	2,000

＊　簿価：1,500円（前T／Bより）
時価：@3.5円×1,000口＝3,500円
評価損益：3,500円－1,500円＝2,000円

本問のオプション取引については、ヘッジ会計を適用する旨の指示がないため、通常のデリバティブ取引の期末処理を行う。

213

4．期末商品
売上原価対立法を採用しているため、決算整理前残高試算表には適正な売上原価1,020,000円と期末帳簿棚卸高合計180,000円が計上されている。

(1) 期末商品の評価

（棚卸減耗損）	2,500 *1	（商　　品）	4,700
（商品評価損）	2,200 *2		

＊1　（80個－75個）×@500円＝2,500円
＊2　（@500円－@480円）×75個＋（@100円－@30円）×10個＝2,200円

▶ここに注意◀

商品P

商品Q

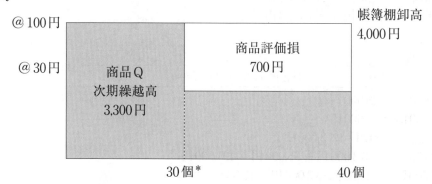

* 40個 − 10個 = 30個

商品：180,000円 − 2,500円 − 2,200円 = 175,300円

5．有形固定資産

⑴　建物

①　誤謬の訂正

建物は2X00年7月1日に使用を開始しているため、前期末（2X22年3月末）まで21年9カ月（＝261カ月）が経過している。

（繰越利益剰余金）	152,250	（建物減価償却累計額）	152,250 *

*　訂正前：$800,000円 \times 0.9 \times \dfrac{261カ月}{40年 \times 12カ月} = 391,500円（前T／B）$

訂正後：$800,000円 \times \dfrac{261カ月}{32年 \times 12カ月} = 543,750円$

訂正額：543,750円 − 391,500円 = 152,250円

繰越利益剰余金：313,210円 − 152,250円 = 160,960円

②　減価償却

（減価償却費）	25,000 *	（建物減価償却累計額）	25,000

*　800,000円 ÷ 32年 = 25,000円

建物減価償却累計額：391,500円 + 152,250円 + 25,000円 = 568,750円

(2) 備品

▶ここに注意◀

① 資本的支出

| (備 品) | 1,800 *1 | (仮 払 金) | 1,980 |
| (仮 払 消 費 税 等) | 180 *2 | | |

* 1　1,980円 ÷ 110% = 1,800円

* 2　1,800円 × 10% = 180円

備品：8,000円 + 1,800円 = 9,800円

② 減価償却

定率法償却率：1 ÷ 8年 × 200% = 0.25

| (減 価 償 却 費) | 1,425 * | (備品減価償却累計額) | 1,425 |

* (8,000円 − 3,500円) × 0.25 = 1,125円 > 8,000円 × 0.079 = 632円

$$(8,000円 − 3,500円) × 0.25 + 1,800円 × 0.25 × \frac{8 カ月}{12 カ月} = 1,425円$$

備品減価償却累計額：3,500円 + 1,425円 = 4,925円

(3) 車両

定率法償却率：1 ÷ 5年 × 200% = 0.4

① 買換え

(車両減価償却累計額)	6,500	(車 両)	12,500
(減 価 償 却 費)	600 *1	(仮 払 金)	8,140 *4
(車 両)	13,200 *2	(仮 受 消 費 税 等)	580 *5
(仮 払 消 費 税 等)	1,320 *3	(固 定 資 産 売 却 損 益)	400 *6

前T／Bの車両と車両減価償却累計額は、買換えによりすべて消滅する。

* 1　(12,500円 − 6,500円) × 0.4 = 2,400円 > 12,500円 × 0.108 = 1,350円

$$(12,500円 − 6,500円) × 0.4 × \frac{3 カ月}{12 カ月} = 600円$$

* 2　14,520円 ÷ 110% = 13,200円

* 3　13,200円 × 10% = 1,320円

* 4　14,520円 − 6,380円 = 8,140円

* 5　6,380円：110% × 10% = 580円

* 6　6,380円 ÷ 110% − (12,500円 − 6,500円 − 600円) = 400円

② 減価償却

| (減 価 償 却 費) | 3,960 * | (車両減価償却累計額) | 3,960 |

$$* \quad 13,200円 × 0.4 × \frac{9 カ月}{12 カ月} = 3,960円$$

減価償却費：25,000円 + 1,425円 + 600円 + 3,960円 = 30,985円

6．社債

2X22年12月31日までの利払と償却原価の処理は適正に済ませているので、1月から3月までの利息の見越計上と償却原価の処理を行えばよい。

（社　債　利　息）	1,709 *1	（未　払　利　息）	1,500 *2
		（社　　　　　債）	209 *3

＊1　$198,724\text{円} \times 3.44\% \times \dfrac{3\,\text{カ月}}{12\,\text{カ月}} = 1,709.0264\,\text{円} \rightarrow 1,709\,\text{円}$

＊2　$200,000\text{円} \times 3\% \times \dfrac{3\,\text{カ月}}{12\,\text{カ月}} = 1,500\,\text{円}$

＊3　$1,709\,\text{円} - 1,500\,\text{円} = 209\,\text{円}$

社債利息：5,114円 + 1,709円 = 6,823円

社債：198,724円 + 209円 = 198,933円

7．地代

毎年11月末に12月1日から1年分支払っているため、残高試算表には期首の再振替仕訳の8カ月分と当期の11月に支払った12カ月分の合計20カ月分が計上されている。

（前　払　地　代）	16,000 *	（支　払　地　代）	16,000

＊　40,000円 ÷ 20カ月 = @2,000円

　　@2,000円 × 8カ月 = 16,000円

支払地代：40,000円 − 16,000円 = 24,000円

8．消費税等

（仮　受　消　費　税　等）	150,480 *1	（仮　払　消　費　税　等）	139,656 *2
		（未　払　消　費　税　等）	10,824 *3

＊1　150,000円 − 100円 + 580円 = 150,480円

＊2　138,000円 + 156円 + 180円 + 1,320円 = 139,656円

＊3　150,480円 − 139,656円 = 10,824円

9．法人税等

（法　人　税　等）	56,000	（仮　払　法　人　税　等）	25,000
		（未　払　法　人　税　等）	31,000

前T/Bに仮払法人税等があるのを忘れないようにする。

10．繰越利益剰余金

当期純利益の繰越利益剰余金への振替えは、決算整理仕訳ではなく決算振替仕訳で行う。

そのため、決算整理後残高試算表の金額は当期純利益振替え前の金額（160,960円）となる。

第213回
財　務　会　計

問題1

	正誤	理　　　　由
1.	○	
2.	○	
3.	×	割引前の将来キャッシュ・フローが減少する場合には、負債計上時の割引率によって調整額を計算する。
4.	×	アップ・ストリームの場合、期末棚卸資産に含まれる未実現利益は、持分比率に応じて親会社持分と非支配株主持分に配分する。
5.	×	繰延税金資産または繰延税金負債は、回収または支払いが行われると見込まれる期の税率に基づいて計算する。
6.	×	ヘッジ会計の要件が充たされていた間のヘッジ手段に係る損益または評価差額は、ヘッジ対象に係る損益が認識されるまで引き続き繰り延べる。
7.	○	
8.	×	普通株式に係る当期純利益を普通株式の期中平均株式数で除して、1株当たり当期純利益を算定する。
9.	○	
10.	○	

各④

問題2

問1

1	要求払	2	換金可能	3	価値の変動
4	短期投資	5	3か月		

各②

問2

(1) 直接法

キャッシュ・フロー計算書 （単位：千円）

営業活動によるキャッシュ・フロー

営業収入	〔 ②	480,000 〕
商品の〔 **仕 入 支 出** 〕	〔 ②	△ 274,500 〕
人件費の支出	〔 ②	△ 41,600 〕
その他の営業支出	〔 ②	△ 14,500 〕
小　計	〔	149,400 〕
〔 **利 息** 〕の受取額	〔 ②	1,300 〕
〔 **利 息** 〕の支払額	〔 ②	△ 1,800 〕
〔 **法人税等** 〕の支払額	〔 ②	△ 34,000 〕
営業活動によるキャッシュ・フロー	〔	114,900 〕

(注)マイナスは金額の前に△を付すこと

(2) 間接法

キャッシュ・フロー計算書 （単位：千円）

営業活動によるキャッシュ・フロー

〔 **税引前当期純** 〕利益	〔 ②	126,000 〕
減価償却費	〔	20,000 〕
貸倒引当金の〔 **増加額** 〕	〔 ②	400 〕
〔 **有価証券売却益** 〕	〔 ②	△ 2,000 〕
受取利息	〔	△ 1,500 〕
社債利息	〔	2,100 〕
売上債権の〔 **増 加** 〕額	〔 ②	△ 20,000 〕
棚卸資産の〔 **減 少** 〕額	〔 ②	18,500 〕
仕入債務の〔 **増 加** 〕額	〔 ②	7,000 〕
前払費用の〔 **増 加** 〕額	〔 ②	△ 2,500 〕
未払費用の〔 **増 加** 〕額	〔 ②	1,400 〕
小　計	〔	149,400 〕
〔 **利 息** 〕の受取額	〔	1,300 〕
〔 **利 息** 〕の支払額	〔	△ 1,800 〕
〔 **法人税等** 〕の支払額	〔	△ 34,000 〕
営業活動によるキャッシュ・フロー	〔	114,900 〕

(注)マイナスは金額の前に△を付すこと

問題3

問1

(1)

1	イ	2	オ	3	コ
4	カ	5	ケ		

各②

(2)

①	c	②	a	③	b

各②

問2

①使用価値：**資産又は資産グループの継続的使用と使用後の処分によって生ずると見込まれる将来**

キャッシュ・フローの現在価値をいう。

②

②正味売却価額：**資産又は資産グループの時価から処分費用見込額を控除して算定される金額をいう。**

②

商簿・財会

213

予想採点基準
④…4点×10＝　40点
②…2点×30＝　60点
　　　　　　 100点

《解　説》　　　　　　　　　　　　　　　　　　　　　　　　　▶ここに注意◀
問題1　正誤問題

1．明瞭性の原則：○

　　明瞭性の原則とは、財務諸表によって、利害関係者に対し必要な会計事実を明瞭に表示　「企業会計原則　第一
し、企業の状況に関する判断を誤らせないようにしなければならないことを要請する原則　四」「企業会計原則注解
だが、この原則を実現するためには、財務諸表本体の区分表示や総額表示とともに、重要　注1−2、1−3、1−4」
な会計方針の注記、後発事象の開示や附属明細書等によって達成するものとされている。　参照

2．純資産の部の表示：○

　　純資産の部は、株主資本と株主資本以外の各項目に区分され、個別貸借対照表において、　「貸借対照表の純資産の部
株主資本以外の純資産の項目は、評価・換算差額等、株式引受権及び新株予約権に区分する。　の表示に関する会計基準
　　4、7⑴」参照

3．資産除去債務の見積りの変更：×

　　割引前の将来キャッシュ・フローに重要な見積りの変更が生じた場合、当該キャッシュ・　「資産除去債務に関する会
フローが増加する場合であれば、見積りの変更が生じた時点の割引率を適用する。これに　計基準　11」参照
対し、当該キャッシュ・フローが減少する場合には、負債計上時の割引率を適用する。なお、
過去に割引前の将来キャッシュ・フローの見積りが増加した場合で、減少部分に適用すべ
き割引率を特定できないときは、加重平均した割引率を適用する。

4．連結財務諸表における未実現利益の消去：×

　　連結財務諸表の作成において、売手側の子会社に非支配株主が存在する場合、親会社で　「連結財務諸表に関する会
はなく連結グループ内の他の会社に対する取引であっても、未実現損益は、親会社と非支　計基準　38」参照
配株主の持分比率に応じて、親会社の持分と非支配株主持分に配分する。

5．税効果会計の税率：×

　　繰延税金資産または繰延税金負債の金額は、回収または支払が行われると見込まれる期　「税効果会計に係る会計基
の税率に基づいて計算する。　　　　　　　　　　　　　　　　　　　　　　　　　　　準　第二 二 2」参照

6．ヘッジ会計の要件が充たされなくなったときの処理：×

　　ヘッジ会計の要件が充たされなくなったときには、ヘッジ会計の要件が充たされていた　「金融商品に関する会計基
間のヘッジ手段に係る損益又は評価差額は、ヘッジ対象に係る損益が認識されるまで引き　準　33」参照
続き繰り延べる。

7．確定拠出制度を採用している場合の退職給付会計：○

　　確定拠出制度については、当該制度に基づく要拠出額をもって費用処理する。　　　　　「退職給付に関する会計基
　　準　31」参照

8．1株当たり当期純利益：×

　　1株当たり当期純利益は、普通株式に係る当期純利益を普通株式の期中平均株式数（第　「1株当たり当期純利益に
17項参照）で除して算定するが、ここでいう「普通株式に係る当期純利益」は、損益計算書　関する会計基準　12、14
上の当期純利益から、剰余金の配当に関連する項目で普通株主に帰属しない金額を控除し　〜16」参照
て算定されたもので、優先株式が発行されている場合は、優先配当額が控除されるため、
損益計算書の当期純利益とは異なる金額となる。

9．減損損失の配分：○

　資産グループについて認識された減損損失は、帳簿価額に基づく比例配分等の合理的な方法により、当該資産グループの各構成資産に配分する。

▶ここに注意◀
「固定資産の減損に係る会計基準　二6⑵」参照

10．賃貸等不動産の範囲：○

　賃貸等不動産には、貸借対照表において投資不動産（投資の目的で所有する土地、建物その他の不動産）として区分されている不動産や将来の使用が見込まれていない遊休不動産、その他に賃貸されている不動産のほか、将来において賃貸等不動産として使用される予定で開発中の不動産や継続して賃貸等不動産として使用される予定で再開発中の不動産や、賃貸を目的として保有されているにもかかわらず、一時的に借手が存在していない不動産も含まれる。

「賃貸等不動産の時価等の開示に関する会計基準5、6」参照

問題2　キャッシュ・フロー計算書
問1　キャッシュ・フロー計算書における資金の範囲

　「連結キャッシュ・フロー計算書等の作成基準」では、キャッシュ・フロー計算書の対象となるキャッシュの範囲を「現金及び現金同等物」としている。

　そのうち、「現金」とは、手許現金及び要求払預金（当座預金、普通預金、通知預金等）が含まれる。

　また、「現金同等物」とは容易に換金可能であり、かつ、価値の変動について僅少なリスクしか負わない短期投資、例えば取得日から満期日又は償還日までの期間が3カ月以内の定期預金やコマーシャル・ペーパー、公社債投資信託などが含まれる。

　以上を踏まえて、問題文の空欄を埋めると、次のようになる。

　日本の会計基準では、キャッシュ・フロー計算書に記載する資金の範囲は現金及び現金同等物としている。ここでいう現金とは、手許現金と**要求払**預金であり、現金同等物とは、容易に**換金可能**であり、かつ、**価値の変動**について僅少なリスクしか負わない**短期投資**であるとしている。この現金同等物に具体的に含まれるものは経営者の判断に委ねることが適当としつつも、その一例として、取得日から**3カ月**以内に満期日が到来する定期預金などが示されている。

問2　キャッシュ・フロー計算書の作成
⑴　営業活動によるキャッシュ・フロー（直接法）　※以下、仕訳・図中の単位：千円
①　営業収入

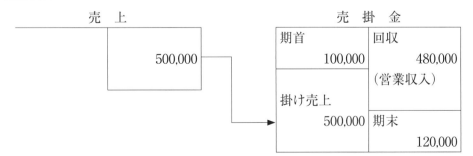

営業収入：100,000千円 + 500,000千円 − 120,000千円 = 480,000千円

② 商品の仕入支出

▶ここに注意◀

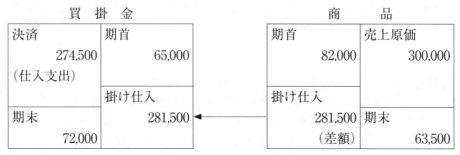

当期の掛け仕入：300,0000千円 + 63,500千円 − 82,000千円 = 281,500千円
商品の仕入支出：65,000千円 + 281,500千円 − 72,000千円 = 274,500千円

③ 人件費の支出
　・期首の再振替仕訳

（未　払　給　料）	2,600 *	（給　　　　　料）	2,600

　* 期首貸借対照表より

貸借対照表に未払給料が計上されているので、これを考慮する。

　・当期の人件費（給料）の支払い

（給　　　　　料）	41,600	（現　金　預　金）	41,600

　・当期末の未払給料の見越し

（給　　　　　料）	4,000	（未　払　給　料）	4,000

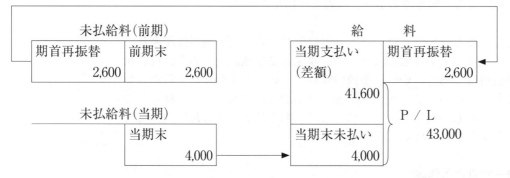

人件費の支出：43,000千円 + 2,600千円 − 4,000千円 = 41,600千円

④ その他の営業支出
　　＜資料１＞にある損益計算書の販売費及び一般管理費のうち、現金支出を伴うものは「給料」と「支払地代」のみであるため、その他の営業支出には支払地代として当期に支払った金額が記載されるものと考える。
　・期首の再振替仕訳

（支　払　地　代）	4,000 *	（前　払　地　代）	4,000

貸借対照表に前払地代が計上されているので、これを考慮する。

　* 期首貸借対照表より
　・当期の地代の支払い

（支　払　地　代）	14,500	（現　金　預　金）	14,500

・当期末の支払地代の繰延べ

（前　払　地　代）	6,500	（支　払　地　代）	6,500

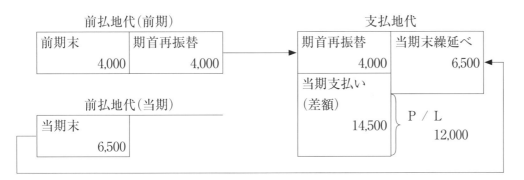

その他の営業支出：12,000千円 + 6,500千円 − 4,000千円 = 14,500千円

⑤　利息の受取額
　・当期の利息の受取り

（現　金　預　金）	1,300	（受　取　利　息）	1,300

　・当期末の利息の見越し

（未　収　利　息）	200	（受　取　利　息）	200

利息の受取額：1,500千円 − 200千円 = 1,300千円

小計以下の項目は、損益計算書の計上額ではなく、受取額または支払額を記入する。

商簿・財会

213

257

⑥ （社債）利息の支払額

・当期の利息の支払い

キャッシュ・フロー計算書では、社債利息の支払いに関するものも「利息の支払額」に含める。

（社　債　利　息）	1,800	（現　金　預　金）	1,800

・当期末の利息の見越し

（社　債　利　息）	300	（未 払 社 債 利 息）	300

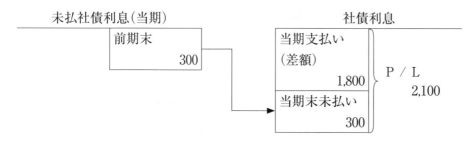

利息の支払額：2,100千円 － 300千円 ＝ 1,800千円

⑦ 法人税等の支払額

当期末貸借対照表の未払法人税等の金額と損益計算書の法人税等の金額が、どちらも 37,800 千円であることから、当期中に法人税等の中間納付（仮払法人税等の計上）は行っていないことが分かる。

そうすると、当期に支出した法人税等は前期末貸借対照表に計上されている未払法人税等 34,000 千円の納付のみとなる。

(2) **営業活動によるキャッシュ・フロー（間接法）**

間接法では、損益計算書の税引前当期純利益をベースに、この税引前当期純利益と営業活動によるキャッシュ・フローとのズレである項目を調整することで、営業活動によるキャッシュ・フローの小計欄までを計算する。

項目の順番ごとに解説していく。

① 非資金損益項目

減価償却費や貸倒引当金は、実際に現金を支払ったわけではないが、損益計算書上では損益項目として計上されている。調整方法は、減価償却費は、税引前当期純利益に加算し、貸倒引当金は、営業資産や営業負債と同じようにB／S項目の増減額で調整する。

・減価償却費：20,000千円（加算）

・貸倒引当金の増減額：2,400千円 － 2,000千円 ＝ 400千円（増加）

→貸倒引当金の増加　∴ 400千円（加算）

② 営業外損益・特別損益項目

税引前当期純利益の計算に含まれる営業外損益・特別損益の金額を、損益計算書とプラスマイナスを逆にして加減する。

・有価証券売却益：△ 2,000千円（減算）

・受取利息：△ 1,500千円（減算）

・社債利息：2,100千円（加算）

③　営業資産・負債の増減項目

利益をキャッシュ・フローに調整するために、営業活動にかかる資産・負債の増減額を調整する。

・売上債権の増減額：120,000千円 − 100,000千円 = 20,000千円（増加）

→売上債権の増加　∴△20,000千円（減算）

・棚卸資産の増減額：63,500千円 − 82,000千円 = △18,500千円（減少）

→棚卸資産の減少　∴18,500千円（加算）

・仕入債務の増減額：72,000千円 − 65,000千円 = 7,000千円（増加）

→仕入債務の増加　∴7,000千円（加算）

・前払費用の増減額：6,500千円 − 4,000千円 = 2,500千円（増加）

→前払費用の増加　∴△2,500千円（減算）

・未払費用の増減額：4,000千円 − 2,600千円 = 1,400千円（増加）

→未払費用の増加　∴1,400千円（加算）

営業活動にかかる資産・負債には、前払地代や未払給料も含まれる。他方、未収利息や未払社債利息は営業活動には関係ない資産・負債であるため、ここでの調整は不要。

④　小計欄以後

小計欄以後の記載は直接法による営業活動によるキャッシュ・フローと同じである。

問題3　理論問題（資産の評価）

問1(1)　空欄補充問題

本問では、「時価の算定に関する会計基準」における時価の定義について問われている。問題文の空欄を埋めると、次のようになる。

「時価」とは、**算定日**において市場参加者間で秩序ある取引が行われると想定した場合の、当該取引における資産の**売却**によって**受け取る**価格又は負債の**移転**のために**支払う**価格をいう。

「時価の算定に関する会計基準　5」参照

問1(2)　時価の評価技法

「時価の算定に関する会計基準」における時価の算定に用いられる3つの評価技法は次のとおりである。

「時価の算定に関する会計基準の適用指針　5」参照

インカム・アプローチ	利益やキャッシュ・フロー等の将来の金額に関する現在の市場の期待を割引現在価値で示す評価技法をいう。当該評価技法には、例えば、現在価値技法やオプション価格モデルが含まれる。
コスト・アプローチ	資産の用役能力を再調達するために現在必要な金額に基づく評価技法をいう。
マーケット・アプローチ	同一又は類似の資産又は負債に関する市場取引による価格等のインプットを用いる評価技法をいう。当該評価技法には、例えば、倍率法や主に債券の時価算定に用いられるマトリックス・プライシングが含まれる。

問2　減損会計における回収可能価額

解答参照。

情報コラム　その②

税理士試験の受験計画

　皆さんもご存じのように、税理士試験は、5科目合格して税理士になれる単科別合格制を取り入れた試験です。税理士は、会計士などとは違って努力次第で合格していけるタイプの国家資格だといわれています。ですから、5科目分の努力をどのようにしていくのか、ということがポイントになっていきます。1年で一挙に5科目合格する人もいます。しかし、1年に1人か2人いるくらいですから、受験計画としては、最短2年と考えていくのがよいでしょう。また、科目選択のパターン例のいくつかを下にあげました。参考にしてみてください。

２回受験モデルプラン

1年目　| 簿記論＋財務諸表論＋選択科目(1) |
⇩
2年目　| 選択必修科目（法人or所得）＋選択科目(2) |

　仕事と受験勉強を両立させるという人の場合、無理な計画を立てずに、1年に1科目ずつ確実にうかって、5科目合格するという方法が効率的なこともあります。が、簿記の勉強が中心になる簿記論と財務諸表論は、同時に受験し合格する方が、労力が少なくて済みます。全経簿記上級の勉強で養った力を思う存分発揮して頑張ってください。

●科目選択のパターン例

選択必修	選択科目		コメント
法人	所得	相続	ボリュームがあるが、実務において重要性が高い科目です。
法人	所得	住民	所得と関連性のある住民をセットすることで効率を上げた組み合わせです。
法人	相続	消費	実務を重視した組み合わせの1つです。
法人	事業	国徴	組み合わせ効率がよく、理論が得意という方にお勧めします。
法人	事業	酒税	ボリュームが少ないので短期合格が狙えます。
所得	相続	固定	将来、個人を中心に対象としたFPを目指す方にお勧めします。
所得	相続	消費	これも実務で役立つ組み合わせといえます。
所得	住民	固定	所得と住民の関連性を上手に利用した組み合わせです。
所得	住民	酒税	ボリュームの少なさが魅力です。
所得	消費	国徴	理論が得意な方で、ある程度実務を優先したい方にお勧めします。

解答・解説編

原価計算
管理会計

<注意>
　解答部分の明朝体の数字は問題で与えられた金額，
ゴシック体数字は解答となります。

第197回
原 価 計 算

問題1

問1

正常仕損費　　　　　　　〔　　69,850　〕円　　　　月末仕掛品原価　　　　　〔　　374,600　〕円

当月完成品原価　　　　　〔　1,163,600　〕円　　　　　　　　　　　　　　　　　　　　　　　各④

問2

借 方 科 目	金　　　額	貸 方 科 目	金　　　額	
現　　　　　　金	800	雑　　収　　入	800	⑤

問3

月末仕掛品原価　　　　　〔　　260,780　〕円　　　　当月完成品原価　　　　　〔　　938,400　〕円　　各④

問4

借 方 科 目	金　　　額	貸 方 科 目	金　　　額	
仕 掛 品 － C 工 程	1,150,000	仕 掛 品 － A 工 程	1,150,000	⑤

問5

①〔　　675,000　〕円　　　　　　　②〔　　426,400　〕円　　　各④

問6　不利差異には△を付すこと

A 工程振替差異　　　　　〔　△13,600　〕円　　　　B 工程振替差異　　　　　〔　△6,900　〕円　　各③

理由：第一に、前工程における能率の良否による前工程完了品の単位原価の変動を排除し、その後の工程における原価管理をより有効に行うことができるからである。第二に、計算・記帳の迅速化を図ることができるからである。　　　　　　　　　　　　　　　　　　　　　　　　　　　　　　　　　⑤

問7

月末仕掛品原価　　　　　〔　　487,200　〕円　　　　当月完成品原価　　　　　〔　2,030,500　〕円　　各④

問8　不利差異には△を付すこと

加工費配賦差異　　　　　〔　△34,200　〕円

変動費予算差異　　　　　〔　△24,200　〕円

固定費予算差異　　　　　〔　　　2,000　〕円

操業度差異　　　　　　　〔　△12,000　〕円　　　各③

問9

月末半製品原価　　　　　〔　148,500　〕円　　　　　月末C製品原価　　　　　〔　338,417　〕円　　　各④

問10

当月の営業利益　　　　　〔　560,617　〕円　　　④

問題2

A	貨幣価値的	
B	販売費および一般管理費	
C	非原価項目	各③
D	経営目的	
E	異常な状態	
F	財務費用	各②
G	異常な仕損	

原計・管理

197

```
―― 予想採点基準 ――
⑤…5点×3 ＝　　15点
④…4点×12＝　　48点
③…3点×11＝　　33点
②…2点×2 ＝　　 4点
　　　　　　　　100点
```

《解　説》　　　　　　　　　　　　　　　　　　　　　　　　　▶ここに注意◀

問題1　工程別総合原価計算（正常仕損非度外視法）

問1　A工程費の計算（先入先出法）

「月末仕掛品の加工進捗度(0.6) ＞ 正常仕損の発生点(0.5)」より、正常仕損費は完成品と月末仕掛品の両者負担となる。

	材料費				加工費		
	月初仕掛品	完成品			月初仕掛品	完成品	
135,000円	300単位	1,000単位		134,400円	210単位*1	1,000単位	
	当月投入				当月投入		
583,200円	1,200単位	正常仕損		696,600円	1,080単位	正常仕損	
		100単位			（貸借差引）	50単位*2	
		月末仕掛品				月末仕掛品	
		400単位				240単位*3	
718,200円				831,000円			

＊1　300単位 × 0.7 ＝ 210単位　　＊3　400単位 × 0.6 ＝ 240単位
＊2　100単位 × 0.5 ＝ 50単位

(1)　**正常仕損費**

材料費：$\dfrac{583,200円}{1,200単位}$（＝当月単価@486円）× 100単位 ＝ 48,600円

加工費：$\dfrac{696,600円}{1,080単位}$（＝当月単価@645円）× 50単位 ＝ 32,250円

正常仕損費：48,600円 ＋ 32,250円 － 11,000円* ＝ **69,850円**
　＊　仕損品評価額：@110円 × 100単位 ＝ 11,000円

仕損費＝仕損費原価
　　　　－仕損品評価額

(2)　**正常仕損費の配賦**

仕損品は当月投入分から発生しているため、月初仕掛品完成分を除いて按分計算を行う。

月末仕掛品への配賦額：

$$69,850円 × \frac{400単位（月末仕掛品）}{1,000単位（完成品）－300単位（月初仕掛品完成分）＋400単位（月末仕掛品）} ＝ 25,400円$$

(3)　**月末仕掛品原価**

材料費：@486円（当月単価）× 400単位 ＝ 194,400円
加工費：@645円（当月単価）× 240単位 ＝ 154,800円
合　計：194,400円 ＋ 154,800円 ＋ 25,400円（正常仕損費）＝ **374,600円**

(4)　**完成品原価**

718,200円 ＋ 831,000円 － 11,000円（仕損品評価額）－ 374,600円 ＝ **1,163,600円**

完成品原価の内訳は問われていないため、差額により一括的に計算する。

問2　作業屑の売却仕訳

▶ここに注意◀

作業屑については原則として、仕損品の処理に準じて処理するが、本問のように軽微である場合には、売却収入を原価外の収益として処理することができる。

なお、問題文に「営業外収益として処理する」とあるため、貸方には雑収入（または雑益）勘定を用いる。

| （現　　　　　　金）*1 | 800 | （雑　　収　　入） | 800*2 |

＊1　＜資料＞1より
＊2　売却額：@160円×5kg＝800円

問3　B工程費の計算（先入先出法）

材料費

	月初仕掛品	完成品
65,580円	100単位	690単位
	当月投入	
550,800円	850単位	月末仕掛品
		260単位

616,380円

加工費

	月初仕掛品	完成品
43,200円	60単位*1	690単位
	当月投入	
539,600円	760単位	月末仕掛品
	（貸借差引）	130単位*2

582,800円

＊1　100単位×0.6＝60単位
＊2　260単位×0.5＝130単位

(1) 月末仕掛品

材料費：550,800円÷850単位×260単位＝168,480円
加工費：539,600円÷760単位×130単位＝92,300円
合　計：168,480円＋92,300円＝**260,780円**

(2) 完成品原価

616,380円＋582,800円－260,780円＝**938,400円**

問4　A工程完成品の振替仕訳

問題文に「A工程の完成品はすべてC工程に投入される」とあることから、C工程へ投入される数量は1,000単位となる。

| （仕掛品－C工程） | 1,150,000* | （仕掛品－A工程） | 1,150,000 |

＊1　@1,150円（A工程完成品単位当たり正常原価）×1,000単位＝1,150,000円

A工程とB工程の完了品は正常原価によりC工程へ振り替えている。
問題文に示された勘定科目を用いて仕訳を行う。

問5　C工程の当月製造費用の計算

＜資料＞2．当月原価データにおける？、①、②の金額を推定する。

(1) A工程費（？）

問4より、1,150,000円

(2) B工程費（①）

@1,350円（B工程完成品単位当たり正常原価）×500単位*＝**675,000円**

＊　C工程当月投入量：480単位（完成品）＋120単位（月末仕掛品）－100単位（月初仕掛品）＝500単位
「C工程では、A工程の完成品2単位とB工程の完成品1単位を投入してC製品1単位が製造される」ため、B工程完了品690単位のうち、C工程への振替数量は500単位となる。

(3) 加工費(②)

▶ここに注意◀

予定配賦率：$\underline{(231,000円 + 220,000円)} ÷ \underline{1,100時間} = @410円$

加工費予算額　　　　　予定操業度

予定配賦額：$@410円 × 1,040時間(当月実際操業度) = \textbf{426,400円}$

問6　振替差異

1．振替差異の計算

振替差異は、Ａ工程、Ｂ工程の完成品原価とそれぞれのＣ工程への振替額(正常原価)との差額である。

(1) **Ａ工程振替差異**

$1,150,000円(問4より) - 1,163,600円(問1より) = △\textbf{13,600円}(不利差異)$

(2) **Ｂ工程振替差異**

$@1,350円(正常原価) × 690単位(振替数量) - 938,400円(問3より) = △\textbf{6,900円}(不利差異)$

半製品についても、正常原価により振り替えている。

2．正常原価によって振り替える理由

解答参照

問7　Ｃ工程費の計算(先入先出法)

前工程費(Ａ工程費、Ｂ工程費)

Ⓐ 115,000円	月初仕掛品	完成品
Ⓑ 135,000円	100単位	480単位
Ⓐ 1,150,000円	当月投入	
Ⓑ 675,000円	500単位	月末仕掛品
(問5より)	(貸借差引)	120単位
2,075,000円		

加工費

	月初仕掛品	完成品
16,300円	20単位*1	480単位
	当月投入	
426,400円	520単位	月末仕掛品
(問5より)	(貸借差引)	60単位*2
442,700円		

*1　100単位×0.2＝20単位　　*2　120単位×0.5＝60単位

(1) **月末仕掛品**

前工程費：$(1,150,000円 + 675,000円) ÷ 500単位 × 120単位 = 438,000円$

加工費：$426,400円 ÷ 520単位 × 60単位 = 49,200円$

合　計：$438,000円 + 49,200円 = \textbf{487,200円}$

(2) **完成品原価**

$2,075,000円 + 442,700円 - 487,200円 = \textbf{2,030,500円}$

問8　C工程の加工費配賦差異の分析　　　　　　　　▶ここに注意◀

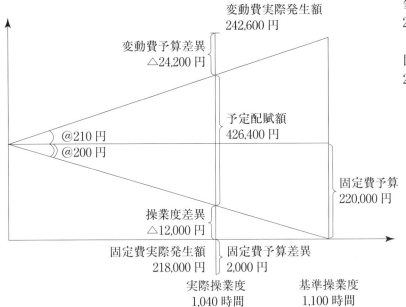

変動費率：
231,000円 ÷ 1,100時間 ＝ @ 210円

固定費率：
220,000円 ÷ 1,100時間 ＝ @ 200円

加工費配賦差異：@410円 × 1,040時間 −（242,600円 ＋ 218,000円）＝ △**34,200円**（不利差異）
変動費予算差異：@210円 × 1,040時間 − 242,600円 ＝ △**24,200円**（不利差異）
固定費予算差異：220,000円 − 218,000円 ＝ **2,000円**（有利差異）
操業度差異：@200円 ×（1,040時間 − 1,100時間）＝ △**12,000円**（不利差異）

問9　月末半製品原価、月末製品原価の計算（先入先出法）

半製品

	月初半製品 50単位	当月販売 130単位
67,500円		
256,500円 *2	当月完成 190単位 *1	月末半製品 110単位（貸借差引）

324,000円

製　品

	月初製品 120単位	当月販売 520単位
518,400円		
2,030,500円（問7より）	当月完成 480単位	月末製品 80単位（貸借差引）

2,548,900円

＊1　690単位（B工程完成品）− 500単位（C工程への振替数量）＝ 190単位
＊2　@1,350円（正常原価）× 190単位 ＝ 256,500円

⑴　半製品
月末半製品：@1,350円 × 110単位 ＝ **148,500円**
売上原価：324,000円 − 148,500円 ＝ 175,500円

(2) **製品**

月末製品：2,030,500円 ÷ 480単位 × 80単位 = 338,416.6… → **338,417円**

売上原価：2,548,900円 − 338,417円 = 2,210,483円

問10　当月の営業利益

(1) **売上高**

@9,800円 × 520単位 + @2,100円 × 130単位 = 5,369,000円

　　　製品　　　　　　　　　　半製品

(2) **売上原価**

2,210,483円 + 175,500円 + 42,400円* = 2,428,383円

　　製品　　　半製品　　原価差異

原価差異は当月の売上原価に含める。

* △13,600円（A工程振替差異）+ △6,900円（B工程振替差異）+ △34,200円（C工程加工費配賦差異）+ 12,300円（A工程とB工程の加工費配賦差異合計）= △42,400円（不利差異）

(3) **営業利益**

5,369,000円 − 2,428,383円 − 2,380,000円（販管費）= **560,617円**

問題2　空所補充問題

原価計算制度における原価の意義と非原価項目について問われている。問題文の文章の空欄を埋めると、次のようになる。

原価計算基準によると、原価計算制度における原価とは、経営における一定の給付にかかわらせて、把握された財貨又は用役の費消を、**貨幣価値的** に表したものである。原価計算上の原価には製造原価のみならず **販売費および一般管理費** も含まれる。原価に算入しない項目を **非原価項目** といい、これには、(1) **経営目的** に関連しない価値の減少、(2) **異常な状態** を原因とする価値の減少、(3)税法上とくに認められている損金算入項目、(4)その他利益剰余金に課する項目がある。(1)の非原価項目の例には、**財務費用**[1]、(2)の例には **異常な仕損**[2] がある。

[1]　以下のような経営目的に関連しない価値の減少に該当する非原価項目も別解として認められる。
　　【例】有価証券の評価損および売却損、投資不動産の減価償却費 など

[2]　以下のような異常な状態を原因とする価値の減少に該当する非原価項目も別解として認められる。
　　【例】異常な減損や棚卸減耗費、火災・震災等による損失 など

第197回
管　理　会　計

問題1

問1

製造間接費の予定配賦率 〔 5,400 〕円／時間 ⑤

問2

部品 A 1 個当たりの製造原価 〔 24,900 〕円 ④
内訳：直接材料費 〔 8,500 〕円 ②
内訳：直接労務費 〔 5,600 〕円 ②
内訳：製造間接費 〔 10,800 〕円 ②

部品 B 1 個当たりの製造原価 〔 11,200 〕円 ④
内訳：直接材料費 〔 4,000 〕円 ②
内訳：直接労務費 〔 1,800 〕円 ②
内訳：製造間接費 〔 5,400 〕円 ②

問3

製品 X の生産・販売量 〔 230 〕個 ⑤
製品 A 担当の直接工の余剰時間 〔 480 〕時間 ③
製品 B 担当の直接工の余剰時間 〔 210 〕時間 ③

問4

月次利益 〔 1,540,000 〕円 ⑤
注：マイナスの場合は数値の前に△を付すこと。

問5

月次利益 〔 1,740,000 〕円 ⑤
注：マイナスの場合は数値の前に△を付すこと。

〔 問4の月次利益 ／ 本問の月次利益 〕 の方が 〔 200,000 〕円利益が大きい。③
注：カッコ内は適切と思われる方に○をつけること。

問6

月次利益 〔 1,515,000 〕円 ⑤

注：マイナスの場合は数値の前に△を付すこと。

| 問4の月次利益 | の方が | 〔 25,000 〕円利益が大きい。③ |
| 本問の月次利益 | | |

注：カッコ内は適切と思われる方に○をつけること。

問7

ア	埋没	イ	無関連	ウ	未来	エ	共通	各②

問題2

問1

第6期の予想売上高 〔 90,000 〕千円 ②

問2

部品1個当たりの変動費 〔 1 〕千円 ④
年間固定費 〔 46,800 〕千円 ④

問3

部品1個当たりの変動費 〔 1.1 〕千円 ④
年間固定費 〔 44,800 〕千円 ④

問4 (1)高低点法

損益分岐点の販売量 〔 13,372 〕個 ⑤

(2)最小自乗法

損益分岐点の販売量 〔 13,177 〕個 ⑤

問5

営業量の最高点と最低点のわずか2つの点のデータのみにもとづく予測であるため、実態との乖離が大きい可能性がある。また、営業量の最高点と最低点は異常値である場合がある。 ⑦

予想採点基準
⑦…7点×1 ＝ 7点
⑤…5点×7 ＝ 35点
④…4点×6 ＝ 24点
③…3点×4 ＝ 12点
②…2点×11 ＝ 22点
100点

《解　説》　　　　　　　　　　　　　　　　　　　　　　　　　　　　　▶ここに注意◀
問題1　業務執行的意思決定
問1　製造間接費の予定配賦率
　　　変動費率は問題資料1.(5)に与えられているため、固定費率を求める。

$$固定費率：\frac{5,060,000円^{*1}（月間予算）}{2,300時間^{*2}（月間基準操業度）} = 2,200円／時間$$

　　＊1　60,720,000円（年間固定製造間接費予算）÷ 12 = 5,060,000円

　　＊2　1,400時間（部品A担当の直接工の月間最大直接作業時間）

　　　　　+ 900時間（部品B担当の直接工の月間最大直接作業時間）= 2,300時間

　　予定配賦率：3,200円／時間（変動費率）+ 2,200円／時間 = **5,400円／時間**

問2　部品1個当たりの製造原価
1．部品A
　(1)　直接材料費
　　　8,500円（資料1.(2)より）

　(2)　直接労務費
　　　2,800円（部品A担当の賃率）× 2時間* = **5,600円**
　　　＊　4時間 ÷ 2個 = 2時間／個（資料1.(4)より）

　(3)　製造間接費
　　　5,400円（予定配賦率）× 2時間 = **10,800円**

　合計：8,500円 + 5,600円 + 10,800円 = **24,900円**

2．部品B
　(1)　直接材料費
　　　4,000円（資料1.(2)より）

　(2)　直接労務費
　　　1,800円（部品B担当の賃率）× 1時間* = **1,800円**
　　　＊　3時間 ÷ 3個 = 1時間／個（資料1.(4)より）

　(3)　製造間接費
　　　5,400円（予定配賦率）× 1時間 – **5,400円**

　合計：4,000円 + 1,800円 + 5,400円 = **11,200円**

問3　損益分岐点

1．製品Xの損益分岐点における生産・販売量

(1) 各部品1個当たりの変動製造原価

部品A：24,900円／個（問2より）－ 4,400円／個[*1]（固定製造間接費）＝ 20,500円／個

　　　＊1　2,200円（固定費率）× 2時間 ＝ 4,400円

部品B：11,200円／個（問2より）－ 2,200円／個[*2]（固定製造間接費）＝ 9,000円／個

　　　＊2　2,200円（固定費率）× 1時間 ＝ 2,200円

問2の製造単価から固定製造原価分を差し引いて計算する方が効率的である。

(2) 製品X1個当たりの貢献利益

90,000円／個（予定販売価格）－ 68,000円／個[*3]（変動製造原価）＝ 22,000円／個

　　　＊3　20,500円（部品A）× 2個 ＋ 9,000円（部品B）× 3個 ＝ 68,000円

(3) 月次の損益分岐点

5,060,000円（月間固定製造間接費）÷ 22,000円 ＝ **230個**

2．損益分岐点における直接工の余剰時間

部品A担当の直接工：1,400時間（月間最大直接作業時間）－ 230個 × 4時間 ＝ **480時間**

部品B担当の直接工： 900時間（月間最大直接作業時間）－ 230個 × 3時間 ＝ **210時間**

問4　最大の月次利益

1．実現可能な最大限の生産・販売量

(1) 部品の制約

部品A：1,400時間 ÷ 4時間 ＝ 350個 → 部品Aの自製可能量は製品X 350個分

部品B： 900時間 ÷ 3時間 ＝ 300個 → 部品Bの自製可能量は製品X 300個分

各部品の直接作業時間に上限があるため、どちらが製品Xの最大生産量を決定する制約になっているかを考える。

(2) 最大生産・販売量

上記の部品Bの制約から、製品Xの最大限の生産・販売量は300個となる。

2．月次利益

22,000円／個（1個当たりの貢献利益）× 300個 － 5,060,000円（固定製造間接費）＝ **1,540,000円**

問5　不足分を部品Cで補充したときの月次利益

上記問4の1.(1)より、製品X 350個を生産・販売するためには、製品X 50個分の部品Bが不足していることがわかる。そこで、この不足分を部品Bの互換品である部品Cで補充したときの月次利益が問われている。

1．問4の月次利益との比較

(1) 350個のうちの300個

製品X 350個のうちの300個は、部品Aと部品Bにより生産されるため、この分の貢献利益は問4での貢献利益（22,000円／個 × 300個 ＝ 6,600,000円）に等しい。

▶ここに注意◀

(2)　350個のうちの50個

　　残りの50個は、部品Aと部品Cにより生産され、1個当たりの貢献利益は次のように計算される。

　　90,000円／個(予定販売価格) − 86,000円／個*1(変動製造原価) = 4,000円／個

　　　＊1　20,500円(部品A) × 2個 + 15,000円*2(部品C) × 3個 = 86,000円

　　　＊2　部品Cの購入量は150個(= 50個(製品X) × 3個)であるため、その購入単価は資料2.(2)より、15,000円となる。

部品Bを用いて生産される300個分の利益は問4と同じ(埋没)であるため、部品Cを用いて生産される50個分の利益(差額利益)だけを考えればよい。

(3)　比較

　　問4の月次利益との比較：部品Cの利用によって増産される製品X 50個分の利益額だけ、本問の月次利益の方が大きい。

　　　　　　4,000円／個 × 50個 = 200,000円

　　　　→ **本問の月次利益の方が200,000円利益が大きい。**

2．本問の月次利益

　1,540,000円(問4の月次利益) + 200,000円 = **1,740,000円**

問6　部品Bを部品Cに切り替えたときの月次利益

1．製品X

(1)　最大限の生産・販売量

　　部品Aの制約(上記問4の1.(1)参照)より、350個

(2)　変動製造原価

　　部品A：20,500円／個(部品A単価) × 2個(部品A) × 350個(製品X) = 14,350,000円

　　部品C：部品Cの購入量は1,050個(= 350個(製品X) × 3個)であるため、資料2.(2)より、次のように計算される。

　　　　　15,000円 × 300個 + 14,500円 × 300個 + 14,000円 × 300個 + 13,500円 × 150個 = 15,075,000円

　　合計：14,350,000円 + 15,075,000円 = 29,425,000円

(3)　貢献利益

　　90,000円／個(予定販売価格) × 350個 − 29,425,000円 = 2,075,000円

2．製品Y

(1)　最大限の生産・販売量

　　900時間(部品B担当の直接工の月間最大直接作業時間) ÷ 4時間 = 225個

(2)　変動製造原価

　　直接材料費：20,000円／個 × 225個 = 4,500,000円

　　直接労務費：1,800円(部品B担当の賃率) × 4時間 × 225個 = 1,620,000円

　　製造間接費：3,200円(変動費率) × 4時間 × 225個 = 2,880,000円

　　合計：4,500,000円 + 1,620,000円 + 2,880,000円 = 9,000,000円

(3) 貢献利益

60,000円／個(予定販売価格)× 225個 − 9,000,000円 = 4,500,000円

3. 問4の月次利益との比較

(1) 本問の月次利益

2,075,000円 + 4,500,000円 − 5,060,000円(固定製造間接費) = **1,515,000円**

固定製造間接費を差し引くことを忘れないように注意。なお、上記の問5の解説の計算では、埋没原価としているため、計算過程に固定製造間接費はない。

(2) 問4の月次利益との比較

1,515,000円 − 1,540,000円(問4) = △25,000円

→ 問4の月次利益の方が25,000円利益が大きい。

問7 意思決定会計における原価概念

空欄に適切な語句を補充すると以下のようになる。

意思決定のための原価計算における(**埋没**)原価とは、代替案の選択に影響されない原価であり、当該意思決定に(**無関連**)な原価をいう。たとえば、既存設備の減価償却費など、すでに支出してしまった原価がこれに当たる。さらに、(**未来**※)の原価であっても、代替案間で(**共通**)して発生し、金額が同じであれば、(**埋没**)原価である。

※ 「将来」も別解として認められると思われる。

問題2 原価分解とCVP分析

問1 予想売上高

4.5千円(販売価格)× 20,000個(予定販売量) = **90,000千円**

問2 高低点法による原価分解

第4期が最高点のデータであり、第1期が最低点のデータである。

製品1個当たりの変動費：$\dfrac{66,800千円(最高点の原価) − 62,800千円(最低点の原価)}{20,000個(最高点) − 16,000個(最低点)}$ = **1千円**

年間固定費：第1期のデータより、62,800千円 − 1千円× 16,000個 = **46,800千円**

または、第4期のデータより、66,800千円 − 1千円× 20,000個 = **46,800千円**

問3 最小自乗法による原価分解

aは変動費率、bは年間固定費を示している。

① $\Sigma Y = a\Sigma X + Nb$

ΣY(第1期から第5期の原価の総和) = 62,800 + 64,400 + 63,000 + 66,800 + 66,000

= 323,000

ΣX(第1期から第5期の販売量の総和) = 16,000 + 18,000 + 17,000 + 20,000 + 19,000 = 90,000

以上より、①の方程式は、90,000 a + 5 b = 323,000 となる。

② ΣＸＹ＝ａΣＸ２＋ｂΣＸ

ΣＸＹ＝ 16,000 × 62,800 ＋ 18,000 × 64,400 ＋ 17,000 × 63,000 ＋ 20,000 × 66,800 ＋
19,000 × 66,000 ＝ 5,825,000,000

ΣＸ^2 ＝ 16,000^2 ＋ 18,000^2 ＋ 17,000^2 ＋ 20,000^2 ＋ 19,000^2 ＝ 1,630,000,000
以上より、②の方程式は、1,630,000,000 a ＋ 90,000 b ＝ 5,825,000,000 となる。

$$\begin{cases} ① & 90,000\ a + 5\ b = 323,000 \\ ② & 1,630,000,000\ a + 90,000\ b = 5,825,000,000 \end{cases}$$

$$\begin{array}{l} 1,620,000,000\ a + 90,000\ b = 5,814,000,000 \quad \cdots \quad ①×18,000 \\ -\,)\ \underline{1,630,000,000\ a + 90,000\ b = 5,825,000,000 \quad \cdots \quad ②} \\ \qquad\qquad\quad -10,000,000\ a = -11,000,000 \end{array}$$

∴　a ＝ 1.1 → 変動費率 **1.1千円**

①に a ＝ 1.1 を代入
90,000 × 1.1 ＋ 5 b ＝ 323,000
5 b ＝ 224,000
∴　b ＝ 44,800 → 年間固定費 **44,800千円**

問4　損益分岐点の販売量
1．高低点法を用いたとき
46,800千円(固定費) ÷ 3.5千円*(製品1個当たりの貢献利益) ＝ 13,371.4… → **13,372個**

＊　4.5千円(販売価格) － 1千円(変動費率) ＝ 3.5千円

2．最小自乗法を用いたとき
44,800千円(固定費) ÷ 3.4千円*(製品1個当たりの貢献利益) ＝ 13,176.4… → **13,177個**

＊　4.5千円(販売価格) － 1.1千円(変動費率) ＝ 3.4千円

問5　高低点法の問題点
解答参照

第199回
原　価　計　算

問題1
問1

（単位：kg）

	等級製品A	等級製品B	等級製品C	
直接材料費	4,000	4,320	2,340	
加 工 費	3,930	3,514	1,840	各②

問2

（単位：円）

	等級製品A	等級製品B	等級製品C	
直接材料費	1,000,000	1,080,000	585,000	
加 工 費	589,500	527,100	276,000	各①

問3

等級製品Cの異常減損費　〔　19,600　〕円　④

問4

等級製品A　完成品総合原価　〔　1,615,551　〕円　⑤
　　　　　　月末仕掛品原価　〔　72,869　〕円　⑤

等級製品B　完成品総合原価　〔　1,559,216　〕円　⑤
　　　　　　月末仕掛品原価　〔　223,584　〕円　⑤

等級製品C　完成品総合原価　〔　936,000　〕円　④
　　　　　　月末仕掛品原価　〔　84,800　〕円　④

問題2
(1)

借方科目	金　　額	貸方科目	金　　額	
材　　　　　料	320,000	本　　　　　社	320,000	⑥

(2)

借方科目	金　　額	貸方科目	金　　額	
仕　　掛　　品	250,000	材　　　　　料	320,000	⑥
製　造　間　接　費	70,000			

(3)

借方科目	金　額	貸方科目	金　額	
賃　金　給　料	500,000	本　　　社	500,000	⑥

(4)

借方科目	金　額	貸方科目	金　額	
本　　　　　社	1,344,000	内　部　売　上	1,344,000	⑥
内　部　売　上　原　価	1,200,000	製　　　品	1,200,000	

(5)

借方科目	金　額	貸方科目	金　額	
	仕訳なし			⑥

問題3

原料配合差異

原料X	188,400	円	不利・(有利)
原料Y	94,200	円	(不利)・有利

原料歩留差異

原料X	19,200	円	(不利)・有利
原料Y	2,400	円	(不利)・有利

各⑤

原計・管理

199

─ 予想採点基準 ─
⑥…6点×5 ＝　30点
⑤…5点×8 ＝　40点
④…4点×3 ＝　12点
②…2点×6 ＝　12点
①…1点×6 ＝　　6点
　　　　　　100点

《解　説》　　　　　　　　　　　　　　　　　　　　　　　▶ここに注意◀

問題1　等級別総合原価計算

　　問題文の冒頭に「当月製造費用については、原価材の投入量の積数の比で各等級製品に按分する」とあるため、組別総合原価計算に近い方法により計算を行う。

　　問1～問2では当期製造費用の按分、問3～問4において等級製品別の計算が問われている。

問1　当月投入量の積数

各等級製品の当月投入量(問3～問4解説参照)に等価係数を乗じて積数を計算する。

(1) 直接材料費

製品	当月投入		等価係数		積数
A	4,000kg	×	1	=	4,000
B	5,400kg	×	0.8	=	4,320
C	3,900kg	×	0.6	=	2,340
					10,660

(2) 加工費

製品	当月投入		等価係数		積数
A	3,930kg	×	1	=	3,930
B	5,020kg	×	0.7	=	3,514
C	3,680kg	×	0.5	=	1,840
					9,284

問2　当月製造費用

問1で計算した積数をもとに、各等級製品に当月製造費用を按分する。

(1) 直接材料費

製品A ： $2,665,000円 \times \dfrac{4,000}{10,660} = 1,000,000円$

製品B ： $2,665,000円 \times \dfrac{4,320}{10,660} = 1,080,000円$

製品C ： $2,665,000円 \times \dfrac{2,340}{10,660} = 585,000円$

(2) 加工費

製品A ： $1,392,600円 \times \dfrac{3,930}{9,284} = 589,500円$

製品B ： $1,392,600円 \times \dfrac{3,514}{9,284} = 527,100円$

製品C ： $1,392,600円 \times \dfrac{1,840}{9,284} = 276,000円$

問3～問4　各等級製品の完成品総合原価・月末仕掛品原価など(非度外視法、平均法)

1．等級製品A

「月末仕掛品の加工進捗度(0.6)＞正常減損の発生点(0.4)」より、正常減損費は完成品と月末仕掛品の両者負担となる。

材料費

	月初仕掛品	完成品
86,500円	100kg	3,800kg
	当月投入	
1,000,000円	4,000kg (貸借差引)	正常減損 100kg
		月末仕掛品 200kg
1,086,500円		

加工費

	月初仕掛品	完成品
12,420円	30kg*1	3,800kg
	当月投入	
589,500円	3,930kg (貸借差引)	正常減損 40kg*2
		月末仕掛品 120kg*3
601,920円		

　＊1　100kg×0.3 = 30kg　　＊3　200kg×0.6 = 120kg
　＊2　100kg×0.4 = 40kg

(1)　正常減損費

材料費：$\dfrac{1{,}086{,}500\,円}{3{,}800\text{kg}+100\text{kg}+200\text{kg}}$（＝平均単価@ 265 円）× 100kg ＝ 26,500 円

加工費：$\dfrac{601{,}920\,円}{3{,}800\text{kg}+40\text{kg}+120\text{kg}}$（＝平均単価@ 152 円）× 40kg ＝ 6,080 円

正常減損費：26,500 円 ＋ 6,080 円 ＝ 32,580 円

(2)　正常減損費の配賦

▶ここに注意◀

月末仕掛品への配賦額：32,580 円 ×$\dfrac{200\text{kg（月末仕掛品）}}{3{,}800\text{kg（完成品）}+200\text{kg（月末仕掛品）}}$＝ 1,629 円

定点発生では、完成品と月末仕掛品の数量にもとづいて配賦する。

(3)　月末仕掛品原価

材料費：@ 265 円(平均単価) × 200kg ＝ 53,000 円
加工費：@ 152 円(平均単価) × 120kg ＝ 18,240 円
合　計：53,000 円 ＋ 18,240 円 ＋ 1,629 円(正常減損費) ＝ **72,869 円**

(4)　完成品原価

1,086,500 円 ＋ 601,920 円 － 72,869 円 ＝ **1,615,551 円**

2．等級製品 B

　正常減損費は工程を通じて平均的に発生しているため、完成品と月末仕掛品の両者負担となる。

材料費		
	月初仕掛品	完成品
152,000 円	200kg	4,600kg
	当月投入	
1,080,000 円	5,400kg	正常減損
	（貸借差引）	200kg
		月末仕掛品
		800kg
1,232,000 円		

加工費		
	月初仕掛品	完成品
23,700 円	80kg*1	4,600kg
	当月投入	
527,100 円	5,020kg	正常減損
	（貸借差引）	100kg*2
		月末仕掛品
		400kg*3
550,800 円		

＊1　200kg × 0.4 ＝ 80kg　　＊3　800kg × 0.5 ＝ 400kg
＊2　200kg × 0.5 ＝ 100kg

減損が平均的に発生している場合、その加工進捗度は50％であるとみなす。

(1)　正常減損費

材料費：$\dfrac{1{,}232{,}000\,円}{4{,}600\text{kg}+200\text{kg}+800\text{kg}}$（＝平均単価@ 220 円）× 200kg ＝ 44,000 円

加工費：$\dfrac{550{,}800\,円}{4{,}600\text{kg}+100\text{kg}+400\text{kg}}$（＝平均単価@ 108 円）× 100kg ＝ 10,800 円

正常減損費：44,000 円 ＋ 10,800 円 ＝ 54,800 円

(2) 正常減損費の配賦

月末仕掛品への配賦額：$54,800 円 \times \dfrac{400\text{kg}（月末仕掛品）}{4,600\text{kg}（完成品）+ 400\text{kg}（月末仕掛品）} = 4,384$ 円

(3) 月末仕掛品原価

材料費：@ 220 円（平均単価）× 800kg ＝ 176,000 円

加工費：@ 108 円（平均単価）× 400kg ＝ 　43,200 円

合　計：176,000 円 ＋ 43,200 円 ＋ 4,384 円（正常減損費）＝ **223,584 円**

(4) 完成品原価

1,232,000 円 ＋ 550,800 円 － 223,584 円 ＝ **1,559,216 円**

3．等級製品C

	材料費				加工費	
	月初仕掛品	完成品			月初仕掛品	完成品
153,000 円	200kg	3,600kg		26,400 円	100kg*1	3,600kg
	当月投入				当月投入	
585,000 円	3,900kg	異常減損		276,000 円	3,680kg	異常減損
	（貸借差引）	100kg			（貸借差引）	20kg*2
		月末仕掛品				月末仕掛品
		400kg				160kg*3
738,000 円				302,400 円		

＊1　200kg × 0.5 ＝ 100kg　　＊3　400kg × 0.4 ＝ 160kg

＊2　100kg × 0.2 ＝ 20kg

(1) 異常減損費

異常減損費は非原価処理とするため、度外視法・非度外視法を問わず分離把握する必要がある。

材料費：$\dfrac{738,000 円}{3,600\text{kg} + 100\text{kg} + 400\text{kg}}$（＝平均単価@ 180 円）× 100kg ＝ 18,000 円

加工費：$\dfrac{302,400 円}{3,600\text{kg} + 20\text{kg} + 160\text{kg}}$（＝平均単価@ 80 円）× 20kg ＝ 1,600 円

異常減損費：18,000 円 ＋ 1,600 円 ＝ **19,600 円**

(2) 月末仕掛品原価

材料費：@ 180 円（平均単価）× 400kg ＝ 72,000 円

加工費：@ 80 円（平均単価）× 160kg ＝ 12,800 円

合　計：72,000 円 ＋ 12,800 円 ＝ **84,800 円**

(3) 完成品原価

738,000 円 ＋ 302,400 円 － 19,600 円（異常減損費）－ 84,800 円 ＝ **936,000 円**

問題2　本社工場会計

▶ここに注意◀

本問では、工場元帳で扱っている科目が明示されていないため、問題文から本社と工場のどちらの元帳にその科目があるかを判断する。本社・工場間の取引について、工場元帳にない科目については本社勘定で処理する。

(1)　材料の仕入れ

工場	(借)材　　料	320,000	(貸)本　　社	320,000
本社	(借)工　　場	320,000	(貸)買　掛　金	320,000

本社が掛仕入を行っている。

(2)　材料の消費

工場	(借)仕　掛　品	250,000	(貸)材　　料	320,000
	製造間接費	70,000		
本社	(借)	仕訳なし	(貸)	

(3)　給与の支払い

工場	(借)賃　金　給　料	500,000	(貸)本　　社	500,000
本社	(借)工　　場	500,000	(貸)預　り　金	50,000
			現　金　な　ど	450,000

本社が給与の支給を行っている。

(4)　完成品の本社への納入

工場	(借)本　　社	1,344,000*	(貸)内　部　売　上	1,344,000
	内部売上原価	1,200,000	製　品	1,200,000
本社	(借)製　品	1,344,000	(貸)工　　場	1,344,000

＊　1,200,000円 × 1.12 = 1,344,000円

(5)　製品の販売

工場	(借)	仕訳なし	(貸)	
本社	(借)売　掛　金	2,000,000	(貸)売　上	2,000,000

問題3　標準原価計算
1．基本データの整理
(1)　標準消費量

製品Aの生産量(当月完成量)を標準歩留率で割り戻すことにより、当月の標準消費量を算定する。

2,790kg（資料2より）÷ 90%＊ = 3,100kg

＊　標準歩留率：9kg（製品1単位あたりの重量）÷ 10kg（製品1単位あたりの投入量）× 100 = 90%

(2)　各原料の標準配合割合

原料X：8kg ÷ 10kg = 80%
原料Y：2kg ÷ 10kg = 20%

２．差異分析

（1） 原料X

標準 @600円

		歩留差異	配合差異
		△19,200円	188,400円

標準　　　　　　　　　　　　　　　　　　　　　　　　実際
2,480kg*1　　　　　　　　2,512kg*2　　　　　　　　2,198kg

＊1　　3,100kg（標準消費量合計）×80%（原料Xの標準配合割合）＝ 2,480kg

＊2　　(2,198kg＋942kg)×80%（原料Xの標準配合割合）＝ 2,512kg
　　　　実際消費量合計

原料歩留差異：@600円（標準価格）×（2,480kg（標準消費量）－ 2,512kg）
　　　　　　　 ＝△19,200円（不利差異）

原料配合差異：@600円（標準価格）×（2,512kg － 2,198kg（実際消費量））
　　　　　　　 ＝ 188,400円（有利差異）

（2） 原料Y

標準 @300円

		歩留差異	配合差異
		△2,400円	△94,200円

標準　　　　　　　　　　　　　　　　　　　　　　　　実際
620kg*3　　　　　　　　628kg*4　　　　　　　　942kg

＊3　　3,100kg（標準消費量合計）×20%（原料Yの標準配合割合）＝ 620kg

＊4　　(2,198kg＋942kg)×20%（原料Yの標準配合割合）＝ 628kg
　　　　実際消費量合計

原料歩留差異：@300円（標準価格）×（620kg（標準消費量）－ 628kg）
　　　　　　　 ＝△2,400円（不利差異）

原料配合差異：@300円（標準価格）×（628kg － 942kg（実際消費量））
　　　　　　　 ＝△94,200円（不利差異）

第199回
管　理　会　計

問題1

問1

自己資本コスト　　　　　　　〔　　　　　10.5　　　〕％　　　　　⑧

問2

年間フリーキャッシュフロー　〔　　　　12,900　　　〕千円　　　　⑩

問3

①〔　　　104,226　　　〕千円　　②〔　　　184,286　　　〕千円　　各⑥

問4

年間キャッシュフローの増減額〔　　26,200〕千円（減少額の場合には△を付すこと）⑩

問5

買収額は〔　　　176,130　　　〕千円以下にするべきである。

```
計算過程
26,200 × 3.993 ＝ 104,616.6
26,200 × 0.5 ÷ 8% × 0.681 ＝ 111,513.75
104,616.6 ＋ 111,513.75 － 40,000 ＝ 176,130.35 → 176,130
```

計算過程も含めて⑩

問題2

問1

ア（　　　貢献利益　　　）　④

問2

全社的損益分岐点売上高　　　〔　　1,030,304　　〕千円　　⑩

A事業部〔　206,061　〕千円　B事業部〔　309,091　〕千円　C事業部〔　515,152　〕千円
各②

問3

〔　　　216,667　　　〕千円　⑩

原計・管理

199

283

問4

〔　　　　　　　420,000　　　　　〕千円

計算過程
$0.5 \times 0.5 + 0.45 \times 0.5 = 0.475$
$185,000 \times 0.6 - 130,000 = \triangle 19,000$

$$\frac{120,000+180,000+19,000+80,000}{0.475} = 840,000$$
$840,000 \times 0.5 = 420,000$

計算過程も含めて⑩

問題3

機	会	原	価	と	は	、	あ	る	特	定	の	代	替	案	を	選	択	す	る
こ	と	に	よ	っ	て	あ	き	ら	め	た	諸	代	替	案	か	ら	得	ら	れ
た	で	あ	ろ	う	利	益	の	う	ち	最	大	の	も	の	を	い	う	。	

⑩

─── 予想採点基準 ───
⑩…10点 × 7 ＝　70点
⑧… 8点 × 1 ＝　 8点
⑥… 6点 × 2 ＝　12点
④… 4点 × 1 ＝　 4点
②… 2点 × 3 ＝　 6点
　　　　　　　　100点

《解　説》

▶ここに注意◀

問題1　買収時における企業価値の評価

問1　M社の自己資本コスト

　本問では、負債資本コストと加重平均資本コストが与えられているため、これらをもとに自己資本コストを推定する。自己資本コストをXと置くと、次の算式が成り立つ。

$$5\% \times (1-30\%) \times \frac{40,000千円}{80,000千円} + X \times \frac{40,000千円}{80,000千円} = 7\% （加重平均資本コスト）$$

負債資本コスト　　　　　　　　自己資本コスト

$$0.5\,X = 5.25\% \quad \therefore \quad \mathbf{10.5\%}$$

負債の資本コストについては法人税等の影響を受けるため、加重平均資本コストの算定上考慮する必要がある。

問2　M社の年間フリーキャッシュフロー

　問題の指示に従い、M社のフリーキャッシュフローを計算すればよい。

2,100千円（税引後利益）＋ 9,400千円（減価償却費）＋ 2,000千円×（1 − 30%）

支払利息

= **12,900千円**

加重平均資本コストは、資本構成割合を考慮した資本コストの加重平均値。

問3　M社の企業価値の計算

　企業価値の評価方法には複数あるが、問題文よりフリーキャッシュフロー（以下、ＦＣＦとする）を用いて計算するＤＣＦ法（Discounted Cash Flow method）によることが求められていると判断できる。

　ＤＣＦ法では、投資案の評価における割引キャッシュフロー法を企業全体にあてはめ、企業価値を「事業活動から生みだされるＦＣＦを事業の必要収益率（資本コスト）で割り引いた現在価値」と考える。

企業価値＝企業の事業活動から生み出されるＦＣＦの現在価値

企業は投資プロジェクトの集合であるため、ＦＣＦを割引計算することにより企業価値が求められる。

(1)　ターミナルバリューがある場合（ケース①）

　企業価値の計算において、将来のＦＣＦを無限に予測することはできない。そこで、将来のある時点（仮にＴ期末とする）までのＦＣＦは詳細に予測し、それ以降に生じるＦＣＦについては単純な仮定をおき（詳しくは下記(2)参照）、ターミナルバリュー＊として企業価値計算に組み込むことが一般的に行われている。

ターミナルバリュー ＝[Ｔ＋1期] 以降に生じるＦＣＦのＴ期末時点における割引価値

　　＊　継続価値ともいう。

　本問におけるターミナルバリューは、**6年度目以降に生じるＦＣＦの5年度末時点における割引価値**のことである。この場合の企業価値は次のように計算する。

企業価値＝詳細な予測期間中のＦＣＦの現在価値＋ターミナルバリューの現在価値

原計・管理

199

・M社の企業価値

12,900千円×（0.935 ＋ 0.873 ＋ 0.816 ＋ 0.763 ＋ 0.713）＋ 72,000千円

×0.713（5年の現価係数）＝ **104,226千円**

▶ここに注意◀
M社の企業価値を計算するため、割引率として、M社の資本コスト7％を用いる。

＜参考＞タイムテーブル

（単位：千円）

| 1年度末 | 2年度末 | 3年度末 | 4年度末 | 5年度末 | 6年度末 … |

| 12,900 | 12,900 | 12,900 | 12,900 | 12,900 | 5年度末時点まで割引 |

5年度末 72,000

6年度末 ×× …

6年度末以降に生じるフリーキャッシュフロー

(2) **同額のキャッシュフローが将来無限に続く場合（ケース②）**

上記(1)の解説において、ターミナルバリューについては単純な仮定を置くという説明をしたが、これについて代表的な仮定が2つある。

（ア） N期におけるFCFが無限に継続すると仮定する場合

問題文で問われているのは企業価値だが、内容的にはターミナルバリュー（＝継続価値）の計算が問われている。

$$\text{ターミナルバリュー} = \frac{\text{N期におけるFCF}}{\text{資本コスト}}$$

（イ） ［N ＋ 1期］以降におけるFCFは、毎期一定の成長率で成長すると仮定する場合

この場合のターミナルバリューは［N － 1期］末時点の価値を表す。仮に、N期が2期であれば1年度末時点の価値を表す。

$$\text{ターミナルバリュー} = \frac{\text{N期におけるFCF}}{\text{資本コスト} - \text{成長率}}$$

なお、（ア）・（イ）のどちらのケースでも、N期が初年度にあたる場合、ターミナルバリューは現時点における価値を意味するため、この金額がそのまま企業価値となる。

本問では、（ア）の仮定にもとづいて計算する。

・M社の企業価値

12,900千円 ÷ 7％ ＝ 184,285.71… → **184,286千円**

問4　M社買収によるCFの変化額

（90,000千円 ＋ 3,000千円 － 32,000千円 － 30,000千円）×（1 － 30％）

＋ <u>15,000千円×30％</u> ＝ **26,200千円**

　　タックス・シールド

問5　買収額の計算

企業価値は、株式価値（株主価値）と負債価値（債権者価値）から構成されている。つまり、企業価値には返済義務のある負債の額も含まれており、買収の対価としては適切ではない。そのため、買収額としては負債価値を除いた株式価値を用いる。

企業価値＝株式価値＋負債価値

▶ここに注意◀

問4以降は、当社がM社を買収した場合を前提としているため、資本コスト率は8％を用いる。

(1)　企業価値

① 5年度末におけるターミナルバリュー

26,200千円（問4より）× 0.5 ÷ 8％ = 163,750千円

② 企業価値

26,200千円 ×（0.926 + 0.857 + 0.794 + 0.735 + 0.681）+ 163,750千円 × 0.681
= 216,130.35千円

(2)　株式価値

216,130.35千円 − 40,000千円（負債価値）＊ = 176,130.35 → **176,130千円**

＊　＜資料＞1．M社財務諸表 負債40,000千円より

問題2　事業部別損益計算書
問1　直接原価計算方式による損益計算書

（　ア　）… 売上高 − 変動費 ＝ **貢献利益**

問2　全社的損益分岐点売上高
(1)　損益分岐点売上高

全社的貢献利益率：495,000千円（貢献利益）÷ 1,000,000千円（売上高）= 0.495

損益分岐点売上高：$\dfrac{510,000千円^*}{0.495}$ = 1,030,303.03… → **1,030,304千円**（小数点以下切上げ）

＊　430,000千円（個別固定費合計）+ 80,000千円（共通固定費）= 510,000千円

(2)　各事業部の売上高

A事業部：1,030,303.03… × $\dfrac{200,000千円（A事業部の売上高）}{1,000,000千円（全社的売上高）}$ = 206,060.60 → **206,061千円**

B事業部：1,030,303.03… × $\dfrac{300,000千円（B事業部の売上高）}{1,000,000千円（全社的売上高）}$ = 309,090.90 → **309,091千円**

C事業部：1,030,303.03… × $\dfrac{500,000千円（C事業部の売上高）}{1,000,000千円（全社的売上高）}$ = 515,151.51 → **515,152千円**

問3　共通固定費の回収に貢献するA事業部の最低売上高

　　A事業部の個別固定費130,000千円を回収して、なお残る利益が全社的な固定費の回収に貢献することになる。よって、個別固定費を回収しきる売上高、つまり、損益分岐点売上高が最低売上高となる。

　　A事業部貢献利益率：120,000千円（A事業部貢献利益）÷ 200,000千円（A事業部売上高）= 0.6

$$\frac{130,000 千円（個別固定費）}{0.6 （貢献利益率）} = 216,666.66\cdots \rightarrow \textbf{216,667千円}$$

問4　来期の全社的損益分岐点におけるB事業部売上高

　　A事業部の売上高が与えられているため、セグメント・マージンを計算し、残りの個別固定費と共通固定費をB事業部とC事業部で回収するにはいくらの売上が必要となるかを計算する。

(1)　B事業部とC事業部の加重平均貢献利益率

　　B事業部貢献利益率：150,000千円 ÷ 300,000千円 = 0.5
　　C事業部貢献利益率：225,000千円 ÷ 500,000千円 = 0.45
　　加重平均貢献利益率：0.5 × 0.5 + 0.45 × 0.5 = 0.475

「B事業部とC事業部の売上高は1：1の割合になる」ため、売上高の構成割合はともに50%となる。

(2)　B事業部とC事業部の貢献利益により回収すべき金額

①　A事業部のセグメント・マージン

　　185,000千円 × 0.6（A事業部貢献利益率）− 130,000千円（A事業部個別固定費）
　　= △19,000千円

②　B事業部とC事業部で回収すべき金額
　　残りの固定費とA事業部の損失の合計が回収すべき金額となる。

　　$\underbrace{120,000 千円 + 180,000 千円}_{\text{B事業部とC事業部の個別固定費}} + \underbrace{80,000 千円}_{\text{共通固定費}} + 19,000 千円 = 399,000 千円$

(3)　全社的損益分岐点におけるB事業部の売上高

①　B事業とC事業部の売上高合計
　　399,000千円 ÷ 0.475（上記(1)より）= 840,000千円

②　全社的損益分岐点におけるB事業部の売上高
　　840,000千円 × 0.5（B事業部の売上高の構成割合）= **420,000千円**

問題3　理論問題
　　解答参照

第201回
原　価　計　算

問題1

問1

製造間接費の標準配賦率　　　〔　　　4,200　〕円／時間　　②

問2

当月完成品原価　　　〔　43,120,000　〕円　　⑤

月末仕掛品原価　　　〔　14,460,000　〕円　　⑤

問3

借方科目	金　額	貸方科目	金　額	
仕　　掛　　品	21,350,000	材　　　　料	21,350,000	⑤

問4

借方科目	金　額	貸方科目	金　額	
仕　　掛　　品	6,144,000	賃　　　　金	6,144,000	⑤

問5

借方科目	金　額	貸方科目	金　額	
材　　　　料	68,000	材 料 消 費 価 格 差 異	68,000	⑤

問6

原価差異の総額　　　〔　△1,935,000　〕円　　③

材料数量差異

　　材料Xの材料数量差異　　　〔　△800,000　〕円　　④

　　材料Yの材料数量差異　　　〔　△150,000　〕円　　④

製造間接費差異

　　予算差異　　　〔　△187,000　〕円　　④

　　能率差異　　　〔　△264,000　〕円　　④

　　操業度差異　　　〔　△270,000　〕円　　④

問7

材料の購入時における材料受入価格差異99,200円（有利差異）を認識し、材料受入価格差異勘定から材料消費価格差異勘定に68,000円（有利差異）を振り替える。　　⑧

問題2

問1

①の方法

仕掛品

前月繰越	[③	4,738,000]	製品	[③	32,300,800]
諸口	[	30,853,975]	原価差異	[	]
原価差異	[③	190,225]	次月繰越	[③	3,481,400]

（注）記入する必要のない欄はそのままにしておくこと。

②の方法

仕掛品

前月繰越	[③	4,600,000]	製品	[③	32,300,800]
諸口	[	30,853,975]	原価差異	[	]
原価差異	[③	226,825]	次月繰越	[③	3,380,000]

（注）記入する必要のない欄はそのままにしておくこと。

問2

正常仕損は工程の終点で発生しているため、月初仕掛品や月末仕掛品の標準原価には正常仕損費を含めるべきではないが、①の方法によると含める結果となってしまうため。⑥

問題3

名称	現実的標準原価	②
意味	現実的標準原価とは、良好な能率のもとにおいて、その達成が期待されうる標準原価であり、原価管理に最も適する標準原価である。	④

名称	正常的標準原価※	②
意味	正常的標準原価※とは、経営における異常な状態を排除し、比較的長期にわたる過去の実際の平均的数値に将来のすう勢を加味して決定される標準原価である。	④

※ 正常原価でも可

予想採点基準

⑧…8点×1	=	8点
⑥…6点×1	=	6点
⑤…5点×5	=	25点
④…4点×7	=	28点
③…3点×9	=	27点
②…2点×3	=	6点
		100点

《解　説》　　　　　　　　　　　　　　　　　　　　　　　　▶ここに注意◀
問題1　標準原価計算
問1　製造間接費の標準配賦率
　　　＜資料＞5．のデータをもとに製造間接費の標準配賦率を計算する。

標準配賦率：$\dfrac{6,240,000円 + 4,680,000円（月次予算）}{2,600時間（月間基準操業度）}$ ＝ **4,200円／時間**

　　　各製品の標準原価カードを完成させると、下記の通りである。なお、製造間接費は直接作業時間を基準として配賦するため、各製品の標準作業時間は直接労務費と同じ数値を用いる。

	製　品　A			製　品　B		
	（標準単価）	（標準消費量）	（原価標準）	（標準単価）	（標準消費量）	（原価標準）
直接材料費						
材料X	2,000円/kg ×	4 kg ＝	8,000円	2,000円/kg ×	3 kg ＝	6,000円
材料Y	1,500円/kg ×	4 kg ＝	6,000円	1,500円/kg ×	5 kg ＝	7,500円
直接労務費	2,400円/時間 ×	2時間 ＝	4,800円	2,400円/時間 ×	1.5時間 ＝	3,600円
製造間接費	4,200円/時間 ×	2時間 ＝	8,400円	4,200円/時間 ×	1.5時間 ＝	6,300円
			27,200円			23,400円

	製　品　C			製　品　D		
	（標準単価）	（標準消費量）	（原価標準）	（標準単価）	（標準消費量）	（原価標準）
直接材料費						
材料X	2,000円/kg ×	3 kg ＝	6,000円	2,000円/kg ×	5 kg ＝	10,000円
材料Y	1,500円/kg ×	7 kg ＝	10,500円	1,500円/kg ×	5 kg ＝	7,500円
直接労務費	2,400円/時間 ×	2時間 ＝	4,800円	2,400円/時間 ×	2.5時間 ＝	6,000円
製造間接費	4,200円/時間 ×	2時間 ＝	8,400円	4,200円/時間 ×	2.5時間 ＝	10,500円
			29,700円			34,000円

問2　当月完成品原価、月末仕掛品原価
　　　＜資料＞2．より、製品A、B、Cが当月完成品、製品Dが月末仕掛品であることがわかる。
　(1)　完成品原価
　　　@ 27,200円 × 500個 + @ 23,400円 × 500個 + @ 29,700円 × 600個 = **43,120,000円**
　　　　　製品A　　　　　　　製品B　　　　　　　製品C

　(2)　月末仕掛品原価
　　　（@ 10,000円 + @ 7,500円）× 600個 +（@ 6,000円 + @ 10,500円）× 240個* = **14,460,000円**
　　　＊　600個（製品D月末数量）× 40%（加工進捗度）= 240個

問3、問5　材料の振替仕訳　　　　　　　　　　　　　　　　　　　　　▶ここに注意◀

(1)　修正パーシャル・プランによる勘定記入

＊　製造間接費については実際原価で仕掛品勘定に振り替える。

(2)　材料勘定から仕掛品勘定への直接材料費の振替仕訳（問3の解答）

（仕　　　　掛　　　　品）　21,350,000＊	（材　　　　　　　料）　21,350,000

※　材料X：@2,000円(標準単価)×5,200kg（実際消費量）＊1 ＝ 10,400,000円
　　材料Y：@1,500円(標準単価)×7,300kg（実際消費量）＊2 ＝ <u>10,950,000円</u>
　　　　　　　　　　　　　　　　　　　　　　　　　　　 <u>21,350,000円</u>

＊1　1,200kg（月初）＋ 4,800kg（当月購入）－ 800kg（月末）＝ 5,200kg

＊2　1,000kg ＋ 8,000kg － 1,700kg ＝ 7,300kg

(3)　材料勘定から材料消費価格差異勘定への振替仕訳（問5の解答）

（材　　　　　　料）　68,000	（材料消費価格差異）　68,000＊

※　材料X：(@2,000円 － @2,015円＊1)×5,200kg（実際消費量）＝△　78,000円
　　材料Y：(@1,500円 － @1,480円＊2)×7,300kg（実際消費量）＝＋146,000円
　　　　　　　　　　　　　　　　　　　　　　　　　　　 <u>＋　68,000円</u>（有利差異）

＊1　材料X実際消費単価
　　　(2,413,200円 ＋ 9,676,800円)÷(1,200kg ＋ 4,800kg)＝@2,015円

＊2　材料Y実際消費単価
　　　(1,496,000円 ＋ 11,824,000円)÷(1,000kg ＋ 8,000kg)＝@1,480円

有利差異（貸方差異）のため、材料消費価格差異勘定の貸方に記入される。

実際消費単価は平均法により計算する。

問4　賃金勘定から仕掛品勘定への直接労務費の振替仕訳

（仕　　　　掛　　　　品）　6,144,000＊	（賃　　　　　　金）　6,144,000

※　@2,400円(標準賃率)×2,560時間(実際直接作業時間)＝6,144,000円

問6　原価差異の計算

(1)　生産データの整理

仕掛品（製品A）

月初	500個	完成	500個
	(400個)		
当月	0個		
	(100個)		

仕掛品（製品B）

月初	500個	完成	500個
	(200個)		
当月	0個		
	(300個)		

▶ここに注意◀

仕掛品（製品C）			
当月	600個	完成	600個

仕掛品（製品D）			
当月	600個 （240個）	完成	0個
		月末	600個 （240個）

（注）　カッコ書きは完成品換算量を示している

材料X標準消費量：$\underset{\text{製品C}}{\underline{600個 \times 3\,kg}} + \underset{\text{製品D}}{\underline{600個 \times 5\,kg}} = 4,800kg$

材料Y標準消費量：$600個 \times 7\,kg + 600個 \times 5\,kg = 7,200kg$

標準直接作業時間：100個 × 2時間 + 300個 × 1.5時間 + 600個 × 2時間 + 240個 × 2.5時間
　　　　　　　　　　= 2,450時間

(2) 原価差異の総額

仕掛品

月初仕掛品	①	21,010,000	製品	問2	43,120,000
材料	問3	21,350,000	月末仕掛品	問2	14,460,000
賃金	問4	6,144,000	原価差異	③	**1,935,000**
製造間接費	②	11,011,000			
		59,515,000			59,515,000

①月初仕掛品
　製品A：（@8,000円 + @6,000円）× 500個 + （@4,800円 + @8,400円）× 400個 = 12,280,000円
　製品B：（@6,000円 + @7,500円）× 500個 + （@3,600円 + @6,300円）× 200個 = 8,730,000円
　　　　　　　　　　　　　　　　　　　　　　　　　　　　　　　　　　　21,010,000円

②製造間接費：実際発生額を記入
③原価差異：貸借差額（不利差異）

(3) 材料数量差異

　材料X：（4,800kg（標準消費量）− 5,200kg（実際消費量））× @2,000円（標準単価）
　　　　　= △**800,000円**（不利差異）
　材料Y：（7,200kg（標準消費量）− 7,300kg（実際消費量））× @1,500円（標準単価）
　　　　　= △**150,000円**（不利差異）

原計・管理

201

(4) 製造間接費差異　　　　　　　　　　　　　　　　　　　　　　　▶ここに注意◀

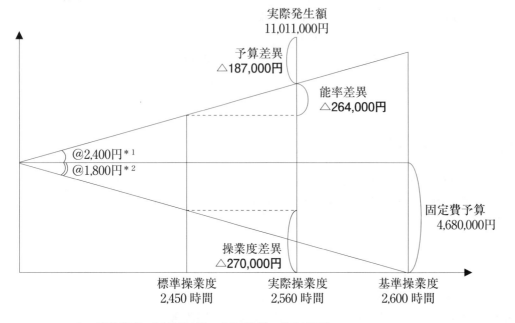

　　　　　　　　　　　　　　　　　　　　　　　　　　　　　　　能率差異は変動費率を用
　　　　　　　　　　　　　　　　　　　　　　　　　　　　　　　いて計算する。

＊1　変動費率：6,240,000円÷2,600時間＝＠2,400円
＊2　固定費率：4,680,000円÷2,600時間＝＠1,800円

予 算 差 異：(＠2,400円×2,560時間＋4,680,000円)−11,011,000円＝△**187,000円**(不利差異)
能 率 差 異：＠2,400円×(2,450時間−2,560時間)＝△**264,000円**(不利差異)
操業度差異：＠1,800円×(2,450時間−2,600時間)＝△**270,000円**(不利差異)

問7　理論問題(材料受入価格差異)

　　材料の価格差異は、製造活動ではなく購買活動から生じるため、材料の消費時ではな
く購入時に購入数量に対して認識することで、購買活動の管理に役立てることができま
す。
　　材料受入価格差異：(＠2,000円−＠2,016円＊1)×4,800kg (当月購入数量)
　　　　　　　　　　　　＋(＠1,500円−＠1,478円＊2)×8,000kg＝99,200円(有利差異)
＊1　9,676,800円(材料X当月購入額)÷4,800kg＝2,016円
＊2　11,824,000円(材料Y当月購入額)÷8,000kg＝1,478円

問題2　標準原価計算

　本問では、①の方法(正常仕損の分だけ標準消費量を増やす方法。いわゆる「第1法」)と②
の方法(正味標準製造原価に正常仕損費を特別費として加える方法。いわゆる「第2法」)の違
いについて問われている。それぞれの場合における標準原価カードを作成すると、次の通り
である。

①の方法による標準原価カード

直接材料費	4,400円/kg	× 2.06kg*1 =	9,064円
加　工　費	3,600円/時間	× 3.09時間*2 =	11,124円
			20,188円

＊1　2kg＋2kg×3％（正常仕損率）＝2.06時間
＊2　3時間＋3時間×3％＝（正常仕損率）＝3.09時間

②の方法による標準原価カード

直接材料費	4,400円/kg	× 2kg =	8,800円
加　工　費	3,600円/時間	× 3時間 =	10,800円
正味標準製造原価			19,600円
正常仕損費			588円*
総標準製造原価			20,188円

＊　19,600円×3％（正常仕損率）＝588円

問1　仕掛品勘定の記入
1．生産データの整理

月初	400個	完成	1,600個
	(100個)		
当月	1,400個		
	(1,650個)	月末	200個
			(150個)

(注)カッコ書きは、完成品換算量を示している。

2．勘定記入
①の方法

仕掛品

前月繰越	4,738,000	製品	32,300,800
諸口	30,853,975	原価差異	
原価差異	190,225	次月繰越	3,481,400
	35,782,200		35,782,200

前月繰越：@9,064円×400個＋@11,124円×100個＝4,738,000円
諸　　口：12,544,000円＋18,309,975円＝30,853,975円（実際原価）
製　　品：@20,188円×1,600個＝32,300,800円
次月繰越：@9,064円×200個＋@11,124円×150個＝3,481,400円
原価差異：貸借差額

<資料>4．に「原価差異は、仕掛品勘定においてまとめて把握する」とあるため、パーシャル・プランにより勘定記入を行う。

201

原計・管理

295

②の方法

仕掛品

前月繰越	4,600,000	製品	32,300,800
諸口	30,853,975	原価差異	
原価差異	226,825	次月繰越	3,380,000
	35,680,800		35,680,800

前月繰越：@ 8,800円 × 400個 + @ 10,800円 × 100個 = 4,600,000円
諸　　口：実際原価で記入（①の方法と同様）
製　　品：@ 20,188円 × 1,600個 = 32,300,800円
次月繰越：@ 8,800円 × 200個 + @ 10,800円 × 150個 = 3,380,000円
原価差異：貸借差額

問2　理論問題（第1法では正確な計算が行えない理由）

　正確な計算を行えない理由を示せばよいので、「①の方法では、正常仕損費を分離して把握することができないため、仕損の発生点を通過していない月初仕掛品と月末仕掛品にも正常仕損費を負担させてしまうため」などの表現でも可。

問題3　理論問題（標準原価計算制度において用いられる標準原価）

　標準原価計算制度において用いられる標準原価は**現実的標準原価**又は**正常的標準原価（正常原価）**である。原価管理のために、時として理想標準原価が用いられることがあるが、理想標準原価は、原価計算基準にいう制度としての標準原価ではない。

（原価計算基準　四 原価の諸概念 2 参照）

＜参考＞ 理想標準原価
　技術的に達成可能な最大操業度のもとにおいて、最高能率を表す最低の原価をいい、財貨の消費における減損、仕損、遊休時間等に対する余裕率を許容しない理想的水準における標準原価。

第201回
管 理 会 計

問題1

問1

配賦率　　〔　　　　　320　　　　〕円／時　　　　②

	製品A	製品B	製品C	
単位当たり配賦原価	1,600円	2,560円	2,240円	各②

問2

	製品A	製品B	製品C	
単位当たり配賦原価	21,600円	416円	2,528円	各④

問3

〔　　　　76,800　　　　〕分　　　　③

問4

〔　　　　50　　　　〕円／分　　　　③

問5

段　取	2,000円／回	
マテハン	750円／回	
検　査	3,000円／回	各④

問6

	製品A	製品B	製品C	計
段　取	② 360,000円	20,000円	100,000円	② 480,000円
マテハン	1,500,000円	② 375,000円	1,125,000円	3,000,000円
検　査	75,000円	15,000円	② 30,000円	120,000円
合計	② 1,935,000円	410,000円	1,255,000円	② 3,600,000円

問7

	製品A	製品B	製品C	
単位当たり配賦原価	19,350円	410円	2,510円	各②

問8

〔　　　　　240,000　　　　　〕円　　④

問題2

問1

製品の組み合わせ

製品X	製品Y	製品Z	
800個	2,000個	400個	各③

利益額　　〔　　　　75,600　　　　〕円　　　　　⑥

問2

加重平均貢献利益率　〔　　　　21.6　　　　〕％
損益分岐点売上高　　〔　　　2,150,000　　〕円
安全余裕率　　　　　〔　　　　14　　　　〕％　　各③

問3

　　利益が最大となる製品組み合わせは，製品Xが(　　800　)個，製品Yが(　　1,600　)個，製品Zが(　　1,500　)個であり，その時の全体の利益は(　　105,600　)円である。当初の利益より(　　30,000　)円利益が(増加)・減少)*するので，この固定費の追加は(行うべきである)・　行うべきでない　)*。
*は該当するものに○をすること。

2つの文についてそれぞれ完答で④

問4

　　利益が最大となる製品組み合わせは，製品Xが(　　800　)個，製品Yが(　　2,000　)個，製品Zが(　　400　)個であり，その時の全体の利益は(　　55,600　)円である。当初の利益より(　　20,000　)円利益が(　増加　・(減少))*するので，この固定費の追加は(　行うべきである　・(行うべきでない))*。
*は該当するものに○をすること。

2つの文についてそれぞれ完答で④

予想採点基準
⑥…6点×1 ＝　　6点
④…4点×11＝　44点
③…3点×8 ＝　24点
②…2点×13＝　26点
　　　　　　100点

《解　説》　　　　　　　　　　　　　　　　　　　　　　　▶ここに注意◀
問題1　活動基準原価計算
　問1　伝統的原価計算による配賦
　　　　配賦率：3,840,000円 ÷ 12,000時間*（直接作業時間）＝ **320円／時**
　　　　＊　100個（製品A）× 5時間 + 1,000個（製品B）× 8時間 + 500個（製品C）× 7時間 = 12,000時間
　　　　各製品の単位当たり配賦原価
　　　　　　製品A：@ 320円 × 5時間 ＝ **1,600円**
　　　　　　製品B：@ 320円 × 8時間 ＝ **2,560円**
　　　　　　製品C：@ 320円 × 7時間 ＝ **2,240円**

　問2　活動基準原価計算（ABC）による配賦
　　(1)　資源ドライバーによる各活動への配賦
　　　　段 取 活 動：3,840,000円 × 20％ ＝ 　768,000円
　　　　マテハン活動：3,840,000円 × 70％ ＝ 2,688,000円
　　　　検 査 活 動：3,840,000円 × 10％ ＝ 　384,000円
　　(2)　活動ドライバーによる各製品への配賦
　　　　＜段取活動＞
　　　　　　配賦率：768,000円 ÷ 240回 ＝ 3,200円／回
　　　　　　製品A：@ 3,200円 × 180回 ＝ 576,000円
　　　　　　製品B：@ 3,200円 ×　10回 ＝ 　32,000円
　　　　　　製品C：@ 3,200円 ×　50回 ＝ 160,000円
　　　　＜マテハン活動＞
　　　　　　配賦率：2,688,000円 ÷ 4,000回 ＝ 672円／回
　　　　　　製品A：@ 672円 × 2,000回 ＝ 1,344,000円
　　　　　　製品B：@ 672円 ×　 500回 ＝ 　336,000円
　　　　　　製品C：@ 672円 × 1,500回 ＝ 1,008,000円
　　　　＜検査活動＞
　　　　　　配賦率：384,000円 ÷ 40回 ＝ 9,600円／回
　　　　　　製品A：@ 9,600円 × 25回 ＝ 240,000円
　　　　　　製品B：@ 9,600円 ×　5回 ＝ 　48,000円
　　　　　　製品C：@ 9,600円 × 10回 ＝ 　96,000円
　　(3)　各製品の単位当たり配賦原価
　　　　製品A：（576,000円 + 1,344,000円 + 240,000円）÷ 100個 ＝ **21,600円**
　　　　製品B：（32,000円 + 336,000円 + 48,000円）÷ 1,000個 ＝ **416円**
　　　　製品C：（160,000円 + 1,008,000円 + 96,000円）÷ 500個 ＝ **2,528円**

　問3〜問8　時間基準のABC（TDABC）による配賦
　　　　時間基準のABC（TDABC）は、ABCの簡易版であり、本問における間接労務
　　費については配賦率を次のように計算する。

　　　　配賦率：$\dfrac{\text{間接労務費}}{\text{実際的生産能力}}$

・問3　実際的生産能力
最大生産能力：8時間／日×20日／月×10人＝1,600時間
実際的生産能力：1,600時間×80％＝1,280時間
＝1,280時間×60分＝**76,800分**

・問4　1分当たりの配賦率
3,840,000円÷76,800分＝**50円／分**

・問5　各活動1回当たりの原価
段　取　活　動：＠50円×40分＝**2,000円／回**
マテハン活動：＠50円×15分＝　**750円／回**
検　査　活　動：＠50円×60分＝**3,000円／回**

・問6　各製品の活動原価
＜段取活動＞
製品A：＠2,000円×180回＝**360,000円**
製品B：＠2,000円×　10回＝　**20,000円**
製品C：＠2,000円×　50回＝**100,000円**
合計　　　　　　　　　　**480,000円**
＜マテハン活動＞
製品A：＠750円×2,000回＝**1,500,000円**
製品B：＠750円×　500回＝　**375,000円**
製品C：＠750円×1,500回＝**1,125,000円**
合計　　　　　　　　　　**3,000,000円**
＜検査活動＞
製品A：＠3,000円×25回＝**75,000円**
製品B：＠3,000円×　5回＝**15,000円**
製品C：＠3,000円×10回＝　**30,000円**
合計　　　　　　　　　　**120,000円**

製品A：360,000円＋1,500,000円＋75,000円＝**1,935,000円**
製品B：　20,000円＋　375,000円＋15,000円＝　**410,000円**
製品C：100,000円＋1,125,000円＋30,000円＝**1,255,000円**
合計　　　　　　　　　　　　　　　　　**3,600,000円**

・問7　各製品の単位当たり配賦原価
製品A：1,935,000円÷100個＝**19,350円**
製品B：410,000円÷1,000個＝**410円**
製品C：1,255,000円÷500個＝**2,510円**

▶ここに注意◀

・問8　未利用キャパシティー・コスト

実際的生産能力と当月の実際就業時間との差は未利用のキャパシティー（能力）を示す。本問の配賦率の計算上、実際的生産能力を基準操業度として用いているため、間接労務費のうち未利用のキャパシティー分の金額が製品に配賦されていない。この金額が、「未利用キャパシティー・コスト」である。

実際就業時間：40分／回 × 240回（段取）＋ 15分／回 × 4,000回（マテハン）＋ 60分／回 × 40回（検査）＝ 72,000分

未利用キャパシティー・コスト：＠50円 ×（76,800分 − 72,000分）＝ **240,000円**

または、3,840,000円（実際発生額）− 3,600,000円（配賦額）＝ **240,000円**

問題2　最適セールスミックス
　問1　最適セールスミックス
　　(1)　**共通の制約条件**
　　　＜資料＞2. より、各プロセスの最大能力が各製品に共通の制約条件となっている。（いずれのプロセスについても、＜資料＞3. の製品の需要すべてを満たす生産はできない。）

　　(2)　**共通の制約条件についての単位当たりの貢献利益**
　　　①　各製品の1個当たりの貢献利益
　　　　製品X：　　375円（売価）−　125円（変動費）＝ 250円
　　　　製品Y：1,000円（売価）−　850円（変動費）＝ 150円
　　　　製品Z：　　500円（売価）−　400円（変動費）＝ 100円
　　　②　プロセス1の作業時間当たりの貢献利益
　　　　製品X：250円 ÷ 2時間 ＝ 125円
　　　　製品Y：150円 ÷ 1時間 ＝ 150円　… 最も高い
　　　　製品Z：100円 ÷ 1時間 ＝ 100円　… 最も低い
　　　　　⇒　作業時間当たりの貢献利益の高い順（Y→X→Z）に優先的に生産販売すべきである。
　　　③　プロセス2の作業時間当たりの貢献利益
　　　　製品X：250円 ÷ 1時間 ＝ 250円　… 最も高い
　　　　製品Y：150円 ÷ 2時間 ＝　75円　… 最も低い
　　　　製品Z：100円 ÷ 1時間 ＝ 100円
　　　　　⇒　作業時間当たりの貢献利益の高い順（X→Z→Y）に優先的に生産販売すべきである。

共通の制約条件の単位当たり貢献利益を比較する。

201

(3) **最適セールスミックス**

▶ここに注意◀

(2)より、共通の制約条件ごとに優先的に生産販売すべき順位が異なるが、プロセス1の作業を経てプロセス2の作業が行われるため、プロセス1の制約にもとづく優先順位(Y → X → Z)でのセールスミックスにおける作業時間を計算してみる。

	プロセス1の作業	プロセス2の作業
製品Y	2,000個(最大需要)×1時間=2,000時間	2,000個×2時間=4,000時間
製品X	800個(最大需要)×2時間　=1,600時間	800個×1時間　=　800時間
製品Z	4,000時間(最大能力)−3,600時間(上記合計) =400時間	400個[*1]×1時間=400時間 残余能力：5,500時間−5,200時間(上記合計) =300時間

*1　プロセス1での生産量：400時間÷1時間=400個

プロセス2には、300時間の能力が余るため、プロセス1が生産上のボトルネックである(生産量の最大化にとって最も制約となっている)ことがわかる。よって、プロセス1の制約にもとづく優先順位(Y → X → Z)でのセールスミックスが最適セールスミックスである。

以上より、最適セールスミックスは、製品Xが**800**個、製品Yが**2,000**個、製品Zが**400**個となる。

貢献利益：250円×800個(製品X) + 150円×2,000個(製品Y) + 100円×400個(製品Z)
　　　　　=540,000円

全体利益：540,000円(貢献利益) − 464,400円(共通固定費) = **75,600円**

> 全体利益は、営業利益を意味するため、貢献利益から共通固定費を控除する。

※参考　プロセス2の制約にもとづく優先順位(X → Z → Y)による場合

	プロセス1の作業	プロセス2の作業
製品X	800個(最大需要)×2時間　=1,600時間	800個×1時間　=　800時間
製品Z	1,500個(最大需要)×1時間=1,500時間	1,500個×1時間=1,500時間
製品Y	4,000時間(最大能力)−3,100時間(上記合計) =900時間	900個[*2]×2時間=1,800時間 残余能力：5,500時間−4,100時間(上記合計) =1,400時間

*2　プロセス1での生産量：900時間÷1時間=900個

貢献利益：250円×800個(製品X) + 150円×900個(製品Y) + 100円×1,500個(製品Z)
　　　　　=485,000円

問2　CVP分析

(1) 加重平均貢献利益率

問1での最適セールスミックスのときの貢献利益と売上高により計算する。

$$\frac{540{,}000\text{円（貢献利益）}}{375\text{円} \times 800\text{個} + 1{,}000\text{円} \times 2{,}000\text{個} + 500\text{円} \times 400\text{個}} = \frac{540{,}000\text{円}}{2{,}500{,}000\text{円}} = 0.216 = \textbf{21.6\%}$$

(2) 損益分岐点売上高

464,400円（共通固定費）÷ 21.6%（加重平均貢献利益率）= **2,150,000円**

(3) 安全余裕率

$$\frac{2{,}500{,}000\text{円（売上高）} - 2{,}150{,}000\text{円（損益分岐点売上高）}}{2{,}500{,}000\text{円（売上高）}} = 0.14 = \textbf{14\%}$$

問3　プロセス1の生産能力増加による最適セールスミックスの変化

(1) 共通の制約条件

固定費の追加により、プロセス1の最大能力が6,000時間に増加すると、プロセス1単体で考えると、＜資料＞3.の製品の需要すべてを満たす生産が可能となる。

800個（製品X）× 2時間 + 2,000個（製品Y）× 1時間 + 1,500個（製品Z）× 1時間
= 5,100時間（< 6,000時間）

よって、プロセス1の最大能力は各製品に共通の制約条件とはならず、プロセス2の最大能力のみが共通の制約条件となる。

(2) 最適セールスミックス

上記問1(2)③より、作業時間当たりの貢献利益の高い順（X→Z→Y）に優先的に生産販売すべきである。

なお、製品Yの生産量は、下表に示すように、プロセス2の制約により1,600個となる。

	プロセス1の作業	プロセス2の作業
製品X	800個（最大需要）× 2時間　= 1,600時間	800個 × 1時間　=　800時間
製品Z	1,500個（最大需要）× 1時間 = 1,500時間	1,500個 × 1時間 = 1,500時間
製品Y	1,600個*× 1時間 = 1,600時間	5,500時間（最大能力）- 2,300時間（上記合計） = 3,200時間

　　＊　プロセス2での生産量：3,200時間 ÷ 2時間 = 1,600個

プロセス2の最大能力をチェックしながら計算する。

よって、最適セールスミックスは、製品Xが**800**個、製品Yが**1,600**個、製品Zが**1,500**個となる。

貢献利益：250円 × 800個（製品X）+ 150円 × 1,600個（製品Y）+ 100円 × 1,500個（製品Z）= 590,000円

全体利益：590,000円 - 464,400円（当初の共通固定費）- 20,000円（追加固定費）
　　　　　= **105,600円**

全体利益の増減額：105,600円 - 75,600円（問1より）= **30,000円**

以上より、当初の利益より30,000円利益が**増加**するため、この固定費の追加は**行うべきである。**

原計・管理

201

問4　プロセス2の生産能力増加による最適セールスミックスの変化

　　問1の計算で判明しているように、プロセス1の最大能力がボトルネックとなっており、プロセス2の生産能力に余剰を生じている。そのため、固定費を追加してプロセス2の生産能力を増加させても、最適セールスミックスは変化しない。

　　よって、最適セールスミックスは、問1と同様、製品Xが**800**個、製品Yが**2,000**個、製品Zが**400**個となる。

　　　全体利益：540,000円(貢献利益) − 464,400円(当初の共通固定費) − 20,000円(追加固定費)
　　　　　　　 = **55,600**円
　　　全体利益の増減額：55,600円 − 75,600円(問1より) = △**20,000**円
　　以上より、当初の利益より 20,000円利益が**減少**するため、この固定費の追加は**行うべきではない**。

第203回
原　価　計　算

問題1

問1

外部副費　〔　635,000　〕円　　　　内部副費　〔　315,000　〕円　　　各④

問2

予定配賦率　〔　310　〕円/kg　　③

問3

カッコ内に有利差異あるいは不利差異のいずれか適切なほうを記入しなさい。

材料副費配賦差異　　　〔　51,000　〕円　　　　（　不利差異　）　　　⑤
 ├─材料副費予算差異　〔　20,000　〕円　　　　（　不利差異　）　　　②
 └─材料購入量差異　〔　31,000　〕円　　　　（　不利差異　）　　　②

問4

	材　　　料	（単位：円）

10/ 1	前 月 繰 越		6,240,000	10/ 5	（仕　　掛　　品）	［⑤	5,000,000	］
/10	諸　　　口	［③	7,665,000	（ /16 ）	（仕　　掛　　品）	［⑤	6,000,000	］
/23	諸　　　口	［③	7,014,000	（ /31 ）	（製 造 間 接 費）	［⑤	204,400	］
（　　）（	）［		］	（ /31 ）	（材料消費価格差異）	［⑤	350,000	］
（　　）（	）［		］	（　　）（	）［			］
（　　）（	）［		］	（ /31 ）	次 月 繰 越	［③	9,364,600	］
		［	20,919,000	］			［	20,919,000	］

問題2

問1

科　　　目	金　　額	科　　　目	金　　額	
副　産　物	38,000	仕　掛　品	38,000	⑥

問2

等価係数　　連産品A：連産品B　＝　1：〔　1.2　〕　　④

問3

月末仕掛品原価　〔　994,000　〕円

第1工程完成品原価

連産品A　〔　2,946,039　〕円　　連産品B　〔　3,213,861　〕円　　各⑦

問題3

複合費とは 　形態別には異なった原価を、特定の目的あるいは機能のために消費されたということによっ

て1つの費用にまとめたものである。　　　　　　　　　　　　　　　　　　　　　　　　　　　　　　⑩

類似点：どちらも形態別には異なった原価をまとめたものである点が類似している。　　　　　　　　　⑤

相違点：複合費は製造間接費として製品に配賦されるが、補助部門費は製造部門に配賦される点が異なる。　⑤

```
─ 予想採点基準 ─
⑩…10点× 1 ＝　 10点
⑦… 7 点× 3 ＝　 21点
⑥… 6 点× 1 ＝　　6点
⑤… 5 点× 7 ＝　 35点
④… 4 点× 3 ＝　 12点
③… 3 点× 4 ＝　 12点
②… 2 点× 2 ＝　　4点
　　　　　　　　 100点
```

《解　説》　　　　　　　　　　　　　　　　　　　　　▶ここに注意◀
問題1　材料費会計
問1　材料副費の分類・集計
　　資料3．に記載されている材料副費を内部副費・外部副費に分類すると、以下のとおりである。
　　　外部副費：荷役費、引取運賃
　　　内部副費：検収費、購入事務費、保管費

　　この分類に基づいて、当月実際発生額を集計する。
　　外部副費：335,000円 + 300,000円 = **635,000円**
　　　　　　　＿＿＿＿＿＿　＿＿＿＿＿＿
　　　　　　　　荷役費　　　　引取運賃
　　内部副費：82,000円 + 55,000円 + 178,000円 = **315,000円**
　　　　　　　＿＿＿＿＿　＿＿＿＿＿　＿＿＿＿＿＿
　　　　　　　　検収費　　購入事務費　　保管費

問2　材料副費予定配賦率
　　材料副費の月間予算額合計を予定購入量 3,000kg で割って、当月の材料副費予定配賦率を求める。
　　材料副費予算額合計：70,000円 + 330,000円 + 300,000円 + 50,000円 + 180,000円
　　　　　　　　　　　　= 930,000円
　　材料副費予定配賦率：$\dfrac{930,000円（材料副費予算額合計）}{3,000kg（予定購入量）}$ = **310円/kg**

問3　材料副費配賦差異の分析
　　問題文に従って、固定予算方式で材料副費配賦差異を予算差異と、操業度差異に相当する購入量差異に分析する。

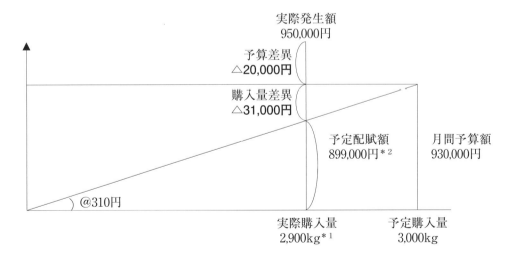

＊1　当月実際購入量：1,500kg（10月10日）+ 1,400kg（10月23日）= 2,900kg
＊2　予定配賦額：@310円 × 2,900kg（実際購入量）= 899,000円

▶ここに注意◀

材料副費配賦差異：899,000円 − 950,000円 ＝ △**51,000円**(不利差異)

材料副費予算差異：930,000円 − 950,000円 ＝ △**20,000円**(不利差異)

材料購入量差異：＠310円×(2,900kg − 3,000kg) ＝ △**31,000円**(不利差異)

問4　材料勘定の記入

10月中の材料に関する仕訳に基づいて、材料勘定への記入を完成させる。

その際、購入時(受け入れ時)には問2で求めた予定配賦率に基づいて材料副費を予定配賦すること、消費時(払い出し時)には、資料1.で指示されているとおり、予定価格＠5,000円を適用する点に留意が必要である。

また、材料の払い出しはすべて直接材料としての払い出しとあることから、材料払い出し時には仕掛品勘定へ振り替えることとなる。

(1)　**10月5日　材料の消費**

(仕　　掛　　品)	5,000,000*	(材　　　　料)	5,000,000

*　＠5,000円×1,000kg ＝ 5,000,000円

(2)　**10月10日　材料の購入**

(材　　　　料)	7,665,000	(買　掛　金　な　ど)	7,200,000*1
		(材　料　副　費)	465,000*2

*1　＠4,800円×1,500kg ＝ 7,200,000円
*2　＠310円×1,500kg ＝ 465,000円

(3)　**10月16日　材料の消費**

(仕　　掛　　品)	6,000,000*	(材　　　　料)	6,000,000

*　＠5,000円×1,200kg ＝ 6,000,000円

(4)　**10月23日　材料の購入**

(材　　　　料)	7,014,000	(買　掛　金　な　ど)	6,580,000*1
		(材　料　副　費)	434,000*2

*1　＠4,700円×1,400kg ＝ 6,580,000円
*2　＠310円×1,400kg ＝ 434,000円

これまでの処理をもとに、材料の月末帳簿棚卸高及び差額により実際消費額を算定するが、材料の評価方法が先入先出法を採用しているため、月末帳簿棚卸高を先に求め、差額により実際消費額を計算すると効率的である。

▶ここに注意◀

材料

	月初	当月消費	
6,240,000円	1,200kg	2,200kg*2	11,350,000円
	当月購入	月末（帳簿）	
14,679,000円*1	2,900kg	1,900kg*3	9,569,000円

＊1　当月材料取得原価：7,665,000円（10日）＋ 7,014,000円（23日）＝ 14,679,000円
＊2　当月消費量：1,000kg（5日）＋ 1,200kg（16日）＝ 2,200kg
＊3　月末帳簿棚卸数量：貸借差引

月末帳簿棚卸高：$\underset{\text{10月23日購入分}}{\underline{@5,010円^{*1} \times 1,400kg}} + \underset{\text{10月10日購入分}}{\underline{@5,110円^{*2} \times 500kg}} = 9,569,000円$

＊1　10月23日購入分単価：7,014,000円 ÷ 1,400kg ＝ @5,010円
＊2　10月10日購入分単価：7,665,000円 ÷ 1,500kg ＝ @5,110円
　　実際消費額：6,240,000円 ＋ 14,679,000円 － 9,569,000円 ＝ 11,350,000円

10月最後の受け入れ数量1,400kgよりも月末帳簿棚卸数量1,900kgの方が大きいため、残り500kgはその前の10月10日受け入れ分が残っていると考える。

⑸　棚卸減耗損の計上
　　月末帳簿棚卸数量1,900kgに対して実地棚卸数量が1,860kgであるため、40kg分の棚卸減耗損を計上する。なお、評価方法が先入先出法であるため、先に受け入れた材料、すなわち10月10日受け入れ分から減耗したと仮定して棚卸減耗損を計上する。
　　棚卸減耗損：@5,110円 ×（1,900kg － 1,860kg）＝ **204,400円**

（製　造　間　接　費）	204,400	（材　　　　　料）	204,400

棚卸減耗損は材料費ではなく間接経費に分類されるため、製造間接費勘定に振り替える。

⑹　材料消費価格差異の計算
　　材料消費価格差異：@5,000円 ×（1,000kg ＋ 1,200kg）－ 11,350,000円
　　　　　　　　　　＝ **△350,000円（不利差異）**

（材料消費価格差異）	350,000	（材　　　　　料）	350,000

以上の内容を材料勘定に転記すると解答となる。

材　料　　　　　　　　　　　（単位：円）

10/ 1 前　月　繰　越	6,240,000	10/ 5 仕　　掛　　品	5,000,000
/10 諸　　　　　口	7,665,000	/16 仕　　掛　　品	6,000,000
/23 諸　　　　　口	7,014,000	/31 製　造　間　接　費	204,400
		/31 材料消費価格差異	350,000
		/31 次　月　繰　越	9,364,600 *
	20,919,000		20,919,000

＊　材料次月繰越（実地帳簿棚卸高）：9,569,000円 － 204,400円（棚卸減耗損）＝ 9,364,600円

問題2　総合原価計算及び連産品・副産物

▶ここに注意◀

問1　副産物の仕訳

副産物が加工の上で自家消費されるものの場合、節約される物品の見積購入価額から加工費の見積額を控除した額を評価額とし、この金額を製造原価から控除する。

副産物の評価額：(@400円 − @20円) × 100kg = 38,000円

(副　産　物)	38,000	(仕　掛　品)	38,000

問2　等価係数の設定

問題文の指示に従い、正常市価基準により等価係数を設定する。なお、追加加工が必要な連産品Bは見積加工費を控除して計算する。

連産品A：@1,500円
連産品B：@2,100円 − @300円 = @1,800円
よって、連産品Bの等価係数は
$$\frac{@1,800円（連産品B）}{@1,500円（連産品A）} = 1.2$$
となる。

答案用紙の記入より、連産品Aの等価係数を1としたときの連産品Bの等価係数を計算する。

問3　月末仕掛品及び連産品A・Bの原価の計算

(1)　月末仕掛品原価及び連結原価の計算

問題文の指示に従って先入先出法により月末仕掛品原価及び完成品原価(連結原価)を計算する。

なお、正常仕損は工程の終点で生じているため完成品のみ負担となる。

また、「月末仕掛品の加工進捗度(0.5)＞副産物の発生点(0.4)」という関係から、完成品と月末仕掛品に製造原価を配分する前の当月投入原価から副産物の評価額を控除する。その際、本間の副産物は第1工程投入の材料として利用されることから、副産物の評価額は直接材料費から控除する。

第1工程生産データ

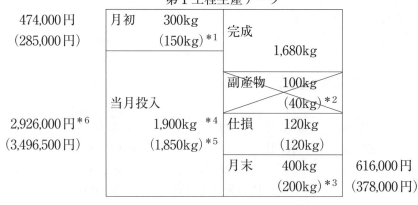

完成品のみ負担の場合、度外視法・非度外視法で計算結果が変わらないため、解説では計算が簡単な度外視法によっている。

＊1　300kg × 0.5 = 150kg　　＊2　100kg × 0.4 = 40kg
＊3　400kg × 0.5 = 200kg　　＊4　1,680kg + 120kg + 400kg − 300kg = 1,900kg
＊5　1,680kg + 120kg + 200kg − 150kg = 1,850kg
＊6　2,964,000円 − 38,000円(副産物) = 2,926,000円

① 月末仕掛品原価

直接材料費：$\dfrac{2{,}926{,}000\,円}{1{,}900\text{kg}} \times 400\text{kg} = 616{,}000\,円$

加　工　費：$\dfrac{3{,}496{,}500\,円}{1{,}850\text{kg}} \times 200\text{kg} = 378{,}000\,円$

合　　　計：$616{,}000\,円 + 378{,}000\,円 = \mathbf{994{,}000\,円}$

② 完成品原価（連結原価）

474,000円 + 285,000円 + 2,926,000円 + 3,496,500円 − 994,000円 − 27,600円＊

= 6,159,900円

＊　仕損品評価額：$(@\,300\,円 - @\,70\,円) \times 120\text{kg} = 27{,}600\,円$

(2) 連結原価の按分

連産品A：$\dfrac{6{,}159{,}900\,円}{880\text{kg} \times 1 + 800\text{kg} \times 1.2} \times 880\text{kg} \times 1 \fallingdotseq \mathbf{2{,}946{,}039\,円}$

連産品B：$\dfrac{6{,}159{,}900\,円}{880\text{kg} \times 1 + 800\text{kg} \times 1.2} \times 800\text{kg} \times 1.2 \fallingdotseq \mathbf{3{,}213{,}861\,円}$

問題3　理論問題（複合費）

　複合費とは、形態別に分類すると異なる分類となる複数の原価を、特定の目的あるいは機能のために消費されたという事実に基づいて1つの費目にまとめたものである。

　例えば、自社にある設備を使って、自社の修繕工が行った場合に係る費用を「修繕費」と計上すると、その中には、本来は労務費となる修繕工の賃金や、修繕に必要な設備の減価償却費や電力料といった経費のほか、物品を消費すれば材料費も含まれることとなる。

　このような「修繕費」が複合費の代表例として挙げられる。

(1) 複合費と補助部門費の類似点

　　補助部門費も、その中には間接材料費・間接労務費・間接経費といった形態別に異なる分類の原価が含まれることから、この点が複合費と補助部門費の類似点として挙げられる。

(2) 複合費と補助部門費の相違点

　　多くの複合費は間接経費として分類されることから、製造間接費に含めて製品に配賦される。

　　他方、補助部門費は直接製品に配賦されることはなく、部門別計算の手続きに従って製造部門に配賦されることから、この点が複合費と補助部門費の相違点として挙げられる。

第203回
管 理 会 計

問題1

問1

売上

第1年度	〔 9,600,000 〕円	第2年度	〔 8,400,000 〕円		
第3年度	〔 7,200,000 〕円	第4年度	〔 6,000,000 〕円	各①

利益

第1年度	〔 1,300,000 〕円	第2年度	〔 700,000 〕円		
第3年度	〔 100,000 〕円	第4年度	〔 500,000 〕円	各②

問2

第1年度期末	〔 3,410,000 〕円	第2年度期末	〔 2,990,000 〕円		
第3年度期末	〔 2,570,000 〕円	第4年度期末	〔 2,850,000 〕円	各②

問3

〔 10,292,730 〕円　　　⑤

問4

第1年度	〔 3,640,000 〕円	第2年度	〔 910,000 〕円		
第3年度	〔 180,000 〕円	第4年度	〔 1,450,000 〕円	各②

問5

第1年度期末	〔 4,048,000 〕円	第2年度期末	〔 4,137,000 〕円		
第3年度期末	〔 3,626,000 〕円	第4年度期末	〔 4,515,000 〕円	各②

問6

〔 12,120,914 〕円　　　⑤

問7

選択すべき案（いずれかを○で囲むこと）
　①旧機械を利用し続ける案
　②旧機械を売却し新機械を購入する案　　②

理由：旧機械を利用し続ける案よりも、旧機械を売却し新機械を購入する案の方が正味現在価値が

1,828,184円大きいため。

⑤

問8

選択すべき案(いずれかを○で囲むこと)
①旧機械を利用し続ける案
②旧機械を売却し新機械を購入する案　　　　②

理由：旧機械を売却し新機械を購入する案の正味現在価値が9,252,514円となり、旧機械を利用し

続ける案の正味現在価値の方が1,040,216円大きくなるため。　　　　⑥

問題2

問1

意味：内部収益率とは、複利計算を前提とした利益率のことであり、正味現在価値がゼロになる

割引率として計算されるものである。　　　　⑥

問2

内部収益率　〔　　　6.33　〕％

この投資案を行うべきである ・ この投資案を行うべきでない　（いずれかを○で囲むこと）
両方正解で⑧

問3

場合：複数の排他的投資案の正味現在価値の大小関係が逆転するときの割引率が会社の資本コスト

よりも大きい場合に、内部収益率法により正味現在価値の低い投資案を選択してしまう。　　　　⑩

問題3

1（　　源流　　）　2（　　許容　　）
3（　　成行　　）　4（　　控除　　）
5（　　積み上げ　　）　　　各③

予想採点基準		
⑩…10点×1 =	10点
⑧…8点×1 =	8点
⑥…6点×2 =	12点
⑤…5点×3 =	15点
③…3点×5 =	15点
②…2点×18 =	36点
①…1点×4 =	4点
	100点

203

《解　説》　　　　　　　　　　　　　　　　　　　　　　　　　　　▶ここに注意◀

問題1　設備投資の意思決定（正味現在価値法）

問1　旧機械を利用し続けた場合の各年度の売上・税引前利益

各年度の売上

第1年度：@6,000円×1,600個＝**9,600,000円**

第2年度：@6,000円×1,400個＝**8,400,000円**

第3年度：@6,000円×1,200個＝**7,200,000円**

第4年度：@6,000円×1,000個＝**6,000,000円**

各年度の（会計上の）費用

第1年度：（@2,000円＋@1,000円）×1,600個＋1,000,000円＋2,500,000円*
＝**8,300,000円**

第2年度：（@2,000円＋@1,000円）×1,400個＋1,000,000円＋2,500,000円*
＝**7,700,000円**

第3年度：（@2,000円＋@1,000円）×1,200個＋1,000,000円＋2,500,000円*
＝**7,100,000円**

第4年度：（@2,000円＋@1,000円）×1,000個＋1,000,000円＋2,500,000円*
＝**6,500,000円**

＊旧機械の減価償却費：20,000,000円÷8年＝2,500,000円

第4年度末の旧機械売却損益

第4年度期末の旧機械売却において生じる売却損益は第4年度の会計上の利益に算入する。

（減 価 償 却 累 計 額）	20,000,000	（機　　　　　　　　　械）	20,000,000
（現　　　　　　　　金）	1,000,000	（固 定 資 産 売 却 益）	1,000,000

税引前利益

第1年度：9,600,000円－8,300,000円＝**1,300,000円**

第2年度：8,400,000円－7,700,000円＝　**700,000円**

第3年度：7,200,000円－7,100,000円＝　**100,000円**

第4年度：6,000,000円－6,500,000円＋1,000,000円（固定資産売却益）＝**500,000円**

問2　旧機械を利用し続けた場合の税引後ネット・キャッシュ・フロー

問1にて税引前の会計上の利益を求めているため、

税引後ネット・キャッシュフロー

＝税引前の会計上の利益×（1－税率）＋減価償却費

の計算式を用いると効率的に計算できる。

第1年度：1,300,000円×（1－30％）＋2,500,000円＝**3,410,000円**

第2年度：　700,000円×（1－30％）＋2,500,000円＝**2,990,000円**

第3年度：　100,000円×（1－30％）＋2,500,000円＝**2,570,000円**

第4年度：　500,000円×（1－30％）＋2,500,000円＝**2,850,000円**

最終年度における固定資産の売却収入と売却益の金額が一致している場合は、最終年度も他の年度と同様に計算できる。

問3　旧機械を利用し続けた場合の正味現在価値

3,410,000円×0.943＋2,990,000円×0.890＋2,570,000円×0.840＋2,850,000円×0.792
＝**10,292,730円**

問4　旧機械を売却し新機械を購入した場合の各年度の税引前利益　　　　▶ここに注意◀

新機械に取り替えた場合の変動費・固定費

直接材料費：@2,000円×（1 − 20%）＝@1,600円

変動加工費：@1,000円×（1 − 25%）＝@　750円

年間固定加工費：1,000,000円×（1 − 30%）＝700,000円

各年度の（会計上の）費用

第1年度：（@1,600円＋@750円）×1,600個＋700,000円＋3,500,000円*
　　　　　＝7,960,000円

第2年度：（@1,600円＋@750円）×1,400個＋700,000円＋3,500,000円*
　　　　　＝7,490,000円

第3年度：（@1,600円＋@750円）×1,200個＋700,000円＋3,500,000円*
　　　　　＝7,020,000円

第4年度：（@1,600円＋@750円）×1,000個＋700,000円＋3,500,000円*
　　　　　＝6,550,000円

*　新機械の減価償却費：14,000,000円÷4年＝3,500,000円

第1年度期首の旧機械売却損益

新機械へと取り替えるため、第1年度期首に旧機械を売却した際の売却損益は第1年度の利益に算入する。

| （減 価 償 却 累 計 額） | 10,000,000* | （機　　　　　　　　械） | 20,000,000 |
| （現　　　　　　　金） | 12,000,000 | （固 定 資 産 売 却 益） | 2,000,000 |

*　2,500,000円×4年＝10,000,000円

第4年度末の新機械売却損益

第4年度期末の新機械売却において生じる売却損益は第4年度の会計上の利益に算入する。

| （減 価 償 却 累 計 額） | 14,000,000 | （機　　　　　　　　械） | 14,000,000 |
| （現　　　　　　　金） | 2,000,000 | （固 定 資 産 売 却 益） | 2,000,000 |

税引前利益

第1年度：9,600,000円 − 7,960,000円 + 2,000,000円（固定資産売却益）＝ **3,640,000円**

第2年度：8,400,000円 − 7,490,000円 ＝ **910,000円**

第3年度：7,200,000円 − 7,020,000円 ＝ **180,000円**

第4年度：6,000,000円 − 6,550,000円 + 2,000,000円（固定資産売却益）＝ **1,450,000円**

問5　旧機械を売却し新機械を購入した場合の税引後ネット・キャッシュ・フロー

第1年度における旧機械売却における現金収入は第1年度期首に生じるため、第1年度の期末におけるネット・キャッシュ・フローには算入しない。一方、固定資産売却益に伴う税金の影響は第1年度の期末に生じるものと計算するため、以下のように固定資産売却益に伴う税金の影響とそれ以外のキャッシュ・フローを分けて計算する必要がある。

第1年度：

① 固定資産売却益に伴う税金の影響

2,000,000円（売却益）× 30% ＝ 600,000円（キャッシュ・アウトフロー）

▶ここに注意◀

② 固定資産売却益以外の税引後ネット・キャッシュ・フロー

(9,600,000円 − 7,960,000円)×(1 − 30%)+ 3,500,000円 = 4,648,000円(キャッシュ・インフロー)

③ 税引後ネット・キャッシュ・フロー

①△600,000円 + ②4,648,000円 = **4,048,000円**

第2年度以降は、問2と同様の計算で税引後ネット・キャッシュ・フローを計算できる。

第2年度: 910,000円×(1 − 30%)+ 3,500,000円 = **4,137,000円**

第3年度: 180,000円×(1 − 30%)+ 3,500,000円 = **3,626,000円**

第4年度:1,450,000円×(1 − 30%)+ 3,500,000円 = **4,515,000円**

問6 旧機械を売却し新機械を購入した場合の正味現在価値

4,048,000円×0.943 + 4,137,000円×0.890 + 3,626,000円×0.840 + 4,515,000円×0.792 − (14,000,000円 − 12,000,000円)= **12,120,914円**

問7 旧機械を利用し続ける案と新機械に取り替える案の比較

正味現在価値法により投資案を評価する場合は、正味現在価値がより大きい方の投資案を選択すべきだと考える。

したがって、問3で求めた①旧機械を利用し続ける案の正味現在価値10,292,730円と、問6で求めた②旧機械を売却し新機械を購入する案の正味現在価値12,120,914円を比較して、正味現在価値がより大きい②旧機械を売却し新機械を購入する案を選択すべきである。

正味現在価値の差

12,120,914円 − 10,292,730円 = **1,828,184円**

問8 旧機械の売却価額が異なる場合の計算

(1) **第1年度における旧機械の売却に関するキャッシュ・フロー**

第1年度期首における旧機械の売却価額が8,000,000円になると、固定資産売却益ではなく固定資産売却損が生じる。

(減価償却累計額)	10,000,000	(機 械)	20,000,000
(現 金)	8,000,000		
(固定資産売却損)	2,000,000		

① 第1年度期首の固定資産売却収入の差

問4〜問6までの計算と比べ、第1年度期首の売却収入は4,000,000円減少する。

8,000,000円 − 12,000,000円 = △4,000,000円

② 固定資産売却損益に伴う税金の影響の差

旧機械を第1年度期首に8,000,000円で売却した場合、第1年度期末に生じる固定資産売却損益に伴う税金の影響は600,000円のキャッシュ・インフローとなる。

2,000,000円(売却損)×30% = 600,000円(キャッシュ・インフロー)

問4〜問6までの計算(旧機械を第1年度期首に12,000,000円で売却する場合)における固定資産売却損益に伴う税金の影響は600,000円のキャッシュ・アウトフローであるため、税金の影響に伴うキャッシュ・フローの差は1,200,000円の増加となる。

600,000円 − (△600,000円)= 1,200,000円

316

(2)　**正味現在価値の変化**

　　旧機械売却に伴うキャッシュ・フローが変わることにより、旧機械を売却し新機械を購入する場合の正味現在価値が減少する。

　　　正味現在価値の増減額

　　　　△4,000,000円 + 1,200,000円 × 0.943 = △2,868,400円（正味現在価値の減少）

　　　旧機械を売却し新機械を購入する場合の正味現在価値

　　　　12,120,914円 − 2,868,400円 = **9,252,514円**

▶ここに注意◀

固定資産売却損に伴う税金の影響は第1年度末に生じるため、1年分割り引く点に注意する。

(3)　**旧機械を利用し続ける案と新機械に取り替える案の比較**

　　上記(2)により、②旧機械を売却し新機械を購入する案の正味現在価値は9,252,514円となる。これと比較して①旧機械を利用し続ける案の正味現在価値は10,292,730円のままであるため、正味現在価値がより大きい①旧機械を利用し続ける案を選択すべきと判断される。

　　　正味現在価値の差

　　　　9,252,514円 − 10,292,730円 = △ **1,040,216円**

問題2　内部収益率法による設備投資の意思決定

問1　内部収益率の意義

　　内部収益率（内部利益率）とは、複利計算を前提とした投資案の利益率のことを指し、具体的には、正味現在価値がゼロになる割引率として計算されるもので、単一の投資案であれば資本コスト率を上回っていればその投資案を採用すべきと判断する。

　　また、複数の投資案を内部収益率法により比較する場合は、より大きな内部収益率となる投資案の方が優れていると判断する。

問2　内部収益率の計算

(1)　**正味現在価値の計算**

①　割引率5％の場合

　　10,000,000円 × 0.952 + 8,000,000円 × 0.907 + 7,000,000円 × 0.864 + 6,000,000円 × 0.823 − 27,000,000円 = 762,000円

②　割引率6％の場合

　　10,000,000円 × 0.943 + 8,000,000円 × 0.890 + 7,000,000円 × 0.840 + 6,000,000円 × 0.792 − 27,000,000円 = 182,000円

③　割引率7％の場合

　　10,000,000円 × 0.935 + 8,000,000円 × 0.873 + 7,000,000円 × 0.816 + 6,000,000円 × 0.763 − 27,000,000円 = △376,000円

以上より、正味現在価値が0になる内部収益率は6％と7％の間であることが分かる。

(2)　**内部収益率の計算**

$$6\% + (7\% - 6\%) \times \frac{182,000円}{182,000円 - (△376,000円)} ≒ \textbf{6.33\%}$$

　　当社の資本コスト6％よりも高い内部収益率であるため、この投資案を行うべきと判断できる。

問3　複数の排他的投資案からの選択における内部収益率の問題点

設備投資案から得られるキャッシュ・フローを正味現在価値に直す際、一般的に割引率が大きくなるにつれて正味現在価値は小さくなっていくが、それぞれの投資案のキャッシュ・フローのパターンによって、割引率が大きくなるとどのように正味現在価値が減少していくのかの度合いは異なる。

例えば、下図のように割引率と正味現在価値の関係を示すと、実線のグラフになる投資案Xと、破線のグラフになる投資案Yの2つを比較するケースで考える。割引率の変化に伴い、より大きく正味現在価値が変化するのが投資案Yの方で、ある割引率で正味現在価値の大小が逆転していることが分かる。

このようなケースで、もしも資本コストが下図の「資本コスト」とある点、すなわち投資案の正味現在価値が逆転する点よりも小さい場合、正味現在価値法によれば正味現在価値が大きい投資案Y（破線）を採用すべきと判断されるのに対し、内部収益率で比較した場合には、正味現在価値が0になる割引率が大きい投資案X（実線）の方が有利と判断されてしまうことになる。

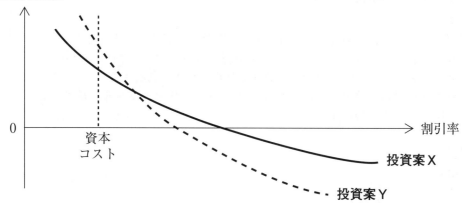

このようなケースとなる場合に、内部収益率により複数の排他的投資案から選択をすると、より大きな利益をもたらす正味現在価値の大きい投資案が選択されないという問題が生じてしまう。

問題3　空欄補充（原価企画）

本文中の空欄を埋めると、次のような文章が完成する。

原価企画とは，製品の量産体制以前の（1　**源流**）段階，すなわち，企画段階，開発段階，設計段階で原価を作り込む総合的利益管理活動をいう。ここでは，達成すべき目標原価が設定される。目標原価の設定方法としては，①予定売価から目標利益を控除して求められる（2　**許容**）原価を目標原価とする方法、②現行製品を基準に設定した（3　**成行**）原価を目標原価とする方法，③（2　**許容**）原価と（3　**成行**）原価をすり合わせて目標原価を設定する方法がある。①は（4　**控除**）法，②は（5　**積み上げ**）法，③は折衷法とよばれている。

第205回
原　価　計　算

問題1

問1

第1工程　正常仕損費　　〔　　　33,000　〕円　　⑧

問2

第1工程　完成品原価　　〔　1,185,250　〕円　　⑧　　　月末仕掛品原価　　〔　　182,750　〕円　　⑧

問3

第2工程　正常仕損費　　〔　　　52,500　〕円　　⑧

問4

第2工程　完成品原価　　〔　1,897,000　〕円　　⑥　　　月末仕掛品原価　　〔　　　84,750　〕円　　⑥

　　　　　異常仕損費　　〔　　　29,375　〕円　　⑥

問5

異常仕損費は、通常の程度を超えて発生したものであり、原価性は認められないので、期間損益計算上、

営業外費用または特別損失として処理される。　　　　　　　　　　　　　　　　　　　　　　⑩

問題2

問1

損益計算書(直接原価計算方式)

(単位:円)

売上高	[　　3,480,000　]	④
変動売上原価	[　　1,713,400　]	④
変動製造マージン	[　　1,766,600　]	
変動販売費	[　　　725,000　]	④
貢献利益	[　　1,041,600　]	④
固定製造間接費	[　　　342,000　]	②
固定販売費	[　　　165,000　]	②
一般管理費	[　　　248,000　]	②
営業利益	[　　　286,600　]	④

問2

借　　　　方	金　　額	貸　　　　方	金　　額	
繰延固定製造間接費	22,800	繰延固定製造間接費	38,400	④
固　定　費　調　整	15,600			

問3

借　　　　方	金　　額	貸　　　　方	金　　額	
損　　　　　　　益	15,600	固　定　費　調　整	15,600	④

問4

全部原価計算方式の営業利益 〔　　271,000　〕円　　　⑥

予想採点基準

⑩…10点×1 =	10点
⑧… 8点×4 =	32点
⑥… 6点×4 =	24点
④… 4点×7 =	28点
②… 2点×3 =	6点
	100点

《解　説》　　　　　　　　　　　　　　　　　　　　　▶ここに注意◀
問題1　工程別総合原価計算
問1・問2　第1工程の計算
　1．正常仕損費の計算（問1）
　　　第1工程での正常仕損品は工程を通じて平均的に発生しているため、加工進捗度を
　　0.5として計算する。
　（1）　生産データの整理

原材料費A

	月初	完成
61,000円	200個	2,750個
	当月投入	
944,000円	3,150個	正常仕損
		100個
		月末
		500個
1,005,000円	3,350個	

加工費

	月初	完成
19,520円	160個*1	2,750個
	当月投入	
346,480円	2,890個	正常仕損
		50個*2
		月末
		250個*3
366,000円	3,050個	

　　＊1　　200個 × 0.8 ＝ 160個
　　＊2　　100個 × 0.5 ＝　50個
　　＊3　　500個 × 0.5 ＝ 250個

　（2）　按分単価の計算
　　　原材料費A：1,005,000円 ÷ 3,350個 ＝ @300円
　　　加　工　費：　366,000円 ÷ 3,050個 ＝ @120円

　（3）　正常仕損費の計算
　　　第1工程で発生した正常仕損品は@30円で売却できるため、正常仕損費の計算上、
　　評価額を控除する。
　　　正常仕損費：@300円 × 100個 ＋ @120円 × 50個 － @30円 × 100個 ＝ **33,000円**
　　　　　　　　　　原材料費A　　　　　加工費　　　　　仕損品評価額

仕損品評価額の控除を忘
れずに。

　2．正常仕損費の配賦及び完成品原価・月末仕掛品原価の計算（問2）
　（1）　正常仕損費の配賦
　　　正常仕損費が工程を通じて平均的に発生している場合、完成品換算量を用いて完
　　成品と月末仕掛品の両者に負担させる。

　　　月末仕掛品への配賦額：$33,000円 × \dfrac{250個}{2,750個 + 250個} = 2,750円$

　　　完成品への配賦額：$33,000円 × \dfrac{2,750個}{2,750個 + 250個} = 30,250円$

平均的発生の場合、「正常
仕損費の計算」において
進捗度を0.5とみなして計
算するが、負担関係は必
ず両者負担。

▶ここに注意◀

(2) 完成品原価の計算

原材料費A：＠300円 × 2,750個 ＝ 825,000円
加 工 費：＠120円 × 2,750個 ＝ 330,000円
正常仕損費 30,250円
1,185,250円

(3) 月末仕掛品原価の計算

原材料費A：＠300円 × 500個 ＝ 150,000円
加 工 費：＠120円 × 250個 ＝ 30,000円
正常仕損費 2,750円
182,750円

問3・問4　第2工程の計算

1．正常仕損費の計算（問3）

第2工程で追加投入される原材料費B（塗料）は、加工の進行に応じて投入されることから、加工費と同じ完成品換算量で計算する。

したがって、計算上は原材料費Bと加工費をまとめると効率的に計算できる。

(1) 生産データの整理

	前工程費			原材料費B＋加工費	
	月初	完成		月初	完成
163,250円	350個	2,800個	47,980円*1	210個*3	2,800個
	当月投入	正常仕損		当月投入	正常仕損
		100個			40個*4
1,185,250円	2,750個	異常仕損	614,645円*2	2,735個	異常仕損
		50個			30個*5
		月末			月末
		150個			75個*6
1,348,500円	3,100個		662,625円	2,945個	

＊1　19,000円 ＋ 28,980円 ＝ 47,980円　　＊2　246,050円 ＋ 368,595円 ＝ 614,645円
＊3　350個 × 0.6 ＝ 210個　　＊4　100個 × 0.4 ＝ 40個
＊5　50個 × 0.6 ＝ 30個　　＊6　150個 × 0.5 ＝ 75個

(2) 按分単価の計算

前工程費：1,348,500円 ÷ 3,100個 ＝ ＠435円
原材料費B＋加工費：662,625円 ÷ 2,945個 ＝ ＠225円

(3) 正常仕損費の計算

第2工程で発生した正常仕損品には売却価値がないため、正常仕損品の原価がそのまま正常仕損費となる。

正常仕損費：＠435円 × 100個 ＋ ＠225円 × 40個 ＝ **52,500円**
前工程費　　　　　原材料費B＋加工費

２．正常仕損費の配賦及び完成品原価・月末仕掛品原価・異常仕損費の計算（問４）

▶ここに注意◀

(1) 正常仕損費の配賦

　　第２工程の仕損は定点発生であり、正常仕損の発生点(0.4)＜月末仕掛品の加工進捗度(0.5)であるため、月末仕掛品にも正常仕損費を負担させる。

　　加えて、本問では＜資料＞１．の最後に「第２工程の正常仕損費は、仕損発生点との関係で必要があれば異常仕損にも負担させる。」とあり、正常仕損の発生点(0.4)＜異常仕損の発生点(0.6)であることから、異常仕損にも正常仕損費を負担させることとなる。

　　なお、第２工程のように定点発生の正常仕損費は、数量を用いて配賦する。

異常仕損費には正常仕損費を負担させないという考え方もあるが、本問は「必要があれば異常仕損にも負担させる」とあることから、異常仕損にも正常仕損費を負担させる。

異常仕損品への配賦額：$52,500 円 \times \dfrac{50 個}{2,800 個 + 50 個 + 150 個} = 875 円$

月末仕掛品への配賦額：$52,500 円 \times \dfrac{150 個}{2,800 個 + 50 個 + 150 個} = 2,625 円$

完成品への配賦額：$52,500 円 \times \dfrac{2,800 個}{2,800 個 + 50 個 + 150 個} = 49,000 円$

(2) 完成品原価の計算

前工程費：	＠435円×2,800個 ＝	1,218,000 円
原材料費Ｂ＋加工費：＠225円×2,800個 ＝		630,000 円
正常仕損費		49,000 円
		__1,897,000 円__

(3) 月末仕掛品原価の計算

前工程費	＠435円×150個 ＝	65,250 円
原材料費Ｂ＋加工費：＠225円× 75個 ＝		16,875 円
正常仕損費		2,625 円
		__84,750 円__

(4) 異常仕損費の計算

前工程費	＠435円×50個 ＝	21,750 円
原材料費Ｂ＋加工費：＠225円×30個 ＝		6,750 円
正常仕損費		875 円
		__29,375 円__

問５　異常仕損費の会計処理

　　解答参照

205

問題2　直接原価計算と固定費調整

▶ここに注意◀

問1　直接原価計算方式による損益計算書の作成

1．当期販売量に係る変動製造原価の計算

　本問では期首・期末に製品在庫があり、また、期首製品に含まれる単位当たり変動製造原価(600円／個)と当期に発生した単位当たり変動製造原価(590円／個*)が異なることから、問題文の指示にあるとおり、先入先出法により当期販売量に係る変動製造原価(変動売上原価)を計算する必要がある。

＊　当期の単位当たり変動製造原価：200円／個＋240円／個＋150円／個＝590円／個

製品(変動製造原価)

	期首	当期販売	
144,000円*1	240個	2,900個	1,713,400円
	当期完成		
1,681,500円*2	2,850個		
		期末	
		190個	112,100円

＊1　600円／個×240個＝144,000円

＊2　590円／個×2,850個＝1,681,500円

期首・期末に在庫があるときは、当期発生原価と売上原価が異なるので注意。

期末製品に係る変動製造原価：$1,681,500円 \times \dfrac{190個}{2,850個} = 112,100円$

当期販売量に係る変動製造原価(変動売上原価)：
144,000円＋1,681,500円－112,100円＝**1,713,400円**

2．直接原価計算の各項目の計算(変動売上原価以外)

売　上　高：1,200円／個×2,900個＝3,480,000円

変動販売費：　250円／個×2,900個＝　725,000円

問2・問3　固定費調整の仕訳

1．期首棚卸資産に含まれる固定製造間接費の計算

　期首棚卸資産に含まれる固定製造間接費は、＜資料＞3．を用いて計算する。

160円／個×240個＝38,400円

2．期末棚卸資産に含まれる固定製造間接費の計算

　本問ではころがし調整法による固定費調整が行われているため、仕掛品・製品の生産データに基づいて順に固定製造間接費を計算するが、期首・期末仕掛品が存在しないため、製品のボックス図だけを考慮することになる。

製品（固定製造間接費）

期首 240個	当期販売 2,900個
当期完成 2,850個	
	期末 190個　22,800円

342,000円

期末製品に含まれる固定製造間接費：$342,000\text{円} \times \dfrac{190\text{個}}{2,850\text{個}} = 22,800\text{円}$

3．固定費調整の仕訳・勘定記入

（1）　固定費調整の勘定記入の概要

　　固定費調整において期末棚卸資産に含まれる固定製造原価は当期の利益を増やす要因となるため、固定費調整勘定を損益勘定へと記入する場合、他に利益を増やす収益の勘定科目と同様の存在と考えられる。

　　また、直接原価計算では期末棚卸資産に固定製造原価が含まれないため、帳簿上の期末棚卸資産を直接原価計算ベースの金額で計上すると、全部原価計算に比べて資産が過少になっている。

　　そこで、期末棚卸資産に含まれる固定製造原価とそれに関する固定費調整を帳簿に記録する場合、過少になっている資産（借方）側に繰延固定製造間接費勘定を計上し、相手勘定として収益に相当する固定費調整勘定を記録する以下のような処理を行うことがある。

　①　期末棚卸資産に含まれる固定製造原価の繰延べ

（繰延固定製造間接費）	×××	（固　定　費　調　整）	×××

　②　固定費調整勘定を損益勘定へ振替え

（固　定　費　調　整）	×××	（損　　　　　　益）	×××

（2）　本問の仕訳

　　借方で前期から繰り越された期首棚卸資産に含まれる繰延固定製造間接費勘定の残高は、当期末の決算では貸方に記入して残高をゼロにする。

　　その上で、新たに当期末に計上される繰延固定製造間接費勘定との差額が、当期の固定費調整で損益に加減される金額となる。

　①　期首・期末棚卸資産に含まれる固定製造間接費の差額の計上

（繰延固定製造間接費）	22,800[*1]	（繰延固定製造間接費）	38,400[*2]
（固　定　費　調　整）	15,600		

＊1　期末棚卸資産に含まれる固定製造間接費
＊2　期首棚卸資産に含まれる固定製造間接費

② 固定費調整勘定を損益勘定へ振替え

本問では、期末棚卸資産に含まれる固定製造間接費よりも期首棚卸資産に含まれる固定製造間接費の方が大きいため、直接原価計算の営業利益から全部原価計算の営業利益へと調整する際に、減額調整されることとなる。

そこで、勘定記入としては固定費調整は費用と同じ利益を減らす存在として記入されることになる。

| (損 益) | 15,600 | (固 定 費 調 整) | 15,600 |

問4　全部原価計算方式の営業利益の計算

問1で求めた直接原価計算方式による営業利益に問3の仕訳を考慮することで、全部原価計算方式による営業利益が計算できる。

286,600円 − 15,600円 = **271,000円**

なお、固定費調整の公式を用いて計算することも可能である。

286,600円 + 22,800円 − 38,400円 = **271,000円**

第205回
管　理　会　計

問題1

問1

A製品〔　40　〕%　　B製品〔　32.35　〕%　　C製品〔　27.06　〕%

全　社〔　32.94　〕%　　　　　　　　　　　　　　　　　各②

問2

〔　　　　　　　　　〕内には数値を入れること

全社的売上総利益率＝A製品売上総利益率 ×〔　35.55　〕%

　　　　　　　　　　＋B製品売上総利益率 ×〔　24.17　〕%

　　　　　　　　　　＋C製品売上総利益率 ×〔　40.28　〕%　　各②

問3

不利差異の場合には△を付すこと

全社的売上総利益差異〔　△17,360　〕円　　⑥

問4

〔　　　　　　　　　〕内には差異の金額を記入し、不利差異の場合には△を付すこと

① 単位当たり売上総利益差異〔　△14,400　〕円　　⑥

② 販売ミックス差異〔　△180　〕円　　⑥

③ 販売数量差異〔　△2,780　〕円　　⑥

---

②の計算過程

$600 + 300 + 400 = 1,300$　　　$610 + 267 + 410 = 1,287$

$$\frac{300,000 - 180,000}{600} \times (610 - 1,287 \times \frac{600}{1,300}) = 3,200$$

$$\frac{204,000 - 138,000}{300} \times (267 - 1,287 \times \frac{300}{1,300}) = \triangle 6,600$$

$$\frac{340,000 - 248,000}{400} \times (410 - 1,287 \times \frac{400}{1,300}) = 3,220$$

$3,200 + \triangle 6,600 + 3,220 = \triangle 180$

---

④

問5

C製品

① 販売価格差異〔　△12,300　〕円　　④

② 単位当たり原価差異〔　△8,200　〕円　　④

問題2

問1

〔　22,800,000　〕円　　④

問2

単位：円

	X事業部	Y事業部	全　社
売　上　高	〔② 22,800,000 〕	〔② 36,000,000 〕	〔 48,000,000 〕
売　上　原　価	〔② 18,000,000 〕	〔② 25,200,000 〕	〔 32,400,000 〕
売　上　総　利　益	〔 4,800,000 〕	〔 10,800,000 〕	〔 15,600,000 〕
販売費及び一般管理費	〔② 3,990,000 〕	〔② 5,980,000 〕	〔 9,970,000 〕
営　業　利　益	〔 810,000 〕	〔 4,820,000 〕	〔② 5,630,000 〕

問3　マイナスの場合には△を付すこと。

単位：円

	X事業部	Y事業部	全　社
売　上　高	〔② 15,600,000 〕	〔 36,000,000 〕	〔 48,000,000 〕
変　動　売　上　原　価	〔 6,000,000 〕	〔② 7,200,000 〕	〔 9,600,000 〕
変　動　製造マージン	〔 9,600,000 〕	〔 28,800,000 〕	〔 38,400,000 〕
変　動　販　売　費	〔② 400,000 〕	〔 780,000 〕	〔 1,180,000 〕
貢　献　利　益	〔 9,200,000 〕	〔 28,020,000 〕	〔② 37,220,000 〕
固　定　製　造　費	〔 12,000,000 〕	〔 10,800,000 〕	〔 22,800,000 〕
固　定　販　売　費	〔 1,200,000 〕	〔 1,800,000 〕	〔 3,000,000 〕
一　般　管　理　費	〔 1,250,000 〕	〔 1,600,000 〕	〔 2,850,000 〕
セグメント・マージン	〔② △5,250,000 〕	〔② 13,820,000 〕	〔 8,570,000 〕
本　社　費			〔② 2,940,000 〕
営　業　利　益			〔 5,630,000 〕

問4

Ｙ事業部を廃止すると、Ｙ事業部の貢献利益 28,020,000 円が得られなくなり、全社の営業利益が

マイナスになるため、廃止すべきでない。　　　　　　　　　　　　　　　　　　　　　　　　⑧

問題3

埋	没	原	価	と	は	、	代	替	案	の	選	択	に	よ	っ	て	そ	の	発
生	額	が	影	響	さ	れ	な	い	原	価	の	こ	と	で	あ	る	。			

⑩

予想採点基準
⑩…10点×1 = 　10点
⑧…8点×1 = 　　8点
⑥…6点×4 = 　24点
④…4点×4 = 　16点
②…2点×21 = 　42点
100点

《解　説》　　　　　　　　　　　　　　　　　　　　▶ここに注意◀
問題1　予算実績差異分析
　問1　製品別売上総利益率・全社的売上総利益率の計算
　　　1．A製品
　　　　売上総利益：300,000円 − 180,000円 = 120,000円

　　　　売上総利益率：$\dfrac{120,000円}{300,000円} \times 100 =$ **40%**

　　　2．B製品
　　　　売上総利益：204,000円 − 138,000円 = 66,000円

　　　　売上総利益率：$\dfrac{66,000円}{204,000円} \times 100 = 32.352\cdots \to$ **32.35%**

　　　3．C製品
　　　　売上総利益：340,000円 − 248,000円 = 92,000円

　　　　売上総利益率：$\dfrac{92,000円}{340,000円} \times 100 = 27.058\cdots \to$ **27.06%**

　　　4．全社

　　　　売上総利益率：$\dfrac{120,000円 + 66,000円 + 92,000円}{300,000円 + 204,000円 + 340,000円} \times 100 = 32.938\cdots \to$ **32.94%**

　問2　製品別売上総利益率と全社的売上総利益率の関係
　　　全社的売上総利益率は、製品別売上総利益率を売上高の割合で加重平均したものと一致する。
　　　したがって、解答に入る数値は売上高合計に対する各製品の（予算における）売上高の割合となる。

　　　A製品の売上高構成割合：$\dfrac{300,000円}{300,000円 + 204,000円 + 340,000円} \times 100 = 35.545\cdots$
　　　　　　　　　　　　　　　　　　　　　　　　　　　　　　　→ **35.55%**

　　　B製品の売上高構成割合：$\dfrac{204,000円}{300,000円 + 204,000円 + 340,000円} \times 100 = 24.170\cdots$
　　　　　　　　　　　　　　　　　　　　　　　　　　　　　　　→ **24.17%**

　　　C製品の売上高構成割合：$\dfrac{340,000円}{300,000円 + 204,000円 + 340,000円} \times 100 = 40.284\cdots$
　　　　　　　　　　　　　　　　　　　　　　　　　　　　　　　→ **40.28%**

　　　※問1の答えと組み合わせて検算してみるとよい。
　　　$\underset{製品A}{\underline{40\% \times 35.55\%}} + \underset{製品B}{\underline{32.35\% \times 24.17\%}} + \underset{製品C}{\underline{27.06\% \times 40.28\%}} \fallingdotseq 32.94\%$

会社全体の利益率が製品別の利益率を売上高の比で加重平均したものと一致することは、製品ごとの売上高の割合が一定の場合のCVP分析で用いる考え方と同じ。

原計・管理

205

問3　全社的売上総利益差異　　　　　　　　　　　　　　▶ここに注意◀

1．全社的予算売上総利益

全社的な予算売上総利益は、問1で求めた製品別の売上総利益を合計すれば良い。

120,000円 + 66,000円 + 92,000円 = 278,000円

2．全社的実績売上総利益

(1)　製品別実績売上総利益

A製品：317,200円 − 189,100円 = 128,100円
B製品：173,550円 − 114,810円 =　58,740円
C製品：336,200円 − 262,400円 =　73,800円

(2)　全社的実績売上総利益

128,100円 + 58,740円 + 73,800円 = 260,640円

3．全社的売上総利益差異

$\underset{\text{実績}}{260,640円} - \underset{\text{予算}}{278,000円} = \triangle 17,360円(不利差異)$

問4　全社的売上総利益差異の分解

1．A製品

予算総利益 @200円*1	単位当たり売上総利益差異 + 6,100円	販売ミックス差異 + 3,200円	販売数量差異 △1,200円
実績総利益 @210円*2			
	実績販売数量 610個	594個*3	予算販売数量 600個

＊1　予算単位当たり総利益：120,000円 ÷ 600個 = @200円
＊2　実績単位当たり総利益：128,100円 ÷ 610個 = @210円
＊3　予算販売ミックスに基づく実績販売数量：1,287個(総販売数量) × $\dfrac{600個}{600個 + 300個 + 400個}$ = 594個

単位当たり売上総利益差異：(@210円 − @200円) × 610個 = + 6,100円(有利差異)
販売ミックス差異：@200円 × (610個 − 594個) = + 3,200円(有利差異)
販　売　数　量　差　異：@200円 × (594個 − 600個) = △1,200円(不利差異)

2．B製品

予算総利益 @220円*1	単位当たり売上総利益差異 0円	販売ミックス差異 △6,600円	販売数量差異 △660円
実績総利益 @220円*2			
	実績販売数量 267個	297個*3	予算販売数量 300個

* 1　予算単位当たり総利益：66,000円÷300個＝@220円

* 2　実績単位当たり総利益：58,740円÷267個＝@220円

* 3　予算販売ミックスに基づく実績販売数量：$1,287個（総販売数量）× \dfrac{300個}{600個+300個+400個} = 297個$

> 単位当たり売上総利益差異：$(@220円 - @220円) × 267個 = 0円$
> 販売ミックス差異：$@220円 ×(267個 - 297個) = △6,600円（不利差異）$
> 販売数量差異：$@220円 ×(297個 - 300個) = △660円（不利差異）$

3．C製品

予算総利益
@230円*1

実績総利益
@180円*2

単位当たり売上総利益差異 △20,500円	販売ミックス差異 +3,220円	販売数量差異 △920円

実績販売数量　　　　　396個*3　　　予算販売数量
410個　　　　　　　　　　　　　　　400個

* 1　予算単位当たり総利益：92,000円÷400個＝@230円

* 2　実績単位当たり総利益：73,800円÷410個＝@180円

* 3　予算販売ミックスに基づく実績販売数量：$1,287個（総販売数量）× \dfrac{400個}{600個+300個+400個} = 396個$

> 単位当たり売上総利益差異：$(@180円 - @230円) × 410個 = △20,500円（不利差異）$
> 販売ミックス差異：$@230円 ×(410個 - 396個) = +3,220円（有利差異）$
> 販売数量差異：$@230円 ×(396個 - 400個) = △920円（不利差異）$

4．差異の集計

> 単位当たり売上総利益差異：$+6,100円 + 0円 + △20,500円 = △14,400円（不利差異）$
> 販売ミックス差異：$+3,200円 + △6,600円 + 3,220円 = △180円（不利差異）$
> 販売数量差異：$△1,200円 + △660円 + △920円 = △2,780円（不利差異）$

問5　単位当たり売上総利益差異の分解（製品Cのみ）

1．販売価格差異

予算販売価格：340,000円÷400個＝@850円

実績販売価格：336,200円÷410個＝@820円

販売価格差異：$(@820円 - @850円) × 410個 = △12,300円（不利差異）$

2．単位当たり原価差異

予算単位当たり原価：248,000円÷400個＝@620円

実績単位当たり原価：262,400円÷410個＝@640円

単位当たり原価差異：$(@620円 - @640円) × 410個 = △8,200円（不利差異）$

問題2　事業部制

問1　X事業部の売上高

　　X製品のY事業部への振替価格は問題文の指示にあるとおり単位当たり製造原価（18,000円／個）とする。

　　一方、外部への販売価格は＜資料＞1．の販売価格として示されている 30,000円／個とする。

$$\underset{\text{Y事業部への振替分}}{\underline{18,000円／個×600個}} + \underset{\text{外部販売分}}{\underline{30,000円／個×400個}} = \textbf{22,800,000円}$$

問2　全部原価計算方式による事業部別損益計算書

　　問題文の指示に従って各事業部の売上高・売上原価・販売費及び一般管理費を計算する。なお、X事業部からY事業部へと振り替えられる 10,800,000円（＝18,000円／個×600個）は全社の売上高・売上原価から控除する。

1．売上高

X事業部：		22,800,000円（問1より）
Y事業部：60,000円／個×600個 ＝		36,000,000円
内部振替：		△10,800,000円
全　　社：		48,000,000円

2．売上原価

X事業部：18,000円／個×1,000個 ＝		18,000,000円
Y事業部：42,000円／個× 600個 ＝		25,200,000円
内部振替：		△10,800,000円
全　　社：		32,400,000円

3．販売費及び一般管理費

　　本社費は＜資料＞2．の指示にあるとおり、各事業部売上高の割合で配賦する。

　　X事業部：1,000円／個×400個＋1,200,000円＋1,250,000円＋1,140,000円[*1]

$$= \textbf{3,990,000円}$$

　　Y事業部：1,300円／個×600個＋1,800,000円＋1,600,000円＋1,800,000円[*2]

$$= \textbf{5,980,000円}$$

　　＊1　X事業部へ配賦される本社費：$2,940,000円 × \dfrac{22,800,000円}{58,800,000円} = 1,140,000円$

　　＊2　Y事業部へ配賦される本社費：$2,940,000円 × \dfrac{36,000,000円}{58,800,000円} = 1,800,000円$

X事業部において発生する変動販売費は外部販売分のみである点に注意。

問3　直接原価計算方式による事業部別損益計算書

▶ここに注意◀

1．振替価格の見直し

問2までの計算で採用されていた全部原価基準による振替価格では、事業部の業績評価や意思決定が正しく行えないという欠点がある。

そこで、振替価格を見直す必要があるが、問題文の指示や条件だけでははっきりとした判断が難しい。

X事業部が製品Xを従来以上に外部へ販売できるのであれば「市価差引基準」が望ましいが、現状の400個を超えて外部に製品Xを販売できる需要がなければ、「変動費基準（差額原価基準）」もしくは「変動費加算基準（差額原価加算基準）」による方が望ましいともいえる。

本書では、製品Xの需要が不透明であることと、問4で事業部の廃止に関して問われている点を考慮して、変動費基準で解答しているが、市価差引基準を前提とした解答も考えられる。

新しい振替価格：6,000円／個（X事業部における変動製造原価）

2．直接原価計算方式による損益計算書

内部振替価格が変わっている点に注意して、計算を行う。

(1) 売上高

X事業部：6,000円／個×600個＋30,000円／個×400個	＝	15,600,000円
Y事業部：60,000円／個×600個	＝	36,000,000円
内部振替：		△　3,600,000円 *1
全　社：		48,000,000円

(2) 変動売上原価

X事業部：6,000円／個×1,000個	＝	6,000,000円
Y事業部：（6,000円／個*2＋6,000円／個*3）×600個	＝	7,200,000円
内部振替：		△　3,600,000円 *1
全　社：		9,600,000円

＊1　内部振替：6,000円／個×600個＝3,600,000円
＊2　内部振替価格
＊3　Y事業部における追加変動製造原価：
　　　24,000円／個（＜資料＞1．より）－18,000円／個（全部原価基準における振替価格）＝6,000円／個

(3) 変動販売費

X事業部：1,000円／個×400個	＝	400,000円
Y事業部：1,300円／個×600個	＝	780,000円
全　社：		1,180,000円

問4　Y事業部の閉鎖（廃止）の可否

本問の状況では、X事業部で製造された製品Xの一部をY事業部で追加加工することにより製品Yとして製造販売をしているため、Y事業部の廃止の可否は、製品Xの追加加工の可否とほぼ同義と捉えることができる。

また、問題文にあるとおり固定費はすべて回避不能費であるため、Y事業部を廃止したとしても、本社費に加え、Y事業部で個別に発生している固定費はすべて事業部

の廃止に関する意思決定において埋没原価となる。

　これらを踏まえて、前述のとおりもしも製品Ｘの需要がこれ以上見込めないと考える場合、Ｙ事業部を廃止すると、Ｙ事業部における製品Ｙの売上高及びＹ事業部の変動製造原価（Ｘ事業部において生じた変動製造原価を含む）と変動販売費が発生しなくなるため、問３で求めたＹ事業部の貢献利益を失うことになる。

　したがって、Ｙ事業部は廃止すべきでないという結論となる。

《参考》市価差引基準により計算した場合

　Ｙ事業へ製品Ｘを振り替えなくても外部に販売できるだけの十分な需要が製品Ｘにあると仮定すると、問３の解説で述べた通り、市価差引基準による計算も適当である。

　その場合、内部振替価格は29,000円／個（＝30,000円／個－変動販売費1,000円／個）となるため、事業部別の直接原価計算方式による損益計算書は以下のとおりとなる。

単位：円

	X事業部	Y事業部	全　　社
売　　　上　　　高	29,400,000 *1	36,000,000	48,000,000
変　動　売　上　原　価	6,000,000	21,000,000 *2	9,600,000
変　動　製　造　マ　ー　ジ　ン	23,400,000	15,000,000	38,400,000
変　動　販　売　費	400,000	780,000	1,180,000
貢　　献　　利　　益	23,000,000	14,220,000	37,220,000
固　定　製　造　費	12,000,000	10,800,000	22,800,000
固　定　販　売　費	1,200,000	1,800,000	3,000,000
一　般　管　理　費	1,250,000	1,600,000	2,850,000
セグメント・マージン	8,550,000	20,000	8,570,000
本　　　社　　　費			2,940,000
営　　業　　利　　益			5,630,000

＊1　X事業部売上高：29,000円／個×600個＋30,000円／個×400個＝29,400,000円
　　　　　　　　　　　　　　 内部振替　　　　　　 外部売上

＊2　Y事業部変動売上原価：（29,000円／個＋6,000円／個）×600個＝21,000,000円
　　　　　　　　　　　　　　 内部振替　　その他変動製造原価

　この前提でＹ事業部の廃止を検討する場合、Ｙ事業部の貢献利益はＸ事業部がＸ製品のまま600個を外部に販売する場合の貢献利益と、Ｙ事業に振り替えて製品Ｙとして販売する貢献利益との差額利益を意味するため、Ｙ事業部を廃止するとＹ事業部の貢献利益14,220,000円が失われるものと考え、廃止すべきでないという結論となる。

問題3　理論問題（埋没原価）
　　解答参照

第207回
原　価　計　算

問題1
問1

仕掛品勘定への振替仕訳

借方科目	金　額	貸方科目	金　額	
仕　掛　品	13,000,000	材　　　　料	13,000,000	⑤

製造間接費勘定への振替仕訳

借方科目	金　額	貸方科目	金　額	
製　造　間　接　費	8,601,000	材　　　　料	8,601,000	⑤

問2

材料消費価格差異　　　〔　　　　　△95,000　〕円　④

問3

仕掛品勘定への振替仕訳

借方科目	金　額	貸方科目	金　額	
仕　掛　品	12,240,000	賃　金　給　料	12,240,000	⑤

製造間接費勘定への振替仕訳

借方科目	金　額	貸方科目	金　額	
製　造　間　接　費	4,188,800	賃　金　給　料	4,188,800	⑤

問4

賃率差異　　　　　　〔　　　　　△34,000　〕円　④

問5

製造間接費の実際発生額　〔　　48,370,000　〕円　③

問6

製造間接費配賦差異　〔　　　　42,000　〕円　④
予算差異　　　　　　〔　　　534,000　〕円　③
操業度差異　　　　　〔　　△492,000　〕円　③

問7

正常仕損費	〔　　18,252,000　〕円	⑥
完成品原価	〔　　77,200,000　〕円	⑥

問題2

問1　（　　　　　　度外視法　　　　　　　）⑤

問2

仕掛品

前 月 繰 越	〔 ② 9,275,000 〕	製　　　　　品	〔 ⑥ 49,638,000 〕
原 材 料 費	〔 19,250,000 〕	次 月 繰 越	〔 ⑥ 10,039,000 〕
加 工 費	〔 31,152,000 〕		

問3

仕掛品

前 月 繰 越	〔 9,275,000 〕	製　　　　　品	〔 ⑥ 48,395,000 〕
原 材 料 費	〔 ② 19,250,000 〕	異 常 減 損 費	〔 ⑥ 1,562,000 〕
加 工 費	〔 31,152,000 〕	次 月 繰 越	〔 ⑥ 9,720,000 〕

問題3

1　（　　特定製造指図書　　　）　　　2　（　　　生産完了　　　）

3　（　　継続製造指図書　　　）　　　4　（　　総製造費用　　　）　　　各②

┌─── 予想採点基準 ───┐
⑥…6点 × 7 ＝　42点
⑤…5点 × 5 ＝　25点
④…4点 × 3 ＝　12点
③…3点 × 3 ＝　9点
②…2点 × 6 ＝　12点
　　　　　　　　100点

《解　説》

▶ここに注意◀

問題1　費目別計算・個別原価計算

問1・問2　材料に関する処理

1．材料の仕入と消費に関するデータの整理

　　問題文の資料には、間接材料として使用された数量が示されていないため、その他の資料から逆算して、間接材料としての消費量を計算する。

材　料

月初棚卸	当月消費	
800kg		
当月仕入	直接	2,600kg
	間接	1,700kg*2
		4,300kg*1
4,200kg	月末帳簿棚卸	
	700kg	

＊1　当月消費量：800kg＋4,200kg－700kg＝4,300kg　または貸借差引

＊2　間接材料消費量：4,300kg－2,600kg＝1,700kg

帳簿棚卸数量が把握できているということは、継続記録法を採用していることが前提であるため、月末帳簿棚卸数量を用いて当月消費量を計算する。

2．直接材料費・間接材料費の計算

　　本問の材料費は予定価格@5,000円を適用して計算する。

　　直接材料費：@5,000円×2,600kg＝13,000,000円

　　間接材料費：@5,000円×1,700kg＝　8,500,000円

3．棚卸減耗費の計算

　　月末帳簿棚卸数量700kgに対して月末実地棚卸数量は680kgであるため、20kgの棚卸減耗が生じている。本問における材料の原価配分方法は先入先出法であることから、棚卸減耗費は当月仕入の実際価格@5,050円を用いて計算する。

　　なお、正常な範囲で生じた原価性のある棚卸減耗費は間接経費として処理される。

　　棚卸減耗費：@5,050円×20kg＝101,000円

棚卸減耗は「消費」ではないうえ、棚卸減耗費は「材料費」でもない。そのため、棚卸減耗費の計算において予定価格は用いない。

4．材料勘定に関する仕訳（問1）

　　上記2．及び3．の計算結果をもとに、材料勘定に関する仕訳を行う。

（1）　仕掛品勘定への振替仕訳

（仕　　　掛　　　品）	13,000,000*	（材　　　　　　　料）	13,000,000

＊　直接材料費

（2）　製造間接費勘定への振替仕訳

（製　造　間　接　費）	8,601,000*	（材　　　　　　　料）	8,601,000

＊　間接材料費　8,500,000円＋棚卸減耗費（間接経費）101,000円＝8,601,000円

原計・管理

207

▶ここに注意◀

5．材料消費価格差異の計算

(1) 当月実際材料費の計算

原価配分方法は先入先出法であるため、月末帳簿棚卸高は当月仕入分の@5,050円で計算される。

月末帳簿棚卸高：@5,050円×700kg＝3,535,000円

当月実際材料費：3,920,000円*1＋21,210,000円*2－3,535,000円＝21,595,000円

月初棚卸高　　　　当月仕入高　　　　月末棚卸高

* 1　月初棚卸高：@4,900円×800kg＝3,920,000円
* 2　当月仕入高：@5,050円×4,200kg＝21,210,000円

(2) 材料消費価格差異の計算（問2）

(13,000,000円＋8,500,000円)－21,595,000円＝△**95,000円（不利差異）**

問3・問4　賃金給料に関する処理

1．直接労務費・間接労務費の計算

本問の労務費は予定賃率@3,400円を適用して計算する。なお、＜資料＞2．（注3）の時間外作業手当30時間分については、特に指示がないため、間接労務費とする。

直接労務費：@3,400円×3,600時間＝12,240,000円

間接労務費：@3,400円×1,220時間*＋@3,400円×40％×30時間＝4,188,800円

時間外作業手当

* 手待時間：4,820時間－3,600時間(直接作業時間)＝1,220時間

2．賃金給料勘定に関する仕訳（問3）

上記1．の計算結果をもとに、賃金給料勘定に関する仕訳を行う。

(1) 仕掛品勘定への振替仕訳

(仕 掛 品)	12,240,000*	(賃 金 給 料)	12,240,000

* 直接労務費

(2) 製造間接費勘定への振替仕訳

(製 造 間 接 費)	4,188,800*	(賃 金 給 料)	4,188,800

* 間接労務費

3．賃率差異の計算

(1) 当月実際労務費の計算

16,099,000円－5,389,000円＋5,752,800円*＝16,462,800円

当月支払分　　前月末未払分　当月末未払分

* 当月末未払分：@3,400円×1,680時間＋@3,400円×40％×30時間＝5,752,800円

(2) 賃率差異の計算（問4）

(12,240,000円＋4,188,800円)－16,462,800円＝△**34,000円（不利差異）**

問5・問6　製造間接費の計算

▶ここに注意◀

1．当月の製造間接費実際発生額の集計(問5)

　　＜資料＞3の製造間接費実際発生額に、問1・問3の仕訳で製造間接費勘定の借方に振り替えられる金額を加えて、当月の製造間接費実際発生額を計算する。

$$35{,}580{,}200 円 + \underset{問1}{8{,}601{,}000 円} + \underset{問3}{4{,}188{,}800 円} = \mathbf{48{,}370{,}000 円}$$
（＜資料＞3）

2．実査法による差異分析(問6)

(1)　予定配賦率の計算

　　実査法変動予算であっても、予定配賦率の計算は他の方法と同じく、基準操業度における製造間接費の予算を基準操業度で割って計算する。

$$予定配賦率：\frac{49{,}000{,}000 円}{5{,}000 時間} = @9{,}800 円$$

(2)　差異総額

　　差異総額：予定配賦額 − 実際発生額

$$= @9{,}800 円 \times \underset{実際操業度}{4{,}940 時間} - \underset{実際発生額(問5)}{48{,}370{,}000 円} = \mathbf{42{,}000 円（有利差異）}$$

(3)　予算差異

　　実査法変動予算の場合の差異分析には、実際操業度の前後で設定された予算を使って実際操業度の予算許容額を計算する補充率法が採用される。

実際操業度の予算許容額＝実際操業度直前の予算額＋

$$\frac{実際操業度直後の予算額 − 実際操業度直前の予算額}{実際操業度直後の操業度 − 実際操業度直前の操業度} \times (実際操業度 − 実際操業度直前の操業度)$$

したがって、本問では以下のようになる。

実際操業度の予算許容額＝

$$48{,}600{,}000 円 + \underset{補充率　@1{,}600円}{\frac{49{,}000{,}000 円 − 48{,}600{,}000 円}{5{,}000 時間 − 4{,}750 時間^*}} \times (4{,}940 時間 − 4{,}750 時間) = 48{,}904{,}000 円$$

予算差異：48,904,000 円 − 48,370,000 円 ＝ **534,000 円（有利差異）**

＊　5,000 時間 × 95％ ＝ 4,750 時間

(4)　操業度差異

　　実査法変動予算の場合の差異分析には、操業度差異は次のように計算される。

操業度差異＝予定配賦額 − 実際操業度の予算許容額

$$= @9{,}800 円 \times 4{,}940 時間 − 48{,}904{,}000 円$$

$$= \triangle \mathbf{492{,}000 円（不利差異）}$$

207

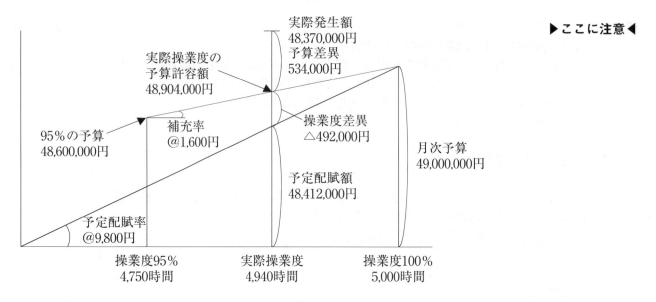

問7　個別原価計算

1．指図書別原価計算表の作成

<資料>より、直接材料費は予定価格@5,000円、直接労務費は予定賃率@3,400円、製造間接費は予定配賦率@9,800円で計算する。

なお、本問では正常仕損費と完成品原価しか問われていないため、#1204の集計は不要であるが、参考のために掲載する。

	#1103	#1201	#1202	#1202R	#1203	#1203R	#1204
月初仕掛品	12,014,000	—	—	—	—	—	—
直接材料費	500,000*1	2,450,000	2,600,000	900,000	2,400,000	2,400,000	1,750,000
直接労務費	408,000*2	2,448,000	2,652,000	748,000	2,380,000	2,312,000	1,292,000
製造間接費	2,450,000*3	9,604,000	9,702,000	2,940,000	9,604,000	9,408,000	4,704,000
合　計	15,372,000	14,502,000	14,954,000	4,588,000	14,384,000	14,120,000	7,746,000
仕損品*4	—	—	—	—	△720,000	—	—
仕損費*5	—	—	4,588,000	△4,588,000	△13,664,000	13,664,000	—
製造原価	15,372,000	14,502,000	19,542,000	0	0	27,784,000	7,746,000
備　考	完成	完成	完成	#1202へ賦課	#1203Rへ賦課	完成	仕掛中

＊1　@5,000円×100kg＝500,000円　　　＊2　@3,400円×120時間＝408,000円

＊3　@9,800円×250時間＝2,450,000円

＊4　#1203：@14,400円(仕損品評価額)×50個＝720,000円

＊5　#1202：補修で対応できているため、補修指図書に集計された原価を仕損費とする。

　　　#1203：全部仕損のため、旧製造指図書に集計された製造原価から仕損品評価額を差し引いた額を仕損費とする。

2．金額の集計

正常仕損費：4,588,000円(#1202R)＋13,664,000円(#1203)＝**18,252,000円**

完成品原価：15,372,000円(#1103)＋14,502,000円(#1201)＋19,542,000円(#1202)

　　　　　　　　　　＋27,784,000円(#1203R)＝**77,200,000円**

問題2　総合原価計算

問1　原価計算基準における正常減損費の処理方法

　総合原価計算における仕損及び減損費の処理については、原価計算基準第27項で、下記のとおり「特別の費目を設けることをしないで」とあるとおり、**度外視法**による処理を規定している。

27　仕損および減損の処理

　総合原価計算においては、仕損の費用は、原則として、特別に仕損費の費目を設けることをしないで、これをその期の完成品と期末仕掛品とに負担させる。

　加工中に蒸発、粉散、ガス化、煙化等によつて生ずる原料の減損の処理は、仕損に準ずる。

問2　正常減損・度外視法による計算

　問2では、減損Aと減損Bがともに正常減損である場合の計算が求められている。

　また、<資料>3.2で「減損発生点と月末仕掛品の進捗度を考慮して適切な負担先を決定している」とあることから、進捗度を加味して負担先を決めることになるが、月末仕掛品は加工進捗度80%まで加工が進んでおり、正常減損Aの発生点(50%)も正常減損Bの発生点(60%)もともに通過していることから、どちらの正常減損も完成品と月末仕掛品の両者に負担させる。

原材料費

月初	当月完成
500kg	
当月投入	2,200kg
2,200kg	
(貸借差引)	月末
	500kg

3,875,000円　19,250,000円　23,125,000円

加工費

月初	当月完成
400kg*1	
当月投入	2,200kg
2,200kg	
(貸借差引)	月末
	400kg*2

5,400,000円　31,152,000円　36,552,000円

　＊1　500kg（月初仕掛品）× 80% = 400kg
　＊2　500kg（月末仕掛品）× 80% = 400kg

1．月末仕掛品

　原材料費：19,250,000円 ÷ 2,200kg × 500kg = 4,375,000円
　加工費：31,152,000円 ÷ 2,200kg × 400kg = 5,664,000円
　合　計：4,375,000円 + 5,664,000円 = **10,039,000円**

2．完成品原価

　23,125,000円 + 36,552,000円 − 10,039,000円 = **49,638,000円**

問3　正常減損と異常減損の同月発生

　　正常減損と異常減損が同月に発生した場合、異常減損に正常減損費を負担させるか否かが問題となるが、本問では「正常減損費は異常減損に負担させないものとする」と明記されているため、その指示に従う。

1．正常減損費を負担しない異常減損費の計算
　（1）　生産データの整理
　　　　まず、正常減損費を負担させない異常減損費を分離把握する。その際、生産データ内に正常減損は残したままにしておくことで、正常減損費を負担しない異常減損費を計算することができる。

原材料費

	月初	当月完成
3,875,000円	500kg	
	当月投入	2,200kg
		正常減損
		200kg
19,250,000円	2,500kg	異常減損
	（貸借差引）	100kg
		月末
		500kg
23,125,000円		

加工費

	月初	当月完成
5,400,000円	400kg	
	当月投入	2,200kg
		正常減損
		100kg*1
31,152,000円	2,360kg	異常減損
	（貸借差引）	60kg*2
		月末
		400kg
36,552,000円		

　　＊1　　200kg（正常減損）× 50% = 100kg
　　＊2　　100kg（異常減損）× 60% = 　60kg

　（2）　異常減損費
　　　　原材料費：19,250,000円 ÷ 2,500kg × 100kg = 770,000円
　　　　加工費：31,152,000円 ÷ 2,360kg × 60kg = 792,000円
　　　　合　　計：770,000円 + 792,000円 = **1,562,000円**

２．完成品原価・月末仕掛品原価の計算

　　異常減損費の計算後は、当月投入の原材料費・加工費から異常減損に按分した金額を除いた額を完成品と月末仕掛品に按分する。

　　なお、正常減損Aの発生点（50％）＜月末仕掛品の加工進捗度（80％）であるため、正常減損費は完成品と月末仕掛品の両者に負担させる。

	原材料費					加工費		
	月初	当月完成				月初	当月完成	
3,875,000円	500kg			5,400,000円		400kg		
	当月投入	2,200kg				当月投入	2,200kg	
18,480,000円*1	2,200kg			30,360,000円*2		2,200kg		
	（貸借差引）	月末				（貸借差引）	月末	
		500kg					400kg	
22,355,000円				35,760,000円				

　＊１　19,250,000円 − 770,000円（異常減損・原材料費）= 18,480,000円

　＊２　31,152,000円 − 792,000円（異常減損・加工費）= 30,360,000円

（1）　月末仕掛品

　　　原材料費：18,480,000円 ÷ 2,200kg × 500kg = 4,200,000円

　　　加工費：30,360,000円 ÷ 2,200kg × 400kg = 5,520,000円

　　　合　計：4,200,000円 + 5,520,000円 = **9,720,000円**

（2）　完成品原価

　　　22,355,000円 + 35,760,000円 − 9,720,000円 = **48,395,000円**

問題３　理論問題（個別原価計算と総合原価計算の相違）

　　解答参照

第207回
管 理 会 計

問題1
問1

①	$\dfrac{Q}{2}$	②	$v \times \dfrac{Q}{2}$	③	$\dfrac{S}{Q}$
④	$P \times \dfrac{S}{Q}$	⑤	$\dfrac{2PS}{v}$	⑥	$\sqrt{\dfrac{2PS}{v}}$

各④

問2

〔 550 〕個 ⑥

問題2
問1

①	品質適合	②	品質不適合	③	予防
④	内部失敗	⑤	ＰＡＦ	⑥	トレード・オフ

各③

問2

③コスト　　　〔　34,000,000 〕円　③
評価コスト　　〔　14,700,000 〕円　③
④コスト　　　〔　68,000,000 〕円　③
外部失敗コスト〔　65,200,000 〕円　③
品質原価合計　〔 181,900,000 〕円　②

問3
A案

③コスト　　　〔　38,000,000 〕円　③
評価コスト　　〔　14,700,000 〕円　③
④コスト　　　〔　50,800,000 〕円　③
外部失敗コスト〔　54,300,000 〕円　③
品質原価合計　〔 157,800,000 〕円　②

B案

③コスト　　　　　〔　　　34,000,000　〕円　③

評価コスト　　　〔　　　22,050,000　〕円　③

④コスト　　　　　〔　　　49,400,000　〕円　③

外部失敗コスト　〔　　　57,750,000　〕円　③

品質原価合計　　〔　　163,200,000　〕円　②

（　A案　・　B案　）*の方が品質原価合計が〔　　　5,400,000　〕円低いので有利な案である。　⑩

＊どちらかの案を○で囲むこと。

予想採点基準
⑩…10点×1 ＝　　10点
⑥… 6点×1 ＝　　 6点
④… 4点×6 ＝　　24点
③… 3点×18 ＝　54点
②… 2点×3 ＝　　 6点
100点

《解　説》
問題1　経済的発注量
　問1　空欄補充問題
　　1．在庫費（保管費）の考え方
　　　経済的発注量の計算では、材料の払い出しが規則的であると仮定することから、在庫量は1回当たりの発注量に始まり、それが消費されてやがてゼロになると考えるため、平均の在庫量は1回当たりの発注量の半分となる。

　　　したがって、年間の在庫費は平均の在庫量（1回当たりの発注量の半分）に在庫費用を掛けたものとなる。

　　　この関係を、問題文の指示に従って文字に置き換えて表すと、下記のとおりとなる。

　　　（材料1単位当たり在庫費：v、1回の発注ロットサイズ：Q）

　　　①平均在庫量：$\dfrac{Q}{2}$

　　　②（年間の）在庫費：$v \times \dfrac{Q}{2}$

問1は一般的な経済的発注量の考え方を、問題文に指示された文字に置き換えて示す問題であるため、＜資料＞に示された具体的な数字は用いない。

　　2．発注費の考え方
　　　発注費は発注回数に応じて発生するため、年間の発注費総額は1回当たりの発注費に年間の発注回数を掛けたものとなる。

　　　また、発注回数は年間の材料必要量を1回当たりの発注量（発注ロットサイズ）で割ったものであるため、この関係を、問題文の指示に従って文字に置き換えて表すと、下記のとおりとなる。

　　　（材料の年間必要量：S，1回当たりの発注費：P，1回の発注ロットサイズ：Q）

③材料の発注回数：$\dfrac{S}{Q}$

④（年間の）発注費：$P \times \dfrac{S}{Q}$

3．経済的発注量の計算

在庫費（保管費）と発注費の合計が最小となるところでは、在庫費＝発注費となるため、上記1．と2．の計算式から、

$$v \times \dfrac{Q}{2} = P \times \dfrac{S}{Q}$$

という関係を導くことができる。

この式をQについて整理すると、両辺をQで掛けて

$$v \times \dfrac{Q^2}{2} = P \times S$$

となり、さらに両辺に2を掛けて、vで割ると、

$$v \times Q^2 = 2 \times P \times S$$

$$Q^2 = \dfrac{2PS}{v} \cdots ⑤$$

$$Q = \sqrt{\dfrac{2PS}{v}} \cdots ⑥$$

となる。

問2　経済的発注量の計算

問1の⑥で解答した式に＜資料＞の条件を代入して計算する。

年間必要量（S）：15,125個

1単位当たりの在庫費（v）：80円＋320円＊＝400円

1回当たりの発注費（P）：4,000円

＊在庫部品に関連する資本コスト：4,000円×8％＝320円

$$Q = \sqrt{\dfrac{2PS}{v}}$$

$$= \sqrt{\dfrac{2 \times 4,000 \times 15,125}{400}}$$

$$= \sqrt{302,500}$$

$$= 550 \;（個）$$

問題2　品質原価計算・差額原価収益分析

問1　空所補充問題（品質原価の分類）
解答参照

▶ここに注意◀

PAF法の「PAF」とは、予防（Prevent）、評価（Appraisal）、失敗（Failure）の頭文字を取ったものである。

問2　品質原価の計算

本問における③（予防）コストは品質改善にかかる設計費、評価コストは検査費、④（内部失敗）コストは再作業費、外部失敗コストは販売済み製品の修理費と、品質不良起因の推測逸失販売量に係る貢献利益を機会原価として捉えたものである。

	製品X	製品Y	合計
③（予防）コスト 　品質改善設計費	@20,000円×1,200時間 ＝24,000,000円	@20,000円×500時間 ＝10,000,000円	**34,000,000円**
評価コスト 　検査費	@6,000円×1,200個×1.00時間 ＝7,200,000円	@6,000円×2,500個×0.50時間 ＝7,500,000円	**14,700,000円**
④（内部失敗）コスト 　再作業費	@300,000円×1,200個×5％ ＝18,000,000円	@200,000円×2,500個×10％ ＝50,000,000円	**68,000,000円**
外部失敗コスト 　修理費	@200,000円×1,200個×8％ ＝19,200,000円	@100,000円×2,500個×4％ ＝10,000,000円	29,200,000円
販売逸失機会原価	@400,000円[*1]×40個 ＝16,000,000円	@200,000円[*2]×100個 ＝20,000,000円	36,000,000円
外部失敗コスト計	35,200,000円	30,000,000円	**65,200,000円**
品質原価合計	84,400,000円	97,500,000円	**181,900,000円**

＊1　製品X単位当たり貢献利益：@650,000円－@250,000円＝@400,000円
＊2　製品Y単位当たり貢献利益：@400,000円－@200,000円＝@200,000円

問3　品質改善案に伴う品質原価の影響額の計算及び判断　　　　　　　　▶ここに注意◀

1．A案の計算

A案は品質改善設計により多くの時間をかける案であり、それにより再作業率、販売済み製品の修理率、品質不良起因の推測逸失販売量が改善する。

	製品X	製品Y	合計
③(予防)コスト 品質改善設計費	@ 20,000 円 × 1,300 時間 = 26,000,000 円	@ 20,000 円 × 600 時間 = 12,000,000 円	**38,000,000 円**
評価コスト 検査費	@ 6,000 円 × 1,200 個 × 1.00 時間 = 7,200,000 円	@ 6,000 円 × 2,500 個 × 0.50 時間 = 7,500,000 円	**14,700,000 円**
④(内部失敗)コスト 再作業費	@ 300,000 円 × 1,200 個 × 3 % = 10,800,000 円	@ 200,000 円 × 2,500 個 × 8 % = 40,000,000 円	**50,800,000 円**
外部失敗コスト 修理費	@ 200,000 円 × 1,200 個 × 7 % = 16,800,000 円	@ 100,000 円 × 2,500 個 × 3 % = 7,500,000 円	24,300,000 円
販売逸失機会原価	@ 400,000 円 × 30 個 = 12,000,000 円	@ 200,000 円 × 90 個 = 18,000,000 円	30,000,000 円
外部失敗コスト計	28,800,000 円	25,500,000 円	**54,300,000 円**
品質原価合計	72,800,000 円	85,000,000 円	**157,800,000 円**

２．Ｂ案の計算　　　　　　　　　　　　　　　　　　　▶ここに注意◀

Ｂ案は検査により多くの時間をかける案であり、それにより再作業率、販売済み製
品の修理率、品質不良起因の推測逸失販売量が改善する。

	製品Ｘ	製品Ｙ	合計
③(予防)コスト 　品質改善設計費	@20,000円×1,200時間 ＝24,000,000円	@20,000円×500時間 ＝10,000,000円	**34,000,000円**
評価コスト 　検査費	@6,000円×1,200個×1.5時間 ＝10,800,000円	@6,000円×2,500個×0.75時間 ＝11,250,000円	**22,050,000円**
④(内部失敗)コスト 　再作業費	@300,000円×1,200個×4％ ＝14,400,000円	@200,000円×2,500個×7％ ＝35,000,000円	**49,400,000円**
外部失敗コスト 　修理費	@200,000円×1,200個×7.5% ＝18,000,000円	@100,000円×2,500個×3.5% ＝8,750,000円	26,750,000円
販売逸失機会原価	@400,000円×35個 ＝14,000,000円	@200,000円×85個 ＝17,000,000円	31,000,000円
外部失敗コスト計	32,000,000円	25,750,000円	**57,750,000円**
品質原価合計	81,200,000円	82,000,000円	**163,200,000円**

３．有利な案の判定

品質原価合計が少ない方が有利であるため、**A案**の方が有利である。

163,200,000円（Ｂ案）－157,800,000円（Ａ案）＝ **5,400,000円**

原計・管理

207

第209回
原　価　計　算

問題1
問1　不利差異の場合には△をつけること

X補助部門費：予定配賦率〔　12.5　〕円／単位　配賦差異総額〔　△200　〕円

Y補助部門費：予定配賦率〔　29.9　〕円／単位　配賦差異総額〔　2,640　〕円　各③

問2

A製造部門費：予算額〔　477,600　〕円　予定配賦率〔　23.88　〕円／時間

B製造部門費：予算額〔　767,000　〕円　予定配賦率〔　30.68　〕円／時間　各③

問3　A製造部門

配賦差異総額〔　41,170　〕円　②

予　算　差　異〔　12,955　〕円　④

操　業　度　差　異〔　28,215　〕円　④

問4　B製造部門

借方科目	金　額	貸方科目	金　額	
仕　掛　品	736,320	B　製　造　部　門　費	736,320	⑥

問5

原価管理の観点から改善するには、これまでの問いのように変動費と固定費をまとめて1つの配賦基準によって配賦するのではなく、補助部門費の変動費は用役消費量に基づき、補助部門の固定費は用役需要能力に基づいて配賦する複数基準配賦法で配賦することが望ましい。　⑩

問題2
問1

期末材料〔　108,600　〕円　⑤

問2

借方科目	金　額	貸方科目	金　額	
売　上　原　価	215,480	直　接　材　料　費　差　異	123,880	⑩
製　造　間　接　費　差　異	5,000	直　接　労　務　費　差　異	96,600	

問3

売上原価	〔 19,994,360 〕円	⑧
期末製品	〔 2,665,440 〕円	⑥
期末仕掛品	〔 1,536,480 〕円	⑥

問題3

① 原価は、経済価値の消費である。

② 原価は、経営において作り出された一定の給付に転嫁される価値である。

③ 原価は、経営の目的に関連したものである。

④ 原価は、正常的なものである。　　　　　　　　　　　　　　各⑤

原計・管理

予想採点基準

⑩…10点× 2 ＝ 20点
⑧… 8点× 1 ＝ 8点
⑥… 6点× 3 ＝ 18点
⑤… 5点× 4 ＝ 20点
④… 4点× 2 ＝ 8点
③… 3点× 8 ＝ 24点
②… 2点× 1 ＝ 2点
100点

209

《解　説》　　　　　　　　　　　　　　　　　　　　　　　　　　　　▶ここに注意◀
問題1　部門別計算
　問1・問2　階梯式配賦法による補助部門費の配賦
　　1．補助部門の配賦順位
　　　　階梯式配賦法では、まず補助部門の配賦順位を決める必要がある。
　　　　本問の場合、まず他の補助部門への用役提供件数を数えると、
　　　　　　X補助部門：Y補助部門への配賦（1件）
　　　　　　Y補助部門：他の補助部門への配賦なし（0件）
　　　であるため、X補助部門の方が配賦順位が高いと判断される。

　　2．予算における部門費配賦表の作成
　　　　予算部門費配賦表を作成すると次のようになる。なお、問3において「配賦先の
　　　製造部門において、補助部門からの配賦額は、すべて変動費とみなしている」とあ
　　　ることから、予算段階で補助部門費の配賦額は製造部門において変動費として集計
　　　している。ただし、変動費と固定費を別々の配賦基準で配賦する指示はないため、
　　　単一基準配賦法で配賦するものと考える。

部門費予算配賦表　　　　　　　　　　　　（単位：円）

摘　要	製造部門				補助部門			
	A製造部門		B製造部門		Y補助部門		X補助部門	
	変動費	固定費	変動費	固定費	変動費	固定費	変動費	固定費
部門費	168,000	282,150	283,000	459,050	12,400	15,000	7,000	18,000
X補助部門	12,500	—	10,000	—	2,500	—		
Y補助部門	14,950	—	14,950	—	14,900	15,000		
製造部門費	195,450	282,150	307,950	459,050				

　　(1)　補助部門費の配賦
　　　①　X補助部門費
　　　　　予定配賦率：（7,000円 + 18,000円）÷（1,000単位 + 800単位 + 200単位）
　　　　　　　　　　＝@12.5円
　　　　　A製造部門への配賦額：@12.5円 × 1,000単位 = 12,500円
　　　　　B製造部門への配賦額：@12.5円 ×　800単位 = 10,000円
　　　　　Y補助部門への配賦額：@12.5円 ×　200単位 ＝　2,500円

　　　②　Y補助部門費
　　　　　予定配賦率：（12,400円 + 15,000円 + 2,500円）÷（500単位 + 500単位）
　　　　　　　　　　＝@29.9円
　　　　　A製造部門への配賦額：@29.9円 × 500単位 = 14,950円
　　　　　B製造部門への配賦額：@29.9円 × 500単位 = 14,950円

(2)　補助部門費配賦後の製造部門費予算及び予定配賦率
①　A製造部門
予算額：168,000円 + 12,500円 + 14,950円 + 282,150円
= **477,600円**
変動費率：(168,000円 + 12,500円 + 14,950円) ÷ 20,000時間 = @ 9.7725円
固定費率：282,150円 ÷ 20,000時間 = @ 14.1075円
予定配賦率：@ 9.7725円 + @ 14.1075円 = **@ 23.88円**

②　B製造部門
予算額：283,000円 + 10,000円 + 14,950円 + 459,050円 = **767,000円**
変動費率：(283,000円 + 10,000円 + 14,950円) ÷ 25,000時間 = @ 12.318円
固定費率：459,050円 ÷ 25,000時間 = @ 18.362円
予定配賦率：@ 12.318円 + @ 18.362円 = **@ 30.68円**

3．実際発生額集計のための部門費配賦表の作成

補助部門の配賦差異総額及び製造部門の差異分析のため、実際発生額を集計する部門費配賦表の作成も行う。

部門費実績配賦表　　　　　　　　　　（単位：円）

摘　要	製造部門				補助部門			
	A製造部門		B製造部門		Y補助部門		X補助部門	
	変動費	固定費	変動費	固定費	変動費	固定費	変動費	固定費
部門費	172,000	282,000	278,000	465,500	12,500	15,500	7,200	18,000
X補助部門	12,250	—	10,500	—	2,250	—		
Y補助部門	17,940	—	14,950	—	14,750	15,500		
製造部門費	202,190	282,000	303,450	465,500				

(1)　補助部門費の予定配賦
①　X補助部門費
A製造部門への配賦額：@ 12.5円 × 980単位 = 　12,250円
B製造部門への配賦額：@ 12.5円 × 840単位 = 　10,500円
Y補助部門への配賦額：@ 12.5円 × 180単位 = 　 2,250円
予定配賦額合計　25,000円

②　Y補助部門費
A製造部門への配賦額：@ 29.9円 × 600単位 = 　17,940円
B製造部門への配賦額：@ 29.9円 × 500単位 = 　14,950円
予定配賦額合計　32,890円

(2)　補助部門費配賦差異の計算
①　X補助部門費
予定配賦額：25,000円

実際発生額：7,200円 + 18,000円 = 25,200円

配賦差異：25,000円 - 25,200円 = △**200円**（不利差異）

② Y補助部門費

予定配賦額：32,890円

実際発生額：12,500円 + 2,250円 + 15,500円 = 30,250円

配賦差異：32,890円 - 30,250円 = **2,640円**（有利差異）

問3・問4　製造部門費の予定配賦・差異分析

1．A製造部門の差異分析

⑴ **配賦差異総額**

予定配賦額：@23.88円 × 22,000時間 = 525,360円

実際発生額：202,190円 + 282,000円 = 484,190円

配賦差異総額：525,360円 - 484,190円 = **41,170円**（有利差異）

⑵ **予算差異**

予算許容額：@9.7725円（変動費率）× 22,000時間（実際操業度）+ 282,150円（固定費予算）= 497,145円

実際発生額：202,190円 + 282,000円 = 484,190円

予算差異：497,145円 - 484,190円 = **12,955円**（有利差異）

⑶ **操業度差異**

@14.1075円（固定費率）×（22,000時間（実際操業度）- 20,000時間（基準操業度））

= **28,215円**（有利差異）

2．B製造部門の予定配賦

予定配賦額：@30.68円 × 24,000時間（実際操業度）= **736,320円**

| (仕 掛 品) | 736,320 | (B 製 造 部 門 費) | 736,320 |

問5　補助部門費の配賦方法と原価管理

解答参照

問題2　標準原価差異の会計処理

問1　材料受入価格差異の期末配賦

▶ここに注意◀

材料受入価格差異を把握している場合は、必ず期末において未使用分の材料に係る差異を追加配賦する必要がある。

なお、期首材料は標準価格で評価されていることから、＜資料＞2の材料受入価格差異 52,480円は当期に仕入れた 26,240kg 分であり、そのうち 300kg 分を期末材料に追加配賦する。

材　料

期首 260kg	当期払出 26,200kg
当期仕入 26,240kg (貸借差引)	期末 300kg

期末材料への追加配賦額：$52,480円 \times \dfrac{300kg}{26,240kg} = 600円$

差異配賦後の期末材料有高：@ 360円 × 300kg ＋ 600円（材料受入価格差異配賦額）
= **108,600円**

問2　標準原価差異の期末会計処理（原則的処理）

標準原価差異が少額の場合は、期末材料に追加配賦された材料受入価格差異以外はすべて売上原価に賦課する。

1．材料消費量差異の計算

仕掛品

期首 260個 (130個)*1	当期完成 2,560個
当期投入 2,600個 (2,550個)	期末 300個 (120個)*2

材料消費量差異：@ 360円 × (26,000kg*3 − 26,200kg) = △72,000円（不利差異）

* 1　260個 × 50% = 130個
* 2　300個 × 40% = 120個
* 3　材料標準消費量：2,600個 × 10kg = 26,000kg

2．売上原価に賦課する標準原価差異

直接材料費差異：$\underbrace{(△52,480円 − △600円)}_{期末材料配賦後受入価格差異} + \underbrace{△72,000円}_{消費量差異} = △123,880円（不利差異）$

直接労務費差異：△19,680円 + △76,920円 = △96,600円（不利差異）
　　　　　　　　　　賃率差異　　　　作業時間差異

製造間接費差異：32,000円 + △63,000円 + 36,000円 = 5,000円（有利差異）
　　　　　　　　　予算差異　　　能率差異　　　操業度差異

▶ここに注意◀

原価差異に関する勘定が問題文で明示されている場合は、その科目を使う。

| （売　上　原　価） | 215,480 | （直 接 材 料 費 差 異） | 123,880 |
| （製 造 間 接 費 差 異） | 5,000 | （直 接 労 務 費 差 異） | 96,600 |

問3　標準原価差異の期末会計処理（追加配賦等）

　問3は原価差異のその性質に応じた会計処理方法が問われているため、問題文の指示に従い、適切な会計処理を行う。

1．各項目の(原価差異配賦前の)標準原価

(1)　製品の期末数量

製　品

期首 500個	当期販売
当期完成 2,560個*1	2,700個
	期末 360個*2

＊1　＜資料＞4．当期完成品より
＊2　貸借差引

(2)　各項目の標準原価

売 上 原 価：@7,360円 × 2,700個 = 19,872,000円
期 末 製 品：@7,360円 × 360個 = 2,649,600円
期末仕掛：@3,600円 × 300個 + （@2,080円 + @1,680円） × 120個
　　　　　= 1,531,200円

期末仕掛品の標準原価を計算する際、加工費（直接労務費と製造間接費）は進捗度を考慮する。

2．原価差異の会計処理

差　　　異	性　　質	会 計 処 理
作業時間差異・能率差異 △139,920円（不利差異）*1	…「標準価格が不適当かつ比較的多額」なもの	→ 売上原価と期末棚卸資産に追加配賦する
材 料 消 費 量 差 異 △72,000円（不利差異）	…「異常な状態に基づく」もの	→ 非原価項目として処理
そ の 他 の 差 異 △3,560円（不利差異）*2	…「標準価格等が適当かつ比較的少額」なもの	→ 売上原価に賦課 （原価差異の原則的処理方法）

（左に「原価差異」のまとめ括弧）

＊1　作業時間差異・能率差異合計：△76,920円 + △63,000円 = △139,920円（不利差異）
　　　　　　　　　　　　　　　作業時間差異　　能率差異

＊2　その他の差異：（△52,480円 - △600円） + △19,680円 + 32,000円 + 36,000円
　　　　　　　　　期末材料配賦後受入価格差異　賃率差異　　予算差異　　操業度差異
　　　　　　　　　= △3,560円（不利差異）

(1) 作業時間差異・能率差異の追加配賦

	完成品換算量	配賦額
売 上 原 価	2,700 個	△ 118,800 円 *3
期 末 製 品	360 個	△ 15,840 円 *4
期 末 仕 掛 品	120 個	△ 5,280 円 *5
合　　計	3,180 個	△ 139,920 円

▶ここに注意◀

$$*3 \quad △139{,}920 \text{円（不利差異）} \times \frac{2{,}700 \text{個}}{3{,}180 \text{個}} = △118{,}800 \text{円（不利差異）}$$

$$*4 \quad △139{,}920 \text{円（不利差異）} \times \frac{360 \text{個}}{3{,}180 \text{個}} = △15{,}840 \text{円（不利差異）}$$

$$*5 \quad △139{,}920 \text{円（不利差異）} \times \frac{120 \text{個}}{3{,}180 \text{個}} = △5{,}280 \text{円（不利差異）}$$

問題文の指示に従って、期末仕掛品は加工進捗度を反映する。

(2) 標準原価差異配賦後の各項目の金額

売 上 原 価：19,872,000 円 ＋ 118,800 円 ＋ 3,560 円 ＝ **19,994,360 円**
　　　　　　　　　　　　　　差異追加配賦額　その他の差異

期 末 製 品：2,649,600 円 ＋ 15,840 円 ＝ **2,665,440 円**
　　　　　　　　　　　差異追加配賦額

期 末 仕 掛 品：1,531,200 円 ＋ 5,280 円 ＝ **1,536,480 円**
　　　　　　　　　　　差異追加配賦額

問題3　理論問題（原価の本質）
　　解答参照

第209回
管 理 会 計

問題1

問1

製品A	〔 6,800 〕円	②
製品B	〔 4,500 〕円	②
製品C	〔 2,000 〕円	②

問2

製品A	〔 77,800,000 〕円	③
製品B	〔 46,680,000 〕円	③
製品C	〔 31,120,000 〕円	③

問3

売上高	〔 200,000,000 〕円	④
安全余裕率	〔 22.2 〕%	④
経営レバレッジ係数	〔 4.5 〕	④

問4

製品A	〔 6,200 〕円	②
製品B	〔 4,200 〕円	②
製品C	〔 1,925 〕円	②

問5

製品A	〔 76,000,000 〕円	③
製品B	〔 45,600,000 〕円	③
製品C	〔 30,400,000 〕円	③

問6

安全余裕率	〔 24 〕%	④
経営レバレッジ係数	〔 4.2 〕	④

問7

①シナリオ α	〔 23 〕%	③
②シナリオ β	〔 21 〕%	③

問8

シナリオαはシナリオβと比べると、売上高の増減率に対して税引後営業利益も大きく増減している。
これは、シナリオαの方が経営レバレッジ係数が大きいためであり、販売が好調と予想されるときはシ
ナリオαの方が、販売が不調と予想されるときはシナリオβの方が有利となる。　　　　⑧

問題2

問1

（ア）

自製すべき （購入すべき）　（該当する方に○を付すこと）　②
自製案の関連原価が 3,300,000 円であるのに対し、購入案の関連原価が 2,700,000 円であるので、
購入案の方が 600,000 円有利である。　　　　⑥

（イ）

（自製すべき） 購入すべき　（該当する方に○を付すこと）　②
自製案の関連原価が 7,950,000 円であるのに対し、購入案の関連原価 8,100,000 円であるので、自
製案の方が 150,000 円有利である。　　　　⑥

問2

981	個以上から	1,700	個未満	⑧

問題3

ア（　製造間接費　）　イ（　(経済的)資源　）
ウ（　活動　）　エ（　各製品　）　各③

予想採点基準

⑧…8点×2 ＝	16点
⑥…6点×2 ＝	12点
④…4点×5 ＝	20点
③…3点×12＝	36点
②…2点×8 ＝	16点
	100点

《解　説》　　　　　　　　　　　　　　　　　　　　　　　▶ここに注意◀
問題1　ＣＶＰ分析
　問1　シナリオαにおける各製品の単位あたり貢献利益
　　　1．製品A
　　　　　@20,000円 － (@8,000円 + @3,000円 + @2,200円) = **@6,800円**
　　　2．製品B
　　　　　@15,000円 － (@6,000円 + @2,500円 + @2,000円) = **@4,500円**
　　　3．製品C
　　　　　@10,000円 － (@5,000円 + @2,000円 + @1,000円) = **@2,000円**

　問2　シナリオαにおける損益分岐点売上高
　　　1．加重平均貢献利益率
　　　　　本問では、製品A、B、Cの売上高の割合が示されているため、加重平均貢献利
　　　　益率を用いて損益分岐点の計算を行う。

複数製品のＣＶＰ分析では、販売数量と売上高のどちらの割合を一定と仮定しているのか、必ず確認すること。

　　　　(1)　各製品の貢献利益率
　　　　　　製品A　@6,800円 ÷ @20,000円 × 100 = 34（%）
　　　　　　製品B　@4,500円 ÷ @15,000円 × 100 = 30（%）
　　　　　　製品C　@2,000円 ÷ @10,000円 × 100 = 20（%）
　　　　(2)　加重平均貢献利益率
　　　　　　34% × 0.5 + 30% × 0.3 + 20% × 0.2 = 30%

　　　2．全社的な損益分岐点売上高
$$\frac{28,008,000円 + 18,672,000円}{30\%} = 155,600,000円$$

　　　3．各製品の損益分岐点売上高
　　　　　製品A　155,600,000円 × 50% = **77,800,000円**
　　　　　製品B　155,600,000円 × 30% = **46,680,000円**
　　　　　製品C　155,600,000円 × 20% = **31,120,000円**

　問3　シナリオαにおける目標利益達成時の売上高、安全余裕率、経営レバレッジ係数
　　　1．目標税引前営業利益
　　　　(1)　目標税引後営業利益
　　　　　　＜資料＞1.（4）より、税引後営業利益を平均総資本で除した（割った）目標営業
　　　　利益率が8%であることから、目標とする税引後営業利益は次のように計算でき
　　　　る。

期首の総資本と期末の総資本を足して2で割ることで、期中の総資本の平均額が求められる。

　　　　　　{(116,520,000円 + 116,580,000円) ÷ 2} × 8% = 9,324,000円
　　　　　　　　　　　　×1年度平均資本

　　　　(2)　目標税引前営業利益
　　　　　　実効税率が30%であることから、税引後営業利益は税引前営業利益の70%（=
　　　　100% － 30%）となる。
　　　　　　9,324,000円 ÷ 70% = 13,320,000円

2．目標利益達成売上高

$$\frac{(28,008,000円 + 18,672,000円) + 13,320,000円}{30\%} = 200,000,000円$$

▶ここに注意◀

目標利益率が売上高に対する利益率ではなく、総資本に対する利益率（総資本利益率）であるため、目標総資本利益率を達成する利益額を達成する売上高を計算する。

3．安全余裕率

$$\frac{200,000,000円 - 155,600,000円}{200,000,000円} \times 100 = 22.2（\%）$$

4．経営レバレッジ係数

本問では、経営レバレッジ係数が安全余裕率の逆数（1÷安全余裕率）となる性質を使って計算すると、素早く回答できる。

$$\frac{1}{22.2\%} = 4.50\cdots \rightarrow 4.5$$

もちろん「貢献利益÷営業利益」で計算することも可能である。

原計・管理

問4　シナリオβにおける各製品の単位あたり貢献利益

1．単位あたり変動費

製品A　@8,000円 +（@3,000円 + @490円）+ @2,200円 × 1.05 = @13,800円
製品B　@6,000円 +（@2,500円 + @200円）+ @2,000円 × 1.05 = @10,800円
製品C　@5,000円 +（@2,000円 + @25円）+ @1,000円 × 1.05 = @8,075円

2．単位あたり貢献利益

製品A　@20,000円 - @13,800円 = @6,200円
製品B　@15,000円 - @10,800円 = @4,200円
製品C　@10,000円 - @8,075円 = @1,925円

問5　シナリオβにおける損益分岐点売上高

1．加重平均貢献利益率

(1) 各製品の貢献利益率

製品A　@6,200円 ÷ @20,000円 × 100 = 31（\%）
製品B　@4,200円 ÷ @15,000円 × 100 = 28（\%）
製品C　@1,925円 ÷ @10,000円 × 100 = 19.25（\%）

(2) 加重平均貢献利益率

31% × 0.5 + 28% × 0.3 + 19.25% × 0.2 = 27.75%

2．全社的な損益分岐点売上高

$$\frac{(28,008,000円 + 18,672,000円) - 4,500,000円}{27.75\%} = 152,000,000円$$

シナリオβは固定費も異なる点に注意。

3．各製品の損益分岐点売上高

製品A　152,000,000円 × 50% = 76,000,000円
製品B　152,000,000円 × 30% = 45,600,000円
製品C　152,000,000円 × 20% = 30,400,000円

目標税引前営業利益はシナリオαのときと変わらないが、固定費も異なるので注意。

▶ここに注意◀

問6　シナリオβにおける目標利益達成時の売上高、安全余裕率、経営レバレッジ係数

1．目標利益達成売上高

$$\frac{(28,008,000円 + 18,672,000円) - 4,500,000円 + 13,320,000円}{27.75\%} = 200,000,000円$$

3．安全余裕率

$$\frac{200,000,000円 - 152,000,000円}{200,000,000円} \times 100 = \mathbf{24}（\%）$$

4．経営レバレッジ係数

問3と同様に経営レバレッジ係数が安全余裕率の逆数（1÷安全余裕率）となる性質を使って計算すると、素早く回答できる。

$$\frac{1}{24\%} = 4.16\cdots \rightarrow \mathbf{4.2}$$

もちろん「貢献利益÷営業利益」で計算することも可能である。

問7　営業利益増減率

営業利益の増減額は、経営レバレッジ係数を用いて次の算式で表すことができる。

> **営業利益増減額＝営業利益 × 経営レバレッジ係数×売上高増減率**
> 営業利益の変動率

本問では営業利益の変動率（＝税引後営業利益の増減額÷目標利益達成時の税引後営業利益）が問われているため、上記の公式の「経営レバレッジ係数×売上高増減率」の部分を計算すればよい。

シナリオα：4.5×5％＝22.5％ → **23％**

シナリオβ：4.2×5％＝**21％**

問8　理論問題

解答参照

問題2　業務執行的意思決定

問1　部品Aの必要量が決まっている場合の意思決定

1．自製する場合の単位当たり関連原価

(1)　材料a

部品Aを1個製造するために材料aは2kg必要であるが、2,500kgを超えると購入価格が変わるため、1,250個（＝2,500kg÷2kg／個）までと1,251個以降では、以下のように部品A単位当たり材料費が異なる。

1,250個まで：＠1,500円×2kg＝＠3,000円

1,251個以降：＠2,500円×2kg＝＠5,000円

2,500kgを"超える分"の購入価格が変わるので、購入料が何kgであっても2,500kgまでは＠1,500円で購入できる。

(2)　変動加工費

問題文の資料より、1時間当たりの変動加工費＠1,900円は、1時間当たりの直接労務費＠1,000円とそれ以外の1時間当たり変動加工費＠900円に区別できる。

▶ここに注意◀

そのうち直接労務費は40%上昇することが資料で示されているため、自製する場合の単位当たり変動加工費は次のように計算される。

$\{@1,000円 \times (1 + 40\%) + @900円\} \times 0.5時間 = @1,150円$

２．部品の必要量が500個の場合

(1) 購入案

$@5,400円 \times 500個 = 2,700,000円$

(2) 自製案

$(@3,000円 + @1,150円) \times 500個 + 1,225,000円(月間リース料) = 3,300,000円$

(3) 結論

自製案よりも購入案の方が関連原価が **600,000円**（= 3,300,000円 − 2,700,000円）少ないため、**購入すべきである。**

３．部品の必要量が1,500個の場合

(1) 購入案

$@5,400円 \times 1,500個 = 8,100,000円$

(2) 自製案

$(@3,000円 + @1,150円) \times 1,250個 + (@5,000円 + @1,150円)$
$\times \underline{(1,500個 - 1,250個)} + 1,225,000円(月間リース料) = 7,950,000円$
　　　　　　　1,251個以降の生産量

(3) 結論

購入案よりも自製案の方が関連原価が **150,000円**（= 8,100,000円 − 7,950,000円）少ないため、**自製すべきである。**

問2　自製する方が購入するよりも有利になる数量

1　1,250個以内で自製案と購入案の優劣が逆転する数量

自製する場合、数量に関係なく検査装置のリース料1,225,000円が発生するため、必要量が少ないとリース料が不要となる購入案の方が有利である。しかし、自製する場合の単位当たり変動費は1,250個まで@4,150円（=@3,000円+@1,150円）であり、購入価格@5,400円よりも安いため、必要量がある数量を超えると自製する方が有利となる。

そこで、部品Aの必要量をQ個とおいて、以下の不等式を用いて優劣が逆転する数量を求める。

$$@4,150円 \times Q個 + 1,225,000円 \quad < \quad @5,400円 \times Q個$$
$$4,150Q - 5,400Q \quad < \quad -1,225,000円$$
$$-1,250Q \quad < \quad -1,225,000円$$
$$Q \quad > \quad 980$$

980個では自製案と購入案の関連原価が等しくなるので、自製する方が有利という題意に合わない。

原計・管理

209

２．1,250個を超過して自製案と購入案の優劣が逆転する数量

▶ここに注意◀

部品Ａの必要量が1,250個を超えると、自製する場合の単位当たり変動費は＠6,150円（＝＠5,000円＋＠1,150円）となり、購入価格＠5,400円よりも高くなるため、必要量がある数量を超えると再度優劣が逆転して購入する方が有利となる。

そこで、部品Ａの必要量をＱ個とおいて、以下の不等式を用いて優劣が逆転する数量を求める。

$$\text{@}4,150\text{円}\times1,250\text{個}+\text{@}6,150\text{個}\times(\text{Q個}-1,250\text{個})+1,225,000\text{円} \quad < \quad \text{@}5,400\text{円}\times\text{Q個}$$

$$5,187,500+6,150\,\text{Q}-7,687,500+1,225,000 \quad < \quad 5,400\,\text{Q}$$

$$6,150\,\text{Q}-1,275,000 \quad < \quad 5,400\,\text{Q}$$

$$6,150\,\text{Q}-5,400\,\text{Q} \quad < \quad 1,275,000$$

$$750\,\text{Q} \quad < \quad 1,275,000$$

$$\text{Q} \quad < \quad 1,700$$

３．自製するほうが有利となる数量

上記の計算で、必要数量が**981個以上1,700個未満**の場合、自製案の関連原価が購入案の関連原価よりも少ないため自製する方が有利となる。

1,250個を超える分（1,251個め以降）は単位当たり材料費が異なる点に注意。

問題３ 理論問題（活動基準原価計算）

解答参照

第211回
原　価　計　算

問題1

問1

　　等級製品Xの正常減損費〔　　　　18,600　〕円　④

　　等級製品Yの正常減損費〔　　　　29,400　〕円　④

問2

　　等級製品X　完成品原価〔　1,793,205　〕円　④　月末仕掛品原価〔　82,530　〕円　④

　　等級製品Y　完成品原価〔　1,698,624　〕円　④　月末仕掛品原価〔　66,456　〕円　④

問3

　　等級製品X当月製造費用　直接材料費〔　1,185,500　〕円　②　加工費〔　691,350　〕円　②

　　等級製品Y当月製造費用　直接材料費〔　1,166,000　〕円　②　加工費〔　530,580　〕円　②

問4

借　　方	金　　額	貸　　方	金　　額	
異　常　減　損　費	39,465	仕　　掛　　品	39,465	⑤

問5

　正常減損費は、管理された正常な状態において製品の製造上不可避的に発生する価値犠牲であり、良品製造のために必要なものである。したがって、その発生額は良品に負担すべきであるので、正常減損費を良品の製造原価に含める。

⑧

問題2

問1

基準操業度　〔　62,400 〕時間　③

問2

変動費率　〔　110 〕円/時間　③　固定費〔　1,037,000 〕円　③

問3

予定配賦率　〔　600 〕円/時間　④

問4

	No.1	No.2	No.3	No.1-R	No.2-2
直 接 材 料 費	〔 1,800,000 〕	〔③ 360,000 〕	〔 1,656,000 〕	〔 96,000 〕	〔 840,000 〕
直 接 労 務 費	〔 1,458,000 〕	〔 432,000 〕	〔 1,274,400 〕	〔 129,600 〕	〔③ 1,782,000 〕
製 造 間 接 費	〔③ 810,000 〕	〔 240,000 〕	〔 708,000 〕	〔 72,000 〕	〔 990,000 〕
作 業 屑 売 却 益	−	−	〔③ △25,000 〕	−	−
仕 損 売 却 益	−	〔③ △145,000 〕	−	−	−
仕 損 費 振 替	〔 297,600 〕	〔 △887,000 〕	−	〔③ △297,600 〕	〔③ 887,000 〕
合　　　　　計	〔③ 4,365,600 〕	〔 0 〕	〔 3,613,400 〕	〔 0 〕	〔 4,499,000 〕

＊マイナスには△をつけること。

問5

製 造 間 接 費

諸　　　口	〔 3,280,000 〕	予 定 配 賦 額 〔②	2,820,000 〕
予 算 差 異	〔 − 〕	予 算 差 異 〔④	250,000 〕
操 業 度 差 異	〔 − 〕	操 業 度 差 異 〔④	210,000 〕

問6

平均操業度を基準操業度とした場合の操業度差異は、単に平均操業度と実際操業度との隔たりを示すに

過ぎないが、実際的生産能力を基準操業度とした場合の操業度差異は、生産能力を遊休にしたために生

じる不働費を意味する。

　　⑧

```
── 予想採点基準 ──
⑧…8点×2 ＝　16点
⑤…5点×1 ＝　　5点
④…4点×9 ＝　36点
③…3点×11＝　33点
②…2点×5 ＝　10点
　　　　　　　100点
```

《解　説》　　　　　　　　　　　　　　　　　　　　　　　▶ここに注意◀

問題1　等級別総合原価計算

　問題文に「月初仕掛品原価と当月製造費用の合計額を、各等級製品の完成品原価と月末仕掛品原価に一括して配分している。」とあるため、各等級製品の生産データを、積数を用いて合算し、その合算データにもとづいて原価配分を行う方法(総合原価按分法)により計算する。

その他の計算方法
①単純総合原価計算に近い方法（完成品原価按分法）
→完成品原価に対して等価係数を用いて計算

②組別総合原価計算に近い方法（当期製造費用按分法）
→当期製造費用を按分するときに等価係数を用いる。

1．各等級製品の積数を算定

　<資料>1．にある原価要素ごとに設定された等価係数を生産データに乗じて、積数を算定する。

(1)　直接材料費

仕掛品(等級製品X・直接材料費)

月初	100 ℓ	完成品	3,700 ℓ
当月投入　3,950 ℓ (貸借差引)		正常減損	50 ℓ
		異常減損	100 ℓ
		月末	200 ℓ

×1.0

仕掛品(等級製品Y・直接材料費)

月初	250 ℓ	完成品	4,800 ℓ
当月投入　4,850 ℓ (貸借差引)		正常減損	100 ℓ
		月末	200 ℓ

×0.8

仕掛品
(等級製品X＋等級製品Y・直接材料費)

月初	100 ℓ	完成品	3,700 ℓ
当月投入	3,950 ℓ		
		正常減損	50 ℓ
		異常減損	100 ℓ
		月末	200 ℓ
月初	200 ℓ	完成品	3,840 ℓ
当月投入	3,880 ℓ	正常減損	80 ℓ
		月末	160 ℓ

積数合計
4,050 ℓ

積数合計
4,080 ℓ

計　8,130 ℓ

(2)　加工費

仕掛品(等級製品X・加工費)

月初	30 ℓ[*1]	完成品	3,700 ℓ
当月投入　3,860 ℓ (貸借差引)		正常減損	20 ℓ[*2]
		異常減損	50 ℓ[*3]
		月末	120 ℓ[*4]

×1.0

仕掛品(等級製品Y・加工費)

月初	100 ℓ	完成品	4,800 ℓ
当月投入　4,910 ℓ (貸借差引)		正常減損	50 ℓ
		月末	160 ℓ

×0.6

仕掛品
(等級製品X＋等級製品Y・加工費)

月初	30 ℓ	完成品	3,700 ℓ
当月投入	3,860 ℓ		
		正常減損	20 ℓ
		異常減損	50 ℓ
		月末	120 ℓ
月初	60 ℓ	完成品	2,880 ℓ
当月投入	2,946 ℓ	正常減損	30 ℓ
		月末	96 ℓ

積数合計
3,890 ℓ

積数合計
3,006 ℓ

計　6,896 ℓ

＊1　100 ℓ × 0.3（加工進捗度）＝ 30 ℓ　　＊3　100 ℓ × 0.5（減損発生点）＝ 50 ℓ
＊2　50 ℓ × 0.4（減損発生点）＝ 20 ℓ　　＊4　200 ℓ × 0.6（加工進捗度）＝ 120 ℓ

原計・管理

211

2. ボックス図を作成

1. で算定した積数をもとに、月初仕掛品原価と当月製造費用の合計額を配分する。

なお、非度外視法によるため、減損を含めてボックス図を作成する。

▶**ここに注意**◀

(1) 直接材料費

月末仕掛品の評価は平均法による。

仕掛品
（等級製品X＋等級製品Y・直接材料費）

29,500円	月初 100ℓ	完成品	3,700ℓ
	当月投入 3,950ℓ		
		正常減損	50ℓ
		異常減損	100ℓ
		月末	200ℓ
58,000円	月初 200ℓ	完成品	3,840ℓ
	当月投入 3,880ℓ		
		正常減損	80ℓ
		月末	160ℓ

2,351,500円

2,439,000円　　　計　8,130ℓ

按分単価：2,439,000円÷8,130ℓ＝@300円

等級製品X

完　成　品：@300円×3,700ℓ＝1,110,000円
正 常 減 損：@300円×　　50ℓ＝　　15,000円
異 常 減 損：@300円×　100ℓ＝　　30,000円
月末仕掛品：@300円×　200ℓ＝　　60,000円

等級製品Y

完　成　品：@300円×3,840ℓ＝1,152,000円
正 常 減 損：@300円×　　80ℓ＝　　24,000円
月末仕掛品：@300円×　160ℓ＝　　48,000円

(2) 加工費

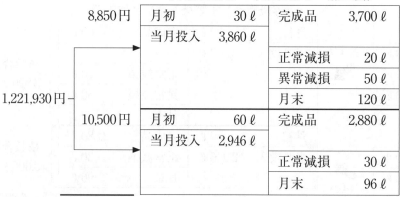

仕掛品
（等級製品X＋等級製品Y・加工費）

8,850円	月初 30ℓ	完成品	3,700ℓ
	当月投入 3,860ℓ		
		正常減損	20ℓ
		異常減損	50ℓ
		月末	120ℓ
10,500円	月初 60ℓ	完成品	2,880ℓ
	当月投入 2,946ℓ		
		正常減損	30ℓ
		月末	96ℓ

1,221,930円

1,241,280円　　　計　6,896ℓ

按分単価：1,241,280円÷6,896ℓ＝@180円

等級製品X

完　成　品：@180円×3,700ℓ＝　666,000円
正 常 減 損：@180円×　　20ℓ＝　　3,600円
異 常 減 損：@180円×　　50ℓ＝　　9,000円
月末仕掛品：@180円×　120ℓ＝　21,600円

等級製品Y

完　成　品：@180円×2,880ℓ＝　518,400円
正 常 減 損：@180円×　　30ℓ＝　　5,400円
月末仕掛品：@180円×　　96ℓ＝　17,280円

３．正常減損費の計算

(1)　等級製品X

15,000円(直接材料費) + 3,600円(加工費) = **18,600円**(問１解答)

(2)　等級製品Y

24,000円(直接材料費) + 5,400円(加工費) = **29,400円**(問１解答)

４．正常減損費の追加配賦

(1)　等級製品X

「月末仕掛品の加工進捗度(60％) > 異常減損の発生点(50％) > 正常減損の発生点(40％)」であり、問題文に「必要があれば正常減損費は異常減損にも負担させる。」とあるため、完成品、異常減損費、月末仕掛品に配賦する。

▶ここに注意◀

非度外視法では、定点発生の正常減損費は数量を基準に配賦する。

①　配賦計算

$$完 \quad 成 \quad 品：18,600円 \times \frac{3,700\,\ell}{3,700\,\ell + 100\,\ell + 200\,\ell} = 17,205円$$

$$異 \quad 常 \quad 減 \quad 損：18,600円 \times \frac{100\,\ell}{3,700\,\ell + 100\,\ell + 200\,\ell} = 465円$$

$$月 \quad 末 \quad 仕 \quad 掛 \quad 品：18,600円 \times \frac{200\,\ell}{3,700\,\ell + 100\,\ell + 200\,\ell} = 930円$$

②　正常減損費配賦後の完成品原価、異常減損費、月末仕掛品原価

完 成 品 原 価：1,110,000円 + 666,000円 + 17,205円 = **1,793,205円**(問２解答)

異 常 減 損 費：30,000円 + 9,000円 + 465円 = 39,465円

月末仕掛品原価：60,000円 + 21,600円 + 930円 = **82,530円**(問２解答)

(2)　等級製品Y

「月末仕掛品の加工進捗度(0.8) > 正常減損の発生点(0.5)」であり、正常減損費は完成品と月末仕掛品の両者に負担させる。

①　配賦計算

$$完 \quad 成 \quad 品：29,400円 \times \frac{4,800\,\ell}{4,800\,\ell + 200\,\ell} = 28,224円$$

$$月 \quad 末 \quad 仕 \quad 掛 \quad 品：29,400円 \times \frac{200\,\ell}{4,800\,\ell + 200\,\ell} = 1,176円$$

②　正常減損費配賦後の完成品原価、月末仕掛品原価

完 成 品 原 価：1,152,000円 + 518,400円 + 28,224円 = **1,698,624円**(問２解答)

月末仕掛品原価：48,000円 + 17,280円 + 1,176円 = **66,456円**(問２解答)

５．各等級製品の当月製造費用の算定

(1)　等級製品X

①　直接材料費

@300円(単価) × 4,050 ℓ (等級製品X積数合計) − 29,500円(月初仕掛品原価)

= **1,185,500円**(問３解答)

②　加工費

@180円(単価) × 3,890 ℓ (等級製品X積数合計) − 8,850円(月初仕掛品原価)

= **691,350円**(問３解答)

▶ここに注意◀

 (2) 等級製品 Y
  ① 直接材料費
   @300 円(単価)× 4,080 ℓ　(等級製品 Y 積数合計)− 58,000 円(月初仕掛品原価)
  = **1,166,000 円**(問 3 解答)
  ② 加工費
   @180 円(単価)× 3,006 ℓ　(等級製品 Y 積数合計)− 10,500 円(月初仕掛品原価)
  = **530,580 円**(問 3 解答)

あるいは 2．で貸方合計の金額を算定しているため、貸借差額で当月製造費用を求めることもできる。

 (1) 等級製品 X
  ① 直接材料費
   (1,110,000 円 + 15,000 円 + 30,000 円 + 60,000 円)− 29,500 円(月初仕掛品原価)
  = **1,185,500 円**
  ② 加工費
   (666,000 円 + 3,600 円 + 9,000 円 + 21,600 円)− 8,850 円(月初仕掛品原価)= **691,350 円**

 (2) 等級製品 Y
  ① 直接材料費
   (1,152,000 円 + 24,000 円 + 48,000 円)− 58,000 円(月初仕掛品原価)= **1,166,000 円**
  ② 加工費
   (518,400 円 + 5,400 円 + 17,280 円)− 10,500 円(月初仕掛品原価)= **530,580 円**

6．等級製品 X の異常減損費の振替仕訳(問 4 解答)
問題文に「仕掛品勘定から異常減損費勘定へ」とあるため、下記の仕訳となる。

(借方)異 常 減 損 費　　39,465*　　(貸方)仕　　掛　　品　　39,465
*　上記 4．(1)①参照

問題文に勘定科目が明示されている場合、それに従って仕訳を行う。

7．理論問題(問 5)
解答参照
(補足)
通常不可避的に生じる減損を正常減損と呼ぶが、この正常減損の発生を抑制するために例えば良質な材料を使用したり、入念に加工を行うために加工時間を増加させたりするのは、かえって不経済となり、製品の製造単価が増加してしまう結果となる。したがって管理者はある程度の減損が生じることを事前に見込んで製造を行うため、正常減損費は良品を製造するために必要な原価であるといえる。

問題２　個別原価計算
１．年間の基準操業度を算定（問１）
　問題文に「基準操業度は過去５年間の平均操業度を用いている」とあるため、＜資料＞
１．の過去５年間の直接作業時間の実績を平均して算出する。
　（62,600時間＋62,480時間＋62,200時間＋62,350時間＋62,370時間）÷５
＝ 62,400時間（問１解答）

２．間接労務費の変動費率及び固定費の算定（問２）
　高低点法を用いて、＜資料＞２．より、最大操業度である３月、最低操業度である５月、
これら２点を用いて変動費率及び固定費額を算出する。

　変動費率：$\dfrac{1,548,500円 - 1,474,800円}{4,650時間 - 3,980時間}$ ＝ 110円／時間（問２解答）

　固定費額：1,548,500円 −（@110円 × 4,650時間）＝ 1,037,000円（問２解答）
　　　　　　または、1,474,800円 −（@110円 × 3,980時間）＝ 1,037,000円

３．製造間接費の予定配賦率を計算（問３）
　月間操業度：62,400時間（１．）÷12か月 ＝ 5,200時間
　固定費予算額：158,000円（間接材料費）＋989,000円（間接経費）＋1,037,000円（２．）
　　　　　　　　＝ 2,184,000円
　固定費率：2,184,000円 ÷ 5,200時間 ＝ @420円
　変動費率：@110円（２．）＋@70円（間接材料費）＝ @180円
　製造間接費の予定配賦率：@420円 ＋ @180円 ＝ @600円（問３解答）

４．原価計算表の作成（問４）
原価計算表　　　　　　　　　（単位：円）

	No.1	No.2	No.3	No.1-R	No.2-2
直接材料費	1,800,000 *1	360,000	1,656,000	96,000	840,000
直接労務費	1,458,000 *2	432,000	1,274,400	129,600	1,782,000
製造間接費	810,000 *3	240,000	708,000	72,000	990,000
作業屑売却益	—	—	△25,000 *6	—	—
仕損売却益	—	△145,000 *5	—	—	—
仕損費振替	297,600 *4	△887,000 *5	—	△297,600 *4	887,000 *5
合　計	4,365,600	0	3,613,400	0	4,499,000

＊１　@1,200円（消費単価）×1,500kg（直接材料消費量）＝ 1,800,000円

＊２　@1,080円（消費賃率）×1,350時間（直接作業時間）＝ 1,458,000円

＊３　@600円（予定配賦率）×1,350時間 ＝ 810,000円

＊４　No.1の仕損は補修可能なため、補修にかかったコスト（補修指図書No.1-R）を仕損費とする。この仕損費は旧製造指図書（No.1）に振替える。

＊５　No.2の仕損は仕損の程度が著しく、代品を製造していることから一部仕損ではなく、全部仕損として処理する。そのため、旧製造指図書（No.2）に集計された原価を仕損品の原価とし、仕損売却益（仕損品売却収入）を控除した残額を仕損費とする。この仕損費は新製造指図書（No.2-2）に振替える。

＊６　作業屑は評価額を発生部門費から控除するのが原則であるが、解答用紙に作業屑売却益の欄があるため製造原価から控除する。（容認処理）

５．製造間接費差異の分析（問５）

製 造 間 接 費

諸 口	[3,280,000*1]	予 定 配 賦 額	[2,820,000*2]
予 算 差 異	[－]	予 算 差 異	[250,000]
操 業 度 差 異	[－]	操 業 度 差 異	[210,000]

＊１ 製造間接費実際発生額（資料６．より）

＊２ ＠600円（予定配賦率）×4,700時間（直接作業時間合計）＝2,820,000円

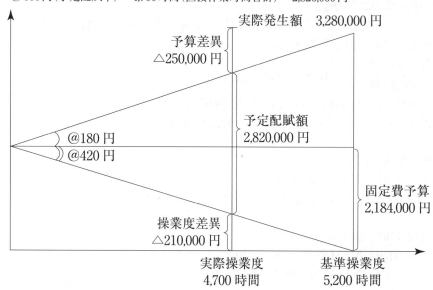

予 算 差 異：（＠180円×4,700時間＋2,184,000円）－3,280,000円
　　　　　　＝△250,000円（借方差異）

操 業 度 差 異：＠420円×（4,700時間－5,200時間）＝△210,000円（借方差異）

６．理論問題（問６）

解答参照

（補足）

　実際的生産能力とは、技術的に達成可能な最大操業度であり、理論的生産能力から機械の故障・修繕・段取などの不可避的な作業休止による生産量、あるいは作業時間の減少分を差し引いて計算される。

　したがって実際的生産能力とは自己の保有する最大生産能力であるため、実際操業度との差は保有する生産能力を遊休させた時間であり、その全額が不動能力差異を表すこととなる。

第211回
管　理　会　計

問題1　不利差異には△を付すこと
問1

予算・実績差異分析総括表			(単位：円)
予算営業利益			〔　②　　　1,934,000　〕
売上高差異			
（　**販売価格差異**　　　）	〔　④　　△ 150,000　〕		
販売数量差異	〔　④　　　500,000　〕	〔　　　　350,000　〕	
変動売上原価差異			
単位当たり変動売上原価差異	〔　④　　△ 345,000　〕		
販売数量差異	〔　④　　△ 160,000　〕	〔　　　△ 505,000　〕	
変動販売費差異			
予算差異	〔　④　　△ 25,000　〕		
販売数量差異	〔　④　　△ 24,000　〕	〔　　　△ 49,000　〕	
貢献利益差異		〔　　　△ 204,000　〕	
（　**固定加工費差異**　　　）		〔　③　　　70,000　〕	
固定販売費及び一般管理費差異		〔　③　　△ 60,000　〕	
実際営業利益		〔　　　1,740,000　〕	

問2

〔　　　　　△ 400,000　〕円　　　　③

問3

市場占有率差異　　〔　　　　△ 2,500,000　〕円　　④
市場総需要差異　　〔　　　　3,000,000　〕円　　④

計算過程
市場占有率差異 ＝（ 500 － 500 ÷ 10% × 12% ）× 25,000 ＝△ 2,500,000
市場総需要差異 ＝（ 500 ÷ 10% × 12% － 480 ）× 25,000 ＝ 3,000,000

②

問題2

問1

〔　　　　　　1,960,000　〕円　　　　⑥

問2

初期投資額　　　　　　　　〔　　　　32,000,000　〕円　⑤
年々のキャッシュ・フロー　〔　　　　　8,360,000　〕円　⑤
売却によるキャッシュ・フロー〔　　　　　　770,000　〕円　⑤

問3

正味現在価値　　　　　　　〔　　　　1,905,850　〕円

計算過程
$8,360,000 \times 3.993 + 770,000 \times 0.681 - 32,000,000 = 1,905,850$

計算過程も含めて⑩

問4

〔　　　　　　477,298　〕円

計算過程
$1,905,850 \div 3.993 = 477,297.7\cdots \to 477,298$

計算過程も含めて⑧

問5

1年目のキャッシュ・フロー　〔　　　　9,200,000　〕円　⑥

問題3

A	原価センター	①	B	利益センター	②
C	投資センター	①	D	ミニ・プロフィットセンター	②
E	権限	①	F	内部振替価格	①
G	売買取引	①	H	市場環境	①

予想採点基準

⑩…10点×1 ＝　　10点
⑧…8点×1 ＝　　　8点
⑥…6点×2 ＝　　12点
⑤…5点×3 ＝　　15点
④…4点×8 ＝　　32点
③…3点×3 ＝　　　9点
②…2点×4 ＝　　　8点
①…1点×6 ＝　　　6点
　　　　　　　100点

《解　説》　　　　　　　　　　　　　　　　　　　　　▶ここに注意◀
問題1　予算実績差異分析
　問1　予算・実績差異分析総括表の作成
　　　1．予算実績比較損益計算書の作成　　　　　（単位：円）

	予算	実績	差異	
売上高	12,000,000 *1	12,350,000 *4	＋ 350,000	売上高差異
変動費				
製造原価	3,840,000 *2	4,345,000 *5	△ 505,000	変動売上原価差異
販売費	576,000	625,000	△ 49,000	変動販売費差異
計	4,416,000	4,970,000	△ 554,000	
貢献利益	7,584,000	7,380,000	△ 204,000	貢献利益差異
固定費				
固定加工費	3,850,000	3,780,000	＋ 70,000	固定加工費差異
販管費	1,800,000	1,860,000	△ 60,000	固定販管費差異
計	5,650,000	5,640,000	＋ 10,000	
営業利益	**1,934,000**	**1,740,000**	△ 194,000	

＊1　＠25,000円（予算販売単価）× 480個（予算販売量）＝ 12,000,000円
＊2　＠8,000円*3（予算における単位当たり売上原価）× 480個（予算販売量）＝ 3,840,000円
＊3　＠3,000円（単位当たり原料費）＋＠5,000円（単位当たり変動加工費）＝＠8,000円
＊4　＠24,700円（実際販売単価）× 500個（実際販売量）＝ 12,350,000円
＊5　1,705,000円（実際原料費）＋ 2,640,000円（実際変動加工費）＝ 4,345,000円

　　　2．総額分析による差異の詳細
　　　（1）　売上高差異の分析

予算＠25,000円

| 販売価格差異 △150,000円 | 販売数量差異 ＋500,000円 |

実績＠24,700円

　　　　実績　　　予算
　　　　500個　　480個

販売価格差異：（＠24,700円−＠25,000円）× 500個 ＝ △150,000円（不利差異）
販売数量差異：（500個−480個）×＠25,000円 ＝ 500,000円（有利差異）
合計：△150,000円 ＋ 500,000円 ＝ 350,000円（有利差異）

答案用紙の形式から、項目ごとに差異を把握しているので、総額分析（項目別分析）によっていることを読み取る。

211

ボックス図の予算と実績の位置は、売上の分析の場合は予算が外側に、費用の分析の場合は予算が内側に来ることに注意する。

原計・管理

(2) 変動売上原価差異の分析　　　　　　　　　　　　　▶ここに注意◀

実績@8,690円*1

予算@8,000円

＊1　(1,705,000円＋2,640,000円)÷500個＝@8,690円

単位当たり変動売上原価差異：(@8,000円－@8,690円)×500個
＝△**345,000円**(不利差異)
販売数量差異：(480個－500個)×@8,000円＝△**160,000円**(不利差異)
合計：△345,000円＋△160,000円＝△**505,000円**(不利差異)

(3) 変動販売費差異の分析

実績@1,250円*1

予算@1,200円

＊1　625,000円÷500個＝@1,250円

予算差異：(@1,200円－@1,250円)×500個＝△**25,000円**(不利差異)
販売数量差異：(480個－500個)×@1,200円＝△**24,000円**(不利差異)
合計：△25,000円＋△24,000円＝△**49,000円**(不利差異)

(4) 貢献利益差異
(1)350,000円＋(2)△505,000円＋(3)△49,000円＝△**204,000円**(不利差異)

3．固定費差異
(1) 固定加工費差異の分析
3,850,000円－3,780,000円＝**70,000円**(有利差異)

(2) 固定販売費及び一般管理費差異の分析
1,800,000円－1,860,000円＝△**60,000円**(不利差異)

問2　変動売上原価差異の詳細分析

変動売上原価差異には、原料費と加工費の差異が含まれており、このうち作業効率が悪かったことに起因して生じた差異(数量差異・能率差異)と価格差異に分けてそれぞれ分析する。具体的な計算は、標準原価計算の差異分析と同じ要領で分析する。

▶ここに注意◀

変動売上原価差異の内訳を価格差異と数量差異に分解する。

(1)　原料費に関する差異

＊1　500個(実績)×10kg (予算における単位当たり原料消費量)＝5,000kg
＊2　1,705,000円÷5,500kg＝@310円

価格差異：(@300円−@310円)×5,500kg＝△55,000円(不利差異)
数量差異：@300円×(5,000kg − 5,500kg)＝△150,000円(不利差異)
合計：△55,000円＋△150,000円＝△205,000円(不利差異)

(2)　変動加工費に関する差異

＊1　500個×2時間(予算における単位当たり加工時間)−1,000時間
＊2　2,640,000円÷1,100時間＝@2,400円

価格差異：(@2,500円−@2,400円)×1,100時間＝＋110,000円(有利差異)
能率差異：@2,500円×(1,000時間−1,100時間)＝△250,000円(不利差異)
合計：＋110,000円＋△250,000円＝△140,000円(不利差異)

(3)　作業効率に起因する差異
△150,000円(原料費)＋△250,000円(加工費)＝**△400,000円(不利差異)**

なお、原料費差異の合計△205,000円と加工費の差異の合計△140,000円を合算すると、単位あたり変動売上原価差異△345,000円と一致する。

問3 販売数量差異の詳細分析

▶ここに注意◀

予算販売単価

@25,000円

市場占有率差異	市場総需要差異
△2,500,000円	+3,000,000円
(△100個)	(+120個)

	販売実績			予算
販 売 数 量	500個	600個		480個
	=			=
市 場 占 拠 率	実際10%	予算12%		予算12%
	×	×		×
市 場 総 需 要 量	実際5,000個*	5,000個		4,000個

* 500個(実際販売数量)÷10%(実際市場占有率)÷5,000個

市場占有率差異：(500個 − 600個)×@25,000円 = △2,500,000円(不利差異)

市場総需要差異：(600個 − 480個)×@25,000円 = +3,000,000円(有利差異)

問題2 設備投資の意思決定

問1 製品Zの年間の税引後利益

売 上	15,000,000円	*1
費 用	12,200,000円	*2
税 引 前 利 益	2,800,000円	
法 人 税 等	840,000円	*3
税 引 後 利 益	**1,960,000円**	

*1 @5,000円×3,000個 = 15,000,000円

*2 2,000,000円(材料費)+3,000,000円(人件費)+7,200,000円(その他の費用)= 12,200,000円

*3 2,800,000円×30% = 840,000円

資料に与えられている費用の金額は、減価償却費の金額を含んだ状態であることに注意する。

問2・問3 各投資段階におけるキャッシュ・フローと正味現在価値

	1年	2年	3年	4年	5年
CIF					③ 1,100,000
	② 8,360,000	② 8,360,000	② 8,360,000	② 8,360,000	② 8,360,000
COF	① 32,000,000				④ 330,000
NET	△32,000,000	8,360,000	8,360,000	8,360,000	8,360,000	8,360,000
	33,381,480	←	× 3.993		770,000
	524,370	←			× 0.681
NPV	1,905,850				

1. 初期投資額
① 新規設備への投資額(取得原価)：31,500,000円 + 500,000円 = **32,000,000円**

▶ここに注意◀

年々のキャッシュ・フローは設備の売却を除いて同額であるため、計算を簡略化するためにも年金現価係数を使用して求めている。

2. 年々のキャッシュ・フロー
② 年々のキャッシュ・フロー：1,960,000円[*1] + 6,400,000円[*2] = **8,360,000円**

　＊1　税引後利益：1,960,000円(問1より)

　＊2　減価償却費：32,000,000円 ÷ 5年 = 6,400,000円

3. 売却によるキャッシュ・フロー
③ 5年後の新規設備売却収入：1,200,000円(売却額) − 100,000円(解体費用等) = 1,100,000円

④ 5年後の新規設備売却益による法人税支払額：1,100,000円 × 30% = 330,000円

③−④ 売却によるキャッシュ・フロー：1,100,000円 − 330,000円 = **770,000円**

設備を売却すると1,100,000円の売却益が生じる。この売却益分だけ利益が増え、法人税の支払が増加するので、これをキャッシュ・アウト・フローに含める。

4. 正味現在価値
【計算過程】
$$\underline{8,360,000円 \times 3.993} + \underline{770,000円 \times 0.681} - \underline{32,000,000円} = 1,905,850円$$

　　年々のCF　　　　　　売却によるCF　　　　初期投資額

問4　製品Ｚの採用の可否
　問3までにおいて、新規設備に関する投資案の正味現在価値は1,905,850円と計算されている。追加の条件として、製品Ｚを市場に投入すると、製品Ｙの需要の一部が製品Ｚに移ると予測されているので、製品Ｙにおけるキャッシュ・フローの減少額(年額)の現在価値合計が問3で求めた正味現在価値を上回った時に、この投資案を採択すべきでないといえる。

　そのため、製品Ｚの正味現在価値を年金現価係数で割り戻すことによって、投資案の正味現在価値がゼロとなる年々のキャッシュ・フローの減少額を算出することができる。なお、投資案を採択すべきでなくなる(上回る)金額は、小数点以下を繰り上げることによって、投資案の正味現在価値がマイナスとなることに注意する。

【計算過程】
　1,905,850円 ÷ 3.993 = 477,297.7… → **477,298円(切り上げ)**

問5　税金を考慮しない場合のキャッシュ・フロー
　問題文の「課税される所得がない」というのは、当期は赤字が予想されており、当期純利益がマイナスになることを意味している。そのため、製品Ｚの製造販売によって収益を生み出せたとしても全社的には利益が発生しないので、新規設備に関する投資案のキャッシュ・インフローには税金がかからないと考えて計算することになる。

　8,360,000円(年々のキャッシュ・フロー) + 840,000円(税金) = **9,200,000円**

問1で求めた税引後利益に税金額を足した金額が1年目のキャッシュ・フローになるので、考え方さえ理解できてしまえば計算自体は平易である。

原計・管理

問題3　ミニ・プロフィットセンターの特徴と機能(理論問題)

1．原価センター・利益センター・投資センター

　企業内の組織(部門など)の管理者がどの範囲の会計数値まで責任を持つかによって、以下のように分類することがある。

原価センター	管理者が原価の発生にのみ責任を負う組織。製造部門や補助部門、それらの集合体である工場などが該当する。
利益センター	管理者が原価の発生だけでなく収益の獲得にも責任を負う組織。生産と販売の両方の機能を持つ組織が想定され、工場などの製造部門であっても内部振替価格によって収益が計算されていれば、利益センターとして扱われることもある。
投資センター	管理者が原価と収益のみならず投資額にも責任を負う組織。管理者に投資権限が付与された事業部などが該当し、投下資本利益率や残余利益によって業績が評価される。

2．ミニ・プロフィットセンター制

　通常であれば原価センターになるような製造部門も含め、10人～50人程度の小集団に組織を分割し、それぞれの小集団に大きな権限を委譲して利益センターとして扱い、利益責任を持たせる管理システムをミニ・プロフィットセンター制、分割された小集団のことをミニ・プロフィットセンターと呼ぶ。

　ミニ・プロフィットセンター制の下では、企業内におけるミニ・プロフィットセンター間の財やサービスのやり取りを、すべてミニ・プロフィットセンターに対する売買取引とみなし、内部振替価格に基づき、各ミニ・プロフィットセンターの収益・原価として管理する。これにより現場の活性化が期待される。

　日本における代表的な例として、京セラ株式会社のアメーバ経営が挙げられる。

3．空欄補充

　問題文の(　　)内に適切な用語を補充すると、以下の文章となる。

　企業における組織単位は、管理者がどの範囲までの会計数値に責任を持つかによって、(A　**原価センター**)、(B　**利益センター**)、(C　**投資センター**)に分けられる。生産と販売の機能について権限および責任を有するが、投資に関する権限と責任がない組織単位は(B　**利益センター**)であり、生産機能だけを有する工場のような組織は(A　**原価センター**)である。

　日本企業の中に、製造部門を工程単位などの10人から50人ほどの小集団に分割し、それぞれの小集団に利益責任を持たせる管理システムを採用している企業がある。このような管理システムを(D　**ミニ・プロフィットセンター**)制と呼ぶ。そこでは、各小集団に比較的大きな(E　**権限**)を委譲したうえで、社内の小集団間で、(F　**内部振替価格**)に基づいて、財・サービスの(G　**売買取引**)が行われる。このような管理システムを導入することによって、(H　**市場環境**)の変化にすばやく対応でき、現場が活性化することが期待されている。

第213回
原　価　計　算

問題 1
問 1

仕損品評価額　　〔　　　　1,500,000 〕円　③
完成品総合原価　〔　　　83,162,000 〕円　④

問 2

1．経営目的に関連しない価値の減少	②
2．異常な状態を原因とする価値の減少	②
3．税法上とくに認められる損金算入項目	
4．その他の利益剰余金に課する項目	②

問 3

月末仕掛品原価　〔　　　23,972,000 〕円　④
異常仕損費　　　〔　　　 2,127,200 〕円　④
完成品総合原価　〔　　　81,634,800 〕円　④

問 4

月末仕掛品原価　〔　　　24,780,480 〕円　④
異常仕損費　　　〔　　　 1,618,560 〕円　④
完成品総合原価　〔　　　81,334,960 〕円　④

問 5

月末仕掛品原価　〔　　　24,676,800 〕円　③
異常仕損費　　　〔　　　 1,722,600 〕円　③
完成品総合原価　〔　　　81,334,600 〕円　③

問 6

正常仕損の直接材料費は完成品と月末仕掛品の数量の比により、加工費は完成品と月末仕掛品の完成品換算量の比により負担割合が決まっている。　⑥

問題2

問1　月末仕掛品　　　〔　6,000　〕kg　⑥

問2　月末仕掛品　　　〔　5,200　〕kg　⑥

問3

仕掛品

月初仕掛品	〔②	63,483,200 〕	製品	〔⑧	749,680,000 〕
A材料		218,000,000	月末仕掛品	〔⑧	309,224,000 〕
B材料	〔⑥	104,624,000 〕			
加工費		672,796,800			

問題3

特徴	連産品の原価計算では、通常の原価計算のような価値移転的計算ではなく、負担能力主義による計算（価値回収的計算）も認められている。	⑥
理由	連産品は原価材の投入と産出の因果関係が不明であり、その連結原価の配分を通常の原価計算のような価値移転的計算により行う合理性は乏しいため。	⑥

予想採点基準
⑧…8点×2＝　16点
⑥…6点×6＝　36点
④…4点×7＝　28点
③…3点×4＝　12点
②…2点×4＝　8点
100点

《解　説》　　　　　　　　　　　　　　　　　　　　　　　　　　▶ここに注意◀
問題1　総合原価計算の仕損の処理
問1　非度外視法・完成品のみ負担の場合（正常仕損のみ発生）

直接材料費		
	月初	当月完成
13,200,000円	5,000kg	
		15,000kg
	当月投入	
		正常仕損
		1,000kg
		月末
43,200,000円	16,000kg	5,000kg

加工費		
	月初	当月完成
5,110,000円	2,000kg*1	
		15,000kg
	当月投入	
		正常仕損
		1,000kg
		月末
47,124,000円	18,000kg	4,000kg*2
	（貸借差引）	

＊1　5,000kg × 0.4（加工進捗度）＝ 2,000kg
＊2　5,000kg × 0.8（加工進捗度）＝ 4,000kg

1．直接材料費

43,200,000円 ÷ 16,000kg ＝＠2,700円

正常仕損品：＠2,700円 × 1,000kg ＝　2,700,000円

月末仕掛品：＠2,700円 × 5,000kg ＝ 13,500,000円

完　成　品：13,200,000円 + 43,200,000円 −（2,700,000円 + 13,500,000円）

$$= 40,200,000円$$

2．加工費

47,124,000円 ÷ 18,000kg ＝＠2,618円

正常仕損品：＠2,618円 × 1,000kg ＝　2,618,000円

月末仕掛品：＠2,618円 × 4,000kg ＝ 10,472,000円

完　成　品：5,110,000円 + 47,124,000円 −（2,618,000円 + 10,472,000円）

$$= 39,144,000円$$

3．正常仕損費の処理・完成品総合原価の計算

本問の仕損はすべて正常仕損であるため、仕損品1,000kgすべてが外部に売却できるものとして評価額を計算する。また、正常仕損品原価から評価額を差し引いた正常仕損費は問題文の指示に従って、全額を完成品に負担させる。

問1では、仕損がすべて評価額のある正常仕損である点に注意。

仕損品評価額：＠1,500円 × 1,000kg ＝ **1,500,000円**

正常仕損費：2,700,000円 + 2,618,000円 − 1,500,000円(仕損品評価額) ＝ 3,818,000円

完成品総合原価：40,200,000円 + 39,144,000円 + 3,818,000円(正常仕損費)

$$= 83,162,000円$$

問2　非原価項目
　　　解答参照

原計・管理

213

問3　非度外視法・完成品のみ負担の場合（正常仕損・異常仕損が終点で発生）　　　　▶ここに注意◀

　問題文の指示により、1,000kg の仕損のうち 60％の 600kg が正常仕損、残り 40％の 400kg が異常仕損であるものとして計算する。なお、仕損は工程の終点で発生しているため、完成品換算量は仕損の数量と同じになる。

直接材料費

月初	当月完成		
13,200,000円　5,000kg			15,000kg
当月投入	正常仕損		600kg
	異常仕損		400kg
43,200,000円　16,000kg	月末		5,000kg

加工費

月初	当月完成		
5,110,000円　2,000kg			15,000kg
当月投入	正常仕損		600kg
	異常仕損		400kg
47,124,000円　18,000kg（貸借差引）	月末		4,000kg

１．直接材料費

　43,200,000円 ÷ 16,000kg ＝ @ 2,700円
　正常仕損品：@ 2,700円 ×　　600kg ＝　1,620,000円
　異常仕損品：@ 2,700円 ×　　400kg ＝　1,080,000円
　月末仕掛品：@ 2,700円 × 5,000kg ＝ 13,500,000円
　完　　成　品：13,200,000円 ＋ 43,200,000円 －（1,620,000円 ＋ 1,080,000円 ＋ 13,500,000円）
　　　　　　　　　　　　　　　　　　　　　　　　　　　　　＝ 40,200,000円

２．加工費

　47,124,000円 ÷ 18,000kg ＝ @ 2,618円
　正常仕損品：@ 2,618円 ×　　600kg ＝　1,570,800円
　異常仕損品：@ 2,618円 ×　　400kg ＝　1,047,200円
　月末仕掛品：@ 2,618円 × 4,000kg ＝ 10,472,000円
　完　　成　品：5,110,000円 ＋ 47,124,000円 －（1,570,800円 ＋ 1,047,200円 ＋ 10,472,000円）
　　　　　　　　　　　　　　　　　　　　　　　　　　　　　＝ 39,144,000円

３．異常仕損費

　正常仕損費は完成品のみに負担させるよう指示されているため、異常仕損費に負担させる必要はない。
　　異常仕損費：1,080,000円 ＋ 1,047,200円 ＝ **2,127,200円**

異常仕損の評価額はゼロであるため、異常仕損費の算定にあたって評価額を考慮する必要はない。

▶ここに注意◀

4. 正常仕損費の処理と月末仕掛品原価・完成品総合原価の計算

本問も正常仕損費は完成品のみに負担させるため、仕損品原価から仕損品評価額を差し引いた正常仕損費を完成品総合原価に加算する。

仕損品評価額：@1,500円 × 600kg = 900,000円

正常仕損費：1,620,000円 + 1,570,800円 − 900,000円（仕損品評価額）= 2,290,800円

月末仕掛品原価：13,500,000円 + 10,472,000円 = **23,972,000円**

完成品総合原価：40,200,000円 + 39,144,000円 + 2,290,800円（正常仕損費）

= **81,634,800円**

問4　非度外視法・両者負担の場合（正常仕損・異常仕損が50％点で発生）

本問も1,000kgの仕損のうち60％の600kgが正常仕損、残り40％の400kgが異常仕損であるものとして計算する。なお、仕損は工程の50％点で発生しているため、正常仕損も異常仕損も完成品換算量は仕損の数量に50％を掛けたものとなる。

直接材料費

	月初	当月完成
13,200,000円	5,000kg	15,000kg
	当月投入	
		正常仕損 600kg
		異常仕損 400kg
43,200,000円	16,000kg	月末 5,000kg

加工費

	月初	当月完成
5,110,000円	2,000kg	15,000kg
	当月投入	
		正常仕損 300kg*1
47,124,000円	17,500kg	異常仕損 200kg*2
（貸借差引）		月末 4,000kg

＊1　600kg × 50% = 300kg

＊2　400kg × 50% = 200kg

1. 直接材料費

43,200,000円 ÷ 16,000kg = @2,700円

正常仕損品：@2,700円 × 600kg = 1,620,000円

異常仕損品：@2,700円 × 400kg = 1,080,000円

月末仕掛品：@2,700円 × 5,000kg = 13,500,000円

完　成　品：13,200,000円 + 43,200,000円 −（1,620,000円 + 1,080,000円 + 13,500,000円）

= 40,200,000円

2. 加工費

▶ここに注意◀

47,124,000円 ÷ 17,500kg = @2,692.8円

正常仕損品：@2,692.8円 × 300kg = 807,840円

異常仕損品：@2,692.8円 × 200kg = 538,560円

月末仕掛品：@2,692.8円 × 4,000kg = 10,771,200円

完　成　品：5,110,000円 + 47,124,000円 − (807,840円 + 538,560円 + 10,771,200円)
= 40,116,400円

3. 異常仕損費

異常仕損費：1,080,000円 + 538,560円 = **1,618,560円**

4. 正常仕損費の処理と月末仕掛品原価・完成品総合原価の計算

本問は定点発生であるため、数量を基準に完成品と月末仕掛品に按分する。なお、先入先出法を採用しているため、完成品の数量は月初仕掛品の数量を差し引いた数量とする。

非度外視法・両者負担の場合は、定点発生か平均的発生かという正常仕損の発生形態のほか、先入先出法か平均法かという棚卸資産の評価方法（原価の配分方法）についても注意する。

(1) 正常仕損費の按分

仕損品評価額：@1,500円 × 600kg = 900,000円

正常仕損費：1,620,000円 + 807,840円 − 900,000円(仕損品評価額) = 1,527,840円

月末仕掛品への按分額：$1,527,840円 \times \dfrac{5,000kg}{10,000kg^* + 5,000kg} = 509,280円$

完成品への按分額：$1,527,840円 \times \dfrac{10,000kg}{10,000kg + 5,000kg} = 1,018,560円$

* 15,000kg（完成品数量）− 5,000kg（月初仕掛品数量）= 10,000kg

(2) 月末仕掛品原価・完成品総合原価

月末仕掛品原価：13,500,000円 + 10,771,200円 + 509,280円(正常仕損費)
= **24,780,480円**

完成品総合原価：40,200,000円 + 40,116,400円 + 1,018,560円(正常仕損費)
= **81,334,960円**

問5 度外視法・両者負担の場合（正常仕損・異常仕損が60%点で発生）

1．正常仕損費を負担しない異常仕損費の計算

(1) 生産データの整理

まず、正常仕損費を負担させない異常仕損費を分離把握する。その際、生産データ内に正常仕損は残したままにしておくことで、正常仕損費を負担しない異常仕損費を計算することができる。

直接材料費

	月初	当月完成
13,200,000円	5,000kg	15,000kg
	当月投入	正常仕損 600kg
		異常仕損 400kg
43,200,000円	16,000kg	月末 5,000kg

加工費

	月初	当月完成
5,110,000円	2,000kg	15,000kg
	当月投入	正常仕損 360kg*1
		異常仕損 240kg*2
47,124,000円	17,600kg（貸借差引）	月末 4,000kg

- ＊1　600kg × 60% = 360kg
- ＊2　400kg × 60% = 240kg

(2) 異常仕損費の計算

直接材料費：43,200,000円 ÷ 16,000kg × 400kg = 1,080,000円

加　工　費：47,124,000円 ÷ 17,600kg × 240kg =　642,600円

合　　　計：1,080,000円 + 642,600円 = **1,722,600円**

2．完成品原価・月末仕掛品原価の計算

異常仕損費の計算後は、当月投入の直接材料費・加工費から異常仕損に按分した金額を除いた額を完成品と月末仕掛品に按分する。

なお、問題文にしたがって本問も正常仕損費は完成品と月末仕掛品の両者に負担させる。

> 度外視法・両者負担であるため、完成品原価と月末仕掛品原価を計算する際には、正常仕損を無視して計算する。

直接材料費

	月初	当月完成
13,200,000円	5,000kg	15,000kg
	当月投入	15,000kg
41,220,000円*1	15,000kg（貸借差引）	月末 5,000kg

加工費

	月初	当月完成
5,110,000円	2,000kg	15,000kg
	当月投入	15,000kg
46,481,400円*2	17,000kg（貸借差引）	月末 4,000kg

- ＊1　43,200,000円 − 1,080,000円（異常仕損・直接材料費）− @1,500円 × 600kg（仕損品評価額）
  = 41,220,000円
- ＊2　47,124,000円 − 642,600円（異常仕損・加工費）= 46,481,400円

 (1) 月末仕掛品

   直接材料費：41,220,000円 ÷ 15,000kg × 5,000kg = 13,740,000円

   加 工 費：46,481,400円 ÷ 17,000kg × 4,000kg = 10,936,800円

   合 計：13,740,000円 + 10,936,800円 = **24,676,800円**

 (2) 完成品原価

   13,200,000円 + 41,220,000円 + 5,110,000円 + 46,481,400円 − 24,676,800円

                   = **81,334,600円**

問6 理論問題（度外視法・両者負担の場合の計算）

  度外視法・両者負担の場合、正常仕損費の負担計算は当月発生原価を完成品・月末仕掛品原価への按分する計算と一緒に行われるため、正常仕損品の直接材料費は数量の比で、正常仕損品の加工費は完成品換算量の比で負担割合が決定されることになる。

問題2 総合原価計算（追加材料の投入）

1．B材料が50％時点で全量投入される場合（問1）

 (1) 完成品に含まれるA材料とB材料

  ＜資料＞1．の(注3)に「完成品の重量はA材料とB材料の合計である。完成品における重量比は、A材料：B材料＝2：1である」という情報から、当月完成品12,000kgに含まれるA材料とB材料は以下のように計算できる。

$$\text{完成品に含まれるA材料：}12,000\text{kg} \times \frac{2}{2 + 1} = 8,000\text{kg}$$

$$\text{完成品に含まれるB材料：}12,000\text{kg} \times \frac{1}{2 + 1} = 4,000\text{kg}$$

 (2) A材料とB材料の生産データの整理

  材料別に生産データを整理しながら、資料内で不明になっている情報を推定していく。

A材料		B材料	
月初 2,000kg	当月完成 8,000kg	月初 0kg*2	当月完成 4,000kg
当月投入 10,000kg	月末 4,000kg*1	当月投入 6,000kg （貸借差引）	月末 2,000kg*3

問1の場合、工程の50％時点で必要な量がすべて投入されているので、B材料の投入点を通過した月末仕掛品には、完成品と同じ割合でA材料とB材料が投入されているはずである。

  ＊1 2,000kg + 10,000kg − 8,000kg = 4,000kg または 貸借差引

  ＊2 月初仕掛品の加工進捗度がB材料の投入点よりも前であるため、投入量は0kgとなる。

  ＊3 月末仕掛品の加工進捗度はB材料の投入点よりも後であるため、完成品と同じ割合でB材料が投入されている。

    4,000kg ÷ 2 = 2,000kg

 以上より、この場合の月末仕掛品の重量は

  4,000kg（A材料）+ 2,000kg（B材料）= **6,000kg**

となる。

２．Ｂ材料が50％時点から終点まで平均的に投入される場合（問２・３）

（1）　月末仕掛品に含まれるＢ材料

　　Ｂ材料が工程の50％時点から終点（100％時点）まで平均的に投入される場合、工程の80％（0.8）時点まで加工が終わっている月末仕掛品に投入されるＢ材料の重量は、以下のように計算できる。

　　月末仕掛品に含まれるＢ材料：$2,000\text{kg} \times \dfrac{80\% - 50\%}{100\% - 50\%} = 1,200\text{kg}$

　　以上より、この場合の月末仕掛品の重量は

　　　4,000kg（Ａ材料）＋ 1,200kg（Ｂ材料）＝ **5,200kg**

　　となる。

> 50％から100％までの間、つまり工程の50％をかけてＢ材料が平均的に投入されるため、80％（0.8）点にある月末仕掛品には、完成品の60％に相当するＢ材料が投入されているはずである。

（2）　生産データの整理

　　問３で完成品原価・月末仕掛品原価を計算する必要があるため、加工費の計算に必要な完成品換算量も計算しておく。本問の加工費の計算は、問題文の指示にしたがって、Ａ材料の重量に加工進捗度を乗じた値に基づいて行う。

Ａ材料

	月初	当月完成
43,000,000円	2,000kg	
		8,000kg
	当月投入	
218,000,000円	10,000kg	月末
		4,000kg
261,000,000円		

Ｂ材料

	月初	当月完成
0円	0kg	
		4,000kg
	当月投入	
104,624,000円*1	5,200kg	月末
	（貸借差引）	1,200kg
104,624,000円		

加工費

	月初	当月完成
20,483,200円	400kg*2	
		8,000kg
	当月投入	
672,796,800円	10,800kg	月末
	（貸借差引）	3,200kg*3
693,280,000円		

　　＊１　Ｂ材料　当月消費額：@20,120円 × 5,200kg ＝ 104,624,000円

　　＊２　2,000kg × 0.2 ＝ 400kg

　　＊３　4,000kg × 0.8 ＝ 3,200kg

　　以上より、仕掛品勘定の借方の空欄が記入できる。

　　月初仕掛品：43,000,000円 ＋ 20,483,200円 ＝ **63,483,200円**

　　Ｂ材料：@20,120円 × 5,200kg ＝ **104,624,000円**

原計・管理

213

(3) 完成品原価・月末仕掛品原価の計算（仕掛品勘定・貸方の計算）

① A材料費

平均単価：261,000,000円 ÷ (2,000kg + 10,000kg) = @21,750円

完成品：@21,750円 × 8,000kg = 174,000,000円

月末仕掛品：@21,750円 × 4,000kg = 87,000,000円

② B材料費

完成品：@20,120円 × 4,000kg = 80,480,000円

月末仕掛品：@20,120円 × 1,200kg = 24,144,000円

③ 加工費

平均単価：693,280,000円 ÷ (400kg + 10,800kg) = @61,900円

完成品：@61,900円 × 8,000kg = 495,200,000円

月末仕掛品：@61,900円 × 3,200kg = 198,080,000円

> B材料は月初仕掛品を考慮しなくてよいため、問題文にあるB材料の単価@20,120円をそのまま使って完成品原価・月末仕掛品原価を計算できる。

以上より、

製品（完成品原価）：174,000,000円 + 80,480,000円 + 495,200,000円

= **749,680,000円**

月末仕掛品（月末仕掛品原価）：87,000,000円 + 24,144,000円 + 198,080,000円

= **309,224,000円**

問題3　理論問題（連産品の原価計算）

　本来の製品原価計算は、製品を製造するために発生した原価をできるだけ正確に跡づけして、それらを積み上げていく価値移転的原価計算によるべきとされており、収益性の高い製品に多くの原価を負担させる負担能力主義的な計算（価値回収的原価計算）は認められていない。

　しかし、連産品は複数の異種製品が必然的に産出される原価材の投入と産出の因果関係が不明である。そのため、連産品ごとに製造原価を計算することが不可能であるため、収益性の高い製品に多くの原価を負担させる負担能力主義的な計算（価値回収的原価計算）が例外として認められている。

第213回
管　理　会　計

問題 1

問 1

製品 P 〔 2,100 〕円／個 ④　　製品 Q 〔 3,000 〕円／個 ④

問 2

製品 P 〔 6,000 〕個 ⑤　　製品 Q 〔 250 〕個 ⑤
営業利益 〔 5,020,000 〕円 ③

問 3

製品 P 〔 4,500 〕個 ④　　製品 Q 〔 2,000 〕個 ④
営業利益 〔 7,120,000 〕円 ③

問 4

製品 P 〔 5,000 〕個 ⑤　　製品 Q 〔 2,000 〕個 ⑤
営業利益 〔 7,250,000 〕円 ③

問 5

リースによりプロセスAの機械作業時間が増加することで、1,500時間あったプロセスBの遊休時間をゼロにでき、その分だけ生産販売量を増やすことができる。その結果として、営業利益が130,000円増加するので、リースにより機械2台を導入すべきである。

⑥

原計・管理

213

問題2

問1 （　　　　　変動製造マージン　　　　　）②

問2

損益分岐点売上高　〔　　3,000,000 〕千円　⑥
安全余裕率　　　　〔　　　　25 〕％　⑥

問3

営業外費用と営業外収益は固定費として扱うべきである。　⑤

その理由：　**営業外費用と営業外収益は、営業量と直接的な対応関係はないため。**　⑤

問4

経営レバレッジ係数　〔　　　4 〕　⑥

計算過程：
2,400,000 ÷ 600,000 = 4

②

問5

営業利益増加額　　〔　　240,000 〕千円　⑥

計算過程：
600,000 × 4 × 10% = 240,000

②

問6

全経電機の安全性は （改善した） ・ 悪化した ・ 不変である。←〇で囲むこと。　③

その理由：**安全余裕率が25％から約31％に上昇しているため。**　⑥

（別解）経営レバレッジ係数が4から約3に減少しているため。 でも可。

予想採点基準
⑥…6点×6 =　36点
⑤…5点×6 =　30点
④…4点×4 =　16点
③…3点×4 =　12点
②…2点×3 =　6点
100点

《解　説》　　　　　　　　　　　　　　　　　　　　▶ここに注意◀

問題1　最適セールス・ミックス

問1　各製品の単位当たり貢献利益

<資料>1の単位当たり販売価格から単位当たり変動費を差し引いて、各製品の単位当たり貢献利益を計算する。

製品P：@5,000円－@2,900円＝**@2,100円**

製品Q：@6,000円－@3,000円＝**@3,000円**

問2　最適セールス・ミックスの計算

<資料>に示された条件に基づいて、営業利益が最大となる製品ミックス(最適セールス・ミックス)を計算する。

1．各プロセスの生産能力の確認

各プロセスの機械作業時間の上限(生産能力)が、各製品の需要上限まで対応できるかを確認する。

① プロセスA

需要上限までの生産する場合の必要時間：2時間× 6,000個(製品P)＋ 4時間× 2,000個(製品Q)＝ 20,000時間

需要上限までの生産可否：　20,000時間(必要時間) ＞ 13,000時間(生産上限)

∴　需要上限まで対応することはできない

② プロセスB

需要上限までの生産する場合の必要時間：3時間× 6,000個(製品P)＋ 3時間× 2,000個(製品Q)＝ 24,000時間

需要上限までの生産可否：　24,000時間(必要時間) ＞ 21,000時間(生産上限)

∴　需要上限まで対応することはできない

2．各プロセスの作業時間当たりの貢献利益

① プロセスAの機械作業時間当たりの貢献利益

製品P：2,100円÷ 2時間＝ 1,050円

製品Q：3,000円÷ 4時間＝　750円

⇒　プロセスAのことを考えると、製品Pを優先的に生産販売すべきである。

② プロセスBの機械作業時間当たりの貢献利益

製品P：2,100円÷ 3時間＝　700円

製品Q：3,000円÷ 3時間＝ 1,000円

⇒　プロセスBのことを考えると、製品Qを優先的に生産販売すべきである。

3．最適セールス・ミックス

上記2より、共通の制約条件ごとに優先的に生産販売すべき順位が異なるため、それぞれの場合の貢献利益を具体的に計算して比較する。なお、本問のプロセスA・Bは「連続した」とあるため、プロセスAで加工した製品を、続けてプロセスBで加工するという工程だという前提で計算を進める必要がある。

最適セールス・ミックスを考える際は、まず需要上限まで生産できるかどうかを確かめる。

原計・管理

213

① 製品Pの生産を優先する場合

▶ここに注意◀

	プロセスAの作業	プロセスBの作業
製品P	6,000個(最大需要)× 2 時間 = 12,000時間	6,000個 × 3 時間 = 18,000時間
製品Q	13,000時間(最大能力) − 12,000時間(製品P) = 1,000時間 1,000時間 ÷ 4 時間 = 250個	21,000時間(最大能力) − 18,000時間(製品P) = 3,000時間 3,000時間 ÷ 3 時間 = 1,000個 250個(プロセスAでの加工上限)< 1,000個 ∴ 250個

　製品QはプロセスAにて250個しか加工できないため、後工程であるプロセスB
に余力があったとしても、工程全体で250個しか生産できない。したがって、このケースでの生産量は製品Pが6,000個、製品Qが250個となり、この時の貢献利益は次のとおりとなる。

連続した工程（プロセス）の生産能力は、前工程の生産能力に依存する。

　　貢献利益：＠2,100円 × 6,000個(製品P) + ＠3,000円 × 250個(製品Q) = 13,350,000円

② 製品Qの生産を優先する場合

	プロセスAの作業	プロセスBの作業
製品Q	2,000個(最大需要)× 4 時間 = 8,000時間	2,000個 × 3 時間 = 6,000時間
製品P	13,000時間(最大能力) − 8,000時間(製品Q) = 5,000時間 5,000時間 ÷ 2 時間 = 2,500個	21,000時間(最大能力) − 6,000時間(製品P) = 15,000時間 15,000時間 ÷ 3 時間 = 5,000個 2,500個(プロセスAでの加工上限)< 5,000個 ∴ 2,500個

　製品PはプロセスAにて2,500個しか加工できないため、後工程であるプロセス
Bに余力があったとしても、工程全体で2,500個しか生産できない。したがって、このケースでの生産量は製品Pが2,500個、製品Qが2,000個となり、この時の貢献利益は次のとおりとなる。

　　貢献利益：＠2,100円 × 2,500個(製品P) + ＠3,000円 × 2,000個(製品Q)
　　　　　　　　　　　　　　　　　　　　　　　　= 11,250,000円

　以上より、製品Pを優先的に生産販売した方が貢献利益は大きくなるため、最適
セールス・ミックスは、製品Pが6,000個、製品Qが250個となる。
　固定費合計：3,680,000円(プロセスA製造固定費) + 2,850,000円(プロセスB製造固定費)
　　　　　　　　　　　+ 1,800,000円(販売費及び一般管理費) = 8,330,000円
　営業利益：13,350,000円(貢献利益) − 8,330,000円(固定費合計) = 5,020,000円

問3　製品Qの条件が変わった場合の最適セールス・ミックスの計算

▶ここに注意◀

1．プロセスAの生産能力の確認

製品QのプロセスAにおける単位当たり機械作業時間が変わることで、プロセスAの機械作業時間の上限(生産能力)が各製品の需要上限まで対応できるかを改めて確認する。

需要上限までの生産する場合の必要時間：2時間×6,000個(製品P)＋2時間×2,000個(製品Q)＝16,000時間

需要上限までの生産可否：　16,000時間(必要時間)＞13,000時間(生産上限)

∴　需要上限まで対応することはできない

2．条件変更後のプロセスAの機械作業時間当たりの貢献利益

製品QのプロセスAにおける単位当たり機械作業時間が変わると、プロセスAの機械作業時間当たりの貢献利益の額も変わる。

製品P：2,100円÷2時間＝1,050円

製品Q：3,000円÷2時間＝1,500円

プロセスBに変化はないが、プロセスAの機械作業時間当たり貢献利益が変わることで、プロセスA・プロセスBともに製品Qを優先的に生産販売すべきだと判断する。

製品Pを優先的に生産販売するケースを考慮する必要性はない。

3．最適セールス・ミックス

	プロセスAの作業	プロセスBの作業
製品Q	2,000個(最大需要)×2時間＝4,000時間	2,000個×3時間＝6,000時間
製品P	13,000時間(最大能力)－4,000時間(製品Q) ＝9,000時間 9,000時間÷2時間＝4,500個	21,000時間(最大能力)－6,000時間(製品P) ＝15,000時間 15,000時間÷3時間＝5,000個 4,500個(プロセスAでの加工上限)＜5,000個 ∴4,500個

以上より、この場合の最適セールス・ミックスは、製品Pが**4,500個**、製品Qが**2,000個**となる。

貢献利益：@2,100円×4,500個(製品P)＋@3,000円×2,000個(製品Q)＝15,450,000円

営業利益：15,450,000円(貢献利益)－8,330,000円(固定費合計)＝**7,120,000円**

問4　生産能力を増強した場合の最適セールス・ミックスの計算

1．プロセスAの生産能力の確認

機械2台をリースにより調達することで、プロセスAの機械作業時間の上限が10,000時間増加して、23,000時間(＝13,000時間＋10,000時間)となることから、プロセスAの機械作業時間の上限(生産能力)が各製品の需要上限まで対応できるかを改めて確認する。

需要上限までの生産する場合の必要時間：2時間×6,000個(製品P)＋2時間×2,000個(製品Q)＝16,000時間

需要上限までの生産可否：　16,000時間(必要時間) ＜ 23,000時間(生産上限)

∴　需要上限まで対応することが可能

▶ここに注意◀

２．最適セールス・ミックス

　この場合、プロセスAの生産能力は需要上限まで対応できるため、各製品の生産販売における共通の制約条件はプロセスBのみとなる。したがって、プロセスBの機械作業時間当たり貢献利益が大きい製品Qを優先的に生産販売することを考える。

プロセスAは需要の上限量に対応できるだけの生産能力があるため、プロセスAの生産能力は考慮しなくてよい。

製品Qの生産販売量：**2,000個**(需要上限)

製品Pの生産販売量：15,000時間* ÷ 3時間 = **5,000個**

　　　*　プロセスBの残余時間：21,000時間 － 3時間 × 2,000個 = 15,000時間

貢献利益：@2,100円 × 5,000個(製品P) ＋ @3,000円 × 2,000個(製品Q)

= 16,500,000円

営業利益：16,500,000円(貢献利益) － 8,330,000円(固定費合計) － 460,000円 × 2台(リース料)

= 7,250,000円

問5　機械のリースによる生産能力増強の良否(意思決定)

　問3の場合の営業利益7,120,000円と問4の場合の営業利益7,250,000円を比較すると、**営業利益が130,000円増加している**ため、問4にある機械のリースによる生産能力増強は行うべきという意思決定となる。

　これを生産能力の有効利用の観点から考える。

　問3の状況では、プロセスAの生産能力に制限があるため、プロセスBに遊休時間が生じてしまっている。

　問3のプロセスBの遊休時間：

21,000時間 － 3時間 × 4,500個(製品A) － 3時間 × 2,000個(製品B) = 1,500時間

　つまり、プロセスAの生産能力がボトルネックとなってしまっているため、これ以上生産販売量を増やして利益を獲得できずにいる。

　しかし、問4の意思決定によりプロセスAのボトルネックが解消し、結果として製品Pの生産量を500個増やすことが可能になる。そうすると、製品Pを増産することにより貢献利益も増加するが、この金額が月間リース料よりも大きいため、機械のリースによる生産能力の状況が有利となる。

製品Pの貢献利益増加額(差額収益)：@2,100円 × 500個 = 1,050,000円

機械の月間リース料(差額原価)：460,000円／台 × 2台 = 920,000円

差額利益：1,050,000円 － 920,000円 = 130,000円

問題2　ＣＶＰ分析
問1　直接原価計算方式の損益計算書
　　　　損益計算書の空欄は売上高から変動売上原価を差し引いたものなので、「**変動製造マージン**」という語が記入される。（変動製造差益、製造貢献利益などでも正解になると考えられる。）

問2　損益分岐点売上高、安全余裕率
1．損益分岐点売上高
　　　　貢献利益率：2,400,000千円（貢献利益）÷ 4,000,000千円（売上高）＝ 0.6

$$損益分岐点売上高：\frac{1,800,000千円（固定費）^*}{0.6（貢献利益率）} = \textbf{3,000,000千円}$$

　　　　＊　1,260,000千円（固定製造原価）＋ 540,000千円（固定販管費）＝ 1,800,000千円

2．安全余裕率
$$\frac{4,000,000千円（実際の売上高）- 3,000,000千円（損益分岐点売上高）}{4,000,000千円（実際の売上高）} \times 100 = \textbf{25\%}$$

問3　理論問題（営業外費用・営業外収益の取り扱い）
　　　　営業外費用・営業外収益ともに、営業量（操業度や売上高）に比例して増減するものではないため、経常利益段階での損益分岐点を計算する場合は、営業外費用・営業外収益ともに固定費の一部として取り扱う。
　　　　具体的には、固定費の額に営業外費用を加え、営業外収益を差し引いて、経常利益段階での損益分岐点を計算する際の固定費とする。

問4　経営レバレッジ係数
$$\frac{2,400,000千円（貢献利益）}{600,000千円（営業利益）} = \textbf{4}$$

問5　営業利益増加額
　　　　営業利益の増減額は、経営レバレッジ係数を用いて次の算式で表すことができる。

> **営業利益増減額＝営業利益 × 経営レバレッジ係数×売上高増減率**
> 営業利益の増減率

　　　　したがって、これに基づいて下記のように営業利益の増加額を計算できる。

　　　　営業利益の増加額：600,000千円× 4 × 10％ ＝ **240,000千円**
　　　　なお、解答の計算過程は上記の算式に基づいたものとなっているが、まず営業利益の増減率を算定し、その後に営業利益に増減率を乗じた計算過程を示してもよい。
　　　　営業利益の増減率：4 × 10％ ＝ 40％
　　　　営業利益の増加額：600,000千円× 40％ ＝ **240,000千円**

問6

1．第×2期の安全余裕率

貢献利益率：$\dfrac{4,200,000\text{千円}-1,890,000\text{千円}}{4,200,000\text{千円}}=0.55$

損益分岐点売上高：$\dfrac{1,595,000\text{千円(固定費)}}{0.55\,\text{(貢献利益率)}}=2,900,000\text{千円}$

安全余裕率：$\dfrac{4,200,000\text{千円}-2,900,000\text{千円}}{4,200,000\text{千円}}\times100=30.952\cdots\rightarrow31\%$

2．第×1期から第×2期にかけての安全性

安全余裕率は、現在の売上高と損益分岐点の離れ具合を安全余裕の度合いとみる比率である。つまり、比率が高いほど(＝損益分岐点から離れるほど)安全性が高いことを意味する。

第×1期から第×2期にかけて、安全余裕率は25％から約31％に上昇しているため、全経電機の安全性は**改善した**といえる。

(別解)

問4で第×1期の経営レバレッジ係数を求めているため、経営レバレッジ係数に基づいて安全性の変化を判断することも可能である。

第×2期の貢献利益：4,200,000千円－1,890,000千円＝2,310,000千円

第×2期の営業利益：2,310,000千円－1,595,000千円＝　715,000千円

第×2期の経営レバレッジ係数：$\dfrac{2,310,000\text{千円(貢献利益)}}{715,000\text{千円(営業利益)}}=3.230\cdots\rightarrow3$

経営レバレッジ係数が大きくなると、売上高の変動が営業利益の増減に与える影響が大きくなるため、売上高が減少する場合に営業利益の減少幅も大きくなる。

そのため、第×1期から第×2期にかけて経営レバレッジ係数が4から約3に減少しているということは、営業利益が減少するリスクが小さくなっているため、安全性が改善していると考えることもできる。

日商簿記1級

簿記検定の最高峰、日商簿記1級の WEB 講座では、実務的な話も織り交ぜながら、誰もが納得できるよう分かりやすく講義を進めていきます。

また、WEB 講座であれば、自宅にいながら受講できる上、受講期間内であれば何度でも繰り返し納得いくまで受講できるため、範囲が広くて1つひとつの内容が高度な日商簿記1級の学習を無理なく進めることが可能です。

ネットスクールと一緒に、日商簿記1級に挑戦してみませんか？

標準コース　学習期間（約1年）

じっくり学習したい方向けのコースです。初学者の方や、実務経験のない方でも、わかり易く取引をイメージして学習していきます。お仕事が忙しくても1級にチャレンジされる方向きです。

速修コース　学習期間（約6カ月）

短期間で集中して1級合格を目指すコースです。比較的残業が少ない等、一定の時間が取れる方向きです。また、早く本試験に挑戦できる実力を身につけたい方にもオススメのコースです。

※1級標準・速修コースをお申し込みいただくと、特典として**2級インプット講義が本試験の前日まで学習いただけます。**
　2級の内容に少し不安が…という場合でも安心してご受講いただけます。

日商簿記1級WEB講座で採用『反転学習』とは？

【従　　来】

INPUT（集合授業） ➡ OUTPUT（各自の復習）

簿記の授業でも、これまでは上記のように問題演習を授業後の各自の復習に委ねられ、学習到達度の大きな差が生まれる原因を作っていました。そこで、ネットスクールの日商簿記対策 WEB 講座では、このスタイルを見直し、反転学習スタイルで講義を進めています。

【反 転 学 習】

INPUT（知識を取り込む） ➡ OUTPUT（知識を活用する）

各自、INPUT 講義でまずは必要な知識を取り込んでいただき、その後の OUTPUT 講義で、インプットの復習とともに具体的な問題演習を行って、知識の定着を図ります。それぞれ異なる性質の講義を組み合わせた「反転学習」のスタイルを採用することにより、学習時間を有効活用しながら、早い段階で本試験レベルの問題にも対応できる実力が身につきます。

"講師がちゃんと教える" だから学びやすい！分かりやすい！
ネットスクールの税理士WEB講座

【開講科目】簿記論、財務諸表論、法人税法、消費税法、相続税法、国税徴収法

ネットスクールの税理士 WEB 講座の特長

◆自宅で学べる！　オンライン受講システム

臨場感のある講義をご自宅で受講できます。しかも、生配信の際には、チャットやアンケート機能を使った講師とのコミュニケーションをとりながらの授業となります。もちろん、講義は受講期間内であればお好きな時に何度でも講義を見直すことも可能です。

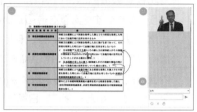

▲講義画面イメージ▲

★講義はダウンロード可能です★

オンデマンド配信されている講義は、お使いのスマートフォン・タブレット端末にダウンロードして受講することができます。事前に Wi-Fi 環境のある場所でダウンロードしておけば、通信料や通信速度を気にせず、外出先のスキマ時間の学習も可能です。

※講義をダウンロードできるのはスマートフォン・タブレット端末のみです。
※一度ダウンロードした講義の保存期間は１か月間ですが、受講期間内であれば、再度ダウンロードして頂くことは可能です。

ネットスクール税理士 WEB 講座の満足度

◆受講生からも高い評価をいただいております

WEB講座
81.3%

- ▶ネットスクールは時間のとれない社会人にはありがたいです。受講料が割安なのも助かっております。これからもネットスクールで学びたいです。（簿財／標準コース）
- ▶アットホームな感じで大手予備校にはない良さを感じましたし、受験生としっかり向き合って指導して頂けて感謝しています。（相続・消費／上級コース）
- ▶質問事項や添削のレスポンスも早く対応して下さり、大変感謝しております。（相続／上級コース）
- ▶講義が１コマ 30 分程度と短かったので、空き時間等を利用して自分のペースで効率よく学習を進めることができました。（国徴／標準コース）

教材
84.1%

- ▶解く問題がたくさんあるので、たくさん練習できて解説や講義もわかりやすくて満足しています。（簿財／上級コース）
- ▶テキストが読みやすく、側注による補足説明があって理解しやすかったです。（全科目共通）

講師
81.3%

- ▶穂坂先生の講義は、受験生に「丸暗記よろしく」という突き放し方をすることなく、理論の受験対策として最高でした。（簿財／標準コース）
- ▶講師の説明が非常に分かりやすいです。（相続・消費／標準コース）
- ▶堀川先生の授業はとても面白いです。印象に残るお話をからめて授業を進めて下さるので、記憶に残りやすいです。（国徴／標準コース）
- ▶田中先生の熱意に引っ張られて、ここまで努力できました。（法人／標準コース）

※ 2019 ～ 2022 年度試験向け税理士 WEB 講座受講生アンケート結果より

各項目について５段階評価

不満 ← | 1 | 2 | 3 | 4 | 5 | → 満足

解 答 用 紙

＊ご自分の学習進度にあわせて、コピーしてお使いください。

＊答案用紙についてはダウンロードサービスを行っています。
　⇒ネットスクール（https://www.net-school.co.jp/）へ！

Ⓢ ネットスクール出版

全経簿記上級　過去問題集
出題傾向と対策
〈別冊〉　解答用紙

も　く　じ

第197回・商業簿記

問題1

(単位：千円)

	借　方　科　目	借方金額	貸　方　科　目	貸方金額
問1				
問2				

問題3

損　　益　　　　(単位：千円)

借　方　科　目	金　額	貸　方　科　目	金　額
仕　　　　　　　入	〔　　　　　〕	売　　　　　　　上	790,000
消　耗　品　費	〔　　　　　〕	受　取　利　息	50
社　債　利　息	〔　　　　　〕	受　取　地　代	〔　　　　　〕
支　払　利　息	〔　　　　　〕	受　取　配　当　金	82
支　払　保　険　料	〔　　　　　〕	有価証券評価益	〔　　　　　〕
減　価　償　却　費	〔　　　　　〕	有　価　証　券　利　息	〔　　　　　〕
減　損　損　失	〔　　　　　〕		〔　　　　　〕
法　人　税　等	〔　　　　　〕		〔　　　　　〕
貸　倒　引　当　金　繰　入	〔　　　　　〕		〔　　　　　〕
	〔　　　　　〕		〔　　　　　〕
	〔　　　　　〕		〔　　　　　〕
	〔　　　　　〕		〔　　　　　〕
	〔　　　　　〕		〔　　　　　〕
合　　　　計	〔　　　　　〕	合　　　　計	〔　　　　　〕

問題2

(単位：千円)

	借　方　科　目	借方金額	貸　方　科　目	貸方金額
(1)				
(2)				
(3)				

問題3

閉　鎖　残　高

(単位：千円)

借　方　科　目	金　額	貸　方　科　目	金　額
現　　　　　　金	〔　　　　　〕	支　払　手　形	800
当　座　預　金	〔　　　　　〕	買　　掛　　金	〔　　　　　〕
受　取　手　形	11,200	社　　　　　債	〔　　　　　〕
売　　掛　　金	〔　　　　　〕	長　期　借　入　金	5,000
電　子　記　録　債　権	〔　　　　　〕	貸　倒　引　当　金	〔　　　　　〕
売　買　目　的　有　価　証　券	〔　　　　　〕	建　物　減　価　償　却　累　計　額	〔　　　　　〕
繰　越　商　品	〔　　　　　〕	車両運搬具減価償却累計額	〔　　　　　〕
車　両　運　搬　具	1,200	資　　本　　金	400,000
建　　　　　　物	〔　　　　　〕	資　本　準　備　金	60,000
土　　　　　　地	508,000	利　益　準　備　金	27,000
貸　倒　懸　念　債　権	1,000	繰　越　利　益　剰　余　金	〔　　　　　〕
満　期　保　有　目　的　債　券	〔　　　　　〕	その他有価証券評価差額金	〔　　　　　〕
子　会　社　株　式	〔　　　　　〕		〔　　　　　〕
そ　の　他　有　価　証　券	〔　　　　　〕		〔　　　　　〕
仮　払　法　人　税　等	0		〔　　　　　〕
	〔　　　　　〕		〔　　　　　〕
	〔　　　　　〕		〔　　　　　〕
	〔　　　　　〕		〔　　　　　〕
	〔　　　　　〕		〔　　　　　〕
合　　　計	〔　　　　　〕	合　　　計	〔　　　　　〕

第197回・財務会計

問題1

	正誤	理　　　由
1.		
2.		
3.		
4.		
5.		
6.		
7.		
8.		
9.		
10.		

問題2

問1	用　語			用　語
(a)		(e)		
(b)		(f)		
(c)		(g)		
(d)				

問2

問3

問4

商簿・財会

197

問題3

問1

基　準	支配力基準
長　所	

基　準	持株基準
長　所	

問2

問3

第199回・商業簿記

問題1

（単位：円）

問題番号		借　方　科　目	金　額	貸　方　科　目	金　額
(1)	①				
	②				
(2)					
(3)					

問題3

損　　益　　　　　　（単位：円）

借　方　科　目	金　額	貸　方　科　目	金　額
仕　　　　　入	〔　　　　　〕	売　　　　　上	3,210,000
給　料　手　当	107,500	受　取　配　当　金	1,600
広　告　宣　伝　費	14,500		〔　　　　　〕
雑　　　　　費	1,869		〔　　　　　〕
貸　倒　引　当　金　繰　入	〔　　　　　〕		
減　価　償　却　費	〔　　　　　〕		
商　標　権　償　却	〔　　　　　〕		
社　債　利　息	〔　　　　　〕		
	〔　　　　　〕		
	〔　　　　　〕		
	〔　　　　　〕		
法　人　税　等	〔　　　　　〕		
繰　越　利　益　剰　余　金	〔　　　　　〕		
	〔　　　　　〕		〔　　　　　〕

問題2

（単位：円）

①	
②	
③	
④	
⑤	
⑥	
⑦	
⑧	

問題3

閉　鎖　残　高　　　　　　　　（単位：円）

借　方　科　目	金　額	貸　方　科　目	金　額
現　　　　　　　金	163,051	買　　　掛　　　金	〔　　　　　〕
当　座　預　金	〔　　　　　〕	電　子　記　録　債　務	21,450
売　　　掛　　　金	〔　　　　　〕	仮　受　消　費　税　等	0
電　子　記　録　債　権	21,000		〔　　　　　〕
売　買　目　的　有　価　証　券	〔　　　　　〕		〔　　　　　〕
繰　越　商　品	〔　　　　　〕		〔　　　　　〕
仮　払　消　費　税　等	0	社　　　　　積	1,000,000
仮　払　法　人　税　等	0	社　債　発　行　差　金	〔　　　　　〕
	〔　　　　　〕	貸　倒　引　当　金	〔　　　　　〕
	〔　　　　　〕	建物減価償却累計額	〔　　　　　〕
建　　　　　　　物	675,000	備品減価償却累計額	〔　　　　　〕
備　　　　　　　品	160,000	資　　　本　　　金	2,000,000
土　　　　　　　地	1,800,000	資　本　準　備　金	120,000
商　　　標　　　権	〔　　　　　〕	利　益　準　備　金	34,000
そ　の　他　有　価　証　券	〔　　　　　〕	繰　越　利　益　剰　余　金	〔　　　　　〕
子　会　社　株　式	〔　　　　　〕	その他有価証券評価差額金	〔　　　　　〕
長　期　性　預　金	200,000		
	〔　　　　　〕		〔　　　　　〕

問題 1

	正誤	理　　由
1.		
2.		
3.		
4.		
5.		
6.		
7.		
8.		
9.		
10.		

問題2

問1

(a)	
(b)	
(c)	

(d)	
(e)	
(f)	

問2

問3

問4

問題3

問1

問2

問3

(1)	
(2)	( )比率

問題 1

連結精算表

（単位：円）

科目	個別財務諸表		修正消去		連結財務諸表
	P 社	S 社	借方	貸方	
貸借対照表					**連結貸借対照表**
現金預金	4,000	1,000			
売掛金	700,000	200,000			
貸倒引当金	（ 14,000）	（ 4,000）			（　　　）
商品	450,000	125,000			
土地	1,000,000	500,000			
S 社株式	536,000				
繰延税金資産					
その他資産	460,000	299,000			
資産合計	3,136,000	1,121,000			
買掛金	（ 500,000）	（ 150,000）			（　　　）
繰延税金負債					（　　　）
その他負債	（ 336,000）	（ 421,000）			（　　　）
資本金	（ 1,600,000）	（ 400,000）			（　　　）
利益剰余金	（ 700,000）	（ 150,000）			（　　　）
評価差額					
非支配株主持分					（　　　）
負債・純資産合計	（ 3,136,000）	（ 1,121,000）			（　　　）
損益計算書					**連結損益計算書**
売上高	（ 3,000,000）	（ 800,000）			（　　　）
売上原価	2,200,000	500,000			
貸倒引当金繰入	8,000	1,000			
受取配当金	（ 64,000）				
その他費用	456,000	199,000			
法人税等調整額					（　　　）
当期純利益	（ 400,000）	（ 100,000）			（　　　）
非支配株主当期純利益					
親会社株主当期純利益					（　　　）

問題２

決算整理後残高試算表

（単位：円）

借　方　科　目	金　額	貸　方　科　目	金　額
現　　　　　　　金	100	買　　掛　　金	154,000
当　座　預　金	5,000	仮　受　消　費　税　等	0
売　　掛　　金	〔　　　　　〕	未　払　消　費　税　等	〔　　　　　〕
売買目的有価証券	〔　　　　　〕	未　払　法　人　税　等	〔　　　　　〕
買建オプション	〔　　　　　〕	貸　倒　引　当　金	〔　　　　　〕
仮　払　消　費　税　等	0	建物減価償却累計額	〔　　　　　〕
仮　払　法　人　税　等	0	備品減価償却累計額	〔　　　　　〕
繰　越　商　品	〔　　　　　〕	社　　　　債	〔　　　　　〕
貯　　蔵　　品	〔　　　　　〕	退　職　給　付　引　当　金	〔　　　　　〕
前　払　地　代	〔　　　　　〕	資　産　除　去　債　務	〔　　　　　〕
建　　　　　物	〔　　　　　〕	資　　本　　金	500,000
備　　　　　品	〔　　　　　〕	その他資本剰余金	80,000
保　　証　　金	500,000	利　益　準　備　金	50,000
長　期　貸　付　金	〔　　　　　〕	繰　越　利　益　剰　余　金	60,860
仕　　　　　入	〔　　　　　〕	新　株　予　約　権	〔　　　　　〕
給　与　手　当	150,000	売　　　　上	〔　　　　　〕
支　払　地　代	〔　　　　　〕	受　取　利　息	500
減　価　償　却　費	〔　　　　　〕	有価証券運用損益	〔　　　　　〕
貸倒引当金繰入(販売費)	〔　　　　　〕		
棚　卸　減　耗　損	〔　　　　　〕		
商　品　評　価　損	〔　　　　　〕		
退　職　給　付　費　用	〔　　　　　〕		
そ　の　他　の　費　用	100,000		
社　債　利　息	〔　　　　　〕		
オ　プ　シ　ョ　ン　差　損	〔　　　　　〕		
貸倒引当金繰入(営業外費用)	〔　　　　　〕		
資　産　除　去　債　務　調　整　額	〔　　　　　〕		
固　定　資　産　除　去　損	〔　　　　　〕		
法　人　税　等	12,800		
〔　　　　　〕	〔　　　　　〕	〔　　　　　〕	〔　　　　　〕

問題 1

	正誤	理　　由
1.		
2.		
3.		
4.		
5.		
6.		
7.		
8.		
9.		
10.		

商簿・財会

問題2

問1	用　　　語		用　　　語
(a)		(d)	
(b)		(e)	
(c)			

問2

問3

問題3

問1

(a)	
(b)	
(c)	

問2

問3

(1)	
(2)	

問題1

（単位：円）

問題番号		借　方　科　目	金　額	貸　方　科　目	金　額
(1)					
(2)	①				
	②				
	③				
	④				
(3)					

問題3

閉　鎖　残　高　　　　　　　（単位：円）

借　方　科　目	金　額	貸　方　科　目	金　額
現　　　　　金	〔　　　　〕	支　払　手　形	1,200
当　座　預　金	62,800	買　掛　金	1,480
受　取　手　形	20,300	短　期　借　入　金	4,800
売　　掛　　金	〔　　　　〕	退　職　給　付　引　当　金	〔　　　　〕
売買目的有価証券	〔　　　　〕	社　　　　　債	〔　　　　〕
繰　越　商　品	〔　　　　〕	貸　倒　引　当　金	〔　　　　〕
建　　　　　物	〔　　　　〕	建物減価償却累計額	〔　　　　〕
備　　　　　品	3,500	備品減価償却累計額	〔　　　　〕
土　　　　　地	132,800	資　　本　　金	100,000
長　期　貸　付　金	〔　　　　〕	資　本　準　備　金	22,000
関　連　会　社　株　式	〔　　　　〕	利　益　準　備　金	11,500
そ　の　他　有　価　証　券	〔　　　　〕	繰　越　利　益　剰　余　金	〔　　　　〕
社　債　発　行　差　金	〔　　　　〕	その他有価証券評価差額金	〔　　　　〕
〔　　　　　　　〕	〔　　　　〕	未　払　社　債　利　息	〔　　　　〕
〔　　　　　　　〕	〔　　　　〕	未　払　法　人　税　等	〔　　　　〕
〔　　　　　　　〕	〔　　　　〕	〔　　　　　　　〕	〔　　　　〕
〔　　　　　　　〕	〔　　　　〕	〔　　　　　　　〕	〔　　　　〕
〔　　　　　　　〕	〔　　　　〕	〔　　　　　　　〕	〔　　　　〕
〔　　　　　　　〕	〔　　　　〕	〔　　　　　　　〕	〔　　　　〕
	〔　　　　〕		〔　　　　〕

問題2

(単位：円)

	借　方　科　目	金　額	貸　方　科　目	金　額
(1)				
(2)				
(3)				

問題3

損　　益

(単位：円)

借　方　科　目	金　額	貸　方　科　目	金　額
仕　　　　　　入	〔　　　　　〕	売　　　　　　上	280,000
広　告　宣　伝　費	〔　　　　　〕	受　取　利　息	〔　　　　　〕
給　　　　　　料	〔　　　　　〕	受　取　配　当　金	56
消　耗　品　費	〔　　　　　〕		〔　　　　　〕
支　払　利　息	〔　　　　　〕		〔　　　　　〕
社　債　発　行　費	720		〔　　　　　〕
旅　費　交　通　費	〔　　　　　〕		〔　　　　　〕
貸　倒　引　当　金　繰　入	〔　　　　　〕		〔　　　　　〕
有　価　証　券　評　価　損	〔　　　　　〕		〔　　　　　〕
投　資　有　価　証　券　評　価　損	〔　　　　　〕		〔　　　　　〕
棚　卸　減　耗　損	〔　　　　　〕		〔　　　　　〕
商　品　評　価　損	〔　　　　　〕		〔　　　　　〕
減　価　償　却　費	〔　　　　　〕		〔　　　　　〕
減　損　損　失	〔　　　　　〕		〔　　　　　〕
社　債　利　息	〔　　　　　〕		〔　　　　　〕
退　職　給　付　費　用	〔　　　　　〕		〔　　　　　〕
法　人　税　等	〔　　　　　〕		〔　　　　　〕
	〔　　　　　〕		〔　　　　　〕
	〔　　　　　〕		〔　　　　　〕
	〔　　　　　〕		〔　　　　　〕
	〔　　　　　〕		〔　　　　　〕
	〔　　　　　〕		〔　　　　　〕

問題1

	正誤	理　　由
1.		
2.		
3.		
4.		
5.		
6.		
7.		
8.		
9.		
10.		

問題2

問1		
問2	(1)	資本準備金 ・・・・・・・・・・・・・・・・・・ その他資本剰余金
	(2)	利益準備金 ・・・・・・・・・・・・・・・・・・ その他利益剰余金
問3		
問4		
問5		

商簿・財会

問題3
問1

		営業活動による キャッシュ・フロー	投資活動による キャッシュ・フロー	財務活動による キャッシュ・フロー
方法①	利息の受取額	○		
	配当金の受取額			
	利息の支払額			
	配当金の支払額			
方法②	利息の受取額		○	
	配当金の受取額			
	利息の支払額			
	配当金の支払額			

203

問2	
問3	

問題1

（単位：円）

問題番号	借　方　科　目	金　　額	貸　方　科　目	金　　額
(1)				
(2)				
(3)				

問題3

損　　益　　　　　　（単位：円）

借　方　科　目	金　　額	貸　方　科　目	金　　額
売　上　原　価	〔　　　　〕	売　　上	2,454,000
給　料　手　当	221,000	受　取　配　当　金	280
退　職　給　付　費　用	〔　　　　〕	受　取　利　息	〔　　　　〕
広　告　宣　伝　費	〔　　　　〕	有　価　証　券　利　息	〔　　　　〕
支　払　家　賃	〔　　　　〕	償　却　債　権　取　立　益	〔　　　　〕
雑　　費	1,526		
貸　倒　引　当　金　繰　入	〔　　　　〕		
減　価　償　却　費	〔　　　　〕		
支　払　利　息	〔　　　　〕		
投　資　有　価　証　券　評　価　損	〔　　　　〕		
法　人　税　等	185,000		
繰　越　利　益　剰　余　金	〔　　　　〕		
	〔　　　　〕		〔　　　　〕

問題2

ケース1 (単位：円)

問題番号	借 方 科 目	金 額	貸 方 科 目	金 額
(1)				
(2)				
(3)				

ケース2 (単位：円)

問題番号	借 方 科 目	金 額	貸 方 科 目	金 額
(1)				
(2)				
(3)				

問題3

閉 鎖 残 高 (単位：円)

借 方 科 目	金 額	貸 方 科 目	金 額
現　　　　　金	121,079	買　　掛　　金	51,000
当 座 預 金	〔　　　　　〕	電 子 記 録 債 務	〔　　　　　〕
売　　掛　　金	〔　　　　　〕	未 払 消 費 税 等	〔　　　　　〕
電 子 記 録 債 権	84,000	未 払 法 人 税 等	〔　　　　　〕
繰 越 商 品	〔　　　　　〕		〔　　　　　〕
	〔　　　　　〕	未 払 リ ー ス 債 務	〔　　　　　〕
	〔　　　　　〕	貸 倒 引 当 金	〔　　　　　〕
建　　　　　物	150,000	リ ー ス 債 務	〔　　　　　〕
備　　　　　品	〔　　　　　〕	退 職 給 付 引 当 金	〔　　　　　〕
土　　　　　地	380,000	建物減価償却累計額	〔　　　　　〕
満 期 保 有 目 的 債 券	〔　　　　　〕	備品減価償却累計額	〔　　　　　〕
そ の 他 有 価 証 券	〔　　　　　〕	資　　本　　金	〔　　　　　〕
長 期 性 預 金	1,200	資 本 準 備 金	100,000
		利 益 準 備 金	32,000
		繰 越 利 益 剰 余 金	〔　　　　　〕
		その他有価証券評価差額金	〔　　　　　〕
〔　　　　　〕	〔　　　　　〕		〔　　　　　〕

第205回・財務会計

問題1

	正誤	理　　　　　由
1.		
2.		
3.		
4.		
5.		
6.		
7.		
8.		
9.		
10.		

問題2

問 1

問 2

問 3

(1)	
(2)	

問題3

問 1

問 2

問 3

（日）

第207回・商業簿記

問題１

（単位：円）

問題番号	借　方　科　目	金　　額	貸　方　科　目	金　　額
(1)				
(2)				
(3)				

問題２

（単位：円）

借　方　科　目	金　　額	貸　方　科　目	金　　額

問題３

勘定の内訳

（単位：円）

	その他有価証券	繰延税金資産	繰延税金負債	その他有価証券評価差額金	
	借方	借方	貸方	借方	貸方
A社社債					
B社社債					
C社株式					
D社株式					
計					

商簿・財会

問題3

決算整理後残高試算表　　　　　　　　（単位：円）

借　方　科　目	金　額	貸　方　科　目	金　額
現　　　　　　　　金	1,520	買　　　掛　　　金	39,000
当　座　預　金	5,770	仮　受　消　費　税　等	0
売　　　掛　　　金	60,000	仮　　　受　　　金	0
割　賦　売　掛　金	〔　　　　　〕	貸　倒　引　当　金	〔　　　　　〕
仮　　　払　　　金	0	未　払　消　費　税　等	〔　　　　　〕
仮　払　法　人　税　等	0	未　払　法　人　税　等	〔　　　　　〕
仮　払　消　費　税　等	0	建　物　減　価　償　却　累　計　額	〔　　　　　〕
繰　越　商　品	〔　　　　　〕	備　品　減　価　償　却　累　計　額	〔　　　　　〕
前　払　地　代	〔　　　　　〕	繰　延　税　金　負　債	〔　　　　　〕
建　　　　　　　　物	150,000	利　息　調　整　勘　定	〔　　　　　〕
備　　　　　　　　品	54,000	商　品　低　価　引　当　金	〔　　　　　〕
そ　の　他　有　価　証　券	〔　　　　　〕	資　　　本　　　金	〔　　　　　〕
保　　　証　　　金	98,000	資　本　準　備　金	〔　　　　　〕
繰　延　税　金　資　産	〔　　　　　〕	そ　の　他　資　本　剰　余　金	〔　　　　　〕
自　己　株　式	〔　　　　　〕	利　益　準　備　金	20,000
仕　　　　　　　　入	〔　　　　　〕	繰　越　利　益　剰　余　金	〔　　　　　〕
給　　　与　　　手　　　当	45,000	その他有価証券評価差額金	〔　　　　　〕
支　　　払　　　地　　　代	〔　　　　　〕	新　株　予　約　権	〔　　　　　〕
そ　の　他　の　費　用	53,000	売　　　　　　　　上	400,000
貸　倒　引　当　金　繰　入	〔　　　　　〕	割　　　賦　　　売　　　上	10,000
減　価　償　却　費	〔　　　　　〕	受　　　取　　　利　　　息	〔　　　　　〕
棚　卸　減　耗　損	〔　　　　　〕	受　　　取　　　配　　　当　　　金	〔　　　　　〕
商　品　評　価　損	〔　　　　　〕	新　株　予　約　権　戻　入　益	〔　　　　　〕
固　定　資　産　除　却　損	〔　　　　　〕		
有価証券評価損（特別損失）	〔　　　　　〕		
法　　　人　　　税　　　等	23,910		
	〔　　　　　〕		〔　　　　　〕

注意：〔　　　　　〕内の金額がゼロである場合，0と記入すること。

207

問題 1

	正誤	理　　由
1.		
2.		
3.		
4.		
5.		
6.		
7.		
8.		
9.		
10.		

問題2

問1

債務概念	「基準」の概念	債務概念の認識範囲の説明
予測給付債務概念		
累積給付債務概念		
確定給付債務概念		

問2

(1) 連結財務諸表	
(2) 個別財務諸表	

問題3

問1

問2

(1)	
(2)	

問題1

閉 鎖 残 高

(単位：円)

借 方 科 目	金 額	貸 方 科 目	金 額
現　　　　　　金	9,715	支　払　手　形	800
当　座　預　金	〔　　　　　〕	買　　掛　　金	〔　　　　　〕
受　取　手　形	〔　　　　　〕	短　期　借　入　金	4,000
売　　掛　　金	〔　　　　　〕	未　　払　　金	1,100
売 買 目 的 有 価 証 券	〔　　　　　〕	預　り　保　証　金	1,000
繰　越　商　品	〔　　　　　〕	社　　　　　債	60,000
建　　　　　　物	〔　　　　　〕	貸　倒　引　当　金	〔　　　　　〕
備　　　　　　品	〔　　　　　〕	建物減価償却累計額	〔　　　　　〕
備　品　改　修　費	〔　　　　　〕	備品減価償却累計額	〔　　　　　〕
長　期　貸　付　金	5,000	仮　　受　　金	0
そ の 他 有 価 証 券	〔　　　　　〕	資　産　除　去　債　務	〔　　　　　〕
社　債　発　行　差　金	〔　　　　　〕	資　　本　　金	180,000
自　己　株　式	〔　　　　　〕	資　本　準　備　金	31,000
仮　払　法　人　税　等	0	そ の 他 資 本 剰 余 金	〔　　　　　〕
破　産　更　生　債　権　等	〔　　　　　〕	利　益　準　備　金	8,780
	〔　　　　　〕	繰　越　利　益　剰　余　金	〔　　　　　〕
	〔　　　　　〕	その他有価証券評価差額金	〔　　　　　〕
	〔　　　　　〕	未　払　法　人　税　等	〔　　　　　〕
	〔　　　　　〕		〔　　　　　〕
	〔　　　　　〕		〔　　　　　〕
	〔　　　　　〕		〔　　　　　〕
	〔　　　　　〕		〔　　　　　〕
合計	〔　　　　　〕	合計	〔　　　　　〕

問題1

<table>
<tr><td colspan="4" align="center">損　　　益　　　　　　　　　　　　　　（単位：円）</td></tr>
<tr><td align="center">借　方　科　目</td><td align="center">金　　額</td><td align="center">貸　方　科　目</td><td align="center">金　　額</td></tr>
<tr><td>仕　　　　　　　入</td><td>〔　　　　　〕</td><td>売　　　　　　　上</td><td>340,000</td></tr>
<tr><td>給　　　　　　　料</td><td>〔　　　　　〕</td><td>受　取　利　息</td><td>〔　　　　　〕</td></tr>
<tr><td>社　債　利　息</td><td>〔　　　　　〕</td><td>有価証券評価損益</td><td>〔　　　　　〕</td></tr>
<tr><td>広　告　宣　伝　費</td><td>〔　　　　　〕</td><td></td><td>〔　　　　　〕</td></tr>
<tr><td>支　払　利　息</td><td>〔　　　　　〕</td><td></td><td>〔　　　　　〕</td></tr>
<tr><td>その他有価証券評価損</td><td>〔　　　　　〕</td><td></td><td>〔　　　　　〕</td></tr>
<tr><td>貸　倒　引　当　金　繰　入</td><td>〔　　　　　〕</td><td></td><td>〔　　　　　〕</td></tr>
<tr><td>減　価　償　却　費</td><td>〔　　　　　〕</td><td></td><td>〔　　　　　〕</td></tr>
<tr><td>減　損　損　失</td><td>〔　　　　　〕</td><td></td><td>〔　　　　　〕</td></tr>
<tr><td>利息費用（資産除去債務）</td><td>〔　　　　　〕</td><td></td><td>〔　　　　　〕</td></tr>
<tr><td>法　人　税　等</td><td>〔　　　　　〕</td><td></td><td>〔　　　　　〕</td></tr>
<tr><td></td><td>〔　　　　　〕</td><td></td><td>〔　　　　　〕</td></tr>
<tr><td></td><td>〔　　　　　〕</td><td></td><td>〔　　　　　〕</td></tr>
<tr><td></td><td>〔　　　　　〕</td><td></td><td>〔　　　　　〕</td></tr>
<tr><td></td><td>〔　　　　　〕</td><td></td><td>〔　　　　　〕</td></tr>
</table>

注）　すべての空欄に記入するとは限らない。

問題2

<table>
<tr><td colspan="5">約定日基準</td></tr>
<tr><td></td><td align="center">借　方　科　目</td><td align="center">金　　額</td><td align="center">貸　方　科　目</td><td align="center">金　　額</td></tr>
<tr><td>3／30</td><td></td><td></td><td></td><td></td></tr>
<tr><td>3／31</td><td></td><td></td><td></td><td></td></tr>
<tr><td>4／1</td><td></td><td></td><td></td><td></td></tr>
<tr><td>4／2</td><td></td><td></td><td></td><td></td></tr>
<tr><td colspan="5">修正受渡日基準</td></tr>
<tr><td></td><td align="center">借　方　科　目</td><td align="center">金　　額</td><td align="center">貸　方　科　目</td><td align="center">金　　額</td></tr>
<tr><td>3／30</td><td></td><td></td><td></td><td></td></tr>
<tr><td>3／31</td><td></td><td></td><td></td><td></td></tr>
<tr><td>4／1</td><td></td><td></td><td></td><td></td></tr>
<tr><td>4／2</td><td></td><td></td><td></td><td></td></tr>
</table>

商簿・財会

209

問題3

(1) 三分法

	借　方　科　目	金　額	貸　方　科　目	金　額
7 /14				
8 /10				
10/ 3				
決算				

売上原価対立法

	借　方　科　目	金　額	貸　方　科　目	金　額
7 /14				
8 /10				
10/ 3				
決算				

(2) 三分法

借　方　科　目	金　額	貸　方　科　目	金　額

売上原価対立法

借　方　科　目	金　額	貸　方　科　目	金　額

商簿・財会

209

第209回・財務会計

問題1

	正誤	理　　由
1.		
2.		
3.		
4.		
5.		
6.		
7.		
8.		
9.		
10.		

商簿・財会

問題2

問1	計算過程

金額 _____ 円

問2	計算過程

金額 _____ 円

問3	

問4	計算過程

金額 _____ 円

問5	

問題3

	処理方法	要　件			ケ　ー　ス		
問1	I	イ	ロ	ハ	1	2	3
	II	イ	ロ	ハ	1	2	3
	III	イ	ロ	ハ	1	2	3

	日付	借 方 科 目	金 額	貸 方 科 目	金 額
問2	3/20				
	5/10				

209

問題1

（単位：円）

問題番号		借　方　科　目	金　額	貸　方　科　目	金　額
(1) 全経 販売分	期首分	〔　　　　　〕	〔　　　〕	〔　　　　　〕	〔　　　〕
		〔　　　　　〕	〔　　　〕	〔　　　　　〕	〔　　　〕
		〔　　　　　〕	〔　　　〕	〔　　　　　〕	〔　　　〕
	期末分	〔　　　　　〕	〔　　　〕	〔　　　　　〕	〔　　　〕
		〔　　　　　〕	〔　　　〕	〔　　　　　〕	〔　　　〕
(2) 全経九 州セー ルス分	期首分	〔　　　　　〕	〔　　　〕	〔　　　　　〕	〔　　　〕
		〔　　　　　〕	〔　　　〕	〔　　　　　〕	〔　　　〕
	期末分	〔　　　　　〕	〔　　　〕	〔　　　　　〕	〔　　　〕
		〔　　　　　〕	〔　　　〕	〔　　　　　〕	〔　　　〕

（注）〔　　　　　〕には勘定科目あるいは金額を1つのみ記入すること。

問題3

損　　　益　　　　　　　　　　　（単位：円）

借　方　科　目	金　額	貸　方　科　目	金　額
仕　　　　　　　入	〔　　　〕	売　　　　　　　上	2,081,868
商 品 低 価 評 価 損	〔　　　〕	受 取 手 数 料	12,340
給 料 手 当	332,000	商 品 低 価 切 下 額 戻 入	〔　　　〕
退 職 給 付 費 用	〔　　　〕		〔　　　〕
	〔　　　〕		〔　　　〕
	〔　　　〕		
広 告 宣 伝 費	18,700		
支 払 地 代	〔　　　〕		
貸 倒 引 当 金 繰 入	〔　　　〕		
減 価 償 却 費	〔　　　〕		
雑 費	1,690		
支 払 利 息	〔　　　〕		
	〔　　　〕		
	〔　　　〕		
	〔　　　〕		
法 人 税 等	175,000		
繰 越 利 益 剰 余 金	〔　　　〕		
	〔　　　〕		〔　　　〕

（注）　すべての空欄を使用するとは限らない。

商簿・財会

問題２

（単位：円）

問題番号	借　方　科　目	金　　額	貸　方　科　目	金　　額
(1)				
(2)				

問題３

閉　鎖　残　高　　　　　　（単位：円）

借　方　科　目	金　　額	貸　方　科　目	金　　額
現　　　　　　　金	100,350	買　　掛　　金	72,500
当　座　預　金	223,000	電　子　記　録　債　務	8,800
売　　掛　　金	〔　　　　　　〕	未　払　消　費　税　等	〔　　　　　　〕
電　子　記　録　債　権	〔　　　　　　〕	未　払　法　人　税　等	〔　　　　　　〕
繰　越　商　品	〔　　　　　　〕		〔　　　　　　〕
	〔　　　　　　〕		〔　　　　　　〕
建　　　　　物	150,000		〔　　　　　　〕
土　　　　　地	230,000	貸　倒　引　当　金	〔　　　　　　〕
満　期　保　有　目　的　債　券	〔　　　　　　〕		〔　　　　　　〕
関　連　会　社　株　式	〔　　　　　　〕	長　期　借　入　金	30,000
そ　の　他　有　価　証　券	〔　　　　　　〕	退　職　給　付　引　当　金	〔　　　　　　〕
	〔　　　　　　〕	建物減価償却累計額	〔　　　　　　〕
		資　　本　　金	300,000
		資　本　準　備　金	130,000
		利　益　準　備　金	〔　　　　　　〕
		繰　越　利　益　剰　余　金	〔　　　　　　〕
			〔　　　　　　〕
	〔　　　　　　〕		〔　　　　　　〕

（注）　すべての空欄を使用するとは限らない。

211

問題1

	正誤	理　　由
1.		
2.		
3.		
4.		
5.		
6.		
7.		
8.		
9.		
10.		

問題2

問1

資産説	
資本控除説	

問2

問3

問題3

問1

1	
2	
3	
4	
5	

問2

（％）

商簿・財会

211

第213回・商業簿記

問題１及び２について，【　　　　】には科目の記号を，〔　　　　〕には金額をそれぞれ１つのみ記入すること。なお，空欄となる場合もある。

問題１

	日付	借　方　科　目	金　　額	貸　方　科　目	金　　額
問1	3/31	【　　　　】	〔　　　　〕	【　　　　】	〔　　　　〕
	4/1	【　　　　】	〔　　　　〕	【　　　　】	〔　　　　〕
問2	6/30	【　　　　】	〔　　　　〕	【　　　　】	〔　　　　〕
		【　　　　】	〔　　　　〕	【　　　　】	〔　　　　〕

問題２

	借　方　科　目	金　　額	貸　方　科　目	金　　額
開　始　仕　訳	【　　　　】	〔　　　　〕	【　　　　】	〔　　　　〕
	【　　　　】	〔　　　　〕	【　　　　】	〔　　　　〕
	【　　　　】	〔　　　　〕	【　　　　】	〔　　　　〕
のれんの償却	【　　　　】	〔　　　　〕	【　　　　】	〔　　　　〕
純利益の振替	【　　　　】	〔　　　　〕	【　　　　】	〔　　　　〕
配当金の修正	【　　　　】	〔　　　　〕	【　　　　】	〔　　　　〕
	【　　　　】	〔　　　　〕	【　　　　】	〔　　　　〕

問題3

決算整理後残高試算表　　　　　　　　　単位：円

借　方　科　目	金　額	貸　方　科　目	金　額
現　　　　　　金	100	買　　掛　　金	145,000
当　座　預　金	11,000	仮　受　消　費　税　等	0
クレジット売掛金	〔　　　〕	貸　倒　引　当　金	〔　　　〕
売　　掛　　金	〔　　　〕	未　払　利　息	〔　　　〕
売買目的有価証券	〔　　　〕	未　払　消　費　税　等	〔　　　〕
買建オプション	〔　　　〕	未　払　法　人　税　等	〔　　　〕
未　収　利　息	〔　　　〕	建物減価償却累計額	〔　　　〕
仮　　払　　金	0	備品減価償却累計額	〔　　　〕
前　払　地　代	〔　　　〕	車両減価償却累計額	〔　　　〕
仮　払　法　人　税　等	0	社　　　　債	〔　　　〕
仮　払　消　費　税　等	0	資　　本　　金	800,000
商　　　　品	〔　　　〕	利　益　準　備　金	196,000
建　　　　物	800,000	繰　越　利　益　剰　余　金	〔　　　〕
備　　　　品	〔　　　〕	売　　　上	1,600,000
車　　　　両	〔　　　〕	有価証券評価損益	〔　　　〕
借　　地　　権	500,000	オプション差損益	〔　　　〕
長　期　貸　付　金	〔　　　〕	受　取　利　息	〔　　　〕
売　上　原　価	1,020,000	固定資産売却損益	〔　　　〕
給　与　手　当	250,000		
支　払　地　代	〔　　　〕		
支　払　手　数　料	〔　　　〕		
貸倒引当金繰入(営業費)	〔　　　〕		
減　価　償　却　費	〔　　　〕		
棚　卸　減　耗　損	〔　　　〕		
商　品　評　価　損	〔　　　〕		
その他の営業費用	120,000		
貸倒引当金繰入(営業外)	〔　　　〕		
社　債　利　息	〔　　　〕		
法　人　税　等	56,000		
〔　　　〕		〔　　　〕	

注意：〔　　　〕内の金額がゼロである場合，0と記入すること。

問題1

	正誤	理　　由
1.		
2.		
3.		
4.		
5.		
6.		
7.		
8.		
9.		
10.		

商簿・財会

問題2

問1

1		2		3	
4		5			

問2

(1)直接法

<u>キャッシュ・フロー計算書</u>　　　　　　　(単位：千円)

営業活動によるキャッシュ・フロー

　　営業収入　　　　　　　　　〔　　　　　　　〕

　　商品の〔　　　　　　〕　　〔　　　　　　　〕

　　人件費の支出　　　　　　　〔　　　　　　　〕

　　その他の営業支出　　　　　〔　　　　　　　〕

　　　小　　　計　　　　　　　〔　　　　　　　〕

　　〔　　　　　　〕の受取額　〔　　　　　　　〕

　　〔　　　　　　〕の支払額　〔　　　　　　　〕

　　〔　　　　　　〕の支払額　〔　　　　　　　〕

　　営業活動によるキャッシュ・フロー　〔　　　　　　　〕

(注)マイナスは金額の前に△を付すこと

213

(2)間接法

<u>キャッシュ・フロー計算書</u> （単位：千円）

営業活動によるキャッシュ・フロー

〔　　　　　　　　　〕利益　　　　〔　　　　　　　　　〕

減価償却費　　　　　　　　　　　〔　　　　　　　　　〕

貸倒引当金の〔　　　　　〕　　　〔　　　　　　　　　〕

〔　　　　　　　　　〕　　　　　　〔　　　　　　　　　〕

受取利息　　　　　　　　　　　　〔　　　　　　　　　〕

社債利息　　　　　　　　　　　　〔　　　　　　　　　〕

売上債権の〔　　　　　〕額　　　〔　　　　　　　　　〕

棚卸資産の〔　　　　　〕額　　　〔　　　　　　　　　〕

仕入債務の〔　　　　　〕額　　　〔　　　　　　　　　〕

前払費用の〔　　　　　〕額　　　〔　　　　　　　　　〕

未払費用の〔　　　　　〕額　　　〔　　　　　　　　　〕

　　　小　　　計　　　　　　　　〔　　　　　　　　　〕

〔　　　　　　　　〕の受取額　　〔　　　　　　　　　〕

〔　　　　　　　　〕の支払額　　〔　　　　　　　　　〕

〔　　　　　　　　〕の支払額　　〔　　　　　　　　　〕

営業活動によるキャッシュ・フロー　〔　　　　　　　　　〕

(注)マイナスは金額の前に△を付すこと

問題3

問1

(1)	1		2		3	
	4		5			

(2)	①		②		③	

問2

①使用価値：
②正味売却価額：

商簿・財会

213

第197回・原価計算

問題1

問1

正常仕損費　　　　　〔　　　　　　　　〕円　　　　　月末仕掛品原価　　　　〔　　　　　　　　〕円

当月完成品原価　　　〔　　　　　　　　〕円

問2

借 方 科 目	金　　　額	貸 方 科 目	金　　　額

問3

月末仕掛品原価　　　〔　　　　　　　　〕円　　　　　当月完成品原価　　　　〔　　　　　　　　〕円

問4

借 方 科 目	金　　　額	貸 方 科 目	金　　　額

問5

①〔　　　　　　　　〕円　　　　　　　　②〔　　　　　　　　〕円

問6　不利差異には△を付すこと

A工程振替差異　　　〔　　　　　　　　〕円　　　　　B工程振替差異　　　　〔　　　　　　　　〕円

理由：

問7

月末仕掛品原価　　　〔　　　　　　　　〕円　　　　　当月完成品原価　　　　〔　　　　　　　　〕円

問8　不利差異には△を付すこと

加工費配賦差異　〔　　　　　　　　　　　〕円

変動費予算差異　〔　　　　　　　　　　　〕円

固定費予算差異　〔　　　　　　　　　　　〕円

操業度差異　　　〔　　　　　　　　　　　〕円

問9

月末半製品原価　　　〔　　　　　　　　〕円　　　　月末C製品原価　　　〔　　　　　　　　〕円

問10

当月の営業利益　　　〔　　　　　　〕円

問題2

A	
B	
C	
D	
E	
F	
G	

原計・管理

197

問題1

問1

製造間接費の予定配賦率　　　〔　　　　　　　　　　　〕円／時間

問2

部品A 1個当たりの製造原価　〔　　　　　　　　〕円

　　内訳：直接材料費　　〔　　　　　　　〕円

　　内訳：直接労務費　　〔　　　　　　　〕円

　　内訳：製造間接費　　〔　　　　　　　〕円

部品B 1個当たりの製造原価　〔　　　　　　　　〕円

　　内訳：直接材料費　　〔　　　　　　　〕円

　　内訳：直接労務費　　〔　　　　　　　〕円

　　内訳：製造間接費　　〔　　　　　　　〕円

問3

製品Xの生産・販売量　　　　　　〔　　　　　　　〕個

製品A担当の直接工の余剰時間　　〔　　　　　　　〕時間

製品B担当の直接工の余剰時間　　〔　　　　　　　〕時間

問4

月次利益　　　　　　　　　　〔　　　　　　　〕円

注：マイナスの場合は数値の前に△を付すこと。

問5

月次利益　　　　　　　　　　〔　　　　　　　〕円

注：マイナスの場合は数値の前に△を付すこと。

$\begin{bmatrix} 問4の月次利益 \\ 本問の月次利益 \end{bmatrix}$ の方が　　　〔　　　　　　　〕円利益が大きい。

注：カッコ内は適切と思われる方に○をつけること。

問6

月次利益　　　　　　　　　　〔　　　　　　　〕円

注：マイナスの場合は数値の前に△を付すこと。

$\begin{bmatrix} 問4の月次利益 \\ 本問の月次利益 \end{bmatrix}$ の方が　　　〔　　　　　　　〕円利益が大きい。

注：カッコ内は適切と思われる方に○をつけること。

問7

ア		イ	
ウ		エ	

問題2

問1

第6期の予測売上高　　　　　　　〔　　　　　　　　〕千円

問2

部品1個当たりの変動費　　　　　〔　　　　　　　　〕千円

年間固定費　　　　　　　　　　　〔　　　　　　　　〕千円

問3

部品1個当たりの変動費　　　　　〔　　　　　　　　〕千円

年間固定費　　　　　　　　　　　〔　　　　　　　　〕千円

問4

(1) 高低点法

損益分岐点の販売量　　　　　〔　　　　　　　　〕個

(2) 最小自乗法

損益分岐点の販売量　　　　　〔　　　　　　　　〕個

問5

原計・管理

197

第199回・原価計算

問題１
問１

(単位：kg)

	等級製品 A	等級製品 B	等級製品 C
直 接 材 料 費			
加　　工　　費			

問２

(単位：円)

	等級製品 A	等級製品 B	等級製品 C
直 接 材 料 費			
加　　工　　費			

問３

等級製品Ｃの異常減損費　　　〔　　　　　　　　　　〕円

問４

等級製品 A　　完成品総合原価　　〔　　　　　　　　　　〕円

　　　　　　　月末仕掛品原価　　〔　　　　　　　　　　〕円

等級製品 B　　完成品総合原価　　〔　　　　　　　　　　〕円

　　　　　　　月末仕掛品原価　　〔　　　　　　　　　　〕円

等級製品 C　　完成品総合原価　　〔　　　　　　　　　　〕円

　　　　　　　月末仕掛品原価　　〔　　　　　　　　　　〕円

問題2

(1)

借　　方	金　　額	貸　　方	金　　額

(2)

借　　方	金　　額	貸　　方	金　　額

(3)

借　　方	金　　額	貸　　方	金　　額

(4)

借　　方	金　　額	貸　　方	金　　額

(5)

借　　方	金　　額	貸　　方	金　　額

原計・管理

199

問題3

原料配合差異

原料 X	円	不利・有利
原料 Y	円	不利・有利

原料歩留差異

原料 X	円	不利・有利
原料 Y	円	不利・有利

第199回・管理会計

問題1

問1

自己資本コスト　　　　　〔　　　　　　　　　　　　　〕％

問2

年間フリーキャッシュフロー　〔　　　　　　　　　　　〕千円

問3

①〔　　　　　　　　　　〕千円　②〔　　　　　　　　　〕千円

問4

年間キャッシュフローの増減額　〔　　　　　　　　　　〕千円（減少額の場合には△を付すこと）

問5

買収額は〔　　　　　　　　　　〕千円以下にするべきである。

計算過程

問題2

問1

ア（　　　　　　　　　　　）

問2

全社的損益分岐点売上高　　　〔　　　　　　　　　　　〕千円

A事業部〔　　　　　　　〕千円　B事業部〔　　　　　　　〕千円　C事業部〔　　　　　　　〕千円

問3

〔　　　　　　　　　〕千円

問4

〔　　　　　　　　　〕千円

計算過程

原計・管理

199

問題3

機	会	原	価	と	は	,																				

第201回・原価計算

問題1

問1

製造間接費の標準配賦率　〔　　　　　　　　　　　　　〕円／時間

問2

当月完成品原価　　〔　　　　　　　　　　〕円

月末仕掛品原価　　〔　　　　　　　　　　〕円

問3

借方科目	金　額	貸方科目	金　額

問4

借方科目	金　額	貸方科目	金　額

問5

借方科目	金　額	貸方科目	金　額

問6

原価差異の総額　〔　　　　　　　　　　〕円

材料数量差異

　材料Xの材料数量差異　〔　　　　　　　　〕円

　材料Yの材料数量差異　〔　　　　　　　　〕円

製造間接費差異

　予算差異　　　　　〔　　　　　　　　〕円

　能率差異　　　　　〔　　　　　　　　〕円

　操業度差異　　　　〔　　　　　　　　〕円

問7

問題2

問1

①の方法

仕掛品

前月繰越	[ ]	製品	[ ]
諸口	[ ]	原価差異	[ ]
原価差異	[ ]	次月繰越	[ ]

(注) 記入する必要のない欄はそのままにしておくこと。

②の方法

仕掛品

前月繰越	[ ]	製品	[ ]
諸口	[ ]	原価差異	[ ]
原価差異	[ ]	次月繰越	[ ]

(注) 記入する必要のない欄はそのままにしておくこと。

問2

問題3

名称
意味

名称
意味

原計・管理

201

第201回・管理会計

問題 1

問 1

配賦率〔　　　　　　　　　　　　　　　　　〕円／時

	製品 A	製品 B	製品 C
単位当たり配賦原価	円	円	円

問 2

	製品 A	製品 B	製品 C
単位当たり配賦原価	円	円	円

問 3

〔　　　　　　　　　　　　　　　〕分

問 4

〔　　　　　　　　　　　　　　　〕円／分

問 5

段　取	円／回
マテハン	円／回
検　査	円／回

問 6

	製品 A	製品 B	製品 C	計
段　取	円	円	円	円
マテハン	円	円	円	円
検　査	円	円	円	円
合計	円	円	円	円

問7

	製品 A	製品 B	製品 C
単位当たり配賦原価	円	円	円

問8

〔　　　　　　　　　　　　〕円

問題2

問1

製品の組み合わせ

製品 X	製品 Y	製品 Z
個	個	個

利益額〔　　　　　　　　　　　　　〕円

問2

加重平均貢献利益率　　〔　　　　　　　　　　　　〕％

損益分岐点売上高　　　〔　　　　　　　　　　　　〕円

安全余裕率　　　　　　〔　　　　　　　　　　　　〕％

問3

利益が最大となる製品組み合わせは，製品 X が（　　　　　　　）個，製品 Y が（　　　　　　）個，製品 Z が（　　　　　　）個であり，その時の全体の利益は（　　　　　　　）円である。当初の利益より（　　　　　　　）円利益が（増加・減少）*するので，この固定費の追加は（行うべきである・行うべきではない）*。

*は該当するものに○をすること。

問4

利益が最大となる製品組み合わせは，製品 X が（　　　　　　　）個，製品 Y が（　　　　　　）個，製品 Z が（　　　　　　）個であり，その時の全体の利益は（　　　　　　　）円である。当初の利益より（　　　　　　　）円利益が（増加・減少）*するので，この固定費の追加は（行うべきである・行うべきではない）*。

*は該当するものに○をすること。

原計・管理

201

第203回・原価計算

問題1

問1　外部副費　〔　　　　　　　　　　〕円　　　　　内部副費〔　　　　　　　　　　〕円

問2　予定配賦率〔　　　　　　　　〕円／kg

問3

カッコ内に有利差異あるいは不利差異のいずれか適切なほうを記入しなさい。

材料副費配賦差異　　　　　〔　　　　　〕円　　　　　（　　　　　　　　）

└──材料副費予算差異　〔　　　　　〕円　　　　　（　　　　　　　　）

└──材料購入量差異　〔　　　　　〕円　　　　　（　　　　　　　　）

問4

			材　　料			（単位：円）
10/ 1	前　月　繰　越	6,240,000	10/ 5	（　　　　　　）	[	]
/10	諸　　口	[　　　　　]	（　　）	（　　　　　　）	[	]
/23	諸　　口	[　　　　　]	（　　）	（　　　　　　）	[	]
（　　）	（　　　　　）	[　　　　　]	（　　）	（　　　　　　）	[	]
（　　）	（　　　　　）	[　　　　　]	（　　）	（　　　　　　）	[	]
（　　）	（　　　　　）	[　　　　　]	（　　）	次　月　繰　越	[	]
		[　　　　　]			[	]

問題2

問1

科　　目	金　　額	科　　目	金　　額

問2

等価係数　　連産品A：連産品B　＝　1：〔　　　　　　　　〕

問3

月末仕掛品原価〔　　　　　　　　〕円

第1工程完成品原価

連産品A〔　　　　　　　　〕円　　連産品B〔　　　　　　　　〕円

問題3

複合費とは

_____

_____

類似点：

_____

相違点：

_____

原
計
・
管
理

203

問題1

問1

売上

第1年度	〔　　　　　　　〕円	第2年度	〔　　　　　　　〕円
第3年度	〔　　　　　　　〕円	第4年度	〔　　　　　　　〕円

利益

第1年度	〔　　　　　　　〕円	第2年度	〔　　　　　　　〕円
第3年度	〔　　　　　　　〕円	第4年度	〔　　　　　　　〕円

問2

第1年度期末	〔　　　　　　　〕円	第2年度期末	〔　　　　　　　〕円
第3年度期末	〔　　　　　　　〕円	第4年度期末	〔　　　　　　　〕円

問3

〔　　　　　　　〕円

問4

第1年度	〔　　　　　　　〕円	第2年度	〔　　　　　　　〕円
第3年度	〔　　　　　　　〕円	第4年度	〔　　　　　　　〕円

問5

第1年度期末	〔　　　　　　　〕円	第2年度期末	〔　　　　　　　〕円
第3年度期末	〔　　　　　　　〕円	第4年度期末	〔　　　　　　　〕円

問6

〔　　　　　　　〕円

問7

選択すべき案（いずれかを○で囲むこと）
　①旧機械を利用し続ける案
　②旧機械を売却し新機械を購入する案

理由：

問8

選択すべき案(いずれかを○で囲むこと)
①旧機械を利用し続ける案
②旧機械を売却し新機械を購入する案

理由:

問題2

問1

意味:

問2

内部収益率　〔　　　　　　　　　　　〕%

この投資案を行うべきである　・　この投資案を行うべきでない　（いずれかを○で囲むこと）

問3

場合:

問題3

1 （　　　　　　　　　　　　）　　　2 （　　　　　　　　　　　　）

3 （　　　　　　　　　　　　）　　　4 （　　　　　　　　　　　　）

5 （　　　　　　　　　）

第205回・原価計算

問題1

問1

第1工程　正常仕損費　〔　　　　　　　　〕円

問2

第1工程　完成品原価　〔　　　　　　　〕円　　　　月末仕掛品原価　〔　　　　　　　〕円

問3

第2工程　正常仕損費　〔　　　　　　　〕円

問4

第2工程　完成品原価　〔　　　　　　　〕円　　　　月末仕掛品原価　〔　　　　　　　〕円

　　　　　　異常仕損費　〔　　　　　　　〕円

問5

問題2

問1

損益計算書(直接原価計算方式)

(単位:円)

売上高	[　　　　　　　　]
変動売上原価	[　　　　　　　　]
変動製造マージン	[　　　　　　　　]
変動販売費	[　　　　　　　　]
貢献利益	[　　　　　　　　]
固定製造間接費	[　　　　　　　　]
固定販売費	[　　　　　　　　]
一般管理費	[　　　　　　　　]
営業利益	[　　　　　　　　]

問2

借　　方	金　　額	貸　　方	金　　額

問3

借　　方	金　　額	貸　　方	金　　額

問4

全部原価計算方式の営業利益　〔　　　　　　　　〕円

第205回・管理会計

問題1

問1

A製品〔　　　　　　　　　〕%　　B製品〔　　　　　　　　　　〕%　　C製品〔　　　　　　　　　〕%
全　社〔　　　　　　　　〕%

問2

〔　　　　　　　　　　　〕内には数値を入れること

全社的売上総利益率＝A製品売上総利益率 ×〔　　　　　　　　　〕%
　　　　　　　　　　＋B製品売上総利益率 ×〔　　　　　　　　　〕%
　　　　　　　　　　＋C製品売上総利益率 ×〔　　　　　　　　　〕%

問3

不利差異の場合には△を付すこと
全社的売上総利益差異〔　　　　　　　　　〕円

問4

〔　　　　　　　　　　〕内には差異の金額を記入し，不利差異の場合には△を付すこと
① 単位当たり売上総利益差異　〔　　　　　　　　〕円
② 販売ミックス差異　　　　　〔　　　　　　　　〕円
③ 販売数量差異　　　　　　　〔　　　　　　　　〕円

②の計算過程

問5

C製品
① 販売価格差異　　　〔　　　　　　　　〕円
② 単位当たり原価差異　〔　　　　　　　　〕円

問題2

問1

〔　　　　　　　　　　〕円

問2

単位：円

	X事業部	Y事業部	全　社
売　　上　　高	〔　　　　　〕	〔　　　　　〕	〔　　　　　〕
売　上　原　価	〔　　　　　〕	〔　　　　　〕	〔　　　　　〕
売　上　総　利　益	〔　　　　　〕	〔　　　　　〕	〔　　　　　〕
販売費及び一般管理費	〔　　　　　〕	〔　　　　　〕	〔　　　　　〕
営　業　利　益	〔　　　　　〕	〔　　　　　〕	〔　　　　　〕

問3　マイナスの場合には△を付すこと。

単位：円

	X事業部	Y事業部	全　社
売　　上　　高	〔　　　　　〕	〔　　　　　〕	〔　　　　　〕
変　動　売　上　原　価	〔　　　　　〕	〔　　　　　〕	〔　　　　　〕
変動製造マージン	〔　　　　　〕	〔　　　　　〕	〔　　　　　〕
変　動　販　売　費	〔　　　　　〕	〔　　　　　〕	〔　　　　　〕
貢　献　利　益	〔　　　　　〕	〔　　　　　〕	〔　　　　　〕
固　定　製　造　費	〔　　　　　〕	〔　　　　　〕	〔　　　　　〕
固　定　販　売　費	〔　　　　　〕	〔　　　　　〕	〔　　　　　〕
一　般　管　理　費	〔　　　　　〕	〔　　　　　〕	〔　　　　　〕
セグメント・マージン	〔　　　　　〕	〔　　　　　〕	〔　　　　　〕
本　　社　　費			〔　　　　　〕
営　業　利　益			〔　　　　　〕

問4

....

....

問題3

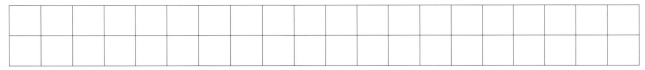

第207回・原価計算

問題1
問1
仕掛品勘定への振替仕訳

借方科目	金　額	貸方科目	金　額

製造間接費勘定への振替仕訳

借方科目	金　額	貸方科目	金　額

問2
材料消費価格差異　　　〔　　　　　　　　〕円

問3
仕掛品勘定への振替仕訳

借方科目	金　額	貸方科目	金　額

製造間接費勘定への振替仕訳

借方科目	金　額	貸方科目	金　額

問4
賃率差異　　　　　　　〔　　　　　　　　〕円

問5
製造間接費の実際発生額　〔　　　　　　　　〕円

問6
製造間接費配賦差異　　〔　　　　　　　　〕円
予算差異　　　　　　　〔　　　　　　　　〕円
操業度差異　　　　　　〔　　　　　　　　〕円

問7

正常仕損費	〔　　　　　　　　　〕	円
完成品原価	〔　　　　　　　　　〕	円

問題2

問1　（　　　　　　　　　　　　　　　　）

問2

仕掛品

前 月 繰 越	〔　　　　　　　〕	製　　　　品	〔　　　　　　　〕
原 材 料 費	〔　　　　　　　〕	次 月 繰 越	〔　　　　　　　〕
加 　工 　費	〔　　　　　　　〕		

問3

仕掛品

前 月 繰 越	〔　　　　　　　〕	製　　　　品	〔　　　　　　　〕
原 材 料 費	〔　　　　　　　〕	異 常 減 損 費	〔　　　　　　　〕
加 　工 　費	〔　　　　　　　〕	次 月 繰 越	〔　　　　　　　〕

問題3

1　（　　　　　　　　　　　　）　　　　2　（　　　　　　　　　　　　）

3　（　　　　　　　　　　　　）　　　　4　（　　　　　　　　　　　　）

原計・管理

207

第207回・管理会計

問題1

問1

①		②		③	
④		⑤		⑥	

問2

〔　　　　　　　　〕個

問題2

問1

①		②		③	
④		⑤		⑥	

問2

③コスト 　　　　〔　　　　　　　　〕円

評価コスト 　　〔　　　　　　　　〕円

④コスト 　　　　〔　　　　　　　　〕円

外部失敗コスト 　〔　　　　　　　　〕円

品質原価合計 　　〔　　　　　　　　〕円

問3

A案

③コスト 　　　　〔　　　　　　　　〕円

評価コスト 　　〔　　　　　　　　〕円

④コスト 　　　　〔　　　　　　　　〕円

外部失敗コスト 　〔　　　　　　　　〕円

品質原価合計 　　〔　　　　　　　　〕円

B案

③コスト 　　　　〔　　　　　　　　〕円

評価コスト 　　〔　　　　　　　　〕円

④コスト 　　　　〔　　　　　　　　〕円

外部失敗コスト 　〔　　　　　　　　〕円

品質原価合計 　　〔　　　　　　　　〕円

（　A案　・　B案　）*の方が品質原価合計が〔　　　　　　　　〕円低いので有利な案である。

*どちらかの案を○で囲むこと。

問題1

問1　不利差異の場合には△をつけること

X補助部門費：予定配賦率　〔　　　　　　　〕円／単位　　配賦差異総額　〔　　　　　　　〕円

Y補助部門費：予定配賦率　〔　　　　　　　〕円／単位　　配賦差異総額　〔　　　　　　　〕円

問2

A製造部門費：予算額　〔　　　　　　　〕円　　予定配賦率　〔　　　　　　　〕円／時間

B製造部門費：予算額　〔　　　　　　　〕円　　予定配賦率　〔　　　　　　　〕円／時間

問3　A製造部門

配賦差異総額　〔　　　　　　　〕円

予　算　差　異　〔　　　　　　　〕円

操　業　度　差　異　〔　　　　　　　〕円

問4　B製造部門

借方科目	金　額	貸方科目	金　額

問5

_____

_____

_____

問題2

問1　期末材料　〔　　　　　　　　　〕円

問2

借方科目	金　額	貸方科目	金　額

問3

売　上　原　価　〔　　　　　　　〕円
期　末　製　品　〔　　　　　　　〕円
期　末　仕　掛　品　〔　　　　　　　〕円

問題3

①　原価は，経済価値の消費である。
　　_____

②　_____
　　_____

③　_____
　　_____

④　_____
　　_____

原計・管理

209

問題1
問1
　　　製品A　〔　　　　　　　　〕円
　　　製品B　〔　　　　　　　　〕円
　　　製品C　〔　　　　　　　　〕円

問2
　　　製品A　〔　　　　　　　　〕円
　　　製品B　〔　　　　　　　　〕円
　　　製品C　〔　　　　　　　　〕円

問3
　　　売上高　　　　　　　〔　　　　　　　　〕円
　　　安全余裕率　　　　　〔　　　　　　〕％
　　　経営レバレッジ係数　〔　　　　　　　〕

問4
　　　製品A　〔　　　　　　　　〕円
　　　製品B　〔　　　　　　　　〕円
　　　製品C　〔　　　　　　　　〕円

問5
　　　製品A　〔　　　　　　　　〕円
　　　製品B　〔　　　　　　　　〕円
　　　製品C　〔　　　　　　　　〕円

問6
　　　安全余裕率　　　　　〔　　　　　　　　〕％
　　　経営レバレッジ係数　〔　　　　　　　　〕

問7
　　　①シナリオ α　〔　　　　　　　　〕％
　　　②シナリオ β　〔　　　　　　　　〕％

問8

問題2

問1

（ア）

自製すべき
購入すべき　（該当する方に○を付すこと）

（イ）

自製すべき
購入すべき　（該当する方に○を付すこと）

問2

個以上から	個未満

問3

ア　（　　　　　　　　　　　）　　　イ　（　　　　　　　　　　　）

ウ　（　　　　　　　　　　　）　　　エ　（　　　　　　　　　　　）

原
計・
管
理

209

第211回・原価計算

問題1

問1

等級製品Xの正常減損費　〔　　　　　　　　〕円

等級製品Yの正常減損費　〔　　　　　　　　〕円

問2

等級製品X　完成品原価　〔　　　　　　　　〕円　　月末仕掛品原価　〔　　　　　　　　〕円

等級製品Y　完成品原価　〔　　　　　　　　〕円　　月末仕掛品原価　〔　　　　　　　　〕円

問3

等級製品X当月製造費用　直接材料費　〔　　　　　　　　〕円　　加工費　〔　　　　　　　　〕円

等級製品Y当月製造費用　直接材料費　〔　　　　　　　　〕円　　加工費　〔　　　　　　　　〕円

問4

借　　方	金　　額	貸　　方	金　　額

問5

問題2

問1 基準操業度 〔　　　　　　　　　〕時間

問2 変動費率 〔　　　　　　　　　〕円／時間　　固定費 〔　　　　　　　　　〕円

問3 予定配賦率 〔　　　　　　　　　〕円／時間

問4

	No.1	No.2	No.3	No.1-R	No.2-2
直接材料費	〔　　　　〕	〔　　　　〕	〔　　　　〕	〔　　　　〕	〔　　　　〕
直接労務費	〔　　　　〕	〔　　　　〕	〔　　　　〕	〔　　　　〕	〔　　　　〕
製造間接費	〔　　　　〕	〔　　　　〕	〔　　　　〕	〔　　　　〕	〔　　　　〕
作業屑売却益	－	－	〔　　　　〕	－	－
仕損売却益	－	〔　　　　〕	－	－	－
仕損費振替	〔　　　　〕	〔　　　　〕	－	〔　　　　〕	〔　　　　〕
合計	〔　　　　〕	〔　　　　〕	〔　　　　〕	〔　　　　〕	〔　　　　〕

＊マイナスには△をつけること。

問5

製　造　間　接　費

諸　　　口 〔　　　　　〕	予 定 配 賦 額 〔　　　　　〕
予 算 差 異 〔　　　　　〕	予 算 差 異 〔　　　　　〕
操 業 度 差 異 〔　　　　　〕	操 業 度 差 異 〔　　　　　〕

問6

問題 1　不利差異には△を付すこと
問 1

予算・実績差異分析総括表　　　　　　（単位：円）

予算営業利益　　〔　　　　　　〕

売上高差異

　（　　　　　　　　　）〔　　　　　　　〕

　　販売数量差異　〔　　　　　　　〕〔　　　　　　　〕

変動売上原価差異

　　単位当たり変動売上原価差異　〔　　　　　〕

　　販売数量差異　〔　　　　　〕〔　　　　　　　〕

変動販売費差異

　　予算差異　〔　　　　　〕

　　販売数量差異　〔　　　　　〕〔　　　　　　　〕

貢献利益差異　〔　　　　　　　〕

　（　　　　　　　　　）〔　　　　　　　〕

　　固定販売費及び一般管理費差異　〔　　　　　　　〕

実際営業利益　〔　　　　　　　〕

問 2　〔　　　　　　　〕円

問 3

　　市場占有率差異　〔　　　　　〕円

　　市場総需要差異　〔　　　　　〕円

計算過程

問題2

　問1　〔　　　　　　　　〕円

　問2　初期投資額　　　　　　　　　〔　　　　　　　　〕円

　　　　年々のキャッシュ・フロー　　〔　　　　　　　　〕円

　　　　売却によるキャッシュ・フロー　〔　　　　　　　　〕円

　問3　正味現在価値　〔　　　　　　　　〕円

　計算過程

　問4　〔　　　　　　　　〕円

　計算過程

　問5　1年目のキャッシュ・フロー　　〔　　　　　　　　〕円

問題3

A		B	
C		D	
E		F	
G		H	

第213回・原価計算

問題1
問1

仕損品評価額	〔　　　　　　　　〕円
完成品総合原価	〔　　　　　　　　〕円

問2

1.
2.
3.　税法上とくに認められる損金算入項目
4.

問3

月末仕掛品原価	〔　　　　　　　　〕円
異常仕損費	〔　　　　　　　　〕円
完成品総合原価	〔　　　　　　　　〕円

問4

月末仕掛品原価	〔　　　　　　　　〕円
異常仕損費	〔　　　　　　　　〕円
完成品総合原価	〔　　　　　　　　〕円

問5

月末仕掛品原価	〔　　　　　　　　〕円
異常仕損費	〔　　　　　　　　〕円
完成品総合原価	〔　　　　　　　　〕円

問6

問題2

問1　月末仕掛品　〔　　　　　　　　　〕kg

問2　月末仕掛品　〔　　　　　　　　　〕kg

問3

仕掛品

月初仕掛品	〔　　　　　　〕	製品	〔　　　　　　〕
A材料	218,000,000	月末仕掛品	〔　　　　　　〕
B材料	〔　　　　　　〕		
加工費	672,796,800		

問題3

特徴
理由

原計・管理

213

第213回・管理会計

問題1
問1

製品P　　〔　　　　　　　〕円／個　　製品Q　　〔　　　　　　　〕円／個

問2

製品P　　〔　　　　　　〕個　　製品Q　　〔　　　　　　〕個

営業利益　〔　　　　　〕円

問3

製品P　　〔　　　　　　〕個　　製品Q　　〔　　　　　　〕個

営業利益　〔　　　　　〕円

問4

製品P　　〔　　　　　　〕個　　製品Q　　〔　　　　　　〕個

営業利益　〔　　　　　〕円

問5

_____

_____

_____

問題2
　問1

　　　　（　　　　　　　　　）

　問2

　　　損益分岐点売上高　　　〔　　　　　　　　〕千円

　　　安全余裕率　　　　　　〔　　　　　　　　〕％

　問3

　　_____

　　その理由：

　　_____

　問4

　　　経営レバレッジ係数　　〔　　　　　　　　〕

　　┌─────────────────────────────────┐
　　│計算過程：　　　　　　　　　　　　　　　　　　　│
　　│　　　　　　　　　　　　　　　　　　　　　　　　│
　　│　　　　　　　　　　　　　　　　　　　　　　　　│
　　│　　　　　　　　　　　　　　　　　　　　　　　　│
　　│　　　　　　　　　　　　　　　　　　　　　　　　│
　　└─────────────────────────────────┘

　問5

　　　営業利益増加額　　　　〔　　　　　　　　〕千円

　　┌─────────────────────────────────┐
　　│計算過程：　　　　　　　　　　　　　　　　　　　│
　　│　　　　　　　　　　　　　　　　　　　　　　　　│
　　│　　　　　　　　　　　　　　　　　　　　　　　　│
　　│　　　　　　　　　　　　　　　　　　　　　　　　│
　　│　　　　　　　　　　　　　　　　　　　　　　　　│
　　└─────────────────────────────────┘

　問6

　　　全経電機の安全性は　改善した　・　悪化した　・　不変である。←○で囲むこと。

　　　その理由：_____

原計・管理

213

ネットスクールは、
書籍と WEB 講座であなたのスキルアップ、キャリアアップを応援します！
挑戦資格と自分の学習スタイルに合わせて効果的な学習方法を選びましょう！

独学合格に強い ネットスクールの 書籍

図表やイラストを多用し、特に独学での合格をモットーにした『とおる簿記シリーズ』をはじめ、受講生の皆様からの要望から作られた『サクッとシリーズ』、持ち運びが便利なコンパクトサイズで仕訳をマスターできる『脳科学×仕訳集シリーズ』など、バラエティに富んだシリーズを取り揃えています。

質問しやすい！わかりやすい！学びやすい‼ ネットスクールの WEB講座

ネットスクールの講座はインターネットで受講する WEB 講座。 質問しやすい環境と徹底したサポート体制、そしてライブ（生）とオンデマンド（録画）の充実した講義で合格に近づこう！

ネットスクールのWEB講座、4つのポイント！

❶ 自宅で、外出先で受講できる！
パソコン、スマートフォンやタブレット端末とインターネット環境があれば、自宅でも会社でも受講できます。

❸ 自分のペースでできる
オンデマンド講義は配信され、受講期間中なら何度でも繰り返し受講できます。リアルタイムで受講できなかったライブ講義も翌日以降に見直せるので、復習にも最適です。

❷ ライブ配信講義はチャットで質問できる！
決まった曜日・時間にリアルタイムで講義を行うライブ講義では、チャットを使って講師に直接、質問や相談といったコミュニケーションが取れます。

❹ 質問サポートもばっちり！
電話（平日 11:00 ～ 18:00）や受講生専用 SNS【学び舎】*またはメールでご質問をお受けします。

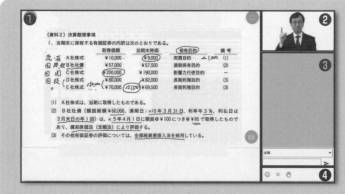

※ 画面イメージや機能は変更となる場合がございます。ご了承ください。

❶ ホワイトボード
板書画面です。あらかじめ準備された「まとめ画面」や「資料画面」に講師が書き込んでいきます。画面キャプチャも可能です。

❷ 講師画面
講師が直接講義をします。臨場感あふれる画面です。

❸ チャット
講義中に講師へ質問できます。また、「今のところもう一度説明して！」などのご要望もOKです。

❹ 状況報告ボタン
ご自身の理解状況を講義中に講師に伝えることができるボタンです。

＊【学び舎】とは、受講生同士の「コミュニケーション」機能、学習記録や最近の出来事等を投稿・閲覧・コメントできる「学習ブログ」機能、学習上の不安点をご質問頂ける「質問Q＆A」機能等を備えた、学習面での不安解消、モチベーションアップ（維持）の場として活用頂くための、ネットスクールのWEB講座受講生専用SNSです。

WEB 講座開講資格：https://www.net-school.co.jp/web-school/
※ 内容は変更となる場合がございます。最新の情報は弊社ホームページにてご確認ください。